Entdecken und Verstehen 6

Realschule
Bayern

Von den Anfängen der Geschichte bis zum Frühmittelalter

Bearbeitet von
Heike Bruchertseifer, Buchloe
Marcus Hochmuth, München
Josef Rieger, Pfaffenhofen
Anja Ruhmann, Markt Schwaben
Adelheid Urban, Erlangen
Gertraud Wein, Hersbruck
und Josef Zißler, Riedenburg

Cornelsen

Redaktion: Bernhard Lutz, Regensburg, Dr. Uwe Andrae, Berlin
Gestaltung: Simone Siegel
Technische Umsetzung: Gerlinde Bauer und
Bernhard Lutz, Regensburg
Umschlaggestaltung: Knut Waisznor

Das Bild der Umschlagseite zeigt das rückseitige Nordtor des Kastells Weißenburg, das 1990 rekonstruiert wurde. Das 3,1 ha große Kastell wurde in der Mitte des 2. Jahrhunderts n. Chr. in Stein ausgebaut und war mit einer 500 Mann starken Reiterabteilung belegt.

www.cornelsen.de

1. Auflage, 6. Druck 2012

Alle Drucke dieser Auflage sind inhaltlich unverändert und können im Unterricht nebeneinander verwendet werden.

Druck: Stürtz GmbH, Würzburg

ISBN 978-3-464-64130-9

Inhalt gedruckt auf säurefreiem Papier aus nachhaltiger Forstwirtschaft.

Liebe Schülerinnen und Schüler!

Mit dem Beginn der sechsten Klasse habt ihr nun auch Geschichte als neues Fach. Sicher habt ihr euch in der Schule bereits mit Geschichte beschäftigt: Ihr kennt die Geschichte eurer engeren Heimat, aber auch Gebäude, Traditionen und Persönlichkeiten, die für die Geschichte Bayerns von Bedeutung sind. In diesem Band geht es nun um die früheste Geschichte der Menschen.
Da wir auf ganz unterschiedlichen Wegen die Geschichte unserer Vorfahren erkunden können, findet ihr in den Kapiteln viele Bilder, Karten und Grafiken. Auch die Texte sind unterschiedlich gestaltet. Die folgenden Erklärungen sollen euch helfen die unterschiedlichen Möglichkeiten, die euch das Buch bietet, zu erkennen:

Einführung in das Thema
Jedes Kapitel beginnt mit einer „Auftaktseite". Sie will euch neugierig auf das kommende Thema machen und zu Fragen anregen. Mit ihrer Hilfe könnt ihr auch zusammentragen, was ihr schon wisst.

Themenseiten
Auf jeder Seite berichten die Autorinnen und Autoren in einem zusammenhängenden Text über die geschichtlichen Ereignisse. Die Überschrift verdeutlicht das Thema, um das es geht.

Quellen
Manchmal lassen die Autorinnen und Autoren die damals lebenden Menschen selbst zu Wort kommen, wenn ihre Texte aufbewahrt wurden. Die Berichte der damals lebenden Menschen nennen wir Quellen. Rein äußerlich erkennt ihr sie daran, dass sie mit einem „Q" gekennzeichnet sind, außerdem verläuft an ihrem Rand ein Farbstreifen. Auch die Abbildungen, Gemälde und Fotos sind historische Quellen, aus denen ihr wichtige Informationen entnehmen könnt.

Materialien
Texte von Geschichtsforschern, Berichte anderer Forscherinnen und Forscher und weitere Materialien sind mit einem „M" und – ebenso wie die Quellen – mit einem Farbstreifen gekennzeichnet.

Die Randspalte
Jede Seite ist mit einer farbigen Randspalte versehen. Je nach Bedarf findet ihr hier

- die Erklärung für schwierige Begriffe, die im Text mit einem Sternchen (*) versehen sind,
- wichtige Jahreszahlen und Ereignisse oder
- Zusatzinformationen zu den Themen, die auf der Seite behandelt werden, z. B. Lesetipps oder Hinweise aufs Internet.

Aufgaben
1 *In den Arbeitsaufgaben werdet ihr dazu angeleitet, aus den Texten, Quellen und Abbildungen Informationen zu entnehmen und einen Sachverhalt mit ihrer Hilfe zu besprechen.*

Methode
Die Seiten „Methode" leiten euch dazu an, mit den Materialien in diesem Buch umzugehen. Sie helfen euch aber auch anderswo Informationen zu finden.

Werkstatt Geschichte
Auf den Seiten „Werkstatt Geschichte" findet ihr Vorschläge für eigene Nachforschungen, für Spiele, Rätsel oder Bastelarbeiten.

Zusammenfassung
Die umfangreichen Kapitel werden durch eine Zusammenfassung abgeschlossen, die noch einmal das Wichtigste enthält.

Thematischer Rückblick
Die „roten Seiten" könnt ihr heranziehen um über das Thema „Die Antike – Wiege Europas" zu sprechen.

Thematischer Querschnitt
Auf den „gelben Seiten" findet ihr Material zum Thema „Glaubensvorstellungen der Menschen in der Antike".

Regionalgeschichtliches Unterrichtsvorhaben
Die „grünen Seiten" helfen euch bei der Spurensuche, was in unserer Heimat an die Steinzeit, an die Kelten bzw. Römer erinnert.

Das Register
Im Anhang findet ihr eine Zusammenfassung der Begriffe, Namen und Daten, die euer geschichtliches Grundwissen darstellen.
Mit dem Stichwortverzeichnis könnt ihr schnell herausfinden, wo zum Beispiel etwas über den Pharao berichtet wird.

Inhaltsverzeichnis

Inhaltsverzeichnis

Inhaltsverzeichnis

Inhaltsverzeichnis

Geschichte – ein neues Fach

Sicher kennt ihr berühmte Sehenswürdigkeiten oder Baudenkmäler, die für die Geschichte von Bedeutung sind. Aber auch im Alltag begegnet uns Geschichte, z. B. bei unserem Weg zur Schule. Wenn ihr mit offenen Augen durch euren Heimatort geht, könnt ihr Gebäude, Brücken, Stadtmauern oder Straßen entdecken, die aus früheren Zeiten stammen. Wie haben die Menschen gelebt, die all dies erbaut haben? Was haben sie gedacht und gefühlt?

Unsere Spurensuche im Fach Geschichte beginnt mit dem ersten Auftreten der Menschen auf dem Planeten Erde. Sie reicht bis in unsere Gegenwart. Das ist ein gewaltiger Zeitraum von fast 2 Millionen Jahren. Doch für eine erste Begegnung mit der Geschichte müssen wir gar nicht so weit zurückgehen. Wir können gleich bei uns beginnen …

Fotos und Erinnerungsstücke erzählen

1 **Erinnerungsstücke einer Familie.**

Die Beatles: *Englische Beatband, die zwischen 1962 und 1970 sehr großen Erfolg bei Jugendlichen hatte. Die LP „Sgt. Pepper's lonely hearts club band" erschien 1967.*

M1 Der Großvater berichtet:

Der Wehrpass gehörte meinem Vater. Er wurde 1943 im Zweiten Weltkrieg ausgestellt. Als 45 Jahre alter Mann war mein Vater noch „bedingt kriegstauglich" und musste im „Landsturm" in der Heimat mitkämpfen. 1915 hatte er sich schon im Ersten Weltkrieg als Freiwilliger gemeldet. Er kämpfte in Frankreich und wurde 1917 mit dem Eisernen Kreuz* ausgezeichnet. Darauf war er immer sehr stolz. Uns Kindern hat Vater nur sehr wenig vom Krieg erzählt. Nur wenn Kameraden von früher zu Besuch kamen, wurde er ganz lebhaft. Meine Mutter mochte solche Unterhaltungen gar nicht und schickte meine Geschwister und mich immer hinaus.

Eisernes Kreuz*: *Kriegsauszeichnung, vergeben für besondere Tapferkeit. Es wurde 1813/15 gestiftet.*

M2 Die Mutter erzählt:

Das Foto wurde im September 1967 an meinem ersten Schultag aufgenommen. Ich ging in eine kleine Dorfschule, in der außer mir noch elf weitere Kinder die 1. Klasse besuchten. Deshalb wurden wir zusammen mit den Schülerinnen und Schülern der 2. Klasse in einem Klassenzimmer abwechselnd von unserer Lehrerin unterrichtet. Auch die 3. und 4. Klasse waren zusammen in einem Raum untergebracht. Ab und zu bin ich getadelt worden, weil ich dem Unterricht der 2. Klasse zugehört habe, anstatt meine Aufgaben zu machen. Diese Schule gibt es immer noch, aber heute lernen die Schulkinder in getrennten Klassen.

Fotos und Erinnerungsstücke erzählen

1 *Bringt zur nächsten Stunde von zu Hause ein Erinnerungsstück der Eltern oder Großeltern mit. Lasst euch erklären, warum die Erwachsenen diesen Gegenstand aufbewahrt haben.*
2 *Zeigt diese Gegenstände in der Klasse und erklärt ihre Bedeutung. Erzählt die Geschichten, die dazu gehören.*
3 *Findet heraus, aus welchen Ländern/Orten die Gegenstände kommen.*
4 *Schreibt die Fragen, die ihr zu den Erinnerungsstücken noch habt, auf ein Plakat.*
5 *Beschreibt die Abbildung 2 möglichst genau und überlegt, woran ihr erkennen könnt, dass das Bild schon recht alt ist.*
6 *Sucht nach Einzelheiten auf dem Bild, die etwas über das Leben der Menschen aussagen.*
7 *Vergleicht die Abbildungen 2 und 3 miteinander. Was haben die Fotos gemeinsam, was unterscheidet sie?*

Bei der Betrachtung der eigenen Lebensgeschichte beschäftigt ihr euch ganz von selbst mit eurer Familie. Und natürlich reicht die Geschichte der Familie viel weiter zurück, als ihr euch erinnern könnt. Jede Generation* hat ihre eigene Geschichte. Fragt eure Eltern, welche Ereignisse und Erlebnisse ihnen aus ihrer Kindheit in Erinnerung geblieben sind.
Wenn die Großeltern noch leben und erreichbar sind, können sie ebenfalls von früheren Zeiten erzählen. Wie war es z. B., als sie selbst zur Schule gingen? Wie und wo haben sie gelebt? Womit haben sie gespielt? Wie wurden früher Familienfeste gefeiert? Gab es auch Geschenke? Vielleicht erinnern sich die Großeltern auch an Geschichten, die sie von ihren Eltern erzählt bekommen haben. Aber Vorsicht: Viele Ereignisse werden bei der mündlichen Weitergabe von Generation zu Generation immer mehr abgewandelt.
Auch Fotoalben, alte Schmalfilme, Urkunden und andere Dokumente lassen Vergangenheit lebendig werden. Je weiter ihr jedoch in der Familiengeschichte zurückgeht, desto schwieriger wird es, sichere Erkenntnisse zu erlangen. Ihr werdet dann nur noch wenige Aufzeichnungen, Bilder und Gegenstände finden, die sich über die Jahrzehnte, ja vielleicht sogar Jahrhunderte in eurer Familie erhalten haben.

Generation*:
Alle Menschen, die innerhalb eines bestimmten Zeitabschnittes leben. Eine Generation umfasst die Zeitspanne, bis Kinder wieder Kinder bekommen. Das sind ungefähr 25 Jahre.

2 **Familienfoto 1915.**

3 **Familienfoto 1998.**

Familiengeschichte sichtbar machen

Lauter alte Bilder aus dem Fotoalbum
Sebastian hat auf dem Dachboden ein sehr altes Familienfoto gefunden. „Schaut mal, was da draufsteht: Foto Tischner – 1914. Das da muss meine Urgroßmutter als Baby gewesen sein. Wie komisch die da angezogen waren!" Die anderen Kinder zeigen die Fotos aus ihrer Familie. Julia hält ein Bild hoch und sagt: „Das ist noch nicht so lange her. Hier bin ich in der Grundschule." Marco erklärt sein Foto: „Schaut mal, das ist mein Großvater, als er 1964 nach Deutschland gekommen ist. Damals ist er zum Arbeiten hergekommen." Nicole berichtet zum Foto, das sie mitgebracht hat: „Meine Oma hat mir oft erzählt, wie sie 1945 als kleines Kind aus Schlesien geflohen sind. Das ist schon sehr lange her. Meine Mutter war noch nicht geboren."

1 *Schaut die Bilder genau an und erzählt, wovon sie berichten.*

2 *Überlegt, was diese Bilder über das Leben der Menschen aussagen.*

Familiengeschichte wird sichtbar: die Zeitleiste
Wenn ihr zu Hause in Fotoalben blättert, wird die Geschichte eurer Familie wieder lebendig. Bei vielen Fotos werden euch Geschichten einfallen, die ihr selbst erlebt habt. Aber zu manchen Bildern können euch nur die Eltern oder Großeltern etwas erzählen.
Fotografien sind wichtige Bildquellen. Wenn ihr sie zeitlich ordnet, könnt ihr mit ihnen eure eigene Lebensgeschichte und die Geschichte eurer Familie darstellen.
Hier hat Nicole begonnen eine Zeitleiste mit ihrer Familiengeschichte herzustellen.

1 **Nicoles Zeitleiste.**

Familiengeschichte sichtbar machen

Und so gehts ...

– Sucht zu Hause Bilder aus eurer Familie.
– Lasst euch dazu von euren Eltern und Großeltern aus deren Leben erzählen.

– Sortiert ähnliche Bilder aus und macht Fotokopien von den ausgewählten Bildern.
– Schreibt zu jedem Bild auf, aus welchem Jahr es stammt.
– Berechnet, wie viele Jahre seitdem vergangen sind.

– Nehmt eine Tapetenbahn und zeichnet darauf einen Zeitstrahl.
– Unterteilt den Zeitstrahl auf der Tapetenbahn in mindestens zehn gleiche Abschnitte.
– Schreibt von rechts nach links unter die Markierungen die Jahreszahlen 2000, 1990, 1980 ...
– Markiert dann die Jahreszahl des jetzigen Jahres.
– Legt euer Bildmaterial auf und probiert verschiedene Gestaltungsmöglichkeiten aus.
– Klebt die Bilder auf und beschriftet sie.

3 *Erkundigt euch, welche Ereignisse in den Orten, aus denen ihr und eure Familien kommen, besonders wichtig waren.*
4 *Fragt, wann diese Ereignisse stattgefunden haben. Tragt diese mit Zeitangaben in die Zeitleiste ein.*
5 *Fragt bei einer Zeitung eures Ortes nach, ob ihr dort Bilder zu diesen Ereignissen bekommen könnt. Klebt sie auf eure Zeitleiste mit auf.*
6 *Fragt auch nach einer Zeitung vom Tag eurer Geburt. Lest nach, was an diesem Tag weltweit geschah.*
7 *Im Internet gibt es so genannte historische Kalender, in denen ihr euer Geburtsjahr anklicken könnt.*

Veränderungen in der Zeit

Was zu Lebzeiten der Geschwister Anna und Karl Urban in Deutschland geschieht.
1914–18 Erster Weltkrieg
1919–33 Weimarer Republik
1933 Hitlers Machtübernahme
1939–45 Zweiter Weltkrieg
1949 Gründung zweier deutscher Staaten
1961 Bau der Berliner Mauer
1972 Olympiade in München
1989 Fall der Mauer
1990 Wiedervereinigung Deutschlands

Wie wir die Zeit erleben
Wie lang ist eine Stunde? Diese Frage könnt ihr beantworten. Natürlich 60 Minuten oder 3600 Sekunden oder 1/24 eines Tages. Das ist klar. Aber stimmt das auch für euch persönlich? Vergleicht einmal die Stunde während einer Klassenarbeit mit der Stunde während eines Spiels.

1 *Überlegt euch Beispiele für eine „lange Stunde" und für eine „kurze Stunde".*

An einem Sonntag im Jahr 1999 feiert die Familie Urban den 70. Geburtstag des Großvaters Karl Urban. Seine Kinder Hermann, Helga und Martin, 47, 45 und 44 Jahre alt, sind gekommen. Auch die Enkel Klaus, 17, Anja, 15, und Lisa, 11, gratulieren. Sogar seine Schwester Anna, die schon 81 Jahre alt ist, ist aus Sachsen angereist. Beim Kaffeetrinken meint der Großvater: „Als wir vor 40 Jahren nach unserer Flucht aus Leipzig in den Westen gekommen waren, hatten wir zu fünft nur ein Zimmer als Wohnung." Danach erzählt er von den ersten Jahren der Urbans in Bayern.

2 *Wann sind die Mitglieder der Familie Urban geboren?*

3 *Für alle liegt das Jahr 1959 gleich weit zurück, aber alle denken unterschiedlich daran:*
– *Das ist schon lange her. Ich war erst 4.*
– *Das ist schon sehr lange her. Ich war noch nicht geboren.*
– *Das ist noch gar nicht so lange her. Ich war damals 41 Jahre alt.*
Wer mag das wohl gesagt haben? Was denken die anderen darüber?

Die Lebensuhr
Menschen gibt es nicht nur seit einigen 100 oder 1000 Jahren. Menschen gibt es seit mindestens 2 000 000 Jahren. Noch viel älter ist die Erde, ungefähr 5 Milliarden Jahre alt. Unter diesen Zahlen kann man sich eigentlich nichts vorstellen. Etwas leichter fällt uns dies, wenn wir diese Zeit darstellen in den 12 Stunden eines Zifferblattes:

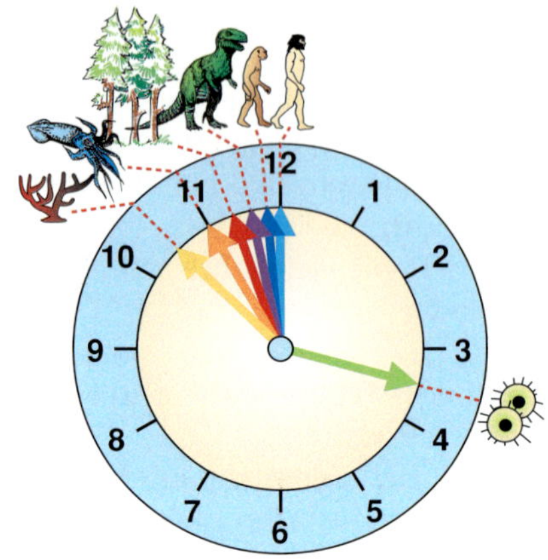

Um 0 Uhr entstand die Erde – vor 5 Milliarden Jahren.

3 Uhr 30:	Im Wasser regt sich das erste Leben – eine einzige Zelle, kleiner als ein Stecknadelkopf.
10 Uhr 34:	Im Wasser entstehen die ersten Algen.
11 Uhr:	Jetzt gibt es Korallen- und Tintenfische.
11 Uhr 15:	Große Wälder sind herangewachsen. Sie versinken später im Sumpf und werden zu Kohle.
11 Uhr 30:	Die ersten Säugetiere treten auf. Es ist dies die Zeit der mächtigen Drachen und Saurier so wie des Urvogels.
11 Uhr 53:	Jetzt tauchen die ersten Menschenaffen auf.

Es war 11 Uhr, 59 Minuten und 50 Sekunden, 10 Sekunden vor 12 Uhr: Da lebten die ersten Menschen: Allein von diesen 10 Sekunden auf der großen Lebensuhr will dieses Buch berichten.

Veränderungen in der Zeit

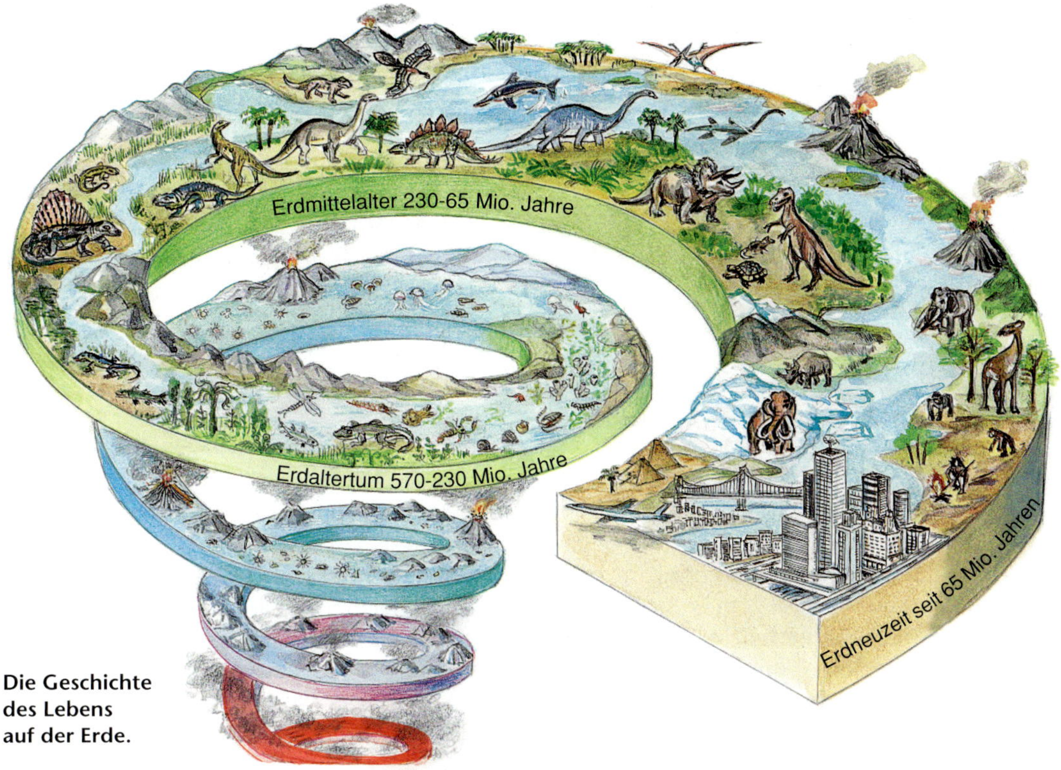

Die Geschichte des Lebens auf der Erde.

Unsere Zeitrechnung

Die Zeit kann auch durch eine Gerade veranschaulicht werden. Eine solche Darstellung seht ihr unten. Man nennt sie eine Zeitleiste. Ihr wisst, dass die Zeit in gleiche Abschnitte eingeteilt wird. Da gibt es kleine Einheiten: Sekunden, Minuten oder Stunden. Es gibt aber auch große: Jahre, Jahrzehnte, Jahrhunderte und Jahrtausende.

In der Zeitleiste dieses Buches lassen sich nur die großen Zeiteinheiten darstellen. Es stehen 2 cm für 1000 Jahre. Damit können wir aber nur 12 000 Jahre verdeutlichen. Die über 2 000 000 Jahre der Menschheitsentwicklung findet ihr durch ein Knäuel veranschaulicht. Wir hätten sonst für die Zeitleiste nach unserem Maßstab eine Länge von 1500 cm = 15 Meter nehmen müssen. Wir zählen die Jahre von Christi Geburt* an mit der Benennung „n. Chr." = nach Christus. Das sind die Zahlen, die auf der Leiste vom Geburtsjahr aus rechts stehen. Die Jahre vor der Geburt von Jesus Christus stehen links und werden mit der Benennung „v. Chr." = vor Christus gezählt. In diese Leiste könnt ihr jetzt die Zeitpunkte einordnen, die ihr aus der Geschichte kennt.

4 *Erklärt, welcher Zusammenhang zwischen dem Stern von „Bethlehem" (siehe Randspalte) und der Geburt Christi besteht.*

5 *Berechnet euer „richtiges" Geburtsjahr.*

Geburt von Jesus Christus*:
Der Abt Dionysius Exiguus legte im 6. Jahrhundert n. Chr. mithilfe von alten Texten das Geburtsjahr Jesu fest. Heute wissen wir, dass er sich dabei um sieben Jahre verrechnet hat. Der „Stern von Bethlehem" erschien bereits 7 v. Chr. am Himmel.

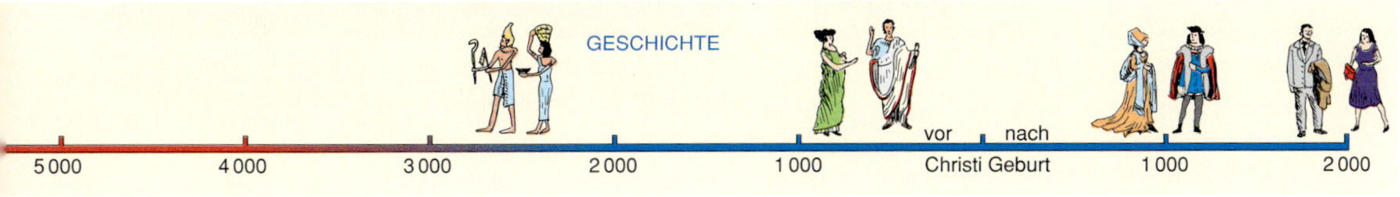

Zeitmessung: Epochen

1 **Olympische Spiele.** Vasenbild, 6. bis 4. Jahrhundert v. Chr.

Aus der Zeitleiste (S. 14/15) könnt ihr ersehen, dass die Vergangenheit in Frühgeschichte und Geschichte unterteilt wird. Der Zeitraum der Geschichte umfasst etwa 5000 Jahre. Seit dem 16. Jahrhundert teilten ihn die meisten Geschichtsforscher in die Zeitperioden Altertum, Mittelalter und Neuzeit ein.

Diese Epochen haben aber keine festen Grenzen, die man an Jahreszahlen ablesen könnte. Die Übergänge von einer Epoche in die andere sind fließend.

So lässt man das Altertum um 2000 v. Chr. beginnen. Damals tauchten die ersten schriftlichen Überlieferungen (sumerische Keilschrift, ägyptische Hieroglyphen) auf. Die Geschichte des Altertums beschäftigt sich vor allem mit der Kultur und der Staatenwelt des Mittelmeerraums: mit den Ägyptern, Griechen und Römern.

Der Übergang vom Altertum zum Mittelalter dauert sehr lange. Er beginnt mit der Völkerwanderung (375 n. Chr.) und ist erst mit der Kaiserkrönung Karls des Großen (800) abgeschlossen. Das Mittelalter, die Zeit des Rittertums, der Kreuzzüge, der Stadtgründungen, der Machtkämpfe zwischen Kaiser und Päpsten, der Religionskriege usw. erstreckt sich über etwa 700 Jahre.

Die Erfindung des Buchdrucks (1445), die Entdeckung Amerikas (1492) und die Reformation (1517) leiten die Wende zur Neuzeit ein. Die frühe Neuzeit umfasst die Zeitspanne bis Ende des 18. Jahrhunderts. Mit der Unabhängigkeitserklärung der Vereinigten Staaten von Amerika (1876), der Französischen Revolution (1789) und der Erfindung der Dampfmaschine (1769) beginnt die zweite Phase der Neuzeit, die Moderne, die bis zum Ende des Ersten Weltkriegs (1918) reicht. Alle weiteren geschichtlichen Ereignisse des 20. Jahrhunderts werden als Neueste Geschichte bezeichnet.

1 *Ordnet alle euch bisher bekannten Geschichtsdaten den einzelnen Epochen zu.*

2 *Überlegt, welche Personen ihr kennt, die „Geschichte" geschrieben haben. Versucht sie den geschichtlichen Epochen zuzuordnen.*

2 **Ritterturnier.** Buchmalerei, um 1470.

3 **Die Feier der Wiedervereinigung Deutschlands vor dem Reichstag in Berlin am 3. Oktober 1990.**

Zeitmessung: Kalender

4 **Zeitmessung damals …**

5 **… und heute.**

Andere Völker – andere Zeitrechnungen
Obwohl die Zeit heute weltweit von Christi Geburt an datiert wird, gibt es auch noch andere Formen der Zeitrechnung.
Im alten Ägypten wurden die Jahre nach der Regierungszeit der Könige gezählt, in Griechenland rechnete man in den Vierjahresrhythmen der Olympiaden. Für die Römer galt das Jahr der Gründung der Stadt Rom als Beginn der Zeitrechnung.
Im Judentum beginnt die Geschichte beispielsweise mit Jahwes Verheißung von Land und Nachkommenschaft an den Stammvater Abraham. Nach unserer Zeitrechnung geschieht das im Herbst 3760 v. Chr. Das Jahr 2000 entspricht nach jüdischer Zählung also dem Jahr 5760.
Die Moslems befinden sich dann im Jahr 1421. Ihre Jahreszählung beginnt im Jahr der Hedschra, der Flucht des Propheten Mohammed von Mekka nach Medina. Wir datieren dieses Ereignis auf den 16. Juli 622 n. Chr.
Christen, Juden und Muslime verwenden ihre Zeitrechnung heute noch bei der Bestimmung religiöser Festtage. Jedes Jahr werden sie nach dem Mondkalender* neu berechnet.

Die Kunst des Kalendermachens
Die ersten Aufzeichnungen, nach denen die Zeit in Tage oder Monate eingeteilt wird, sind schon vor etwa 30 000 Jahren entstanden. Sicher ist, dass die alten Ägypter und Babylonier ihre Kalender auf astronomische Beobachtungen zurückführten. Eine Art Kalender waren vermutlich auch die Steinkreise von Stonehenge in Südengland. Die Steine des zum Teil noch erhaltenen äußeren Kreises bildeten 29,5 Öffnungen, die den 29,5 Tagen zwischen zwei Vollmonden entsprachen.
Die Idee, einen Kalender nach dem Lauf der Gestirne Sonne und Mond aufzustellen, hatten also schon mehrere Völker. Allerdings ergab sich für alle das gleiche Problem: Ein astronomisches Jahr dauert genau 365,2422 Tage. Da man in der Praxis aber immer nur mit vollen 365 Tagen rechnen kann, rutschte das Neujahr im Kalender immer weiter nach vorne.
Unser Kalender geht auf Julius Caesar zurück. Er führte 46 v. Chr. den römischen Kalender mit 366 Tagen in jedem 4. Jahr ein. Folglich hatte das „julianische" Jahr 365,25 Tage, war also etwas zu lang. Auf diese Weise hatte sich im 16. Jahrhundert der Frühlingsanfang um 10 Tage vom 21. auf den 11. März verschoben. Um diese Ungenauigkeit zu beseitigen reformierte Papst Gregor XIII. 1582 den Kalender. Nach dem gregorianischen Kalender* wird eine weitere Reform erst in etwa 2000 Jahren notwendig sein.

Mondkalender*:
Ein Mondjahr dauert 354 Tage, 8 Stunden, 48 Minuten; ein Sonnenjahr 365 Tage, 5 Stunden, 48 Minuten.

Gregorianischer Kalender*:
Erst im 20. Jahrhundert hatten alle Länder diese Kalenderzählung übernommen. Viele Staaten hatten sie lange aus Glaubensgründen abgelehnt.

Julius Caesar

Papst Gregor XIII.

Geschichte lernen

1 **König Max I. Joseph von Bayern im feierlichen Krönungsornat.** Gemälde von Joseph Stieler.

2 **Das Landrecht Ludwigs des Bayern mit Miniaturen, 1455.**

Quellen*:
Alle Zeugnisse und Überlieferungen aus der Vergangenheit. Wir unterscheiden drei Quellenarten: Sachquellen, Bildquellen und Schriftquellen. Hinzu kommt die mündliche Überlieferung z. B. durch Zeitzeugen (Eltern, Großeltern …).

Woher wissen wir, was früher war?

Unser Wissen über die Vergangenheit ist an Zeugnisse aus früherer Zeit gebunden. Diese Zeugnisse nennen wir Quellen*. Im wörtlichen Sinn verstehen wir unter einer Quelle eine Stelle im Boden, wo Wasser heraussprudelt, wo ein Bach oder Fluss entsteht. Im Fach Geschichte benutzen wir den Begriff im übertragenen Sinn. Wir meinen damit, dass aus Quellen Informationen über die Vergangenheit fließen.

Alle überlieferten Quellen, ob Gemälde, Schriften oder Gegenstände, müssen gedeutet werden. Dies gilt auch für die neue Art von Quellen, die erst in den beiden letzten Jahrhunderten entstanden sind: Fotos, Film- und Tondokumente, Videoaufnahmen. Voraussetzung für die Deutung der Quellen ist das Geschichtswissen, das die Forscher über die Zeit, aus der die einzelne Quelle stammt, bereits besitzen. Daher ist es durchaus denkbar, dass manche Überlieferungen in 50 Jahren anders bewertet werden als heute oder in früheren Jahren.

So gibt auch der Schulbuchtext nur die Kenntnisse wieder, die die Geschichtswissenschaft heute von der Vergangenheit erarbeitet hat. „Irrtum eingeschlossen".

3 **Eröffnung der ersten deutschen Eisenbahnstrecke Nürnberg–Fürth am 7. Dezember 1835.**

4 Der Bayernherzog Tassilo III. stiftete 777 dem Kloster Kremsmünster diesen Kelch.

5 Die Thermenanlage von Weißenburg.

6 Blick auf Regensburg mit Dom und Steinerner Brücke.

7 „Trümmerfrauen" bei der Arbeit.

1 *Ordnet die Abbildungen 1 bis 7 folgenden Begriffen zu: Schriftquelle – Bildquelle – Sachquelle (siehe Randleiste).*
2 *Erkundet, wovon diese Quellen berichten.*
3 *Eine „Quelle" ganz anderer Art: Findet heraus, was das Oktoberfest in München mit bayerischer Geschichte zu tun hat.*

Zu den ***schriftlichen Quellen*** *zählen wir: Tagebücher, Inschriften, Verträge, Briefe, Urkunden …*

Zu den ***Sachquellen*** *gehören: Gefäße, Werkzeuge, Knochen, Baudenkmäler …*

Bildquellen *sind z. B.: Fotografien, Karten, Zeichnungen, Grafiken …*

Geschichte erforschen und bewahren

***Archäologen*:** Wissenschaftler, die mithilfe von Ausgrabungen und Bodenfunden alte Kulturen erforschen. Vieles wird zufällig entdeckt, z. B. beim Straßenbau, und sorgsam ausgegraben.*

Archäologin

Grabungstechniker

Restauratorin

Zeichner

Sammlungsverwalterin

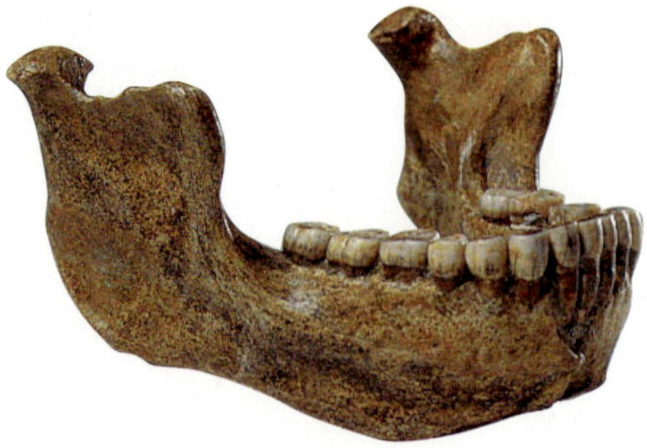

1 **„Heidelberger Unterkiefer“.** Alter: ca. 600 000 Jahre.

„Hait haww isch den Adam gefunne“, verkündete am Abend des 7. Oktober 1907 der Sandgrubenarbeiter Daniel Hartmann in Mauer bei Heidelberg. Schon Jahre vorher hatte der Altertumsforscher Otto Schoetensack die Arbeiter in der Sandgrube immer wieder besucht und ihnen erklärt, dass die Knochen, die sie im Sand fanden, von längst ausgestorbenen Tieren stammten. Er bat sie beim Graben genau aufzupassen und ihn jedes Mal zu benachrichtigen, wenn sie Knochen fanden.

Daniel Hartmann hatte einen menschlichen Unterkiefer gefunden, den Prof. Schoetensack untersuchte. Er fand heraus, dass der Unterkiefer von einem Menschen stammte, der vor etwa 600 000 Jahren gelebt hatte, dem „Heidelbergmenschen“.

1 *Vergleicht die Abbildung 1 und den Text.*

2 *Prüft, was das Bild allein aussagt.*

3 *Stellt eine Liste von Fragen auf, die beantwortet werden müssten, damit man den Unterkiefer des Heidelbergmenschen erklären könnte.*

4 *Überlegt, wer bei der Beantwortung der Fragen helfen kann.*

Die Arbeit der Archäologen*

Funde aus der Vor- und Frühgeschichte bis in die frühe Neuzeit sind das Forschungsgebiet der Archäologen. Sie bearbeiten oberirdisch noch sichtbare und im Boden verborgene Kulturdenkmäler.

- Sie suchen und sammeln Funde.
- Sie sichern Spuren aus der Vergangenheit.
- Sie vergleichen mit anderen Funden.
- Sie legen für ihre Funde eine zeitliche Ordnung fest.
- Sie ziehen Schlussfolgerungen.
- Sie versuchen zu rekonstruieren.

2 **Vorgeschichtsforscher bei einer Ausgrabung.**

3 **Fund aus dem Jahr 4013.**

Das 20. Jahrhundert wird „ausgegraben"
25. Mai 4013 – European Intersat Pressedienst
Sensationelle archäologische Funde aus dem 20. Jahrhundert geben Rätsel auf. Vorläufige Untersuchungsergebnisse:
Der runde Metallbehälter war ein damals weit verbreitetes Trinkgefäß, das ein zuckerhaltiges Getränk enthalten hat. Auf den Resten der Rotlackierung sind drei Buchstaben zu erkennen: „ola". Der beschädigte Buchstabe davor könnte ein L oder ein C gewesen sein. Die Bedeutung der Buchstabenkombination ist noch unbekannt.
Das schwarze, aus Gummi bestehende Reifenteil diente als federnde Verkleidung der Metallräder so genannter Autos. Das waren metallene Fahrkästen, in denen sich die Menschen fortbewegten.
Rätselhaft ist das grüne Flaschenbruchstück aus Synthetikmaterial. Das Gefäß enthielt eine Chemikalie, deren Verwendungszweck noch nicht zu erklären ist.
Der vierte Fund stellt einen mechanisch betriebenen Zeitmesser dar. Er wurde von einem komplizierten Räderwerk angetrieben und scheint nach bestimmter Voreinstellung Schrilltöne abgegeben zu haben.

5 *Vergleicht die Abbildung 3 und den Text.*
6 *Überlegt, welche Schwierigkeiten bei der Forschung im Jahr 4013 wohl zu überwinden waren.*
7 *Erklärt aus eurer Kenntnis die im Bericht nicht geklärten Fragen.*

Geschichtsschreibung heute
Alle Quellen, die über die Vergangenheit Aufschluss geben, werden in Archiven und Museen aufbewahrt. Geschichtswissenschaftler untersuchen diese „Zeugen" der Geschichte. Sie betrachten und prüfen Gegenstände, sie lesen Urkunden, Briefe, Dokumente und andere Schriften, sie werten Bilder, Fotografien, Filme und Tonquellen aus. Die Ergebnisse ihrer Forschungen machen die Historiker dann in Ausstellungen oder Büchern interessierten Menschen zugänglich.

8 *Erkundigt euch, welche Archive und Museen in der Nähe eures Heimatortes zu finden sind.*
9 *Befragt die Verwaltungsangestellten und die Rektorinnen und Rektoren eurer Schule, was im Schularchiv aufbewahrt wird, und überlegt euch, wozu diese „Quellen" benötigt werden.*
10 *Schaut im Internet nach, welche Museen ihr virtuell besuchen könnt.*

Wichtige Archive und historische Museen in der Landeshauptstadt München:
– Bayerisches Hauptstaatsarchiv
– Bayerisches Nationalmuseum
– Bayerische Staatssammlung für Paläontologie und historische Geologie
– Deutsches Museum
– Prähistorische Staatssammlung
– Staatliche Sammlung ägyptischer Kunst.

Leben in der Stein- und Metallzeit

Wie unsere Vorfahren vor 10 000 oder gar vor 100 000 Jahren gelebt haben, wissen wir nicht genau. Es gibt weder Bilder noch Berichte über diese Frühzeit der Menschheit. Wissenschaftler sammeln und untersuchen seit 150 Jahren Skelettreste und Geräte unserer Vorfahren, die sich in der Erde erhalten haben. Mit ihrer Hilfe befragen sie die Vergangenheit: Wie haben die ersten Menschen ausgesehen? Wie haben sie zusammengelebt? Wovon haben sie sich ernährt? Gab es Erfindungen, die ihr Leben veränderten? Antworten auf diese Fragen findet ihr auf den nächsten Seiten. Zunächst könnt ihr herausfinden, wann die ersten Menschen entstanden sind …

Das erste Auftreten des Homo sapiens

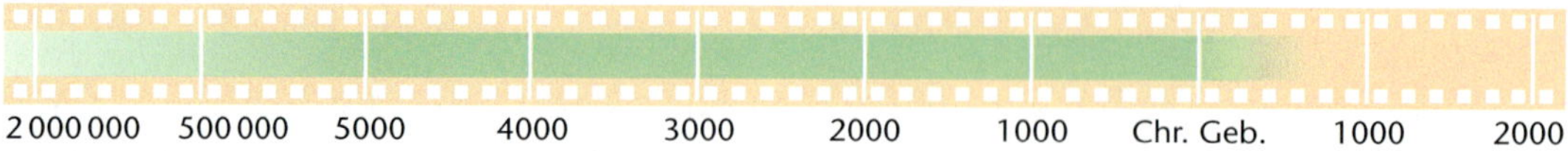

M1 Ältestes Skelett eines Australopithecus entdeckt:

Einen Sensationsfund verkünden südafrikanische Anthropologen*. Sie haben in den Sterkfontein-Höhlen das bisher vollständigste Skelett eines Australopithecus africanus, eines Urahnen des modernen Menschen, entdeckt. Das Alter der Knochen gaben sie mit etwa 3,5 Millionen Jahren an. ... Besonders wichtig sei der gute Zustand beider Kiefer. Auch die Fußknochen, der Unterschenkel und ein Unterarm seien hervorragend erhalten. „Mit diesem Skelett können wir viele Spekulationen über den Australopithecus beenden", meint Professor Philip Tobias. Jetzt könne man sich ein genaues Bild vom Körperbau, der Fortbewegung und damit der Lebensweise ... machen. Man nimmt an, dass die Art schon aufrecht gehen konnte, aber vorwiegend in Bäumen lebte. Die Größe des „Little Foot" getauften Skeletts gaben die Wissenschaftler mit 1,20 Meter an.

1 *Beschreibt die Entdeckung der südafrikanischen Archäologen.*

2 *Erklärt, welche Bedeutung der Fund für die Anthropologen hat.*

Anthropologen*: *Wissenschaftler, die sich mit der Entstehung und Entwicklung des Menschen beschäftigen.*

Lesetipp: *Archäologie. Reihe „Sehen – Staunen – Wissen". Gerstenberg Verlag, Hildesheim 1995.*

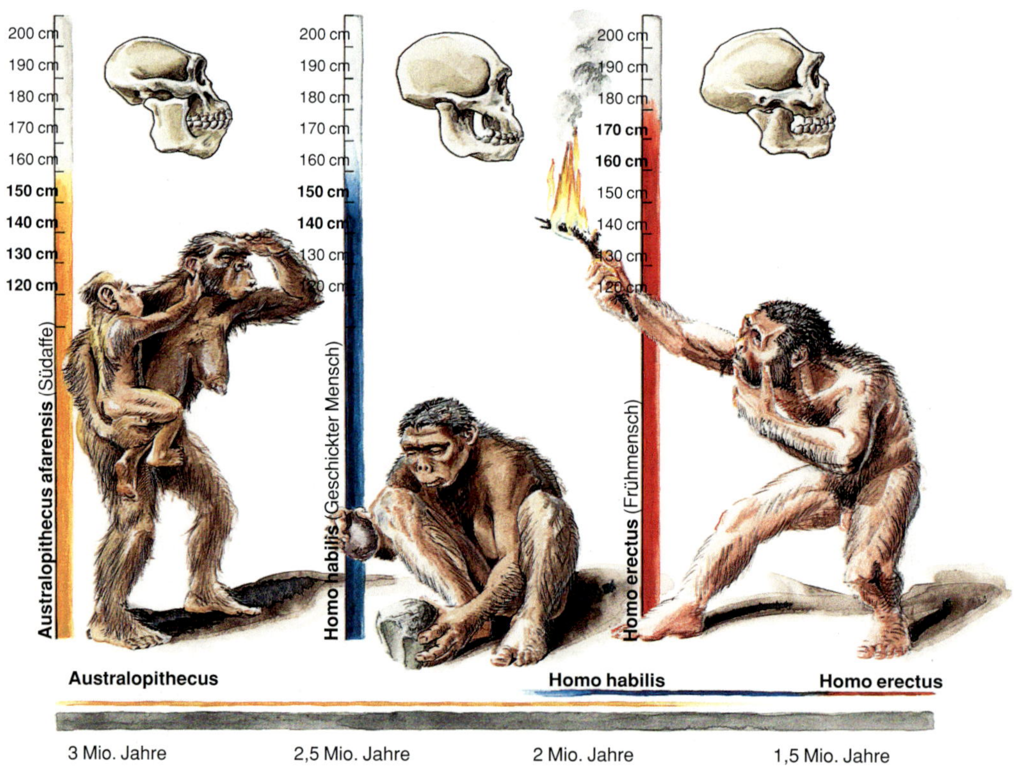

Vormensch – Australopithecus (Südaffe), 1,10–1,50 m, keine Werkzeugherstellung, Pflanzenkost, Afrika

Geschickter Mensch – Homo habilis, 1,45 m, einfache Werkzeuge, gemischte Kost, Ostafrika

Frühmensch – Homo erectus (der aufrecht gehende Mensch), 1,65 m, Faustkeilkultur, gemischte Kost, siedelte erstmals in Europa und Asien

Wie der Mensch zum Menschen wurde

Mit diesem Fossilienfund* gelang es den Wissenschaftlern ein weiteres Geheimnis über die Entstehung des Menschen zu lüften.
Was wissen wir eigentlich darüber? Wir wissen, dass die Entwicklung des Menschen in Afrika begann. Vor etwa 20 Millionen Jahren lebten dort viele verschiedene Arten von Menschenaffen. Eine von ihnen ist wohl der gemeinsame Vorfahre aller heutigen Menschenaffen und Menschen. Für die Wissenschaftler ist der Australopithecus noch kein Mensch. Sein Kopf ist noch sehr affenähnlich, aber der „Little Foot" konnte schon auf zwei Beinen gehen. Es dauerte noch sehr lange, bis sich echte Menschen entwickelt haben.
Vor etwa mehr als zwei Millionen Jahren entstanden wiederum in Afrika die ersten Menschen. Ihr aufrechter Gang ermöglichte einen vielfältigen Gebrauch der Hände. Das Gehirn hatte sich wesentlich vergrößert und in seiner Form verändert. Wie die Archäologie nachweisen konnte, lernten die Menschen das Feuer zu beherrschen, stellten Werkzeuge aus Stein her und lebten in kleinen Gruppen.
Diese bereits „geschickten Menschen" stellen ein Bindeglied zum Homo erectus dar, der größer und noch geschickter als seine Vorgänger war. Die Frühmenschen lebten wahrscheinlich in Horden* und wanderten vor vielen Jahrtausenden aus Afrika nach Europa und Asien aus. Bei Heidelberg wurde 1907 der Unterkiefer eines solchen Frühmenschen gefunden, dessen Alter auf 600 000 Jahre geschätzt wird. In den letzten Jahren wurde in Thüringen ein ganzes Lager von Frühmenschen ausgegraben. Auch im Rheinland bei Koblenz und Andernach sind Frühmenschenfunde gemacht worden.

Fossilien*: *Versteinerte Knochen.*

Horde*: *Ungeordnete Gruppe umherziehender Menschen ohne größeren inneren Zusammenhalt und ohne Führung.*

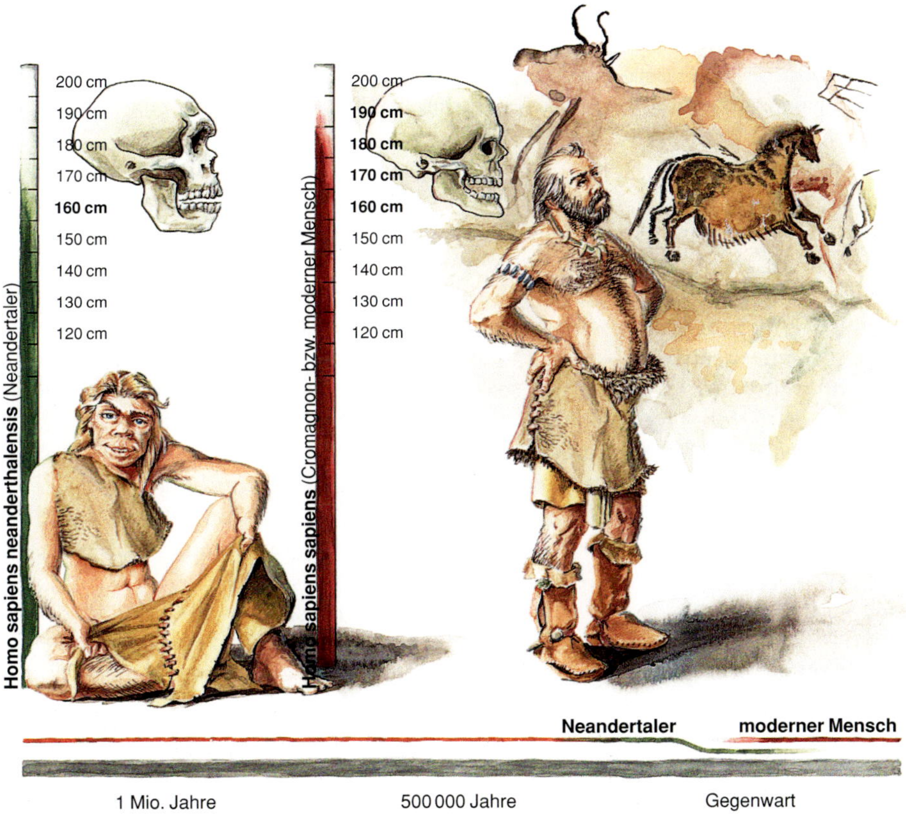

Neandertaler – Homo neanderthalensis, 1,60 m, vielfältige Werkzeuge, gemischte Kost, an die Kälte angepasst, in Europa ab 130 000 v. Chr., frühe Formen der Religion

Jetztzeitmensch – Cromagnon-Mensch, etwa vor 35 000 Jahren, 1,60–1,85 m, erfindungsreich, Schöpfer von Kunstwerken, weltweit verbreitet

Vom Neandertaler zum Jetztzeitmenschen

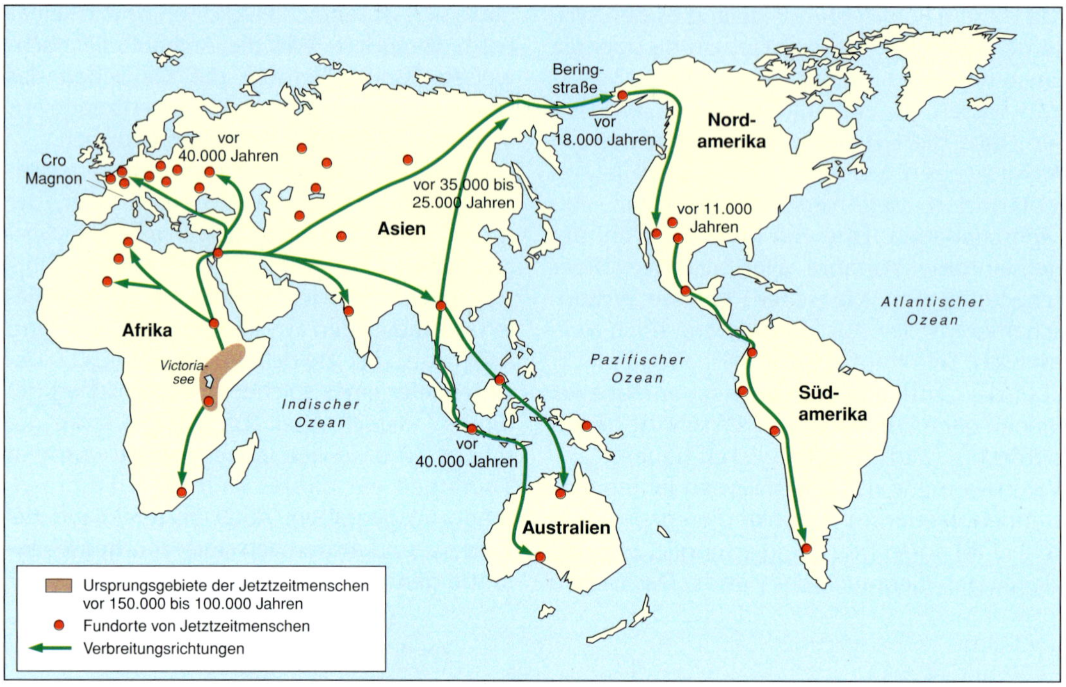

1 **Fundstätten und Verbreitung des Jetztzeitmenschen.**

Ein Neandertaler in der U-Bahn?
1957 beschrieben zwei englische Forscher den Neandertaler als ein Wesen, das uns ähnlicher ist, als man bisher geglaubt hatte: „Wenn es möglich wäre, dass er wieder auferstünde und in einer New Yorker Untergrundbahn führe, würde er – vorausgesetzt, man hätte ihn gebadet, rasiert und in moderne Kleidung gesteckt – vermutlich kaum mehr Aufsehen erregen als ein anderer Bürger."

Fundgrube:
Auf der Homepage des Neandertal-Museums in Mettmann (http://www.neanderthal.de) findet ihr erste Informationen über dieses Museum.

Der Neandertaler

Die im August 1856 von Steinbrucharbeitern in einer Höhle im Neandertal bei Düsseldorf gefundenen Fossilien gehörten zu einem anderen Menschentyp, der nach seinem Fundort Homo sapiens neanderthalensis (Neandertaler) genannt wird. Er hat sich in seiner Lebensweise dem eiszeitlichen Klima angepasst. Die Neandertaler waren Sammler und Jäger sowie hervorragende Werkzeughersteller. Eine besondere Neuerung war die sorgsame Bestattung der Toten. Daraus kann man schließen, dass sie bereits an ein Weiterleben nach dem Tod glaubten.

Umstritten ist, ob der Neandertaler über eine voll ausgeprägte Sprache verfügte. Manche Anthropologen bescheinigen ihm eine grundsätzliche Sprachfähigkeit, doch sei diese kaum über die Sprechfertigkeit von Kleinkindern hinausgegangen. Da es keine Funde von diesen Menschen nach 35 000 v. Chr. mehr gibt, nimmt man an, dass sie um diese Zeit schon ausgestorben waren.

Der Jetztzeitmensch

Vor etwa 40 000 Jahren wanderten Leute von der Art der Jetztzeitmenschen in Europa ein. Nach ihrem ersten Fundort in Frankreich wurden sie Cro-Magnon-Menschen genannt. Wie die Funde zeigen, waren diese Menschen geschickter als ihre Vorfahren. Sie entwickelten mit der Höhlenmalerei bereits die frühesten Formen der Kunst. Aber sie lebten noch vom Sammeln und Jagen.

Vor 18 000 Jahren wanderten Jetztzeitmenschen von Asien über die Beringstraße nach Amerika.

1 *Betrachtet die verschiedenen Rekonstruktionen des Vor- und Frühmenschen (S. 24/25): Zählt auf, worin ihr die Vorteile des aufrechten Ganges seht.*

2 *Stellt auf der Karte 1 fest, wie sich der Jetztzeitmensch über die ganze Erde verbreitete.*

3 *Überlegt, warum für die frühen Menschen der Gebrauch des Feuers so wichtig war.*

4 *Erklärt, welchen Nutzen das Zusammenleben in Gruppen bzw. Horden bot.*

Lebensbedingungen in der Eiszeit

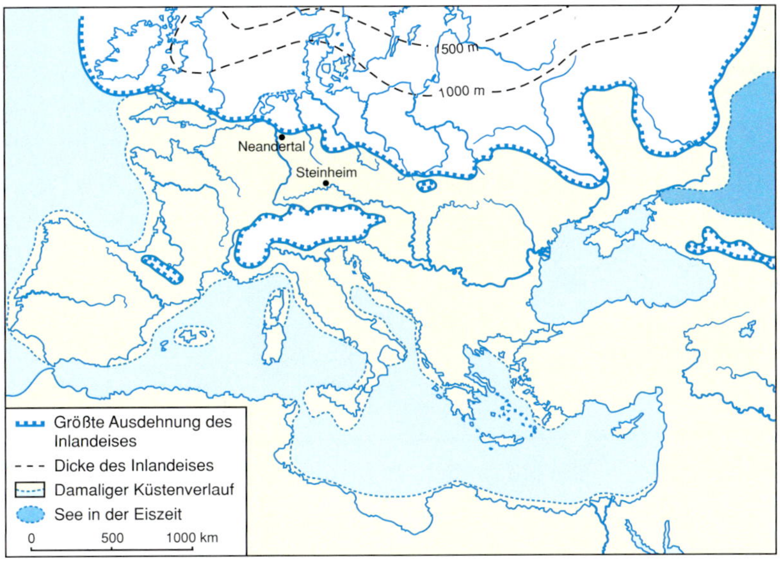

2 Die Verbreitung des Eises in der Eiszeit.

Das Klima in Europa war nicht immer gleich. Es veränderte sich mehrmals. Vier lang andauernde Eiszeiten* hat es in dem Zeitraum, in dem die Frühmenschen lebten, gegeben. Man benannte sie nach kleinen Flüssen im Voralpenland: Günz-, Mindel-, Riss- und Würm-Eiszeit. Über Jahrtausende lag die Durchschnittstemperatur im Juli bei +5° C und im Winter sank die Temperatur auf bis zu –40° C. Dicke Eisschichten bildeten sich in Nordeuropa und in den Alpen. Die Eismassen schoben sich als Gletscher immer weiter nach Mitteleuropa vor und bildeten eine Eisdecke von 100 bis 3000 m Dicke. Vor den Gletschern taute der Boden auch im Sommer kaum auf. Die Vegetation* veränderte sich. Die Wälder verschwanden; Steppen, Tundren und Moore entstanden.

Wie die Tundra* heute in Sibirien sah wohl ein großer Teil Mitteleuropas in der Eiszeit aus. Näher an den Gletscherrändern hörte der Baumwuchs auf. Flechten und Moose bedeckten den Boden. Die Tiere, die nicht an die Kälte gewohnt waren, zogen fort oder starben aus. Andere, wie das Mammut, der Höhlenbär oder das Ren, breiteten sich aus. Zwischen den Eiszeiten gab es immer wieder lange Zeiten, in denen es wärmer wurde. Das Eis schmolz; Tiere und Pflanzen, die wärmeres Klima brauchten, kehrten zurück.

5 *Beschreibt nach der Karte 2 die Verbreitung des Eises.*

6 *Was könnt ihr über die Menschen und ihren Lebensraum herauslesen?*

7 *Sprecht über die Auswirkungen einer solchen „Eiszeit" auf Pflanzen, Tiere und Menschen.*

8 *Erläutert mithilfe des Textes die Grafik 3. Achtet auf die Zeiten.*

3 Eiszeiten und Warmzeiten.

Eiszeiten*: *Durch den weltweiten Rückgang der Temperaturen kam es in verschiedenen Epochen der Erdgeschichte zum Vorrücken von Gletschern. Von Nordeuropa kommend schoben sich die Eismassen immer weiter nach Mitteleuropa. Die Zeiträume zwischen den Eiszeiten nennt man Warmzeiten.*

Vegetation*: *Pflanzenwelt.*

Sibirische Tundra*: *Baumlose Kältesteppe (Flechten, Moose) in den nördlichen Kaltzonen der Erde. In versumpften Gegenden herrschen große Stechfliegen- und Mückenplagen.*

Fundgrube: *Atlas der Frühgeschichte. Von den Anfängen der Menschheit bis zur Antike. United Soft Media Verlag, München 1998.*

Die Altsteinzeit

1 **Jagdszene am Ende der Altsteinzeit.** Rekonstruktionszeichnung.

Nahrungsbeschaffung

Das Leben der Menschen in der Altsteinzeit* war ein ständiger Kampf ums Überleben. Es war vor allem ausgefüllt mit der Sorge um die tägliche Nahrung. Eine große Rolle spielte dabei die Jagd.

Große Tiere, wie z. B. das Mammut, wurden mit Stoßlanzen und Wurfspeeren von hinten angegriffen. Fallgruben konnten nur angelegt werden, wenn der Boden nicht gefroren war. Bei der Treibjagd mussten viele Jäger zusammenhelfen. Mit den einfachen Waffen aus Stein, Holz und Geweih war die Jagd sehr schwierig und gefährlich. Die Jagdbeute wurde völlig verwertet, d. h. nicht nur das Fleisch, Fett, Innereien und Knochenmark, sondern auch die Felle, Sehnen, Knochen und Zähne fanden Verwendung. Von einem Rentier (50 kg Fleisch) konnte man ein paar Tage leben.

Ein Großteil der Nahrung wurde jedoch gesammelt. Das war Aufgabe der Frauen. Sie trugen Früchte, Beeren, Nüsse, Pilze oder Wurzeln zusammen, ebenso Kleintiere wie Larven, Maden, Schnecken und Muscheln. Auf ihren Sammelzügen fingen die Frauen auch Eidechsen, Frösche und Vögel. Vogeleier

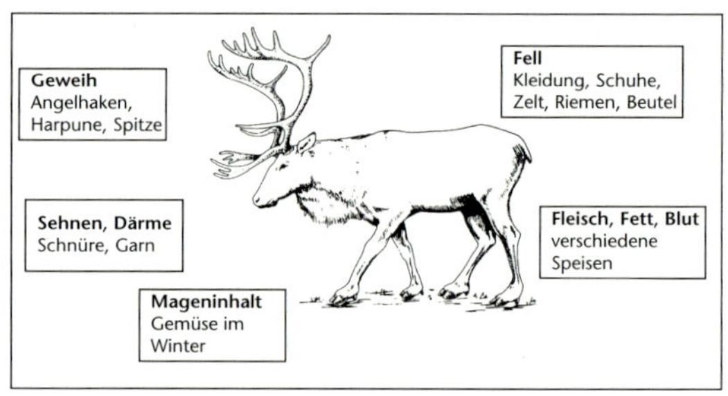

2 **Die Nutzung eines Rentiers.**

und Honig von Bienen waren sicherlich ebenfalls eine beliebte Speise.

Die Jäger und Sammlerinnen lebten in kleinen Gruppen von 25 bis 30 Menschen zusammen. Sie mussten dem wandernden Wild nachziehen und Gebiete aufsuchen, in denen es genügend pflanzliche Nahrung gab. Deshalb hatten sie auch keine festen Wohnungen, sie lebten als Nomaden*.

1 *Seht euch die Abbildung 1 an: Welches Tier wird gejagt, wie gehen die Jäger dabei vor? Welche Waffen benützen sie?*
Wie kann die Jagdbeute verwertet werden?

2 *Nennt Gründe, warum ihre Lebensweise den Bau fester Häuser nicht zuließ.*

Altsteinzeit*:
Vor etwa 2 Millionen Jahren begann die Altsteinzeit. Sie endete mit der letzten Eiszeit um 8000 v. Chr. In dieser Zeit lebten die Menschen ausschließlich als Jäger und Sammler. Sie zogen in familienähnlichen Lebensgemeinschaften von etwa 20 bis 30 Personen umher. Ihre Geräte und Waffen stellten sie aus Steinen, Knochen und Holz her.

Nomaden* *(übersetzt: Hirten- oder Wandervölker): Völkerstämme, die keinen festen Wohnsitz haben und auf der Suche nach geeigneten Weideplätzen ständig umherziehen, wie z. B. heute die Tuareg in Nordafrika. In der Altsteinzeit zogen die Menschen hinter dem wandernden Wild her und suchten Gebiete auf, in denen es ausreichend pflanzliche Nahrung gab.*

Lesetipp:
Patricia Theissen/ Thomas Thiemeyer: Das große Buch der Steinzeit. Ravensburger Buchverlag, Ravensburg 1995.

Die Menschen als Jäger und Sammler

3 Lagerplatz steinzeitlicher Jäger. Rekonstruktionszeichnung.

*Die **typische Jagdbeute** der Menschen in der Nacheiszeit:*
1 Hirsch
2 Elch
3 Ur
4 Braunbär
5 Wildschwein

1

2

3

4

5

Wohnen

Eines der wesentlichen Grundbedürfnisse der Menschen ist es wohl ein sicheres „Dach über dem Kopf" zu haben. Für die weit umherziehenden Jägerhorden war der Treffpunkt am Lagerfeuer wichtig. Hier konnten die Menschen miteinander reden, sich über ihre Erlebnisse austauschen und Erfahrungen weitergeben. Der Feuerplatz musste aber geschützt liegen und genügend Raum bieten. Die Vorstellung, dass alle Menschen in Höhlen gewohnt haben, ist falsch. Meist lebten sie unter freiem Himmel. Schutz boten Windschirme aus Zweigen und Schilf, Erdgruben mit einem Dach aus Reisig und Fellen, Rundhütten oder Zelte, deren Bahnen aus Leder und Fell zusammengenäht waren. Höhlen und Felsvorsprünge wie im unteren Altmühltal zwischen Riedenburg und Kelheim waren nur dann bevorzugte Wohnorte, wenn sie leicht zugänglich und in Flussnähe waren. So hatten die Jäger einen freien Blick über das Tal um die vorüberziehenden Herden beobachten zu können.

4 Steinzeitliches Zelt. Rekonstruktion.

Arbeitsteilung zwischen Mann und Frau

Im Laufe der Altsteinzeit hat sich Leben in Kleingruppen als die zweckmäßigste Form des Zusammenlebens herausgestellt. In diesen Gruppen entwickelte sich nach und nach eine bestimmte Arbeitsteilung.
Die Arbeiten der Frau waren vielfältig. Sie war für die Erziehung der Kinder zuständig und hütete neben den Kindern auch das Feuer. Die Nahrungsbeschaffung nahm sehr viel Zeit in Anspruch. Alles, was die Frauen sammelten, bildete stets die Grundlage für das Überleben der Horde. Die Zubereitung der Nahrung gehörte wohl ebenso zu den Aufgaben der Frau wie die Herstellung der Kleidung. Die dafür nötigen Geräte wie Nähnadeln oder Bohrer wurden vermutlich von ihr selbst hergestellt.
Die Männer dagegen gingen vorwiegend auf die Jagd, beschafften Rohmaterial für die Geräte und versorgten das Lager mit Brennholz. Sie stellten die Jagdgeräte und größeren Werkzeuge her.

3 *Fasst zusammen, wie die Jägerhorde der Altsteinzeit lebte.*

4 *Beschreibt die Arbeitsteilung, die sich zwischen Mann und Frau herausbildete.*

Die Werkzeugherstellung

Werkzeuge*:
Die Menschen der Altsteinzeit stellten ihre Werkzeuge und Waffen aus Steinen, Knochen und Holz, aber auch aus den Hörnern und Zähnen ihrer Jagdbeute her. Ihr wichtigstes Gerät war zunächst der Faustkeil.
Im Laufe der Zeit entwickelten sich zahlreiche Werkzeuge mit Spezialformen für die unterschiedlichsten Aufgaben: Schaber, Messer, Bohrer, Kratzer …

***Feuerstein** war die wichtigste Gesteinsart für die Herstellung von Werkzeugen. Er wurde vorwiegend in Steinbrüchen abgebaut. Die zu Stein gewordene Kieselsäure findet man als Knollen eingeschlossen in Ablagerungen der Jura- und Kreidezeit. Das Innere einer Feuersteinknolle zeigt keine Kristallstruktur und ist deshalb in jede Richtung durch Schlag oder Druck spaltbar. Dabei entstehen messerscharfe Kanten.*

Durch die Jagd bestritt der eiszeitliche Jäger einen Großteil seines Lebensunterhalts. Waffen und Werkzeuge* benötigte er nicht nur für das Jagen selbst, sondern auch für das Zerlegen der Beute, für die Bearbeitung der Felle und vieles mehr. Sein Hauptwerkstoff war Stein – das Material, dem die Steinzeit ihren Namen verdankt.

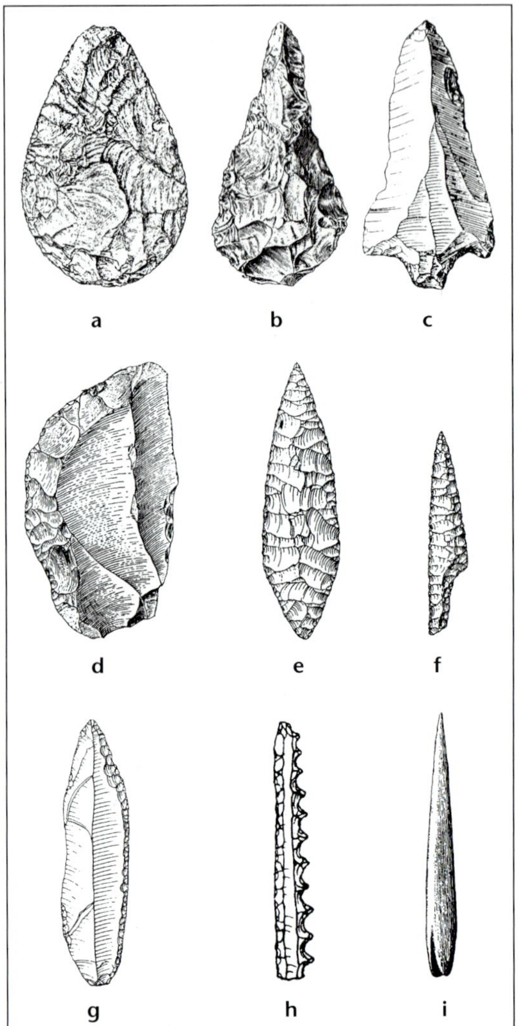

1 **Werkzeuge aus verschiedenen Schichten.**

M1 Der Archäologe F. Behn schrieb über die Entwicklung der Werkzeuge:

… Die ersten Werkzeuge des Menschen waren seine Körperteile, voran Arme und Beine. Ihre Wirkung zu steigern … war das Ziel … frühester Erfindertätigkeit der Menschen. Die Reichweite des Armes konnte durch einen abgerissenen Ast, der Schlag der Faust durch einen aufgehobenen Stein verstärkt werden. Der nächste Schritt … bestand darin, dem Rohstoff eine Form zu geben, die ihn für bestimmte Handlungen geeigneter machen konnte … Das wichtigste Gerät der ersten Zeit hat Mandelform, man hat es Faustkeil genannt. Es konnte für … alle Zwecke verwendet werden. Wir können seine Entwicklung an Tausenden von Exemplaren … verfolgen … Der schwere Faustkeil wird ständig kleiner und endet als zierliche Handspitze. An die Stelle des allein verwendeten Werkzeuges tritt nun eine lange Reihe von Spezialformen: Schaber, Messer, Bohrer, Kratzer … usw. …

1 *Überlegt, welche Werkzeuge in der Abbildung 1 dargestellt sind. Woran lässt sich ihr unterschiedliches Alter erkennen?*
2 *Beschreibt die Herstellung eines Werkzeuges nach Abbildung 2.*

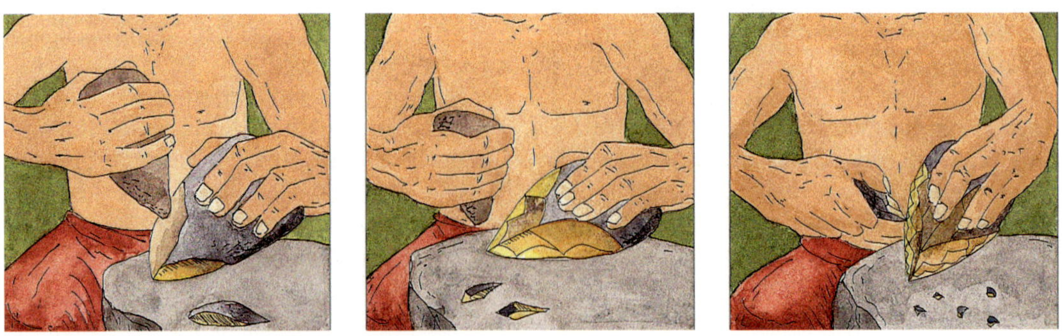

2 **Herstellung eines Werkzeuges.** Rekonstruktion.

Die ersten Künstler Europas

3 **Höhlenmalerei in Lascaux/Frankreich,**
um 15 000 v. Chr.

4 **Steinkistengrab aus der Jungsteinzeit.**
Ähnliche Bestattungen gab es schon in der Altsteinzeit.

Felsmaler und Bildhauer

Künstler der Steinzeit haben die ersten Gemälde geschaffen: auf Wänden, in Höhlen oder an Felsflächen. Sie malten mit Erdfarben – aus roter, brauner, gelber Erde, angerührt mit Ruß, Pflanzen- und Beerensaft – Tiere ihrer Umgebung: Mammut, Nashorn, Bison, Wildpferd, Bär, Rentier usw. Aus Knochen oder Elfenbein schnitzten sie Tierfiguren.

Die bekanntesten Höhlenmalereien* sind in Lascaux, Niaux und Vallon-Pont-d'Arc in Frankreich sowie in Altamira in Spanien zu finden. Warum fertigten Menschen diese Kunstwerke an? In der Forschung gibt es verschiedene Meinungen. Einig ist man sich nur darin, dass die frühen Künstler keinen Wandschmuck für Höhlenwohnungen herstellen wollten. Manche Wissenschaftler meinen, dass es sich um Jagdzauber handle. Die gemalten Tiere sollen durch Zauberer und Schamanen* gebannt werden um das Jagdglück zu beschwören. Andere sagen, diese Tiere seien als Schutzgeister oder sogar Götter angesehen worden. Die Bilderhöhlen seien Heiligtümer, in denen gebetet und geopfert worden sei. Die Höhlenmalereien lassen jedenfalls vermuten, dass die frühen Menschen über die Tiere und die Natur, den Tod und die Gottheiten nachdachten.

Totenbestattung

Durch eine Reihe von Funden wissen wir, dass schon die Jäger und Sammler die Toten beerdigt haben.

M2 Otto Hauser, ein Archäologe, berichtet:

... Die Jäger und Sammlerinnen betteten die Toten in Gruben, oft in unmittelbarer Nähe ihrer eigenen Wohnstätte. Schmuck, Werkzeuge, Lebensmittel wurden mit ins Grab gegeben. Sie glaubten offensichtlich an ein Weiterleben nach dem Tod. Wie sie sich das Leben nach dem Tod vorstellten, wissen wir nicht.

Es ist anzunehmen, dass sich die Menschen gegenüber den Naturgewalten hilflos fühlten und Angst vor Blitz und Donner, Krankheit und Tod hatten. Sie werden sich gefragt haben, woher das alles kommt.

Beim Nachdenken über diese Fragen kamen die damaligen Menschen vermutlich auf den Gedanken, dass übernatürliche Kräfte, Götter und Geister ihr Leben beeinflussten. ...

3 *Fasst zusammen, was ihr über die Grabstätten in der Altsteinzeit erfahren habt.*

4 *Malt wie die Menschen in der Steinzeit. Aus Ziegelsteinstückchen könnt ihr roten Staub herstellen. Mit Wasser und Tapetenkleister vermischt ergibt das eine brauchbare Farbe. Als „Felswand" eignet sich Packpapier oder Tapete, Saft aus Johannis- oder Heidelbeeren gibt weitere Farbtöne.*

Höhlenmalerei*:
Die frühen Menschen malten vor allem Jagdmotive an Höhlenwände. Wissenschaftler vermuten, dass Menschen aus religiösen Gründen malten.

Schamane*:
Zauberpriester.

Lesetipp:
Justin Denzel: Tao, der Höhlenmaler. dtv, München 1992.

Werkstatt Geschichte: Steinzeithöhlen …

Das große Unglück
Vor einigen Jahren fanden Arbeiter eines Steinbruchs eine geheime, verborgene Höhle. Als Forscher dann durch das Höhlenloch eintreten wollten, stellten sie fest, dass die Höhlendecke vor etwa 40 000 Jahren eingestürzt war. Vorsichtig räumten sie Steine, Schutt, Sand und Felsen beiseite. Dabei machten sie eine spannende Entdeckung: Die Höhlendecke hatte bei ihrem Einsturz eine ganze Steinzeitmenschenhorde unter sich begraben. Alle Überreste lagen noch genau so da, wie es vor 40 000 Jahren kurz vor dem Einsturz gewesen war.

Der Fundbericht der Forscher
Hinter dem Höhleneingang fanden wir zwei fast vollständig erhaltene weibliche Skelette. Sie lagen ziemlich genau auf einem großen Tierfell, auf dem man jedoch nur zum Teil noch die Behaarung erkennen konnte. In der unmittelbaren Nähe von ihnen lagen zwei große Faustkeile …
Der Boden links vom Höhleneingang war über und über mit Knochen bedeckt. Sie gehörten offensichtlich alle zu einem Tier. Zwischen ihnen steckte ein spitzer hölzerner Stock. Gleich daneben lagen die Überreste eines weiteren männlichen Steinzeitmenschen.
An der rechten Höhlenwand fanden wir eine Vertiefung im Boden. In ihr lagen ein Stück gesäubertes Leder sowie Steine, die ganz schwarz vom Feuer waren. Neben dieser Grube lagen die Überreste von zwei weiblichen Skeletten. Eines dieser weiblichen Skelette gibt ein Rätsel auf. Denn es fanden sich dort vier Arme, vier Beine und zwei Köpfe …
Weiter hinten in der Höhle entdeckten wir dann noch einen ganzen Haufen von Feuersteinen und Feuersteinabschlägen. Daneben lagen zwei weitere Skelette …
An der linken Höhlenwand konnten wir die Reste einer Malerei entdecken. Sie stellte einen Elefanten dar. …

Eure Aufgabe
Ihr seid Mitarbeiter der Archäologen. Sie haben euch beauftragt ein Modell der Steinzeithöhle herzustellen. Geht dabei so vor:
1 *Besorgt euch einen Schuhkarton. Malt auf den Boden eures Schuhkartons das Ausgangsloch der Höhle.*
2 *Rekonstruiert aus dem Fundbericht, was in der Höhle unmittelbar vor ihrem Einsturz gewesen ist. Haltet euch dabei so genau wie möglich an den Fundbericht.*
3 *Wählt aus dem Arbeitsbogen (S. 33) die notwendigen Figuren für eure Rekonstruktion aus. Aber: Achtung! Ihr braucht nicht alle Figuren. Manche Gegenstände aus der Höhle müsst ihr jedoch selbstständig zeichnen. Benutzt dafür die Abbildungen in eurem Geschichtsbuch als Hilfe.*

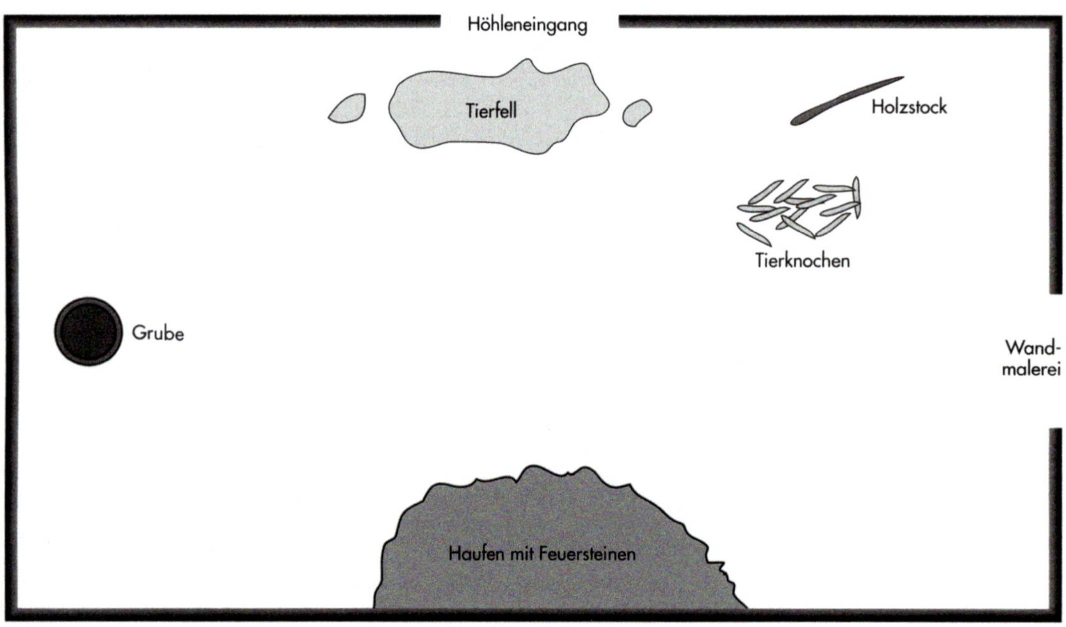

1 **Der Grabungsplan.** Aufsicht von oben.

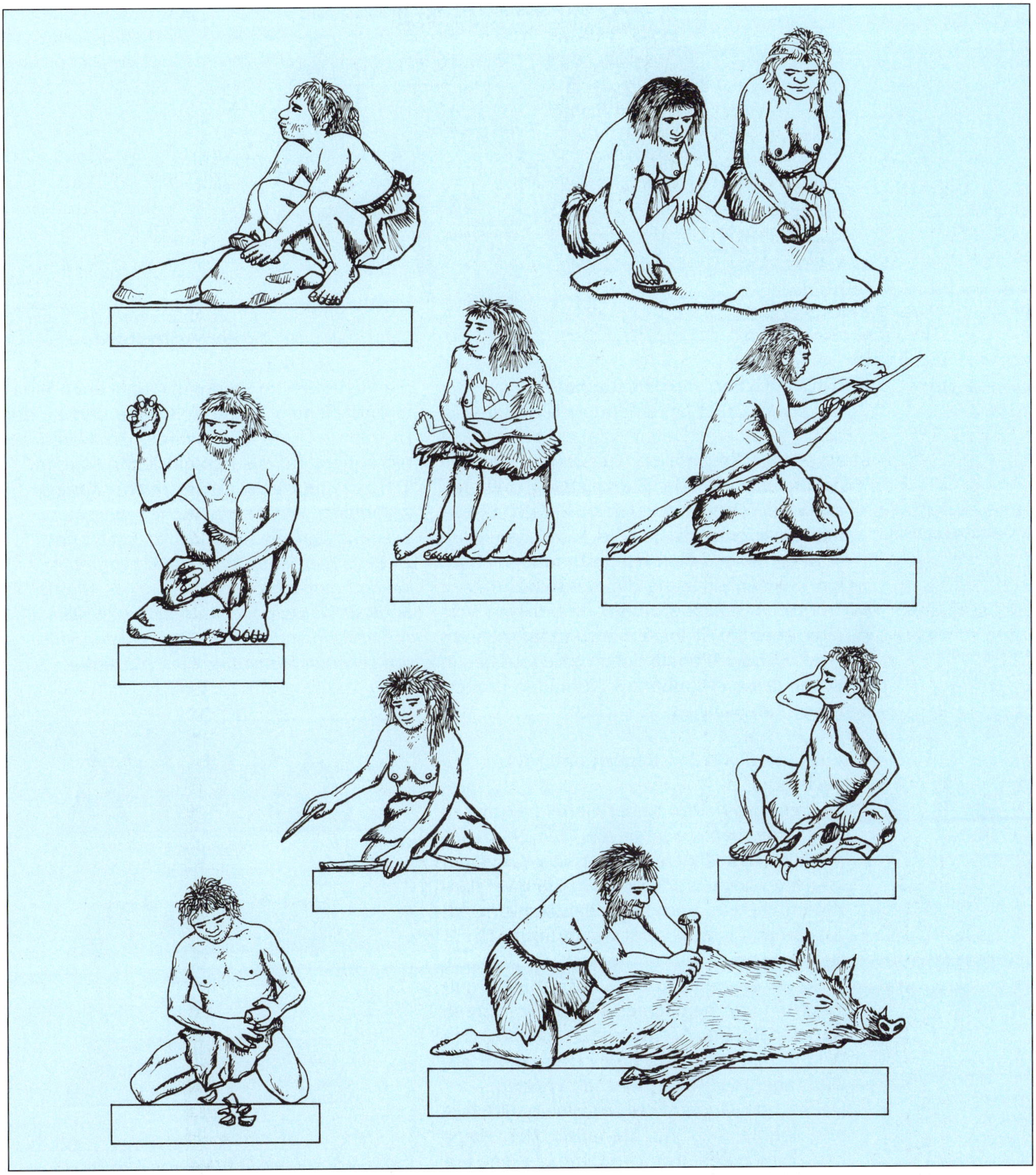

2 **Arbeitsbogen: Figuren zum Kopieren.**

Die Jungsteinzeit*

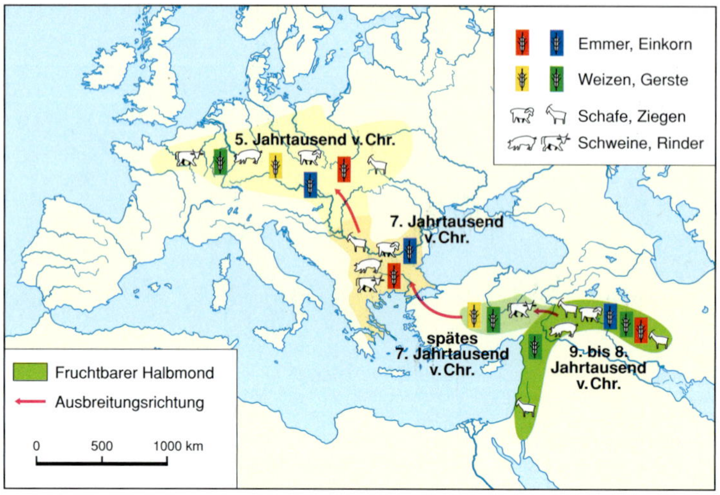

1 Die Ausbreitung der bäuerlichen Wirtschaftsform.

Die Menschen werden sesshaft

Vor etwa 12 000 Jahren endete die letzte Eiszeit. Im Vorderen Orient* kam es in dieser Zeit zu reichen Regenfällen. Gerste und Weizen, die hier schon lange wild wuchsen, breiteten sich dadurch weiter rasch aus. Bald gab es mehr Wildgetreide, als die Menschen während der kurzen Reifezeit verbrauchen konnten. So begannen sie die Getreidekörner in Erdgruben aufzubewahren. Mit diesen Vorräten konnten sie ihre Ernährung für mehrere Wochen oder Monate sichern. Sie mussten in dieser Zeit nicht mehr als Nomaden umherziehen um Nahrung zu suchen.

Aus Jägern werden Bauern und Viehzüchter

Bei der Aufbewahrung der Getreidekörner in den Erdgruben machten die Menschen vermutlich die Beobachtung, dass die Getreidekörner auskeimen und sich daraus neue Pflanzen entwickeln. Von dieser Beobachtung bis zur planmäßigen Aussaat war es nur noch ein kleiner Schritt. Bald entdeckten sie, dass sie mehr ernteten, wenn sie den Boden auflockerten und den Samen von den größeren Ähren nahmen. So züchteten sie aus den Wildformen ertragreichere Getreidesorten. Dazu aber mussten sie sesshaft werden.

Da sie nun längere Zeit an einem Ort lebten, lohnte sich für sie auch der Hausbau. Dies geschah im Vorderen Orient um 8000 v. Chr. Etwa in der gleichen Zeit lernten die Menschen im Vorderen Orient auch Schafe und Ziegen, später Schweine und Rinder zu zähmen und zu züchten. So waren sie nicht mehr auf das Jagdglück angewiesen.

1 *Fasst mithilfe des Textes und der Karte 1 zusammen, wie die bäuerliche Lebensweise entstand und wie sie sich ausgebreitet hat.*

2 *Beschreibt Abbildung 2 und begründet die dort gemachte Aussage.*

3 *Stellt Vermutungen darüber an, welche Auswirkungen die neue Wirtschaftsform für das Leben der Jäger und Sammler hatte.*

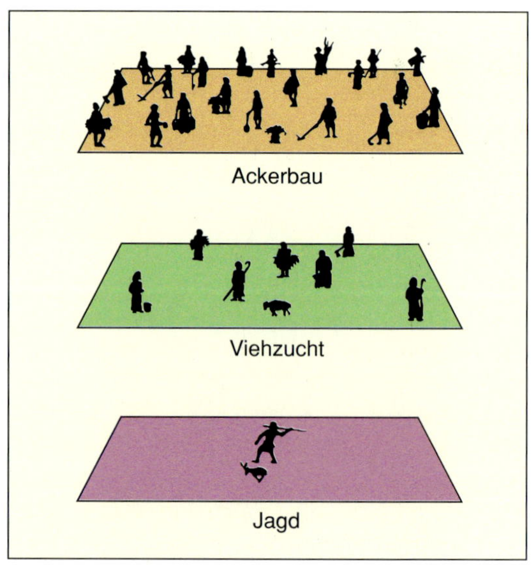

2 So viele Menschen konnten von einem Quadratkilometer Boden ernährt werden.

Jungsteinzeit*: *In dieser Zeit (10 000 bis 3000 v. Chr.) gingen die Menschen zum Ackerbau und zur Viehzucht über. Sie wurden sesshaft und lebten in Siedlungen.*

Vorderer Orient*: *Länder des östlichen Mittelmeerraumes, z. B. Libanon, Syrien, Israel.*

Jungsteinzeitliche Weizenarten: *Einkorn, Zwergweizen, Emmer, Saatweizen; zum Vergleich eine heutige Weizenähre.*

Die Ausbreitung einer neuen Lebensweise

3 **In einem jungsteinzeitlichen Dorf.** Rekonstruktionszeichnung.

Ackerbau und Viehzucht machten die Ernährung sicherer. Die Bevölkerungszahl wuchs. Bald reichte das fruchtbare Land nicht mehr aus. Ganze Gruppen von „Auswanderern" machten sich auf die Suche nach neuem geeigneten Land. Beliebte Zugwege waren die Flusstäler. Auf diese Weise verbreitete sich die bäuerliche Lebensweise vom Vorderen Orient aus in einem immer größer werdenden Gebiet.

Vor rund 7000 Jahren hat sich die Landwirtschaft auch in Mitteleuropa durchgesetzt. Die ersten Ackerbauern nennt man Bandkeramiker*, sie kamen der Donau folgend aus dem Nordbalkan* und ließen sich in den fruchtbaren Flusstälern nieder. Grundvoraussetzung bei der Wahl der neuen Siedlungsgebiete waren das Vorhandensein von Löss*, günstige Klimabedingungen und die Nähe von Wasser.

In unmittelbarer Nachbarschaft lebten aber auch noch häufig altsteinzeitliche Jäger- und Sammlerhorden; manche werden die „fortschrittliche" bäuerliche Wirtschaftsweise übernommen, andere sich dagegen zur Wehr gesetzt haben.

Reporter „Jungstein" möchte eine Reportage über das Leben der Menschen von damals schreiben. Nehmt seine Rolle ein.

4 *Überlegt euch entsprechende Fragen und notiert sie.*

5 *Schreibt mögliche Antworten der einzelnen Personen in Abbildung 3 auf. Denkt dabei an Hausbau, Feldanbau, Ernten, Aufbewahrung der Nahrungsmittel und Viehhaltung.*

6 *Sicherlich könnt ihr jetzt den Unterschied zur Lebensform der Altsteinzeitmenschen erklären. Legt eine Tabelle an.*

7 *Spielt eine Reportage und nehmt sie auf Video auf. Vielleicht könnt ihr euch die passenden Kostüme nähen. „Jungstein" kann natürlich seine Rolle „flippig" modern spielen.*

Bandkeramiker*:
Die ersten Bauern in Mitteleuropa nennen wir aufgrund ihrer Muster auf Keramikgefäßen Bandkeramiker. Sie verzierten ihre Gefäße mit bandähnlichen Mustern und Wellenlinien.

Gefäße der Bandkeramiker.

Balkan*:
Ins Mittelmeer ragende Halbinsel Südeuropas, umfasst Griechenland, Albanien, Bulgarien, die europäische Türkei und große Teile des ehemaligen Jugoslawien.

Löss*:
Wasser- und luftdurchlässiger, staubfeiner Mergelsand von gelblicher Farbe und großer Fruchtbarkeit; in der Eiszeit entstanden.

Lesetipp:

Wolfgang Kühn: Mit Jeans in die Steinzeit. dtv, München 1992.

Gabriele Beyerlein/ Herbert Lorenz: Die Sonne bleibt nicht stehen. Arena Verlag, Würzburg 1992.

Leben in der Jungsteinzeit

1 Bau eines Hauses in der Jungsteinzeit. Rekonstruktion.

Sippe*:
Gruppe von Menschen mit gemeinsamer Abstammung und starkem Zusammenhalt; oft unter der Führung eines Ältesten stehend.

Ausgrabung von Hienheim:

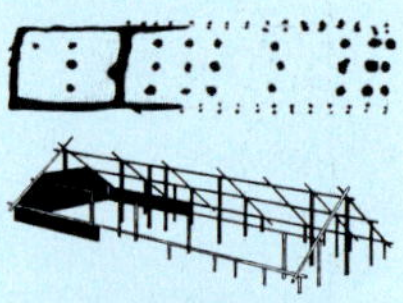

In Hienheim im Landkreis Kelheim wurden 19 Häuser der Bandkeramikzeit ausgegraben. Es waren Rechteckbauten aus Holzpfosten und lehmverputzten Flechtwerkwänden. Der Lehm wurde großen Gruben entnommen, die später als Abfallgruben dienten. Das Dorf bestand aus verschieden großen Häusern, was auf soziale Unterschiede seiner Bewohner schließen lässt.

Inneres eines Jungsteinzeithauses.

Leben in einem jungsteinzeitlichen Dorf
Aussaat und Ernte zwangen die Menschen sich in der Nähe ihrer Äcker aufzuhalten. So wurden sie sesshaft und lebten in Großfamilien und Sippen* in meist kleinen Dörfern zusammen. Diese lagen fast immer an einem Bach oder an einem Teich. Sie waren von einem Erdwall, Zaun oder Graben umgeben, denn die Bewohner mussten sich gegen umherschweifende Jägerhorden verteidigen.
Jede Familie bestellte ihre Äcker. Sie fertigte fast alle Geräte, die Werkzeuge und die Kleidung selbst. Die Frauen arbeiteten auf dem Feld mit, töpferten, spannen und webten, nähten die Kleidung. Sie rieben auf einem Mahlstein das Getreide zu Schrot und bereiteten das Essen zu.
Die Männer machten Boden urbar, bearbeiteten den Acker und bauten Häuser. Sie stellten Werkzeuge her, hüteten das Großvieh und gingen auf die Jagd.
In den Dörfern haben wohl mehrere Familien in einem Haus zusammengelebt und gearbeitet. Wenn neue Äcker angelegt, ein neues Haus gebaut oder der Schutzwall um das Dorf erneuert werden mussten, dann werden wohl alle zusammengeholfen haben.
In den Familien lebten und arbeiteten alle zusammen. Die Kinder gingen mit Vater oder Mutter und sahen ihnen bei der Arbeit zu, solange sie klein waren. Wurden sie größer, dann packten sie bei allen anfallenden Arbeiten mit an und lernten auf diese Weise, was zum Leben nötig war.
Die alten Menschen blieben in der Familie, halfen mit, soweit sie noch konnten, und wurden von den Jüngeren versorgt. So lebte die ganze Familie von dem, was sie gemeinsam erwirtschaftet hatte.

Hausbau
1 *Seht euch noch einmal auf Seite 29 an, wie die Menschen der Altsteinzeit gewohnt haben. Vergleicht ihre Wohnmöglichkeiten mit dem Haus aus der Jungsteinzeit (Abbildung 1).*
2 *Beschreibt anhand der Abbildung 1 die Arbeitsgänge beim Bau eines Jungsteinzeithauses.*
3 *Stellt eine Liste der zum Hausbau nötigen Baumaterialien zusammen und überlegt, wie sie beschafft werden könnten.*
Die Funde aus der Jungsteinzeit zeigen Spuren unterschiedlicher Haustypen. Es gab Einraumhäuser, in denen jeweils eine Familie wohnte. Dazu gehörten gesonderte Vorratshütten und oft auch Schutzbauten für das Großvieh. In anderen Gegenden stieß man auf Dörfer, in denen Langhäuser standen. In diesen Häusern war alles unter einem Dach untergebracht, was die Menschen zum Leben brauchten. Es fanden sich Räume zum Wohnen, für die Vorräte und fürs Vieh.

Neue Techniken und Berufe

2 Töpferwaren aus einem jungsteinzeitlichen Dorf.

3 Webstuhl und Gewand. Nachbildung von Schülerinnen und Schülern, 1996.

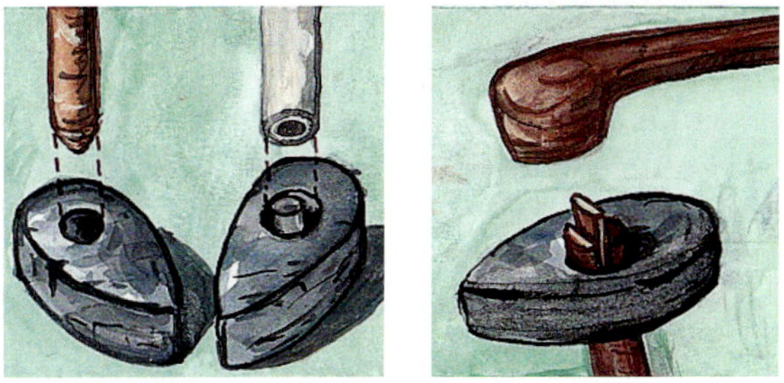

4 Bohren von Steinen. Modellversuch.

Töpfern, Weben, Bohren

In allen ausgegrabenen Siedlungen der Jungsteinzeit fanden die Archäologen Tonwaren, vor allem Töpfe und Krüge für die Aufbewahrung des Korns, zum Kochen und Trinken. Die gebräuchlichste Technik der Herstellung war, dass von einem Stück gekneteter feuchter Tonerde ein flacher Boden hergestellt wurde. Aus kleinen Klumpen formte man Rollen, die ringförmig übereinander auf den Bodenrand gedrückt wurden. So entstand die Wand des Gefäßes. Nachdem die Wände glatt gestrichen waren, mussten die Gefäße an der Luft trocknen. Anschließend wurden sie im Feuer gebrannt. Dadurch wurden sie hart.

Die Funde von Spindeln beweisen, dass die Menschen schon Garn gesponnen und Stoffe gewebt haben. Dazu benutzten sie primitive Webstühle; als Rohstoffe verwendeten sie Flachs* und Schafwolle.

Handwerker, Bergleute und Händler

Die Herstellung der neuen Geräte erforderte nicht nur viel Zeit, sondern auch Übung und Geschick. So entwickelte sich die Arbeitsteilung* immer mehr. Für besonders schöne und gute Werkzeuge gab es bereits Spezialisten, die ersten Handwerker. Sie tauschten ihre Erzeugnisse gegen Lebensmittel, da ihnen zur Feldarbeit zu wenig Zeit blieb.

Zur Herstellung von Werkzeugen eignete sich am besten Feuerstein. Um an ihn zu gelangen legten die Menschen schon in der Jungsteinzeit die ersten Bergwerke an.

Da Feuerstein nicht überall vorkam, musste er von Ort zu Ort befördert werden. Diese Aufgabe übernahmen die Händler, ebenso wie die Verteilung fertiger Geräte, den Transport von Salz und Bernstein.

4 *Versucht die Arbeitsweise der Bohrmaschine (Abbildung 4) zu erläutern.*

Flachs*:
Eine der ältesten Kulturpflanzen. Schon im 5. und 4. Jahrtausend v. Chr. gewann der Mensch aus ihren Samen ein fettes Öl und aus den Stängeln Fasern zur Herstellung von Leinen, dem ältesten bekannten Gewebe.

Arbeitsteilung*:
Wenn ein Mensch mehr produzieren kann, als er selber für seine Ernährung braucht, kann es zur Arbeitsteilung kommen; die einen arbeiten z. B. in der Landwirtschaft, die anderen spezialisieren sich im Handel oder im Handwerk. Mit der Arbeitsteilung und der Möglichkeit Besitz anzuhäufen kam es zu einer immer stärkeren Gliederung der Bevölkerung in verschiedene Gruppen.

Wagen der Jungsteinzeit. *Rekonstruktion. Transportmittel wurde nach der Erfindung des Rades und der Achse immer mehr der Wagen – die ältesten mit Scheibenrädern, dann auch mit Speichenrädern, gezogen zumeist von Ochsen, erst später von Pferden, die wahrscheinlich mehr als Lasttiere genutzt wurden.*

Ötzi – der archäologische Mega-Star

Verschollen im Hochgebirge
Eisig fegte der Wind über die Felsen, die Herbstsonne verschwand hinter riesigen, grauschwarzen Wolken. Wie schnell sich doch im Gebirge das Wetter ändern konnte! Ein schwer bepackter Mann stieg keuchend den Berg hinauf. Besorgt blickte er zu dem immer düsterer werdenden Himmel. „Ich hätte mich früher nach einem Unterschlupf umsehen sollen", schoss es ihm durch den Kopf. Er machte einen gehetzten Eindruck, als ob er verfolgt würde. Außerdem war er verletzt. „Ich finde den Weg nicht. Diese verdammten Wolken! Man sieht ja keinen Pfeilschuss weit", murmelte er verzweifelt.
Der Mann wusste, dass dieser überraschende Wettersturz Schnee bringen würde. Er musste versuchen eines der Nachbartäler zu erreichen. Denn in dieser Höhe wuchsen weder Busch noch Baum – und ohne Holz konnte er kein Feuer machen um nicht zu erfrieren.
Aber die rettende Landmarke, die ihm den Weg über den Bergkamm weisen sollte, kam nicht in Sicht. Unter einem windgeschützten Felsvorsprung versuchte er sich vor dem tobenden Schneesturm zu schützen. Tief zog er seine Fellmütze ins Gesicht, kuschelte sich in seinen Strohumhang und aß etwas Dörrfleisch und ein paar getrocknete Beeren aus seinem Proviantbeutel. Vor Erschöpfung fielen ihm die Augen zu: „Nicht einschlafen", sagte er immer wieder zu sich selbst, „nicht einschlafen …" – denn dies wäre der sichere Tod.

Eine archäologische Sensation
Was wirklich an jenem Tag und in der darauf folgenden Nacht geschehen ist, lässt sich nur vermuten. Ziemlich genau 5300 Jahre später, am 19. September 1991, stießen Bergwanderer am Rande eines Schneefelds auf 3200 Metern in den Ötztaler Alpen auf den im Eis tiefgefrorenen Leichnam des Mannes. Der tätowierte Tote, der seitdem nach seinem Fundort „Ötzi" genannt wird, war 1,60 Meter groß und etwa 35 bis 40 Jahre alt. An seiner Leiche wurden mehrere körperliche Beeinträchtigungen und Schäden entdeckt. Bei sich trug der Mann, der mit Leder, Pelz und Schilfgras gekleidet war, ein Kupferbeil, einen Dolch mit Steinklinge, einen Bogen (ohne Sehne) sowie einen Lederköcher mit 14 Pfeilen (aber nur zwei schussfertig gefiedert). Zu seiner Ausrüstung gehörten weiterhin ein ledernes Gürteltäschchen mit Feuersteinklingen, Knochenahle und einem Stück Zunderschwamm.
Fast 100 Wissenschaftler untersuchten den Gletschermann. Aus den Untersuchungsergebnissen wurde deutlich, dass er am Ende der Jungsteinzeit lebte, aber – wie das Kupferbeil beweist – in Berührung mit höher entwickelten Menschen jenseits der Alpen gekommen sein musste.
Wer war „Ötzi"? War er ein Jäger, ein Senn oder gar ein Händler, obwohl er keine Tauschwaren mehr bei sich hatte? Aus welcher Gegend stammte er? In welchen familiären Verhältnissen lebte er? Fragen, auf die Wissenschaftler bis heute eine Antwort suchen.

1 *In der Zeichnung könnt ihr einige Ausrüstungsgegenstände Ötzis erkennen. Versucht ihren Zweck zu erklären.*

Lesetipp:

Shelley Tanaka/Laurie McGraw: Die Welt des Gletschermanns. Carlson, Hamburg 1997.

Erich Ballinger: Der Gletschermann. Ueberreuter, Wien 1992.

Gabriele Beyerlein: G. Beyerlein erzählt vom Gletschermann. Hamburg 1993.

Fundgrube:
http://www.provincia.bz.it/archaeologiemuseum.

Steinzeitkulturen heute

Naturvölker*:
Völker, die ohne größere technische Errungenschaften im Einklang mit, aber auch in Abhängigkeit von der Natur leben, wie z. B. die Eskimos (Inuit) in den Polarregionen der Arktis oder die Janomami-Indianer in Südamerika.

Aborigines – die Ureinwohner Australiens

Die Aborigines sind eines der etwa 70 eingeborenen Naturvölker*, die es noch heute auf der Erde gibt. Bis vor wenigen Jahren haben sie sich ihre Lebensweise als Jäger und Sammler wie vor 40 000 Jahren erhalten.

M1 Ein Schriftsteller berichtet über eine Tageswanderung mit Aborigines um 1975:

... Vorweg gehen die Männer, nicht übermäßig schnell. Die Frauen und Kinder folgen und sammeln dabei, was sie an Essbarem und an Grassamen finden ...

Plötzlich stoppt die Spitze. Alle bleiben wie angewurzelt stehen. Kein menschlicher Laut ist zu hören. Die Männer teilen sich und bilden einen eigenen Halbkreis. Warum? Sie haben ein Känguru entdeckt. Für alle gerade das richtige Nachtmahl. Immer volle Deckung nehmend schleichen sich die Männer an das Tier heran, das sich durch dauerndes Aufrichten sichert. Doch es merkt nichts gegen den Wind.

Als sie bis auf 30 Meter heran sind, werfen zwei Jäger ... zu gleicher Zeit zwei Speere auf das Tier ab.

Nach wenigen Metern bricht es tödlich getroffen zusammen. Gleich an Ort und Stelle wird es mit einem Steinmesser aufgeschlitzt, Herz, Leber und Niere herausgenommen und noch körperwarm von den Männern verzehrt. Mit dem erlegten Känguru auf den Schultern eines der Männer geht es weiter bis zu einer Wasserstelle mit brackig-warmem Wasser. Endlich eine Gelegenheit den Durst zu löschen. ...

2 *Vergleicht diese Jagdszene mit der in der Altsteinzeit (siehe S. 28).*

Heute sind die Aborigines und ihre Kultur durch unseren Wahn bedroht diesen in unseren Augen „primitiven" Menschen unsere Zivilisation* und den technischen Fortschritt aufzuzwängen.

Vor ungefähr 200 Jahren haben weiße Eroberer ihr Land in Besitz genommen und ihnen nur ganz wenige unfruchtbare Gebiete als Reservate* gelassen. Es sind meist Wüsten oder Land, das in der Regenzeit überschwemmt ist. Doch auch hier besteht schon

1 **Neben einem Sonnenkollektor, der die Energieversorgung im Lager ergänzen soll, unterrichtet ein alter Aborigine Kinder in der Kunst des Fährtenlesens.**

wieder die Gefahr vertrieben zu werden, weil dort wertvolle Bodenschätze entdeckt wurden, die die Weißen abbauen wollen.

Etwa 300 000 Aborigines lebten früher in Australien, heute sind es nur noch 50 000. In den letzten Jahren rückte ihr Schicksal immer stärker in das Blickfeld der Weltöffentlichkeit. Bei den Olympischen Spielen von Sydney 2000 gewann Cathy Freeman als erste Frau, die von Aborigines abstammt, die Goldmedaille über 400 m.

M2 Die „Süddeutsche Zeitung" berichtete 1996 über die Aborigines heute:

... Zehntausende von Kindern wurden bis vor wenigen Jahren ihren Eltern weggenommen und in weiße Pflegefamilien gegeben. Dort sollten sie lernen wie die Weißen zu leben und zu denken. Das ist nicht gelungen. Sie fühlen sich heimatlos und entwurzelt.

Die Aborigines sind heute ein krankes Volk. 88 von 100 sterben vor ihrem 45. Geburtstag ... Krank macht sie die Lebensform der Weißen. Sie ernähren sich falsch und viele gehen an Alkohol zugrunde. ...

3 *Fasst die heutige Situation der Aborigines zusammen und vergleicht sie mit der in M 1 geschilderten.*

4 *Informiert euch über die Lebensbedingungen von Naturvölkern, die es heute noch gibt, z. B. die Pygmäen auf Papua-Neuguinea.*

Zivilisation*:
Gesamtheit der durch den Fortschritt von Wissenschaft und Technik geschaffenen verbesserten Lebensbedingungen des Menschen in einer natürlichen Umwelt.

Reservat*:
Rückzugsgebiet, das unter besonderem Schutz steht.

Methode: Informationen sammeln

1 Informationen gewinnen wir häufig aus Büchern.

2 Schülerinnen und Schüler suchen nach Büchern am alphabetisch geordneten Autorenkatalog.

Interessanten Fragen nachgehen
In diesem Kapitel habt ihr nur einen kleinen Teil dessen erfahren, was über die Steinzeitmenschen bekannt ist. Wenn ihr noch mehr erfahren wollt, könnt ihr euch auf anderen Wegen weitere Informationen beschaffen.
Am häufigsten suchen wir uns zusätzliche Informationen in anderen Büchern. Wir finden sie in Büchereien oder Bibliotheken. Die meisten Schulen haben eine Schülerbücherei, in jeder Stadt und auch in vielen Gemeinden gibt es eine Bibliothek. Aber auch die Pfarrgemeinden unterhalten Büchereien, die ihr besuchen könnt.

1 *Erkundigt euch nach den Büchereien und Bibliotheken in eurer Umgebung, sammelt ihre Adressen und Telefonnummern und fragt nach, ob es dort Jugendbücher über die Steinzeit gibt.*

Die Bibliothek besuchen
In der Bibliothek eurer Gemeinde werdet ihr sowohl Romane als auch Sachbücher über die Steinzeit finden. Die Angestellten der Büchereien helfen euch sicher gerne bei der Suche. Ihr könnt aber auch nach den folgenden Arbeitsschritten vorgehen:

1. Schritt
Besuchstermin vereinbaren

Vereinbart einen Termin für einen gemeinsamen Besuch in der Bibliothek. Wenn ihr euch zum ersten Mal mit der ganzen Klasse anmeldet, vereinbart ihr am besten eine Führung.

2. Schritt
Im Katalog suchen

Ihr könnt nach den Büchern auch selber suchen. Dazu müsst ihr in den „Katalog" schauen.
Der Katalog ist ein Verzeichnis, in dem alle Bücher der Bibliothek notiert sind. Er sieht ganz anders aus, als ihr euch wahrscheinlich einen Katalog vorstellt. In einigen Büchereien ist es ein Schrank mit vielen Schubladen, in denen Tausende von Karteikarten stecken, in anderen Bibliotheken müsst ihr an einem Bildschirm arbeiten. Stets findet ihr aber einen Autoren- und einen Schlagwortkatalog.
Der Autorenkatalog hilft euch, wenn ihr schon wisst, von welchem Autor ihr ein Buch haben wollt. Der Schlagwortkatalog ist für den Anfang besser. Hier könnt ihr beispielsweise unter dem Stichwort „Steinzeit" oder „Eiszeit" nachsehen, aber auch unter vielen anderen Schlagworten. Fallen euch schon welche ein?

3. Schritt
Bücher ausleihen

Im Katalog findet ihr zu jedem Buch eine Buchstaben- und Zahlen-Kombination, die so genannte Signatur. Notiert die Signatur, den Namen des Autors und den Buchtitel und fragt nun die Angestellten, wie es weitergeht. Entweder lassen sie das Buch aus dem Magazin holen oder sie zeigen euch die Stelle im Regal, an der das Buch steht.

Eine Bibliothek besuchen

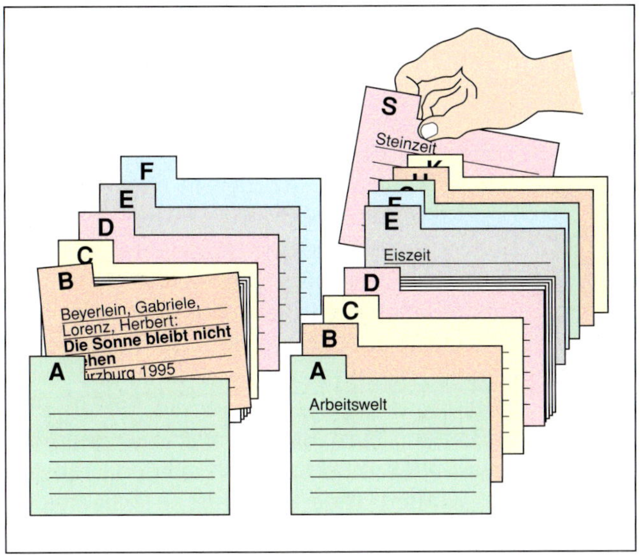

3 **Kataloge zum Suchen von Büchern in einer Bibliothek: alphabetisch geordneter Autoren- und Schlagwortkatalog.**

4 **Bei der Anlage einer Dokumentation.**

Noch ein paar Tipps ...
In den Regalen stehen die Bücher oft nach Themengebieten sortiert. Wenn ihr also die Stelle mit den Steinzeit-Büchern gefunden habt, entdeckt ihr dort meistens noch eine Anzahl weiterer Bücher.
Wenn ihr euch zwischen den Regalen umschaut, lernt ihr die Ordnung der Bibliothek bald kennen und findet euch auch in anderen Themengebieten zurecht.
Wenn ihr ein Buch zu eurem Thema kennt, schaut ruhig noch einmal im Autorenkatalog nach. Autoren schreiben oft mehrere Bücher mit ähnlichen Themen ...
Meistens dürft ihr die Bücher für eine bestimmte Zeit ausleihen. Das ist natürlich sehr bequem, es sei denn, das Buch ist bereits ausgeliehen.
Dann könnt ihr das Buch vorbestellen und abholen, wenn der vorherige Benutzer es zurückgegeben hat. Wenn die Bücherei das gewünschte Buch nicht hat, kann es sogar über Fernleihe bestellt werden.

4. Schritt
Eine Dokumentation anlegen

Ausgeliehene Bücher müsst ihr nach einiger Zeit zurückgeben. Wenn ihr trotzdem wichtige Informationen behalten oder wenn ihr eure Mitschülerinnen und Mitschüler über euer Thema informieren wollt, müsst ihr diese Informationen auswählen und festhalten. Das heißt: „eine Dokumentation anlegen".
In einem Hefter sammelt ihr Fotokopien von Bildern und Texten aus den ausgeliehenen Büchern. Einige Bilder könnt ihr auch selber zeichnen. Wichtige Informationen aus langen Texten lassen sich besser kurz mit eigenen Worten zusammenfassen. Auf jedem Blatt solltet ihr als Überschrift das Thema festhalten, um das es geht. Am besten nummeriert ihr die Seiten durch, wenn eure Dokumentation abgeschlossen ist. So besitzt ihr euer eigenes „Geschichtsbuch".
2 *Wählt euch verschiedene Spezialthemen aus der Steinzeit aus, beispielsweise „Tiere in der Steinzeit" oder „Werkzeuge der Urmenschen". Sammelt dazu Informationen und tragt sie in einer Dokumentation zusammen.*
Anregungen, wie ihr eure gewonnenen Informationen an andere weitervermitteln könnt, findet ihr auf den Seiten 64 und 65.

Die Bronze- und Eisenzeit

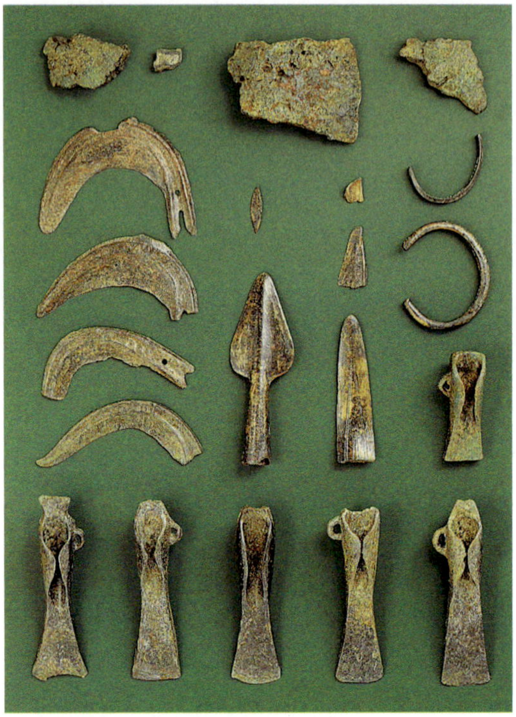
1 Funde aus der Bronzezeit.

Um 2000–800 v. Chr.: Bronzezeit.
Die Verarbeitung von Bronze für Werkzeuge, Waffen und Schmuck setzt sich durch.

Um 800 v. Chr.: Beginn der Eisenzeit in Europa.
Waffen, Küchengeräte und Werkzeuge werden nun aus Eisen hergestellt.

Neuer Fortschritt durch das Metall

Die Menschen bemühten sich schon während der Jungsteinzeit ständig um eine Verbesserung ihrer Geräte. Auf der Suche nach neuen Werkstoffen entdeckten sie das Metall. Die ältesten Metallgeräte stammen aus dem östlichen Mittelmeerraum (Türkei) und sind aus Kupfer. Doch reines Kupfer ist für Waffen und Werkzeuge zu weich. Nach langem Experimentieren fanden die Menschen heraus, dass die Mischung aus neun Teilen Kupfer und einem Teil Zinn ein neues, härteres Metall ergab: die Bronze. Seit etwa 2000 v. Chr. breitete sich in Mitteleuropa die Bronze aus. Da immer mehr Menschen Werkzeuge, Waffen und Schmuck aus dem neuen Metall haben wollten, führte dies dazu, dass sich an vielen Stellen die Bronzeherstellung oder -bearbeitung als Handwerk entwickelte. Aufgrund von Funden wissen wir, dass Händler auf Fernhandelswegen die Waren verteilten. Ab etwa 800 v. Chr. setzte sich ein noch härteres, besser bearbeit- und verwendbares Metall durch: das Eisen.

Handwerker und Händler

Seit die Bronze bekannt war, wollten immer mehr Menschen Werkzeuge, Waffen und Schmuck aus dem neuen Metall haben. Das führte dazu, dass sich an vielen Stellen die Bronzeherstellung oder -bearbeitung als regelrechtes Handwerk entwickelte. Viele Geräte, z. B. Sicheln, wurden in ganzen Serien gegossen. Die Handwerker lösten sich weitgehend aus der Landwirtschaft. Sie tauschten ihre Erzeugnisse gegen Lebensmittel. Aber sie stellten auch mehr Produkte her, als in ihrer Siedlung benötigt wurden. So fanden sich Männer, die mit den Bronzewaren über Land zogen und sie gegen andere Waren eintauschten. Zum Beispiel war Salz sehr begehrt, ebenso Bernstein. In einigen Grabstellen wurden sogar griechische Weingefäße gefunden. Die Händler konnten Besitz ansammeln.

„Fürstinnen und Fürsten"

In den Gebieten, in denen die Bronze verarbeitet und benutzt wurde, entdeckte man Gräber, die mit großen Reichtümern ausgestattet waren. In ihnen fand man neben anderen Gütern kostbaren Goldschmuck, wertvolle Bronzewaren, sogar Glasperlen aus Ägypten. Es wird angenommen, dass aus der Reihe der Großbauern einige zu Häuptlingen wurden und dass sie genügend Lebensmittel produzierten um zusätzlich Männer auf dem Hof halten zu können. Mit diesen konnten die Häuptlinge, die man auch „Bauernfürsten" nannte, die Dörfer und ihre Umgebung vor räuberischen Überfällen schützen, aber auch selbst auf Beute ausziehen. In den Gebieten, in denen die „Fürsten" für Schutz sorgten, gewannen sie nach und nach auch politische Macht. Ebenso reich ausgestattete Frauengräber wurden gefunden. Daran kann man erkennen, dass auch Frauen über großen Reichtum verfügten. Ob sie aber selbst Macht ausübten, lässt sich nicht feststellen.

1 *Erklärt die Veränderungen, die sich von der Stein- zur Metallzeit vollzogen.*

2 *Beschreibt die gesellschaftlichen Gruppen der Bronzezeit und erklärt, wie sie voneinander abhingen.*

Das Metall – ein gewichtiger Fortschritt

Wie Bronze hergestellt wurde

Viele bronzezeitliche Bergwerke sind ausgegraben worden. Man fand z. B. in Spanien in einer Kupfergrube 20 tote Bergleute aus der Bronzezeit, die während einer Arbeitspause von niederstürzendem Gestein erschlagen worden waren. Kleidung, Geräte, Werkzeuge und Lampen sind von diesen, aber auch von anderen Schächten bekannt. Daher wissen wir, dass die Bergleute damals hauptsächlich im Tagebau arbeiteten. Lagen die Erz führenden Schichten aber zu tief, gruben sie einen Schacht und erweiterten ihn unten, wo die Erze lagen, zu großen Räumen. Behauene Bäume dienten als Treppen; mit einer Winde und Seilen wurden die Körbe mit Erz herausgefahren.

Mit starkem Feuer erhitzten die Bergleute die Gesteinswand, dann schütteten sie kaltes Wasser dagegen. Dadurch wurden die Steine spröde und brüchig. Nun konnte das Erz aus dem Stein herausgeschlagen werden. Über Tage wurde das Erz weiterverarbeitet und in „Hochöfen" ausgeschmolzen. Dazu schichteten die Menschen abwechselnd Erz und Holzkohle zu einem mannshohen Haufen auf, den sie mit Lehm abdeckten. Je ein Loch im Lehmmantel oben und unten sorgte für den Durchzug. Außerdem führten sie mit einem Blasebalg Frischluft zu um die Temperatur im Ofen zu erhöhen. Das geschmolzene Metall floss unten aus dem Ofen in vorbereitete Formen aus Lehm und erkaltete. Jetzt waren die Barren fertig. Um Geräte oder Waffen herzustellen wurden Zinn und Kupfer zusammengeschmolzen, dadurch erhielt man Bronze. Diese wurde dann in Formen gegossen.

Beim offenen Guss wird in eine offene Stein- oder Tonform die flüssige Bronze gegossen. Die dabei gegossenen Geräte sind nur auf einer Seite ausgeformt. Weitere Gussverfahren sind der Schalenguss* und das Gießen in der verlorenen Form*.

3 *Seht euch die Abbildungen 2, 3 und 4 genau an und lest den Text noch einmal aufmerksam durch. Beschreibt dann, wie*
- *Kupfer im Bergwerk abgebaut,*
- *das Erz geschmolzen und*
- *eine Axt oder Pfeilspitze gegossen wird.*

2 **Bronzezeitlicher Bergwerksbetrieb (Kupfermine).** Rekonstruktion.

3 **Bronzezeitlicher „Hochofen".** Rekonstruktion.

4 **Bronzegießer beim Gießen in offener Form.** Rekonstruktion.

Schalenguss*:
Zwei gleiche Formen werden aneinander gefügt, in den Hohlkörper wird von oben flüssige Bronze eingegossen. Diese Technik ermöglicht eine Formgebung auf beiden Seiten des hergestellten Geräts.

Gießen in der verlorenen Form*:
Aus Wachs wird ein Modell des Gegenstandes, der hergestellt werden soll, geformt und mit Ton umkleidet. Dann wird die Form erhitzt, das Wachs ausgegossen und die Form gebrannt. In diese Form wird Bronze gegossen. Um an das gegossene Bronzestück zu gelangen wird der Tonmantel nach dem Erkalten zerschlagen.

Die Kelten in Bayern

1 **Das heutige Bayern am Ende des 1. Jahrhunderts n. Chr.**

Gallier*: *Lateinischer (römischer) Name für Kelten.*

Lange bevor Rom zur Weltmacht aufstieg, war Europa von den Kelten – von den Römern auch Gallier* genannt – besiedelt. Ihr ursprüngliches Siedlungsgebiet war das heutige Frankreich, ihr Einflussbereich erstreckte sich von den Britischen Inseln und Spanien bis hin zum Balkan und nach Kleinasien. Mehrere Male fielen sie in Italien ein und versetzten Rom in Angst und Schrecken.

Die Kelten sind auch das erste „vorgeschichtliche Volk", das namentlich für das Gebiet des heutigen Bayern überliefert ist. Im 1. Jahrhundert v. Chr. schrieben römische Schriftsteller, die von den Eroberungen der Römer berichteten, das Alpenvorland werde vom keltischen Stamm der Vindeliker* bewohnt. Im Süden und Südosten lebten die Räter und Noriker, im Bereich des Böhmerwaldes die Boier. Ihre Ursprünge reichen aber zurück bis in die Bronze- und Eisenzeit.

Vindeliker*: *Keltischer Stamm, siedelte zwischen Bodensee und Inn, im Voralpenland bis zur Donau, 15 v. Chr. von den Römern besiegt.*

Q1 Der römische Geschichtsschreiber Diodor (1. Jahrhundert v. Chr.) beschrieb die Kelten:
... Sie haben einen hohen Wuchs, einen kraftvollen Körper und eine weiße Haut. Ihre Haare sind nicht bloß von Natur gelb, sondern sie suchen diese eigentümliche Farbe durch künstliche Mittel noch zu erhöhen. Sie salben nämlich das Haar beständig mit Kalkwasser und streichen es von der Stirn zurück ... Durch diese Behandlung wird das Haar so dick, dass es völlig einer Rossmähne gleicht ...

Sehr auffallend ist die Kleidung ... Sie tragen bunte Röcke, mit allerlei Farben geblümt, und lange Hosen. Darüber schnallen sie gestreifte, mit zahlreichen vielfarbigen Würfeln besäte Mäntel ...

Bewaffnet sind sie mit mannshohen Schilden, die eigenartig bunt bemalt sind ... Sie tragen Bronzehelme mit hoch aufragenden Aufsätzen ... Einige Helme haben angeschmiedete Hörner, andere Darstellungen zeigen die Köpfe von Vögeln oder vierfüßigen Tieren ... Einige tragen eiserne Kettenpanzer, andere begnügen sich mit ihrer bloßen Haut und kämpfen unbekleidet. Statt eines Kurzschwertes haben sie lange Schwerter mit breiter Klinge, die an eisernen oder bronzenen Ketten hängen und an der rechten Seite anliegen. Sie gebrauchen Speere, die sie Lanzen nennen; diese haben Spitzen, ellenlang (46 cm) oder noch länger aus Eisen ...

1 *Nennt die keltischen Stämme, die in Bayern und in den angrenzenden Gebieten lebten. Zieht dazu auch die Karte 1 heran.*

2 *Versucht ein Bild von einem keltischen Krieger nach der Beschreibung von Q 1 anzufertigen.*

Manching – eine keltische Großstadt

2 **Die Siedlung von Manching.** Ausschnitt einer Rekonstruktion. Die durch Zäune eingegrenzten Bezirke lassen eine unterschiedliche Bebauung erkennen: Wohnhäuser, Handwerker- und Händlerhütten, ebenso Speicherbauten und bäuerlich genutzte Bereiche, aber auch Kultanlagen.

Höhepunkt der keltischen Kultur war seit dem Ende des 2. Jahrhunderts v. Chr. die Gründung großer Städte mit mächtigen Mauern aus Stein, raffinierten Toreingängen (Zangentore) und einem geregelten Bebauungsplan. Diese von den Römern als „Oppida“ (Plural von „oppidum“*) bezeichneten Stadtanlagen waren die politischen und wirtschaftlichen Zentren einzelner Stämme, die Platz für Versammlungen und Märkte boten, in Krisenzeiten aber auch als Zufluchtsorte für die umliegende Bevölkerung dienten.

Das Oppidum Manching zählt zu den besterforschten keltischen Großsiedlungen. Es wurde an der Kreuzung zweier wichtiger Handelsstraßen angelegt, von denen die eine entlang der Donau verlief und die andere von der Ostsee über die Alpen führte. Zudem befanden sich in der Nähe reiche Eisenerzvorkommen. Denn Manching war ein Mittelpunkt des Handwerks, vor allem des Schmiedehandwerks, aber auch der Töpferei oder der Glasherstellung.

In seiner Blütezeit war es größer als das mittelalterliche Regensburg oder Nürnberg. Auf einer Fläche von 380 ha lebten 5000 bis 10 000 Menschen, geschützt von einem 7 km langen und 6 m hohen Ringwall.

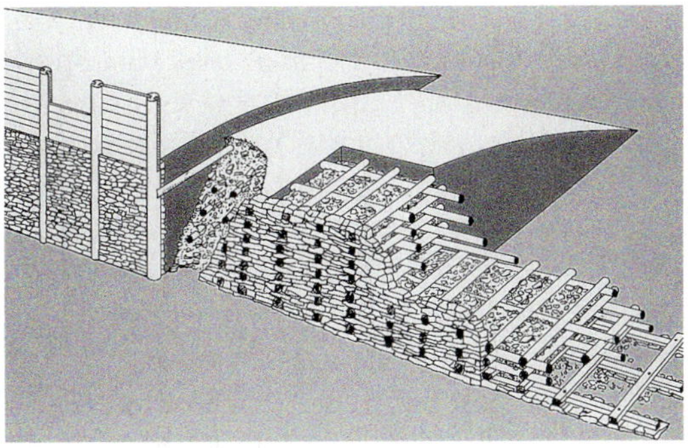

3 **Der Ringwall von Manching.** Modell.

Es war eine große Leistung diese Mauer zu bauen. Dafür waren zwei Tonnen Eisennägel, 11 800 Festmeter Holz für das Rahmenwerk, 6 900 m^3 Kalkstein für die Frontverkleidung, 11 800 m^3 Erde für die Rampenschüttung und 90 000 m^3 Erde und Steine für die Füllung der Mauer notwendig. Allein das Steinmaterial, das mit Schiffen auf der Donau herangeschafft werden musste, würde 1000 Eisenbahnwaggons füllen.

3 *Stellt fest, welches Oppidum oder welcher Ort mit keltischem Namen in der Nähe eures Heimatortes liegt.*

4 *Versucht anhand der Zeichnung 3 die keltische Mauerbautechnik zu beschreiben.*

Oppidum (lat.)*: *Große keltische Stadtanlage, Mittelpunkt von Handel, Handwerk, politischem und religiösem Leben.*

Werkzeuge der Kelten:

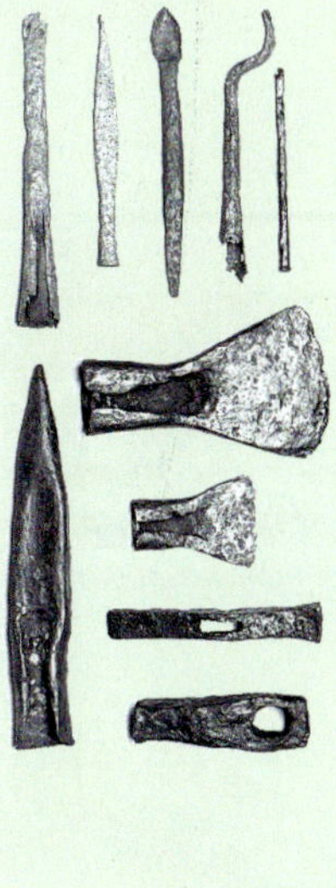

Gesellschaft und Religion der Kelten

Bekannte Helden der Kelten:

Häuptling Majestix

Druide Miraculix

Barde Troubadix

Obelix und Idefix

Asterix

1 Keltenschanze im Landkreis Starnberg (Buchendorf).

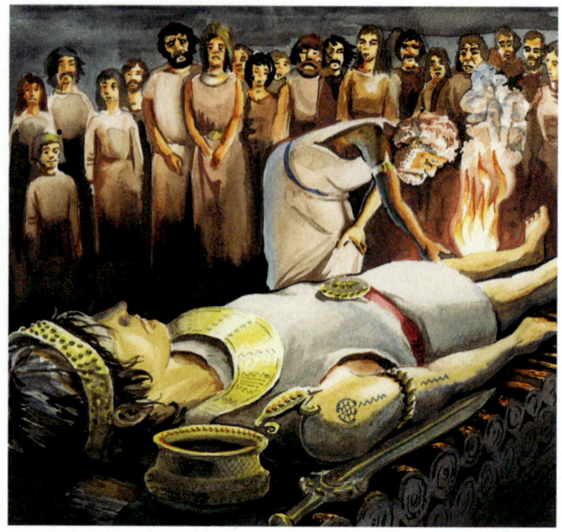

2 Begräbniszeremoniell. Rekonstruktionszeichnung.

Die keltische Gesellschaft

Alle keltischen Stämme besaßen eine ähnliche soziale Struktur. Die Gesellschaft bestand im Wesentlichen aus zwei Gruppen: den Freien und Unfreien. Zur ersten Gruppe gehörten die Häuptlinge oder Fürsten und ihre religiösen Berater, die Druiden, ebenso die Barden, die Sänger von Heldenliedern. Die übrige Bevölkerung (Händler, Handwerker, Bauern) galt als unfrei.

Die Druiden

Hochgerühmt wegen ihrer Weisheit und Bildung waren die Druiden. In allen wichtigen Ämtern waren sie vertreten, so z. B. als Astronomen, Seher, Priester und Lehrer. Ihre Ausbildung dauerte zwar etwa zwanzig Jahre, dafür besaßen sie aber sehr viel Macht und Ansehen. Sie beherrschten als einzige die (griechische) Schrift; sie bestimmten den Zeitpunkt für entscheidende Unternehmungen, z. B. Kriegszüge. Die sog. Viereckschanzen, die in Südbayern in großer Zahl gefunden wurden, waren vermutlich ein „Arbeitsplatz" der Druiden. Diese heiligen Bezirke waren durch Wall und Graben bei einer Seitenlänge von 60 bis 140 m abgegrenzt und in der Regel in ihrem Innern frei von Bebauung. Dort brachten die Kelten religiöse Opfer dar (Tiere, wahrscheinlich auch Menschen, unter anderem Kriegsgefangene) um die Götter gnädig zu stimmen.

Die Kelten verehrten nicht nur einen einzigen Gott, sondern mehrere Gottheiten. So gab es Kriegs- und Jagdgötter, daneben sorgten verschiedene Göttinnen für Fruchtbarkeit, Heilung und gute Ernten. Auch viele Dinge aus der Natur wurden als göttlich verehrt: Berge, Flüsse, Seen, Wälder, Bäume, Tiere.

Der Jenseitsglaube

Die Kelten glaubten auch an ein Weiterleben nach dem Tod. Sie waren davon überzeugt, dass alle Toten ins Jenseits eingehen und dort ein ähnliches Leben wie vorher auf der Erde führen würden. Deshalb legten sie den Verstorbenen meist Gegenstände mit ins Grab, die ihnen im Jenseits nützlich sein konnten oder die sie zu Lebzeiten besonders gerne hatten, z. B. Werkzeuge, Waffen, Schmuck. Nahrungsmittel und Getränke sollten als Proviant für die lange Reise ins Jenseits dienen. Einige Stämme verbrannten ihre Toten. Die Asche wurde in eine Urne gegeben und in einem Grab bestattet.

1 *Erkundigt euch, ob es in der Nähe eurer Heimatgemeinde eine „Viereckschanze" gibt.*

2 *Versucht eine Begründung dafür zu finden, warum die Kelten Dinge aus der Natur als Gottheiten verehrten.*

Das Schicksal der Kelten

3 **Stonehenge.** In Südengland steht die am besten erhaltene Megalithanlage* Europas. Zu ihrem Zweck siehe S. 17.

Aufstieg und Niedergang

Im 5. Jahrhundert v. Chr. brach eine Zeit der Umwälzungen über die keltische Welt herein. Soziale Unruhen, Bevölkerungswachstum, möglicherweise auch eine Klimaverschlechterung vertrieben viele Kelten aus ihren mitteleuropäischen Stammländern. Auf ihren zahlreichen Wanderungen erreichten sie weit entfernte Gebiete; von Schottland bis nach Kleinasien erstreckte sich schließlich ihr Herrschaftsgebiet. Sogar nach Italien stießen sie vor. Im Jahr 387 v. Chr. fügten sie den Römern eine schwere Niederlage zu, fielen anschließend in Rom ein und plünderten die Stadt. Ein weiteres Vordringen nach Süden konnten die Römer aber verhindern.

Doch einige Jahrzehnte später hatte die keltische Expansion* bereits ihren Höhepunkt überschritten. Die Macht benachbarter Völker und Reiche nahm stetig zu, sodass den Kelten bald von drei Seiten Gefahr drohte. Im Norden wurden sie von germanischen Stämmen angegriffen, im Osten von den Dakern bedrängt und von Süden her drangen römische Legionen unaufhaltsam in ihre Gebiete vor. Zudem wurden sie durch den Streit der verschiedenen Stämme untereinander geschwächt, sodass sie der wachsenden Macht Roms nichts mehr entgegenzusetzen hatten.

Spurlos verschwunden?

Die siegreichen Römer verdrängten später das keltische Erbe fast völlig bzw. die unterworfenen Kelten passten sich dem Lebensstil der Besatzungsmacht an. Doch in manchen Gegenden Frankreichs und auf den Britischen Inseln konnten die Kelten ihre Traditionen* teilweise bewahren. In der Bretagne, in Cornwall und in Wales, vor allem in Schottland und Irland ist die keltische Kultur bis heute spürbar. In Irland wurden jahrhundertelang keltische Sagen* und Heldenlieder überliefert, Mythen* und Legenden* der Kelten wie die berühmte Artussage fanden Eingang in die Fantasy-Literatur zeitgenössischer Autoren. Vor allem in den letzten Jahrzehnten nahm das Traditionsbewusstsein wieder zu und man wurde sich der keltischen Wurzeln zunehmend bewusst. So werden die modernen keltischen Sprachen Irisch, Gälisch-Schottisch, Walisisch oder Bretonisch auch heute noch gesprochen und gelehrt. Auch wenn die keltische Sprache bei uns in Bayern ausgestorben ist, erinnern noch die Namen vieler Städte und Flüsse an ihren keltischen Ursprung.

3 *Sucht aus der Karte 1 auf Seite 44 Beispiele für die keltische Namensgebung.*

4 *Forscht mithilfe eurer Geschichtsatlanten nach, wo sich steinerne Kultanlagen der Kelten erhalten haben.*

Megalith*:
(griech.) megalos = groß, lithos = Stein.

Expansion*:
Ausdehnung, Ausbreitung, Erweiterung des Macht- und Einflussbereiches (eines Staates).

Tradition*:
Überlieferter Brauch, Gewohnheit.

Sage*:
Mündlich überlieferte, erst später niedergeschriebene Erzählung über Helden oder geschichtliche Ereignisse mit Anspruch auf Glaubwürdigkeit.

Mythos*:
Sage und Dichtung von Göttern, Geistern und Helden aus der (Vor-)Geschichte eines Volkes.

Legende*:
Erzählungen, die vom Leben und von Taten frommer und heiliger Menschen berichten.

Lesetipp:
Gabriele Beyerlein: Entscheidung am Heiligen Felsen. Eine Erzählung aus der Keltenstadt Alkimoennis. Arena Verlag, Würzburg 1994.

Methode: Besuch eines archäologischen Museums

Was ist ein archäologisches Museum?
Sicherlich habt ihr schon einmal ein Museum besucht. Ihr wisst, dass es verschiedene Arten von Museen gibt, z. B. Heimat-, Stadt- oder Diözesanmuseen, historische, naturkundliche oder technische Museen, Uhren-, Spielzeug- oder sogar Schulmuseen und viele andere mehr.
Museen sammeln und bewahren Gegenstände aus der Vergangenheit auf, erforschen diese und stellen sie für die Öffentlichkeit aus. In einem archäologischen Museum werden vorwiegend Funde aus der Vor- und Frühgeschichte, die von Archäologen ausgegraben, erforscht und restauriert worden sind, präsentiert.
Archäologische Museen oder archäologische Abteilungen in Stadt- und Heimatmuseen gibt es in Bayern viele. Eines davon ist das Archäologische Museum der Stadt Kelheim. Hier erfährt der Besucher unter anderem, wie seine Vorfahren vor 80 000 Jahren im unteren Altmühltal auf Mammutjagd gegangen sind, vor 20 000 Jahren Werkzeuge hergestellt oder vor 3500 Jahren Bronze gegossen haben. Die Rekonstruktion einer Grabkammer aus Riedenburg-Haidhof weist auf den Totenkult der Bronzezeit hin. Modelle der jungsteinzeitlichen Siedlung von Hienheim oder des keltischen Oppidum Alkimoennis zeigen das Alltagsleben der Menschen in der Stein- und Metallzeit. Ständig wechselnde Sonderausstellungen sowie das alljährlich im August stattfindende Museumsfest steigern zusätzlich die Attraktivität dieses Museums, das vom Europarat mit dem Museumssonderpreis 1982 ausgezeichnet worden ist.

Wie kann man ein archäologisches Museum erkunden?
Ein Museumsbesuch löst sicherlich nicht bei allen Schülerinnen und Schülern eures Alters Begeisterung aus.
Museen gelten häufig als langweilig und öde. Das muss aber nicht so sein. In einem archäologischen Museum kann man als Schüler/in oftmals selbstständig auf Entdeckungsreise gehen, an Modellen und Nachbildungen selbst ausprobieren, wie z. B. ein jungsteinzeitlicher Steinbohrer oder Webstuhl funktionierte, oder versuchen den Mechanismus eines keltischen Fallriegelschlosses zu überlisten und so wichtige Informationen über die Vor- und Frühgeschichte seiner Heimat zu sammeln. Wie interessant und spannend ein Museumsbesuch aber wird, hängt von einer überlegten und geplanten Durchführung ab.

Methode: Besuch eines archäologischen Museums

1. Schritt
Die Erkundung vorbereiten

- Das Ziel auswählen und evtl. Anreise und Kosten klären.
- Einen Termin für die Besichtigung/Führung vereinbaren.
- Das Thema, z. B. „Bei den Kelten an Altmühl und Donau" vorbereiten und einen Fragebogen entwerfen bzw. entsprechende Arbeitsmaterialien beim Museum anfordern.
- Arbeitsgruppen mit bestimmten Aufgabenstellungen einteilen, z. B.: Wie sahen die keltischen Oppida aus? Welche Bestattungssitten und religiösen Bräuche gab es bei den Kelten? Was stellten keltische Schmiede aus Eisen her? usw.
- Klären, wie die Ergebnisse festgehalten werden sollen, z. B. Notizen, Skizzen, Fotos oder Videofilm (falls erlaubt).

2. Schritt
Die Erkundung durchführen

Sicherlich spricht nichts dagegen, wenn ihr zunächst einmal in Kürze durch das gesamte Museum streift um euch einen ersten groben Überblick zu verschaffen. Aber bei größeren Museen wird man durch die Fülle der Ausstellungsstücke eher verwirrt oder verliert sogar die Lust an einer weiteren Besichtigung. Man muss sich deshalb auf bestimmte Bereiche konzentrieren. Museen sind entweder zeitlich oder nach bestimmten Themen aufgebaut. Einen Gesamtüberblick findet ihr zumeist im Eingangsbereich des Museums. Danach geht es ins Detail.

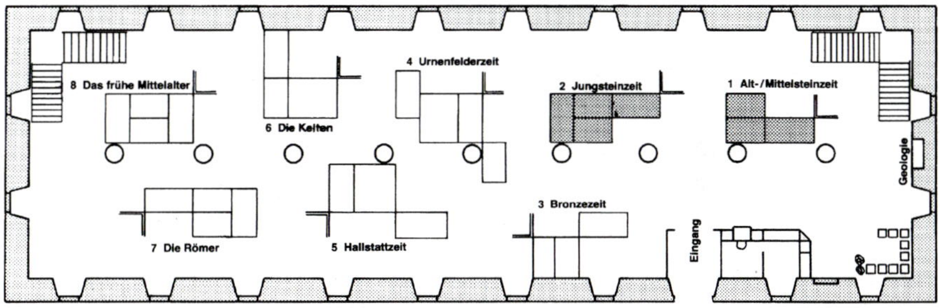

Deshalb:
- Bei einer Führung möglichst alle vorbereiteten Fragen stellen.
- Gegebenenfalls Arbeits- oder Fragebogen ausfüllen.
- Wenn möglich und erlaubt: Skizzen anfertigen, Fotos machen, Werkstücke herstellen, Videofilm drehen …
- Wenn nötig: spontane Fragen stellen, weitere Informationen sammeln, unerwartete Beobachtungen festhalten.

3. Schritt
Die Ergebnisse auswerten und dokumentieren

- Das gesamte Material sichten, ordnen und feststellen, ob alle wichtigen Fragen beantwortet sind.
- Wenn nötig, weitere Informationen zusammenstellen oder beschaffen (Museumsführer, Arbeitsmaterial des Museums, Lexika, CD-ROM).
- Festlegen, wie die Ergebnisse dokumentiert werden sollen. Möglichkeiten: Erkundungsbericht, Museumsrätsel, Wandzeitung, Ausstellung …

Methode: Exkursion

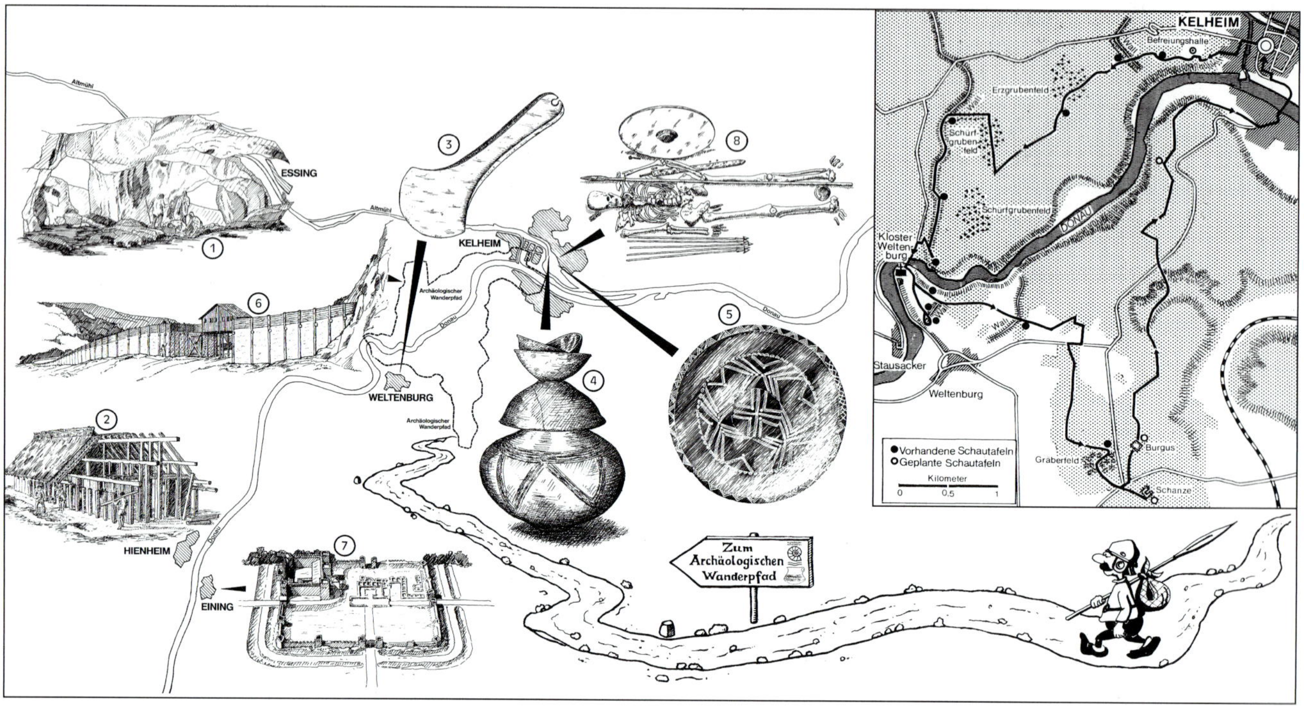

Der archäologische Wanderpfad
Seit 1982 gibt es in Kelheim neben dem archäologischen Museum einen archäologischen Wanderpfad, der an Denkmälern aus der Bronzezeit bis ins Mittelalter vorbeiführt. Ein großer Teil der Route (Etappe 1) geht dabei mitten durch das ehemalige keltische Oppidum Alkimoennis und ist als Ziel einer Exkursion sehr zu empfehlen, da hier der beste Eindruck von dem riesigen Ausmaß (650 ha) gewonnen werden kann. An allen archäologisch wichtigen Stellen befinden sich Schautafeln mit Erklärungen und Rekonstruktionen. Unseren Museumsbesuch könnten wir zu einer ganztägigen Exkursion erweitern. Nach der Erkundung der keltischen Abteilung des Museums begeben wir uns nun auf „Spurensuche" nach unseren Ahnen.

Die Wanderung beginnt im Museumshof, wo eine Übersichtstafel aufgestellt ist (oder an der Befreiungshalle in Kelheim), führt vorbei am inneren Keltenwall, durch das zerwühlte Erzschürffeld bis an den äußeren Keltenwall, der ehemaligen äußeren Stadtmauer. Ihm folgend kommt man über ein imposantes Zangentor zur Donau mit einem schönen Blick über das Kloster Weltenburg. Unten an der Donau stehen meist Fähren zur Überfahrt bereit. Mit dem Schiff geht es dann durch den Donaudurchbruch zurück nach Kelheim.
Sicherlich gibt es auch in eurer Nähe ein Museum, das Funde aus der Vor- und Frühgeschichte dokumentiert, oder einen „archäologischen Lehrpfad", der im Rahmen einer Schulveranstaltung (Exkursion, Wandertag usw.) ein lohnendes Ziel bildet.

Zusammenfassung

Der Mensch als Jäger und Sammler
Die ältesten Spuren der Menschen auf der Erde sind rund zwei Millionen Jahre alt.
Das Leben der Menschen war ein ständiger Kampf um Nahrung und Kleidung. Die Menschen jagten Tiere und sammelten pflanzliche Nahrung. Die Jäger und Sammler lernten das Feuer zu benutzen. Sie mussten dem wandernden Wild nachziehen und Gebiete aufsuchen, in denen es genügend pflanzliche Nahrung gab. Sie lebten als Nomaden.

Der Mensch als Ackerbauer und Viehzüchter
Vor 12 000 Jahren begann eine umwälzende Veränderung bei den Jägern und Sammlern im Vorderen Orient. Den Menschen wurde bewusst, dass sie sich besser ernähren konnten, wenn sie selbst Pflanzen anbauten, und dass man umso mehr erntete, je besser man den Boden bearbeitete. Deshalb erfanden sie neue Arbeitsgeräte: den Grabstock, den Spaten, den Pflug. Die Menschen lernten auch Tiere zu züchten: Hunde, Schafe und Ziegen, bald auch Rinder und Schweine. Damit wurde die Fleischversorgung sicherer. Die Menschen wurden sesshaft. Dort, wo die Äcker angelegt wurden, bauten sie sich Häuser. In den Dörfern lebten sie in Familien und Sippen zusammen. Die neue Wirtschaftsform dehnte sich langsam auch nach Mitteleuropa aus. Etwa um 5000 v. Chr. erreichte sie unsere Gegend. Nun gab es genügend Nahrung und einzelne Menschen konnten sich als Handwerker spezialisieren. Neue Techniken wurden entwickelt.

Beginn der Metallzeit in Europa
Vor 5000 Jahren begann die Metallzeit. Die Menschen lernten im Laufe der Zeit aus Kupfer und Zinn Bronze herzustellen. Funde aus der Bronzezeit deuten darauf hin, dass Bauern und Hirten mehr Lebensmittel produzierten, als sie selbst verbrauchten. Dafür konnten sie wertvolle Metallwaffen und -geräte, aber auch Schmuck eintauschen.
Zwischen 1500 und 600 v. Chr. setzte sich die Eisentechnologie durch; ihr Träger waren insbesondere die Kelten, deren kriegerische Stämme weite Teile Europas eroberten. Mächtige Fürsten herrschten über große Siedlungen, die Oppida, in denen Handwerk und Handel blühten. Keltische Kaufleute bezahlten die Waren bereits mit Münzen. Die keltische Kultur fand ihr Ende, als sich das Römische Reich immer weiter ausdehnte und die Germanen ihre Siedlungsgebiete erweiterten.

vor ca. 2 000 000 Jahren

In Afrika entwickelt sich der Homo sapiens.

vor ca. 1 500 000 Jahren

Der Frühmensch wandert in Europa ein. Die Menschen der Altsteinzeit leben als Jäger und Sammler.

vor ca. 12 000 Jahren

Erster Getreideanbau und erste Viehzucht. Beginn der Jungsteinzeit im Vorderen Orient.

vor ca. 5000 Jahren

Beginn der Metallzeit in Europa.

Ägypten – Beispiel einer Hochkultur

Schon in alter Zeit galten die Pyramiden als wahres Weltwunder. Und auch heute stehen Tag für Tag Tausende von Besuchern staunend vor den Riesenbauwerken. Über 4500 Jahre sind sie alt. In Europa lebten die Menschen in dieser Zeit in kleinen Siedlungen auf einfachste Weise von Ackerbau und Viehzucht. Sie kannten noch keinen Staat, keine Verwaltung, keine Schrift und keine Wissenschaft.

Alles das aber gab es schon in Ägypten. Deshalb bezeichnen wir das Land als eine frühe Hochkultur. Und an seiner Spitze standen Könige, so reich und so mächtig, dass sie sich als Grabstätten Pyramiden bauen lassen konnten …

Ägypten – ein Geschenk des Nils

1 Querschnitt durch das Niltal.

*Der **Nil*** ist mit 6500 km der zweitlängste Strom der Erde und der längste Afrikas. Er wird vom Weißen und vom Blauen Nil gespeist, die sich nördlich von Khartum im Sudan vereinigen.*
Der Nil überschwemmt ca. 35 000 km², das entspricht einem Zehntel der Fläche der Bundesrepublik.

*Die Figur des **sitzenden Bettlers** soll daran erinnern, dass es in einem extremen Klima nicht immer möglich war, eine gute Ernte einzufahren.*

Es begann mit Überschwemmungen

Im alten Ägypten konnten die Menschen Jahr für Jahr das folgende Naturschauspiel beobachten: Im April/Mai führte der Nil* Niedrigwasser. Infolge der Schneeschmelze und der Regenfälle in den abessinischen Hochgebirgen stieg der Pegel im Juni an. Im September erreichte er seinen Höchststand um im Oktober wieder zu fallen. Die Schlammmassen, die der Nil mit sich führte, bedeckten nun als äußerst fruchtbare Kruste den Boden. Jetzt konnte die Aussaat beginnen. Kurze Zeit später schnitten die Bauern das Korn, ernteten Datteln, Linsen und Weintrauben.

Die Menschen halfen zusammen

Die Nilüberschwemmung regelte den Ablauf des Bauernjahres und bestimmte das Zusammenleben der Menschen. Es bedurfte der organisierten Arbeit großer Gemeinschaften um die Wassermassen des Nils zu nutzen. War die Flut zu hoch, brachen die Deiche und Dörfer wurden zerstört. War die Flut zu niedrig, mussten die Bauern durch ein weit verzweigtes Kanalsystem das Wasser heranführen. Um auch höher gelegene Äcker zu bewässern benutzten sie ein einfaches Schöpfgerät („Schaduf"). Hatte das Wasser längere Zeit den Boden durchfeuchtet, leitete man es wieder dem Fluss zu.

2 Ein Bauer schöpft Nilwasser in einen Bewässerungskanal. Grabmalerei, um 1250 v. Chr. Die Schöpftechnik ist auch heute noch bei Bauern in Gebrauch.

Vorratshaltung und Arbeitsteilung

In manchen Ländern Afrikas mussten die Menschen bis zu zwölf Monate auf Regen warten. Die Folge war Nahrungsmittelknappheit. Die Menschen begriffen aber schnell, dass nur eine planmäßige Vorratshaltung helfen konnte ein schlechtes Erntejahr zu überleben. Deshalb wurden die Getreideüberschüsse gesammelt und in Vorratshäusern (Speichern) eingelagert. Eine weitere Folge der Vorratswirtschaft war, dass nicht mehr alle Menschen in der Landwirtschaft tätig waren. Handwerker, Forscher, Künstler konnten ihren Berufen nachgehen und wurden von den Bauern mitversorgt. Es bildete sich eine vielfältige Arbeitsteilung heraus.

1 *Der griechische Geschichtsschreiber Herodot sagte: „Ägypten ist nicht ein Geschenk des Nils, Ägypten ist ein Geschenk der Ägypter." Was meint ihr dazu?*

2 *„Die Überschwemmungen des Nils konnten Fluch oder Segen für die Ägypter sein." Diskutiert diesen Satz mithilfe von Abbildung 1.*

3 *Erklärt, warum andere Länder Hunger leiden mussten, Ägypten hingegen nicht.*

Ägypten – ein Geschenk des Nils

3 Der Nil.

Landvermessung und Geometrie

Die Bauern bekamen vom Staat jeweils ein Stück Land zum Bebauen zugewiesen. Von der Ernte behielten sie einen Teil, den anderen zogen Beamte ein. Nach jeder Überschwemmung hatte der Nil eine Schlammkruste auf den Äckern zurückgelassen, die Grenzen der Felder waren nicht mehr zu erkennen. Um zu klären, welches Stück Land der Bauer zu bestellen hatte und wie hoch die von ihm zu entrichtenden Abgaben waren, mussten die Felder jährlich neu vermessen werden. Aus dieser Landvermessung entwickelte sich die Wissenschaft der Geometrie.

Der Kalender

Um den Beginn der alljährlichen Überschwemmungen berechnen zu können beobachteten die Ägypter den Lauf der Gestirne. Sie erkannten, dass das Auftauchen des Sirius das Ansteigen des Nilwassers einläutete. Nach dieser Erkenntnis stellten die Ägypter einen Kalender auf. Er besaß 12 Monate zu je 30 Tagen und 5 Zusatztage, also insgesamt 365 Tage. Das Jahr wurde in drei Jahreszeiten eingeteilt: Überschwemmung, Aussaat und Ernte.

4 *Erklärt den ägyptischen Kalender und vergleicht ihn mit unserer Jahreseinteilung.*

Der Mensch zähmt die Naturgewalten

Um das Nilwasser auf höher gelegene Felder zu schaffen benützten die Ägypter das Schaduf oder später die „archimedische Schraube“ (siehe S. 118). Die Bewässerungsanlagen konnten aber nur einen relativ schmalen Landstreifen versorgen und damit fruchtbar machen.

Ägypten heute

Erst 1970 änderte sich diese Situation. Ägypten baute mit ausländischer Unterstützung einen riesigen Staudamm bei Assuan*.

M1 Ein Schüler konnte sich während eines Besuchs des Staudamms zu den Folgen des Baus einige Stichpunkte aufschreiben:

weniger Fische
Schiffbarkeit des Nils
*Bilharziose**
neue Arbeitsplätze
Ansiedlung von Industriebetrieben
fruchtbarer Schlamm im Staubecken
Einkauf teuren Kunstdüngers
Umsiedlung von 100 000 Menschen
Elektrizität

5 *Listet in einer Tabelle Vor- und Nachteile des Assuan-Staudamms auf.*

6 *Spielt ein Gespräch zwischen einem Staudammarchitekten und einem Feldbauern, der sich durch den Staudamm in seiner Existenz bedroht fühlt.*

Assuan-Staudamm*:
Bauzeit: 1960–71; Länge des aufgestauten Sees: 500 km; Höhe der Staumauer: 110 m, Länge der Staumauer: 4 km.

Bilharziose*:
Nach dem deutschen Entdecker T. Bilharz (1825–62) benannte Tropenkrankheit durch Infektion mit Saugwürmern. Befall v. a. von Leber, Darm und Blase.

Ein Staat entsteht in einer Hochkultur

Jahr	Ereignisse	Kultur / Hauptstadt
30 v. Chr.	Ägypten wird Provinz des Römischen Reiches	
500		
1000	Ägyptens Großreich zerfällt in Teilreiche	
	Neues Reich	
	Pharao Ramses III. Pharao Ramses II. Pharao Tutenchamun	Königsgräber im Tal der Könige **Hauptstadt: Achetaton**
1500	Fremde Herrscher	
	Mittleres Reich	
2000	Ägypten wird Großmacht	Blütezeit von Kunst und Literatur **Hauptstadt: Theben**
	Machtkämpfe der Kleinkönige	
	Altes Reich	
2500	Pharao Chephren Pharao Cheops	Pyramiden in Giseh 1. Pyramide in Sakkara
3000 v. Chr.	Staatsgründung in Ägypten	Kalender Hieroglyphenschrift **Hauptstadt: Memphis**

1 **Ägypten 3000–30 v. Chr.**

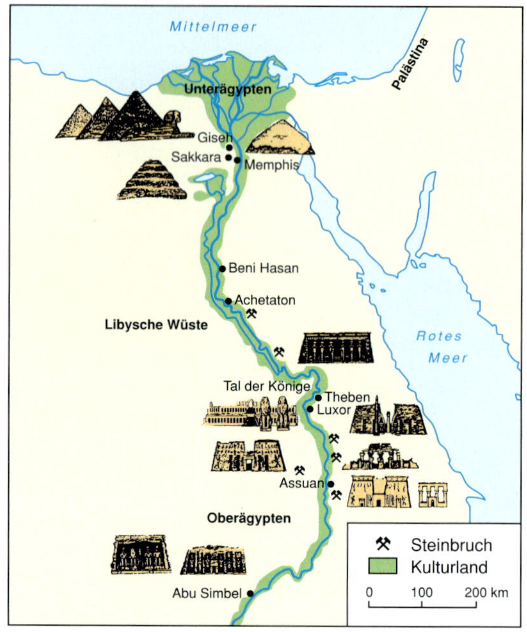

2 **Altägypten.**

Hochkultur*: *Bezeichnung für Kulturen, die im Vergleich mit sog. primitiven Kulturen eine höhere Entwicklung in der Naturbeherrschung, des politischen und sozialen Systems, des geistigen Lebens und in den künstlerischen Ausdrucksformen aufweisen. Frühe Hochkulturen gab es u. a. auf Kreta (siehe S. 87), am Indus und am Hoangho sowie in Süd- und Mittelamerika.*

Wo sich heute in Ägypten unter flimmernder Hitze endlos erscheinende Wüsten erstrecken, da gab es einst tropische Wälder und zahlreiche Seen. Wie in Europa so lebten auch dort die Menschen bis etwa 5000 v. Chr. von der Jagd, vom Fischfang, von Früchten und essbaren Pflanzen.

Allmählich jedoch begann sich das Klima zu ändern und Ägypten wurde zur Wüstenlandschaft. Immer mehr Menschen zogen deshalb bis etwa 3000 v. Chr. ins Niltal und wurden hier sesshaft. Sie lebten in Dörfern und Siedlungen. Im Zentrum jeder Gemeinschaft stand ein Tempel, in welchem dem Gott jeder Gemeinschaft geopfert wurde. Wahrscheinlich schlossen sich seit der Mitte des 4. Jahrtausends v. Chr. viele Dörfer zusammen um in gemeinsamer Arbeit Deiche, Kanäle, Staudämme und Auffangbecken zu bauen. Aus dem Flusstal des Nils wurde so im Laufe der Zeit eine fruchtbare Flussoase.

Mit der Größe solcher „Verwaltungsbezirke", der Gaue, wuchs auch das Ansehen und die Macht der Gauverwalter. Schließlich kam es zur Bildung von zwei größeren Herrschaftsgebieten: das eine in Unter-, das andere in Oberägypten. Aus ihnen entstand um 3200 v. Chr. das altägyptische Reich. Man weiß bis heute noch nicht genau, welche Ereignisse schließlich dazu führten, dass sich die gesamte Macht in den Händen eines Einzelnen, des Königs, konzentrierte. Die erste Hauptstadt dieses Reiches war Memphis. Hier stand auch der Palast des Königs.

Man bezeichnet diesen frühen hoch entwickelten Staat heute als Hochkultur* im Vergleich etwa zu den gleichzeitigen bäuerlichen Kulturen der Jungsteinzeit in Mitteleuropa.

Das ägyptische Reich bestand fast 3000 Jahre, in denen es von 50 verschiedenen Königsgeschlechtern regiert wurde. Man untergliedert diesen Zeitraum heute, indem man von der Geschichte des Alten, Mittleren und Neuen Reiches spricht.

1 *Lest auf den Seiten 34–37 und 42/43 nach, welche Ereignisse und Entwicklungen sich gleichzeitig in Europa abspielten.*

2 *Ihr könnt in den folgenden Wochen einen „Reiseführer" Ägypten erstellen. Themen könnten z. B. sein: Die Bedeutung des Nils für die wirtschaftliche und kulturelle Entwicklung Ägyptens; Bau und Bedeutung der Pyramiden; Die Rolle der Frau in der ägyptischen Gesellschaft damals und heute usw.*
Überlegt gemeinsam, woher ihr Informationen zu den einzelnen Themen bekommen könnt.

Der Pharao – König und Gott

3 **Mumienmaske des Pharaos Tutenchamun (1332–1323 v. Chr.).**

Die ägyptischen Könige wurden Pharaonen* genannt. Für die Untertanen war der Pharao heilig und unerreichbar, ein Gott in menschlicher Gestalt. Seine Anordnungen und Entscheidungen galten als der Wille der Götter. Die Pharaonen hatten die Aufgabe die Götter dem Volk gegenüber gnädig zu stimmen. Dies geschah durch den Bau von Tempeln, durch Opfergaben und den Gottesdienst.
Der Pharao besaß unumschränkte Macht. Ihm gehörte das ganze Land, Privatbesitz entwickelte sich erst langsam. Der König wachte über die Verwaltung des Landes und über die öffentlichen Bauten, er setzte die Steuern fest, die seine Beamten einzogen, und ordnete an die Vorratshäuser zu füllen.

M1 Über die Macht des Pharaos schreibt ein heutiger Wissenschaftler:
… An der Spitze der Regierung stand der König. Er galt als Sohn eines Gottes und war in den Augen des Volkes selbst göttlich. Seine Macht war unbegrenzt. Er beherrschte das Land im Namen des Gottes, als sein einziger Meister und Herr.
Leben, Güter und Arbeit der Untertanen lagen in der Hand des Königs, der darüber verfügen konnte, wie es ihm beliebte. Er ordnete an, welche Felder jedes Jahr besät werden sollten … Er stellte fest, welchen Anteil von der Ernte der Bauer an die Regierung abzuführen hatte …
Er ernannte Personen zur Ausführung bestimmter öffentlicher Arbeiten um Kanäle anzulegen, Deiche, Tempel, Gräber, Paläste oder Schiffe zu bauen, Steine zu hauen, wilde Tiere zu jagen, Salz oder Metall zu fördern. Er bestimmte die genaue Zahl derer, die im Heer oder bei der Polizei oder als Ruderer oder Matrosen bei der Flotte dienen sollten. Er stellte auch fest, welchen Anteil der Erzeugnisse seiner Arbeit der Handwerker an den Staat abzuliefern hatte und welche Handwerker ausschließlich für den König und die Tempel arbeiten sollten …

3 *Schreibt aus M 1 alle Bereiche heraus, über die der Pharao bestimmte.*

4 *Sprecht darüber, welche Gefahren sich daraus ergeben können, wenn sich in einem Staat alle Macht in den Händen eines Einzelnen befindet.*

4 **Kleiner König.** Dieses Goldfigürchen zeigt die königlichen Abzeichen: die Krone, den Herrscherstab und die Uräusschlange* an der Stirn.

Pharao*: *Titel der ägyptischen Könige. Der Begriff bedeutet „großes Haus", das heißt Palast.*

Uräus*: *Afrikanische Giftnatter.*

Die Verwaltung des Reiches

1 **Der Schreiber.** Bemalte Kalksteinstatue, um 2500 v. Chr.

Die Beamten

Die Aufgaben des Pharaos wurden im Lauf der Zeit immer umfangreicher, sodass er sie allein nicht mehr bewältigen konnte. Beamte unterstützten den König in der Ausübung seiner Macht. An ihrer Spitze stand der Wesir*. Er leitete die Nahrungsmittelversorgung, die Schatzkammer, die Justiz und die Staatsarchive. Seine Aufträge erhielt er unmittelbar vom König, er erteilte seinerseits Befehle an die örtlichen Beamten. Diese zählten das Vieh, die Haushaltungen und das Korn, das von den Bauern in die Vorratskammern geliefert wurde.

1 *Erklärt die Rolle des Wesirs bei der Verwaltung des Reiches.*

Wesir*: *Stellvertreter des Königs. Er war der oberste Richter, oberster Polizeichef und oberster Heerführer.*

Schreibgerät*. *Rekonstruktion. Es besteht aus einer Palette mit zwei Vertiefungen für rote und schwarze Farbe, einem Wasserbeutel zum Anrühren der Farbe und einem Behälter für die Pinsel.*

Der Schreiber

Wichtigste Voraussetzung für die Beamtenlaufbahn war die Fähigkeit zu schreiben. Man nimmt an, dass von den zwei Millionen im alten Ägypten lebenden Menschen nur etwa 10 000 bis 20 000 schreiben konnten.

Die Ausbildung begann mit fünf Jahren. Im Alter von 16 bis 18 Jahren erhielt ein Schreiber seine erste Anstellung in der Verwaltung. Die Schreiber durften sich zu den Gebildeten zählen. Ihr Schreibgerät* trugen sie stolz über der Schulter. Auch wenn sie höhere Aufgaben zu erledigen hatten, ließen sie sich gern auf dem Boden hockend oder kniend als Leser oder Schreiber darstellen.

Q1 Folgenden Rat gab ein Vater seinem Sohn:

… Werde Schreiber! Der ist vom Arbeiten befreit … und ist erlöst vom Hacken mit der Hacke; er braucht keinen Korb zu tragen. Der Beruf des Schreibers trennt dich vom Arbeiten mit dem Ruder … Du hast nicht viele Herren und hast nicht eine Menge von Vorgesetzten … Selbst der Priester steht als Ackerer da … Allein der Schreiber, der leitet jedes Werk, das in diesem Land geschieht …

2 *Nennt die Vorteile, die der Beruf des Schreibers mit sich bringt.*

3 *„Der Beamte habe niemandem zu gehorchen." Beurteilt diese Aussage.*

Den Frauen blieb der Beruf der Schreiberin verschlossen, weshalb die wenigsten von ihnen schreiben oder lesen konnten. Der Wirkungskreis der Frau im alten Ägypten blieb das Haus.

2 **Getreidespeicher.** Ein Schreiber notiert die gelieferte Menge. Modell aus einem ägyptischen Grab, um 2000 v. Chr.

Die ägyptische Gesellschaft

Die Priester

Als oberster Priester galt im alten Ägypten der König. Weil er nicht in jedem Tempel anwesend sein konnte, ließ er sich durch den jeweiligen Hohenpriester eines Tempels vertreten. Die Tempelpriester erhielten aufgrund ihres großen Einflusses Ländereien und waren von Abgaben befreit.

Bauern, Händler, Handwerker

Der überwiegende Teil der ägyptischen Bevölkerung arbeitete als Bauern in der Landwirtschaft. Die Ackerfläche, die ein Bauer zu bearbeiten hatte, lag in der Regel zwischen 0,8 und 1,3 Hektar. Heute wird geschätzt, dass ihm nach Abzug aller Abgaben etwa ein bis zwei Sack Getreide pro Monat verblieben. (Zum Vergleich: Arbeiter erhielten für ihre Tätigkeit jeden Monat fünf Sack Getreide.) Eine Menge von ein bis zwei Sack Getreide reichte dem Bauern gerade aus um sich und seine Familie notdürftig zu ernähren. Frauen halfen in der Landwirtschaft, indem sie beim Worfeln* des Getreides dabei waren, Ähren einsammelten, Kühe melkten. Der Willkür der Beamten waren die Bauern und ihre Familien schutzlos ausgeliefert. In der Zeit der Nilüberschwemmung, wenn sie wenig zu tun hatten, mussten sie im Auftrag des Königs Pyramiden, Tempel oder Paläste errichten.

Viele Jahre lang unterhielten die Pharaonen kein stehendes Heer. Im Bedarfsfall rekrutierte man Soldaten aus der Bevölkerung.

Ägyptische Händler versorgten das Land unter anderem mit Olivenöl und Wein aus Kreta. Diese Waren brachten sie mit Segelschiffen nach Ägypten.

Handwerker wie die Töpfermeister waren für ihre Kunstfertigkeit weithin bekannt. Oft füllten sie ihre Produkte gleich mit den entsprechenden Waren. So boten sie kleine Kosmetiktiegelchen bereits mit Parfüm oder Make-up an. Waren wurden anfangs gegen Naturalien eingetauscht.

Zur untersten Gesellschaftsschicht gehörten die Sklaven. Meist arbeiteten sie als Dienerinnen und Diener. Sie galten zwar als persönlich frei, ihr „Herr" konnte aber ihre Arbeitskraft vermieten.

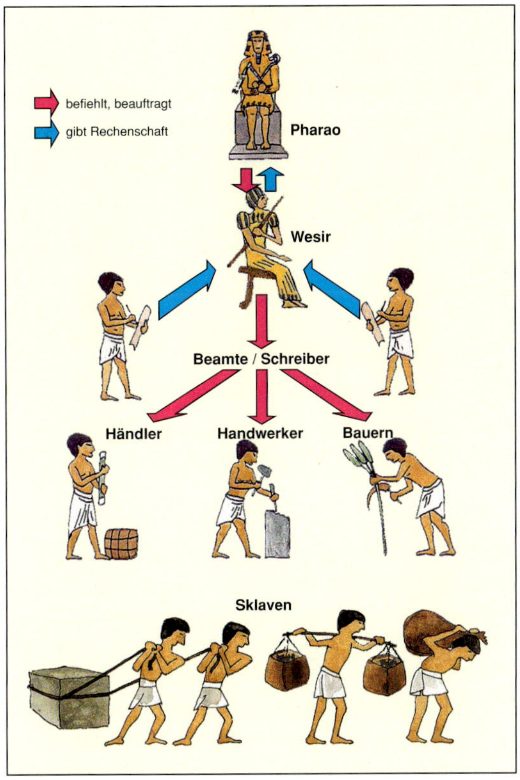

3 **Die Herrschaftsordnung im Ägypten der Pharaonenzeit.**

Q2 Im Auftrag des Pharaos mussten die Männer in Steinbrüchen arbeiten, um Baumaterial für die Pyramiden und andere Bauwerke zu beschaffen. Aufgrund der verteilten Brote, die sie als Lohn erhielten, ergibt sich eine Gesellschaftshierarchie*:

– Der Expeditionsleiter und der Herold	200 Brote
– die drei „Großen der 10 von Oberägypten", je	100 Brote
– die 30 Offiziere, je	30 Brote
– die Bürgermeister, je	100 Brote
– der Vorsteher aller Arbeiten des Königs	100 Brote
– 8 Schreiber, je	30 Brote
– der Bürovorsteher	30 Brote
– 60 Zimmerleute, je	20 Brote
– 17 000 Arbeiter, je	10 Brote

4 *Zeichnet aufgrund der Brotverteilung eine Gesellschaftspyramide.*

5 *Beurteilt diese Verteilung. Findet ihr sie gerecht oder nicht?*

Worfeln*: *Das Werfen des ausgedroschenen Getreides gegen den Wind. Dadurch wurde es von Spreu und Staub gereinigt.*

Hierarchie*: *Rangfolge, Rangordnung.*

*Die Ausrüstung eines **Soldaten** bestand aus Holzschild, Streitaxt und Speer.*

Fundgrube: *In der staatlichen Sammlung ägyptischer Kunst in München (Residenzstr. 1) findet ihr viele interessante Ausstellungsstücke aus der Zeit des alten Ägypten.*

Die Hieroglyphen – heilige Einkerbungen

1 Ägyptisches Wort für Krokodil.

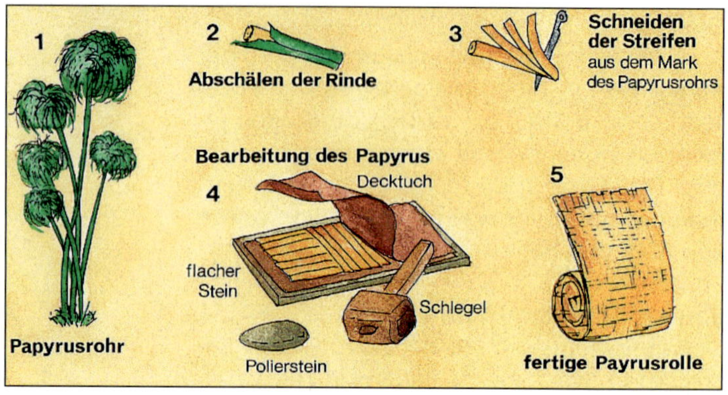

2 **Papyrusherstellung.** Die Papyrusstreifen werden kreuzweise aufeinander gelegt. Durch sanfte Schläge mit dem Schlegel kleben die beiden Schichten zusammen.

Hieroglyphen*:
Ägyptische Bilderschrift, die seit 3200 v. Chr. entwickelt wurde. Dem französischen Ägyptologen Champollion gelang es 1822, ihre Bedeutung zu entziffern.

Papyrus*:
An den Ufern des Nils ernteten die Ägypter die Papyrusstaude. Sie ist ein Sumpfgras und wird bis zu 6 m hoch. Aus ihrer Staude stellten die Ägypter den Vorläufer des Papiers her. Die Schreiber zeichneten ihre Hieroglyphen auf den Pflanzenstoff. Einige Papyrusrollen waren über 20 m lang. Da es in Ägypten heiß und trocken ist, sind viele Schriftrollen bis heute gut erhalten und lesbar.

Fundgrube:
Wenn ihr mehr über die Geschichte der Papierherstellung erfahren und Papier selbst schöpfen wollt, so könnt ihr die Papierabteilung des Deutschen Museums München besuchen.

Die Entwicklung der ägyptischen Schrift

Das ägyptische Wort für Beamter lautet „Schreiber". Schreiber und Beamte gab es seit Beginn der ägyptischen Hochkultur um 3200 v. Chr.; ebenso alt ist die Schrift.
Die Griechen nannten später diese Schrift, die sie vor allem an Tempeln und Götterstatuen sahen, Hieroglyphen* – heilige Einkerbungen. Geschrieben wurden diese Hieroglyphen von rechts nach links oder von links nach rechts oder von oben nach unten.
Wie die altägyptische Schrift entstanden ist, wissen wir bis heute nicht.

Die altägyptische Schreibschrift

M1 Eine Wissenschaftlerin schrieb 1989 über die ägyptische Schrift:
Im altägyptischen Staat spielte die Bürokratie eine große Rolle und dazu war eine Schrift nötig, die man mit wenig Aufwand flott und mit leicht transportierbarem Schreibmaterial hinschreiben konnte. Denn die Schreiber taten ihre Arbeit nicht nur in ihren Amtsstuben, sondern mussten z. B. auch aufs Land gehen um gleich an Ort und Stelle festzuhalten, wie viel Getreide ein Bauer einbrachte.
Als Schreibgeräte verwendeten die Schreiber Pinsel und Tinte. Die „Tinte" war ein festes, trockenes Stück Farbe; wollte man damit schreiben, strich man mit dem angefeuchteten Pinsel darüber. Brauchte man mehr „Tinte", weil man längere Texte schrieb, löste man ein größeres Stück Farbe in einem mit Wasser gefüllten Töpfchen auf. Zum Handwerkszeug eines altägyptischen Schreibers gehörten zwei „Tinten": eine schwarze, mit der üblicherweise geschrieben wurde, und eine rote zum Hervorheben bestimmter Stellen. Die schwarzen Farbstücke wurden hergestellt, indem man Ruß, die roten, indem man fein zerriebenen roten Ocker mit Wasser und Gummi mischte und dann trocknen ließ. Die Verwendung von Schwarz für die normale Schrift und von Rot zum Hervorheben wurde übrigens später von den Arabern übernommen und an uns weitergereicht.

Geschrieben wurde auf Scherben zerbrochener Tongefäße, auf Schreibtafeln aus Holz und vor allem auf Papyrus*. Das Wort „Papyrus" bedeutet in der altägyptischen Sprache vermutlich „zur Verwaltung gehörig". Von den Ägyptern übernahmen die Griechen diesen Ausdruck, von den Griechen wiederum die Römer und seit dem 14. Jahrhundert ist er in unserer deutschen Sprache als „Papier" gebräuchlich.

1 *Erklärt mithilfe von Abbildung 2 die Herstellung von Papyrusbögen.*

2 *Die ägyptische Verwaltung wäre ohne eine Schrift nicht möglich gewesen. Notiert euch dazu einige Begründungen. Lest euch nochmals die Seite 58 daraufhin durch.*

Die Hieroglyphen – heilige Einkerbungen

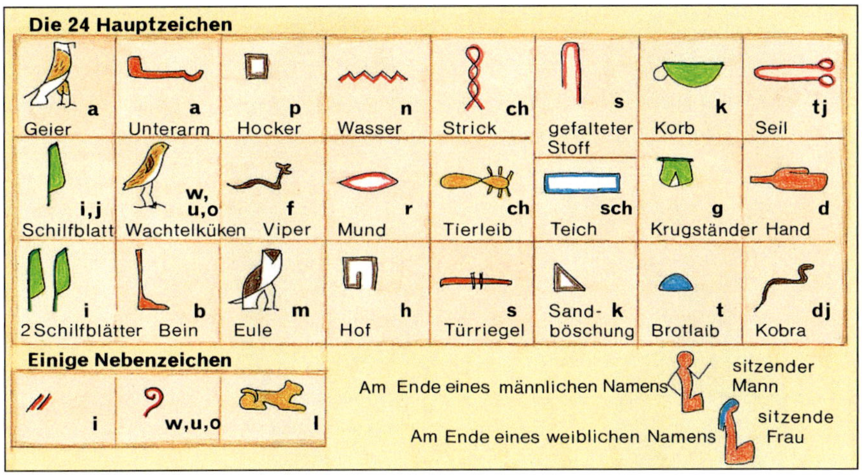

3 **Das ägyptische Alphabet.** Angegeben ist jeweils die Bildbedeutung und die Aussprache.

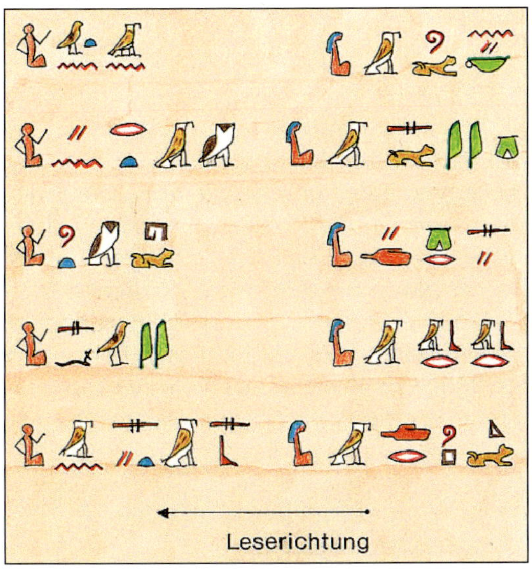

4 **Jungen- und Mädchennamen.** Jeweils von rechts nach links zu lesen.

Wichtige deutsche „Chat-Kürzel"	
„bvid"	bin verliebt in dich
„dbdb"	du bist der Beste/die Beste
„iha"	ich hasse Abkürzungen
„Sfh"	Schluss für heute
„snif"	traurig, weinen
„z"	zornig

Häufig verwendete „Smilies"	
:-)	lächelnd, glücklich
:-))	sehr glücklich
:-(	traurig, sauer
:-0	laut lachen
,-@	brüllen
,-(	weinen
|-|	schläft
=:-)	Hohlkopf

5 **„Chat-Kürzel" und „Smilies" im Internet.**

3 *Versucht mithilfe von Abbildung 3 die Namen in Abbildung 4 zu entziffern.*

4 *Malt mit den Hieroglyphen euren eigenen Namen.*

5 *Entwickelt allein oder in Gruppen eine eigene Bilderschrift. Schreibt einen Satz in eurer Bilderschrift an die Tafel. – Welche Schwierigkeiten ergeben sich für die Klasse diesen Satz zu lesen?*

6 *Achtet in eurer Schule, aber auch in anderen öffentlichen Gebäuden, in Zügen, Bussen usw. darauf, welche Bildzeichen dort angebracht sind. Erklärt, warum diese Zeichen jeder versteht.*

7 *Malt diese Zeichen ab und schneidet entsprechende Zeichen aus Prospekten, Illustrierten usw. aus. Fertigt damit eine Wandzeitung für euer Klassenzimmer.*

8 *Versucht mithilfe der Übersicht 5 die Schriftzeichen im Internet zu entschlüsseln. Vergleicht sie hinsichtlich ihrer Entstehung und Erschließbarkeit mit dem ägyptischen Alphabet.*

Lesetipp:
Rudolf Majonica: Das Geheimnis der Hieroglyphen. Die abenteuerliche Entschlüsselung der ägyptischen Schrift. dtv, München 1988.

Der Alltag: Frauen und Ehe

1 **Nofretete.** Die Büste* wurde 1912 bei Ausgrabungen entdeckt und steht heute im Ägyptischen Museum Berlin.

2 **Hatschepsut.** Die Pharaonin trägt die Krone Oberägyptens mit der Königskobra.

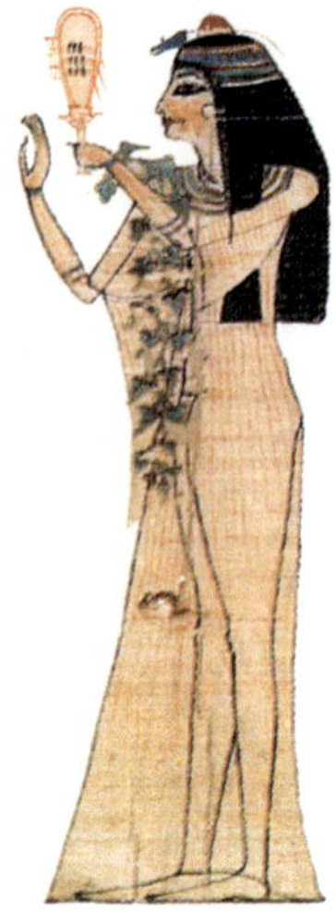

3 **Tempelpriesterin.** In der Hand hält sie das Sistrum, eine bei kultischen Handlungen verwendete Rassel.

Büste*:
Plastische Darstellung eines Menschen vom Kopf bis zur Schulter.

Schep en sehemet*:
(ägypt.) Preis für die Heirat einer Frau.

Ehepaar bei der Feldarbeit. *Grabmalerei, um 1500 v. Chr.*

Melkende Bäuerin. *Modell, um 2000 v. Chr.*

Die Königsgattinnen

Im alten Ägypten leitete sich das Ansehen der Königsfrauen aus ihrer Beziehung zum König ab. In fast 3000 Jahren Geschichte gab es gerade einmal vier weibliche Königinnen. Ansonsten blieb das Amt des Pharaos männlich besetzt.

Die bekannteste ägyptische Königin ist Nofretete (1350–1334 v. Chr.). Sie war die Frau des Pharaos Echnaton und Mutter von sechs Kindern. Gleichberechtigt nahm sie neben dem Pharao an Opferhandlungen teil. Mit diesem einflussreichen Amt war auch Landbesitz verbunden, den sie bzw. ihre Erben lebenslang zugesprochen bekamen.

Nach dem Tod ihres Mannes Thutmosis II. führte Hatschepsut (1490–1468 v. Chr.) jahrelang die Regierungsgeschäfte für Thutmosis III., der nicht ihr eigener, sondern der Sohn einer königlichen Nebenfrau war. Sie ließ behaupten, dass sie von ihrem Vater als Nachfolgerin auserwählt und von ihm dem königlichen Hof und den Göttern vorangestellt worden sei.

1 *Überlegt, warum der Pharao seiner Frau Nofretete Landbesitz zugesprochen hat.*

2 *Sollen Kunstschätze wie die Büste Nofretetes an die Herkunftsländer zurückgegeben werden? Nehmt Stellung.*

Die Bedeutung der Ehe

Die Ägypter heirateten sehr früh. Die Mädchen waren in der Regel erst 12 oder 13, die Jungen oft nicht älter als 15 Jahre. Obwohl der Begriff „Eheschließung" in den frühen Quellen nicht auftaucht, wird man annehmen können, dass das Ehepaar vor einem Beamten des Pharaos erschien, der den Namen und den Besitz von Mann und Frau aufschrieb.

Q1 In einer Eheerklärung aus dem 7. Jahrhundert v. Chr. heißt es:

... Ich habe dich zur Ehefrau genommen. Ich habe dir *(hier wird eine Geldsumme genannt)* gegeben als dein schep en sehemet*. Wenn ich dich als Ehefrau verstoße, sei es, dass ich dich hasse, sei es, dass ich eine andere Frau als Ehefrau statt deiner will, werde ich dir *(hier wird eine Geldsumme genannt)* geben ..., abgesehen von *(hier wird die Geldsumme genannt),* die ich dir als dein schep en sehemet gegeben habe ... Und ich gebe dir den dritten Teil von allem und jedem, was zwischen dir und mir sein wird von diesem Tage an ...

3 *Nennt die Gründe für das mögliche Scheitern der Ehe, die der Vertrag angibt. Beurteilt eine solche Abmachung.*

Der Alltag: Familie und Wohnen

4 **Haus eines vornehmen Ägypters.**
Rekonstruktionszeichnung.

Wie wohnten die Ägypter?

Die Häuser der reichen und der armen Ägypter wurden aus ungebrannten Lehmziegeln gebaut, die im Sommer die Häuser kühl und im Winter warm hielten. Bilder in Gräbern zeigen prächtige Häuser, in denen reiche Ägypter wohnten. Solche Häuser hatten drei Bereiche: einen Wohnraum, einen Empfangsraum und den Schlafbereich, der mit einem Bad und einer Toilette ausgestattet war. Das ganze Haus war weiß gestrichen, die Türpfosten bunt. Die Häuser der Reichen hatten oft einen eigenen Brunnen, sonst versorgte man sich aus öffentlichen Brunnen mit Wasser. Die Wasserversorgung und die Entsorgung des Abwassers wurden sorgfältig überwacht, nichts wurde verschwendet.
Über die Wohnungen der Armen wissen wir wenig. Die Ausgrabung einer Arbeitersiedlung zeigt, dass die Armen auf engem Raum in kleinen Häusern lebten und mit Wasser sehr viel schlechter versorgt waren als die Reichen.

4 *Beschreibt das Haus des reichen Ägypters (Abbildung 4).*

Die Familie

Viele Überlieferungen betonen die Bedeutung der Familie. Der Sinn der Ehe lag darin, Kinder zu bekommen und aufzuziehen. So bemerkte ein griechischer Schriftsteller mit Verwunderung, dass den Ägyptern jedes Kind willkommen war und keines – im Gegensatz zu Griechenland – ausgesetzt wurde. Nach der Meinung der Forschung gab es im alten Ägypten bereits eine feste Rollenverteilung. Der Mann ging seinem Beruf außerhalb des Hauses nach, als Beamter, auf dem Feld und in der Werkstatt. Die Frau führte den Haushalt und sorgte sich um die Kindererziehung. In vielen armen Familien konnte der Mann mit seiner Arbeit die Familie nicht allein ernähren. Deshalb arbeitete auf dem Land die Frau auch auf dem Feld. In der Stadt konnten Frauen auch als Blumenbinderin, Weberin oder Spinnerin arbeiten. Manche Frauen spezialisierten sich auf die Herstellung von Parfüms und Perücken oder auf die farbige Bemalung von Papyrus, dem Schreibmaterial der Ägypter. In Darstellungen reicher und vornehmer Familien erscheinen Frauen an der Seite ihres Mannes. Diese Frauen werden dort als „Herrin des Hauses" bezeichnet. Sie organisierten und kontrollierten die Arbeit von Dienerinnen und Dienern im Haushalt. Sie durften eigenes Vermögen besitzen und erben. Bei einer Scheidung erhielten sie ein Drittel des Familienbesitzes. Hauptnahrungsmittel der Ägypter waren Weizen und Gerste, mit denen sie Brot backten und Bier brauten.

5 *Fasst die unterschiedlichen Aufgaben von Mann und Frau zusammen.*

Schönheitspflege: *Viele Eigennamen der Ägypter sind mit dem Wort „nefer" (schön) gebildet, wie z. B. Nofretete. Die vornehmen Ägypter liebten Schönheit und Mode. Männer und Frauen trugen z. B. Augenschminke aus Mineralien. Zahlreiche erhaltene Kämme, Spiegel und Schminkgefäße zeigen, wie viel den Ägyptern an der äußeren Erscheinung lag. Gedichte und Lieder priesen das Schönheitsideal im alten Ägypten. In einem Lied heißt es z. B.: „Lege Myrrhe auf dein Haupt und kleide dich in schöne Gewänder."*

Kupferspiegel: *Die polierten Spiegel wurden am Hof des Pharaos benutzt.*

Dienerin. *Die Holzfigur trägt auf dem Kopf einen Kosmetikbehälter für reiche Damen.*

Methode: Geschichte selbst präsentieren

Formen der Präsentation

Im vorigen Kapitel habt ihr gelernt Informationen zu einem bestimmten geschichtlichen Thema zu beschaffen (S. 40/41). Jetzt geht es darum, die gewonnenen Informationen in geeigneter Weise an andere weiterzuvermitteln und anschaulich zu präsentieren.

Eine Möglichkeit wäre ein mündlich vorgetragener Bericht oder ein Referat, das vor allem durch den Einsatz von geeignetem Anschauungsmaterial (Bilder, Schaubilder, Karten, Gegenstände) für die Zuhörer verständlich und interessant wird.

Mehr Zeit und Mühe verlangt die Anfertigung einer Dokumentation, beispielsweise in Form einer Wandzeitung, oder eine Collage auf einer Plakatwand sowie die Zusammenstellung und Durchführung einer Ausstellung.

Für Schülerinnen und Schüler, die schauspielerisches Talent besitzen, kann es spannend sein, das gesammelte Material zu einem Rollen- oder Theaterspiel umzugestalten, ein Drehbuch zu schreiben, Kostüme und Bühnenbilder zu entwerfen und sogar auf einer Bühne vor Zuschauern aufzuführen. Dabei werden geschichtliche Informationen auf lebendige und unterhaltsame Weise dargeboten.

Großen Zeitaufwand, gute Organisation und technisches Geschick erfordert es, ein Hörspiel oder vielleicht sogar einen Videofilm herzustellen und vorzuführen. Häufig lassen sich auch die verschiedenen Formen der Vermittlung und Darbietung von geschichtlichen Informationen miteinander verbinden. Für welche ihr euch entscheidet, hängt von verschiedenen Bedingungen ab, unter anderem von den räumlichen und technischen Voraussetzungen.

Vorbereitung einer Präsentation

Bevor sich ein Schüler/eine Schülerin, eine Arbeitsgruppe oder Klasse für eine bestimmte Form der Präsentation entscheiden, müssen folgende Fragen geklärt werden:

- Welche Möglichkeiten der Präsentation eignen sich für das gewählte Thema?
- Was geben die gesammelten Materialien (Texte, Bilder, Gegenstände …) her?
- Welcher Personenkreis (Mitschüler/innen, Eltern, größere Öffentlichkeit) soll mit der Präsentation angesprochen werden?
- Was trauen sich der einzelne Schüler/die einzelne Schülerin, die Arbeitsgruppe, die Klasse zu? Brauchen sie Unterstützung (z. B. von Lehrkräften anderer Fächer wie Kunst und Musik)?
- Wie viel Zeit steht für das Projekt zur Verfügung?
- Welche Unkosten sind damit verbunden? Wie lassen sie sich finanzieren (über Elternspenden, Eintritte, Verkauf von Gegenständen)?
- Welche technischen oder organisatorischen Bedingungen (z. B. Kopierer, Projektor, Videokamera, Bühne) müssen erfüllt sein?

Am Beispiel des Themas „Alltag von Frauen, Männern und Kindern im Alten Ägypten" wollen wir nun eine Form der Informationsvermittlung und Präsentation ausprobieren.

Eine Wandzeitung gestalten

1 **Beispiel einer Wandzeitung.**

Beispiel „Schreiber"
Nehmen wir einmal an, euer Thema ist der Alltag der Bevölkerungsgruppe „Schreiber" im alten Ägypten und ihr wollt dazu eine Wandzeitung herstellen. Vorab muss klar sein: Eine Wandzeitung schaut der Betrachter im Stehen oder auch mal nur im Vorbeigehen an. Also: Wenige und überschaubare Texte, dazu einige möglichst großformatige Abbildungen und das Ganze übersichtlich anordnen!
In folgender Reihenfolge könnt ihr vorgehen:

1. Schritt
Informationen auswählen

Was ist wichtig, was kann weggelassen werden? Was soll als Text, was im Bild, Schaubild oder in einer Tabelle dargestellt werden?

2. Schritt
Gestaltung überlegen

Wie soll die Schrift aussehen (Druck- oder Schreibschrift, Größe, Farbe)? Welche Bilder sind geeignet und wie werden sie angeordnet? Welche Zeichnungen, Tabellen oder Schaubilder sollen angefertigt werden und an welchen Platz sollen sie kommen?

3. Schritt
Material bereitstellen

Welches Material wird benötigt (Tapete, Pappe, Transparentpapier, Stifte, Kleber, Heftzwecken, Stecknadeln, Scheren, Lineal usw.)? Wer besorgt es?

4. Schritt
Arbeit verteilen und durchführen

Wer möchte Texte schreiben, Bilder ausschneiden und beschriften, Zeichnungen, Tabellen anfertigen usw.? Sprecht euch untereinander ab. Wichtiger Hinweis: Bilder, Texte usw. nicht sofort festkleben, sondern erst alles lose auflegen!

5. Schritt
Wandzeitung präsentieren

Wandzeitung aufhängen und den anderen Gruppen vorstellen (präsentieren).

Jenseitsglaube und Totengericht

1 **Totengericht.** Malerei auf einer Schriftrolle, um 1400 v. Chr.

Ägyptische Götter:

Isis, die Muttergöttin.

Osiris, Herrscher des Totenreiches.

Horus, der Königsgott.

Die ägyptische Götterwelt

Im alten Ägypten gab es eine Vielzahl von Göttinnen und Göttern. Für jeden Lebensbereich war eine Gottheit zuständig. So glaubte man, dass Osiris im Totenreich herrschte. Besonders beliebt war Isis, die Muttergöttin, weil sie allen Frauen half. Ptah war der Schutzgott der Handwerker und die Mondgottheit Thot wurde als Gott des Schreibens, Wissens und Berechnens verehrt. Auch die Pharaonen hatten einen Schutzgott. Der Königsgott Horus, das heißt übersetzt „der Ferne", besaß im regierenden Pharao seine menschliche Gestalt. Gleichzeitig galt jeder Pharao als Sohn des Re, dem Gott der Sonne, der nach der Vorstellung der Ägypter die Welt erschaffen hatte. So nahm der Pharao selbst den Rang eines Gottes ein.

Wie die Menschen in der Jungsteinzeit sahen auch die Ägypter in natürlichen Erscheinungen wie der Sonne oder dem Mond göttliche Mächte. Viele Tiere, deren Fähigkeiten bewundert wurden, galten als heilig, so z. B. das Krokodil oder der Falke. Die Götter hatten ursprünglich oft Tiergestalt. In dem Maße, in dem es die Ägypter lernten, ihre Umwelt zu verstehen, nahmen ihre Götter zum Teil menschliche Gestalt an oder Tier- und Menschengestalt vermischten sich.

1 *Beschreibt die in den Bildern dargestellten ägyptischen Gottheiten.*

2 *Fasst zusammen, warum die Untertanen dem Pharao gehorsam sein mussten.*

Die Sorge für das Leben nach dem Tod

Die Ägypter glaubten an ein Weiterleben nach dem Tod. Sie waren überzeugt, dass die Verstorbenen im Jenseits ein Leben führten, das dem auf der Erde glich. Die Körper sollten erhalten bleiben, damit die Seelen, die beim Tod die Körper verließen, jederzeit zurückkehren könnten. Deshalb entwickelten die Ägypter die Mumifizierung. Dabei entnahm man die inneren Organe um den Verwesungsprozess zu stoppen. Später legte man auch Natron in die Leiche, damit sie künstlich austrocknete. Abschließend wurde der Leichnam mit Baumharz oder Myrrhe gesalbt und mit Leinentüchern umwickelt. Als Einbalsamierungsgott galt der schakalköpfige Totengott Anubis. Besonders wichtig war die Erhaltung der Mumie des Pharaos, denn er sollte im Jenseits weiterhin für die Untertanen sorgen.

Den Mumien wurde alles mit ins Grab gegeben, was sie vorher im Leben gewohnt waren: Essen und Trinken, Möbel und Geräte, Kleidung und Schmuck.

Das Leben nach dem Tod war aber nur für die erreichbar, die im Totengericht von den Göttern aufgenommen wurden. Danach müssen sich die Menschen nach ihrem Tod vor einem Gericht der Götter für ihre Lebensführung verantworten.

3 *Vergleicht die Vorstellungen in euren Religionen vom Leben nach dem Tod mit den Vorstellungen der Ägypter. Zieht auch die Abbildung 1 heran.*

Pyramiden – Wohnungen für die Ewigkeit

Die Pharaonen – Herrscher auch nach dem Tod

Nach dem Glauben der Ägypter konzentrierte sich die ganze Macht in der Person des Pharaos (siehe S. 57). Er sorgte für sein Volk selbst über den Tod hinaus. Seine Verbindung mit dem Sonnengott Re sollte deshalb auch in seiner „Wohnung nach dem Tod" zum Ausdruck kommen. Aus diesem Glauben heraus entstanden im Alten Reich die Pyramiden.

Wer baute die Pyramiden?

Nach heutigen Berechnungen waren beim Bau einer Pyramide etwa 4000 Facharbeiter 20 Jahre lang beschäftigt. Sie wohnten in eigens angelegten Dörfern in kasernenähnlichen Unterkünften. Eine Inschrift aus der Zeit Ramses IV. (12. Jahrhundert v. Chr.) gibt einen Hinweis darauf, dass von 9262 Männern, die in die Steinbrüche des Wadi Hamamat gesandt wurden, 900 nicht mehr zurückkehrten; sie waren in der Wüste ums Leben gekommen.

Q1 Über den Bau der Cheops-Pyramide berichtete der griechische Geschichtsschreiber Herodot 450 v. Chr.:

... Cheops zwang alle Ägypter für ihn zu arbeiten. Die einen mussten Steinblöcke aus den Steinbrüchen bis an den Nil schleppen. Dann wurden die Blöcke auf Schiffen über den Fluss geschafft. Andere mussten die Steine dann weiterschleifen bis zu den lybischen Bergen. Mit dieser Arbeit waren 100 000 Mann gruppenweise beschäftigt, jede Gruppe drei Monate.

Zehn Jahre dauerte allein der Bau der Straße, auf der sie die Steine beförderten. Dieses Werk erscheint mir fast so gewaltig wie der Bau der Pyramide selber, denn die Straße ist 1000 Meter lang und 18 Meter breit. An der Pyramide selbst arbeitete man 20 Jahre. ...

M1 Ein heutiger Geschichtswissenschaftler äußert sich über den Pyramidenbauer Cheops wie folgt:

... Im Übrigen müssen wir uns den Pyramidenbau so vorstellen, dass die Hauptbauzeit in die Überschwemmungsmonate fiel. In ihnen konnte ein Großteil des Baumaterials auf dem bequemen Wasserweg herbeigeschafft werden. Das war ohnehin die gleiche Zeit, in der die bäuerliche Bevölkerung unbeschäftigt war. Indem sie der König zur Arbeit verpflichtete, übernahm er zugleich die Fürsorge für ihren Unterhalt. Hier ... kann von einer Versklavung des Volkes keine Rede sein. ...

Wie wurden die Pyramiden gebaut?

Kräne oder andere technische Hilfsmittel standen den Ägyptern zum Bau der Pyramiden nicht zur Verfügung. Zunächst wurden die Himmelsrichtungen bestimmt, dann der spätere Platz für die Pyramide vermessen, eingeebnet und die Grabkammern angelegt. Sklaven schafften mit hölzernen Schlitten Kalksteinblöcke herbei und legten die erste Schicht. Über Erdrampen zogen sie die Schlitten zum Bau der weiteren Schichten hoch.

Das „Tal der Könige"

Seit dem Mittleren Reich ließen die Pharaonen ihre Gräber im „Tal der Könige" (siehe Karte S. 56) in Felsen einhauen . 1922 wurde hier das Grab des Pharaos Tutenchamun (1347 bis 1336 v. Chr.) gefunden. An ihm konnte man deutlich erkennen, wie kostbar diese Gräber ausgestattet waren.

Allein der innerste der drei Särge, in dem die Mumie des Königs lag, wog 110 kg und bestand aus reinem Gold; das entsprach etwa dem Monatslohn von 35 000 Handwerkern. Kein Wunder, dass vor allem in Notzeiten diese Gräber aufgebrochen und beraubt wurden.

4 *Fasst schriftlich zusammen, welche technischen und wirtschaftlichen Voraussetzungen für den Pyramidenbau vorliegen mussten.*

5 *Auch in Südamerika gibt es Pyramiden. Informiert euch darüber im Lexikon und berichtet eurer Klasse.*

Bestattung einfacher Leute

Nur die Pharaonen konnten sich solche Grabstätten bauen lassen. Die Ärmsten der Bevölkerung wurden im Wüstenboden verscharrt. Wohlhabende sparten bereits zu Lebzeiten für die Bestattung.

Das Totenbuch:

Die Ägypter legten den Verstorbenen ein Totenbuch in das Grab. Es sollte ihnen bei der Rechtfertigung vor dem Totengericht behilflich sein. Auszüge aus einem Totenbuch sind uns überliefert: „Ich habe niemanden zum Weinen gebracht. Ich habe nicht getötet. ... Ich habe die Speise in den Tempeln nicht geschmälert. ... Ich habe am Ackermaß nichts vermindert. Ich gab Brot dem Hungrigen und Wasser dem Durstigen, eine Fähre dem, der ohne Schiff war."

Pyramiden – Wohnungen für die Ewigkeit

Djoser*:
Er wird 2650 v. Chr. König, konstruiert bei Sakkara die erste Stufenpyramide.

Sarkophag*:
(Stein-)Sarg, Prunksarg.

Um 2550 v. Chr.:
Der Pharao Cheops lässt bei Gizeh die große Pyramide erbauen.

2300000 Steine – die Cheops-Pyramide

2630 v. Chr. wurde die erste Pyramide als Stufenpyramide für den König Djoser* gebaut. Über sechs gewaltige Stufen sollte der König zum Sonnengott Re hinaufsteigen. Später entstand die uns heute bekannte Pyramidenform. Die Pyramide des Pharaos Cheops (um 2550 v. Chr.) ist der gewaltigste Steinbau der Welt. Sie ist 146 m hoch und an jeder Seite 230 m lang, 2300000 Steine sind in dieser Pyramide verbaut. Jeder Stein wiegt 2,5 Tonnen. Zum Vergleich: Ein Mittelklassewagen wiegt etwa 1 Tonne. Würden alle Steine der Cheops-Pyramide auf einen Container-Zug verladen, dann würde dieser Güterzug von Athen bis München reichen.

1 *Fasst zusammen, warum die Ägypter Pyramiden bauten.*

Im Inneren einer Pyramide

Der Eingang der meisten Pyramiden war nach Norden gerichtet. In die Pyramide des Cheops führte ein Schacht vom Eingang zur großen Halle und von dort weiter zur großen Grabkammer. Hier lag der Pharao mit all seinen Grabbeigaben bestattet. Große Granitblöcke vor der Grabkammer und in die Irre führende Gänge sollten Grabräuber von den reichen Schätzen abhalten. Aber schon 1000 v. Chr. waren alle Pyramiden ausgeraubt. Die große Halle der Cheops-Pyramide misst 47 m Länge und 8,5 m Höhe. Der Sarkophag* des Pharaos konnte wegen seiner Breite unmöglich durch die Halle in die Grabkammer befördert worden sein.

2 *Stellt Vermutungen an, wie der Sarkophag der Cheops-Pyramide an seinen Platz kam.*

3 *Grabräuber sollen oft dem Fluch des Pharaos zum Opfer gefallen sein. Was haltet ihr davon?*

1 **Querschnitt durch die Cheops-Pyramide.**

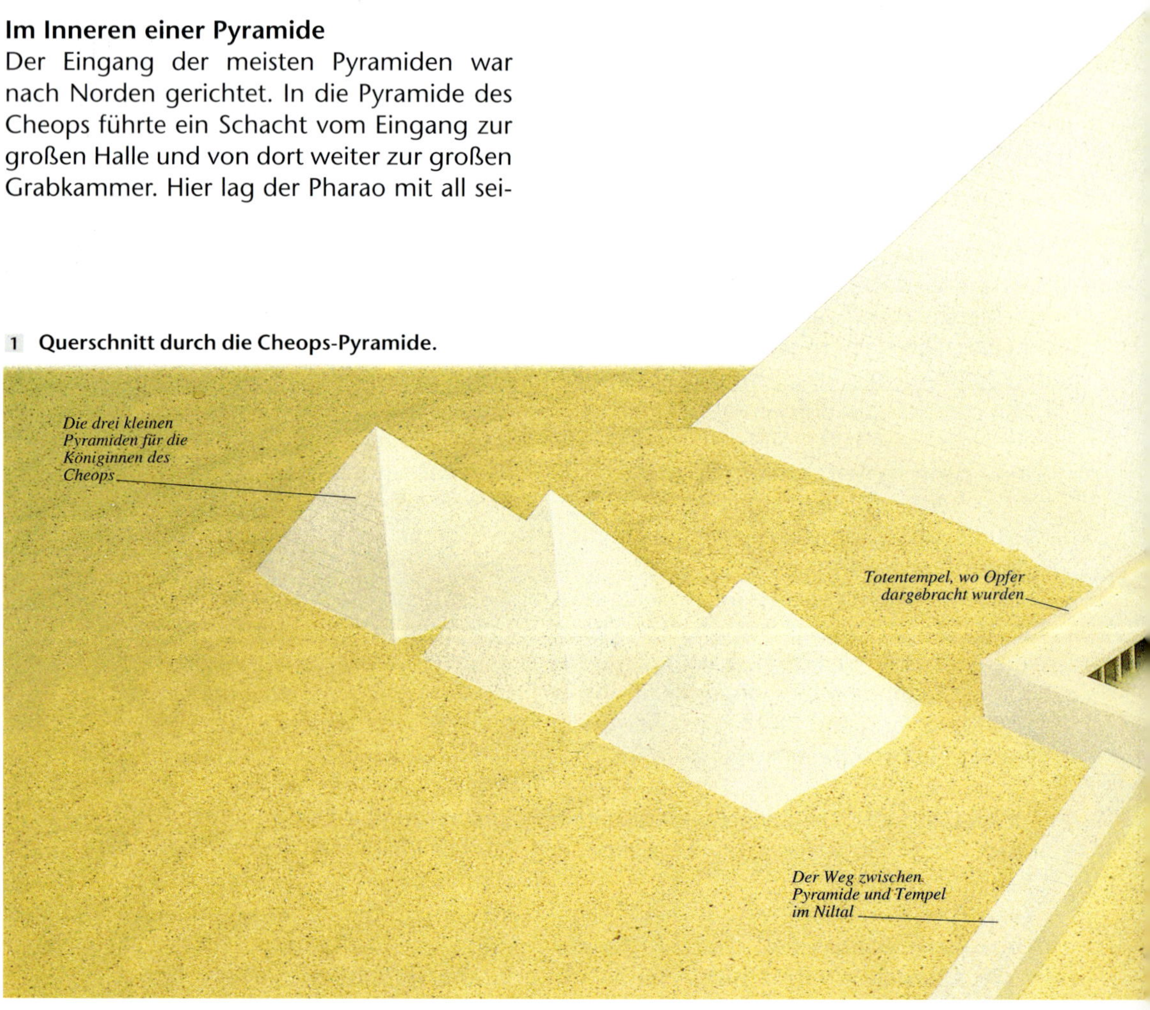

Pyramiden – Wohnungen für die Ewigkeit

Ein Blick hinein

Dieses Modell der großen Pyramide erlaubt einen Blick ins Innere. Es zeigt die ursprüngliche Kalksteinverkleidung, die im Mittelalter abgetragen wurde um die Stadt Kairo zu verschönern. Die unterste Kammer, die schon in den Felsen geschnitten war, könnte die zunächst geplante Grabkammer oder ein Irrgang sein um Grabräuber zu täuschen. Der Zentralraum ist vermutlich eine weitere aufgegebene Grabkammer. Über dem Raum, in dem Cheops schließlich begraben wurde, sind fünf Kammern ausgespart um das Gewicht der Steine besser zu verteilen.

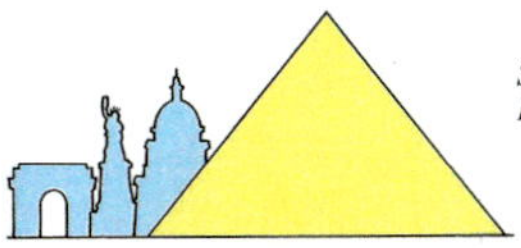

2 Mit 146 Metern ist die große Pyramide höher als der Triumphbogen in Paris (49,5 m), die Freiheitsstatue in New York (92 m) und die Kathedrale St. Paul in London (110 m).

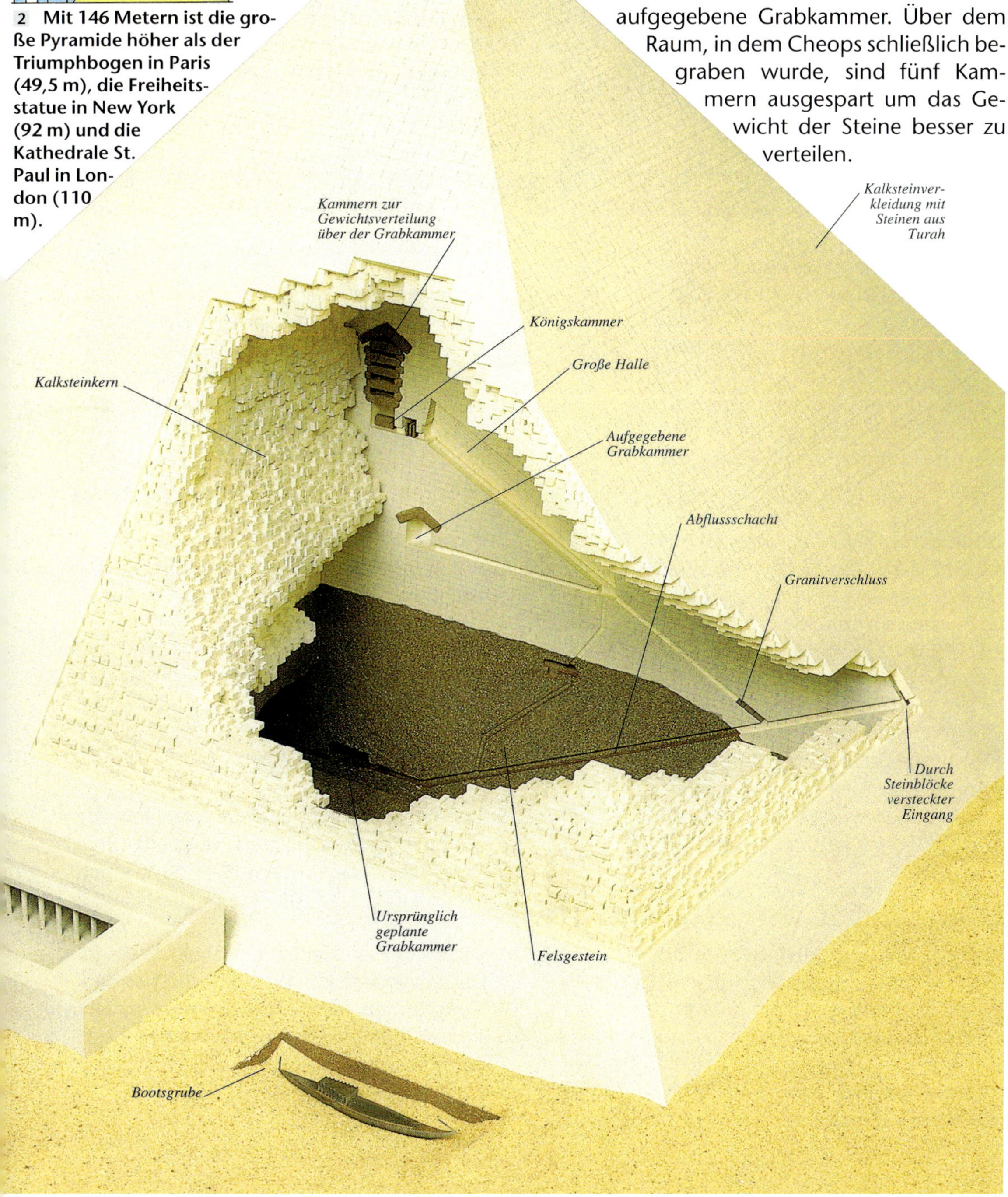

__Fundgrube:__
Einen virtuellen Rundgang durch die Cheops-Pyramide kannst du im Internet machen unter www.pbs.org/wgbh/nova/pyramid.

Werkstatt Geschichte: Expedition in den Steinbruch

Das große Geschichtsspiel
Auf dieser Doppelseite ist ein ägyptischer Papyrus abgebildet, der vor etwa 3200 Jahren entstand. Er enthält den Plan eines Wüstentales in der Ostwüste, das Wadi Hamamat. In diesem Plan sind die Lagerstätten des Goldes, Brunnen und Straßen, die Hütten der Arbeiter und kleine Heiligtümer eingezeichnet. Die folgenden Spielelemente wurden nachträglich hinzugefügt:

Spielanleitung
- Am besten spielt ihr dieses Spiel zu zweit.
- Du brauchst einen Würfel und für jeden Teilnehmer einen Spielstein.
- Weil es bei einer Expedition in den Steinbruch langsam vorangeht, musst du eine Eins würfeln um starten zu können (beim Pfeil).
- Sieger ist, wer als Erster den Tempel der Göttin Hathor erreicht hat.
- Auf deinem Weg kommst du an verschiedenen Zeichen vorbei. Sie helfen dir entweder schneller voranzukommen oder sie verlangsamen deine Reise. Sie haben folgende Bedeutung:

Der Steinbohrer. Du hast gute Arbeit geleistet und darfst ein Feld vorrücken, wenn du den Namen des Pharaos weißt, der dich zusammen mit 9261 Männern hierher schickte. (Überprüfe deine Antwort auf S. 67.)

Der Opfertisch. Du hast im Tempel die Göttinnen und Götter durch Opfer milde gestimmt. Du darfst drei Felder vorrücken, wenn du den Namen einer Göttin oder eines Gottes nennen kannst.

Der Pharao. Der Pharao hat dich zum obersten Beamten ernannt. Du darfst deshalb die Abkürzung durch den Goldminenweg nehmen, wenn du deinen Titel kennst. (Kontrolliere deine Antwort anhand des Schemas auf S. 59.)

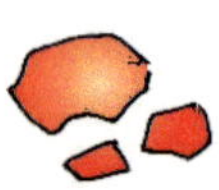

Steinschlag. Nur wer eine Eins oder Zwei würfelt, darf hier weiter.

Totengott. Du bist auf dem Rückweg vom Wadi Hamamat nach Hause und denkst an die 900 Steinbrucharbeiter, die bei dieser Expedition ums Leben gekommen sind. Nenne mindestens zwei Gründe, die zu ihrem Tod geführt haben könnten. Sonst: zweimal aussetzen.

König Ramses IV. hat hier für die Durstigen einen Brunnen gebaut. Du hast dich erfrischt und kannst jetzt noch bei den Arbeitern am Rosengranitweg vorbeigehen.

Arbeiter. Du triffst auf Arbeiter und unterhältst dich mit ihnen. Da du die Cheops-Pyramide selber gesehen hast, berichtest du davon und erzählst, wie hoch sie ist und wie viele Arbeiter vermutlich mit ihrem Bau beschäftigt waren. (Lies dazu nochmals S. 68.) Setze einmal aus.

Frauen. Du triffst auf einige Frauen, rücke zwei Felder vor, nachdem du die rechtliche Stellung der Frau im alten Ägypten erklärt hast (siehe S. 32).

Das Zeichen für **Gold**. Hier mündet der Goldminenweg in die Tempelstraße. Es wird kontrolliert, ob du etwas gestohlen hast: zweimal aussetzen.

Ein fertiger **Felsblock** ist von seinem Schlitten gerutscht und versperrt den Weg. Du musst durch den Krummen Weg zurück auf die Hauptstraße und nochmals beginnen. Ein Schreiber zeigt dir aber einen kleinen Durchgang, wenn du ihm innerhalb von drei Minuten deinen Namen in Hieroglyphen aufmalen kannst. Nimm dazu die Abbildung 3 auf Seite 61 zu Hilfe.

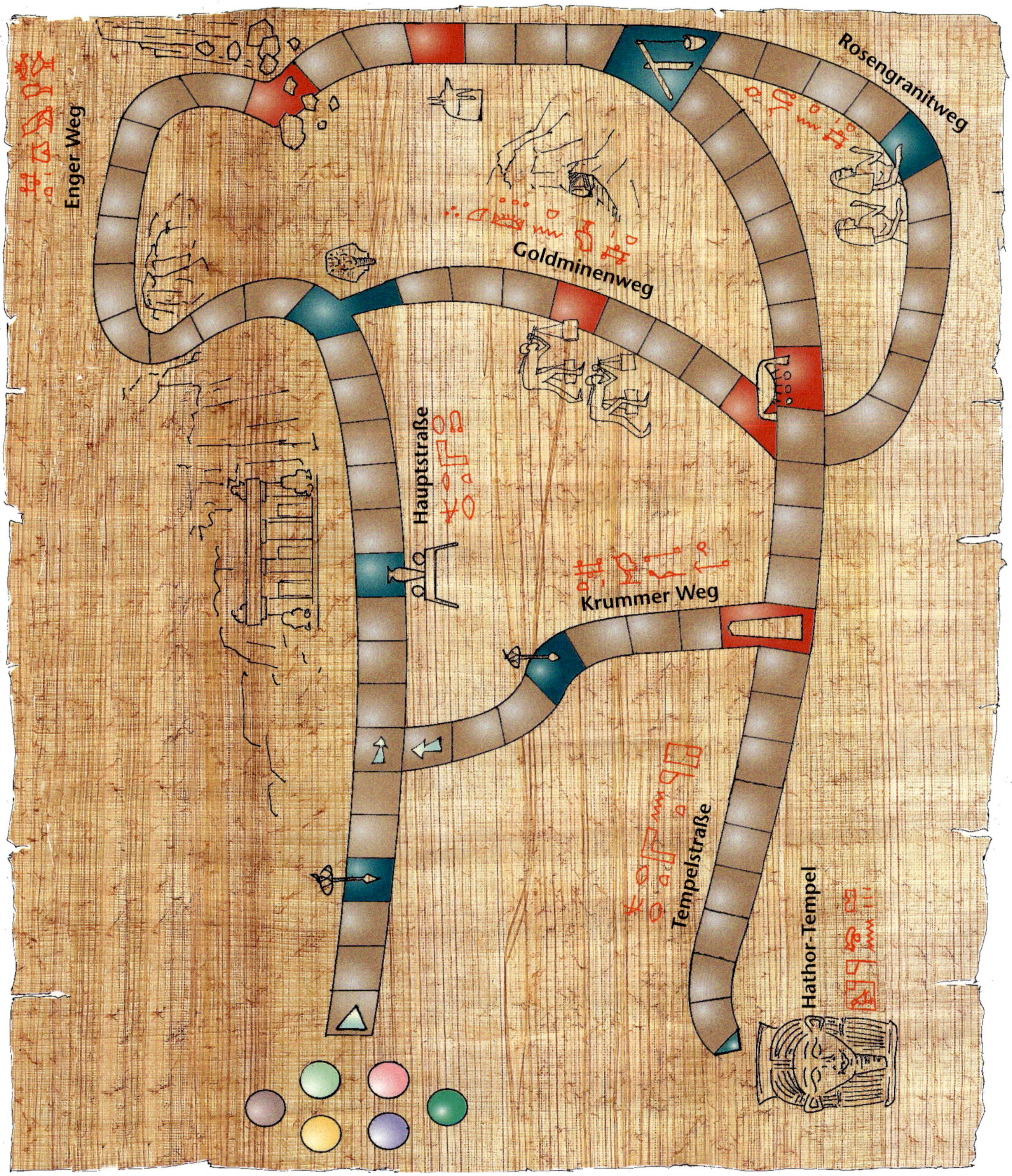
Enger Weg
Rosengranitweg
Goldminenweg
Hauptstraße
Krummer Weg
Tempelstraße
Hathor-Tempel

Mesopotamien

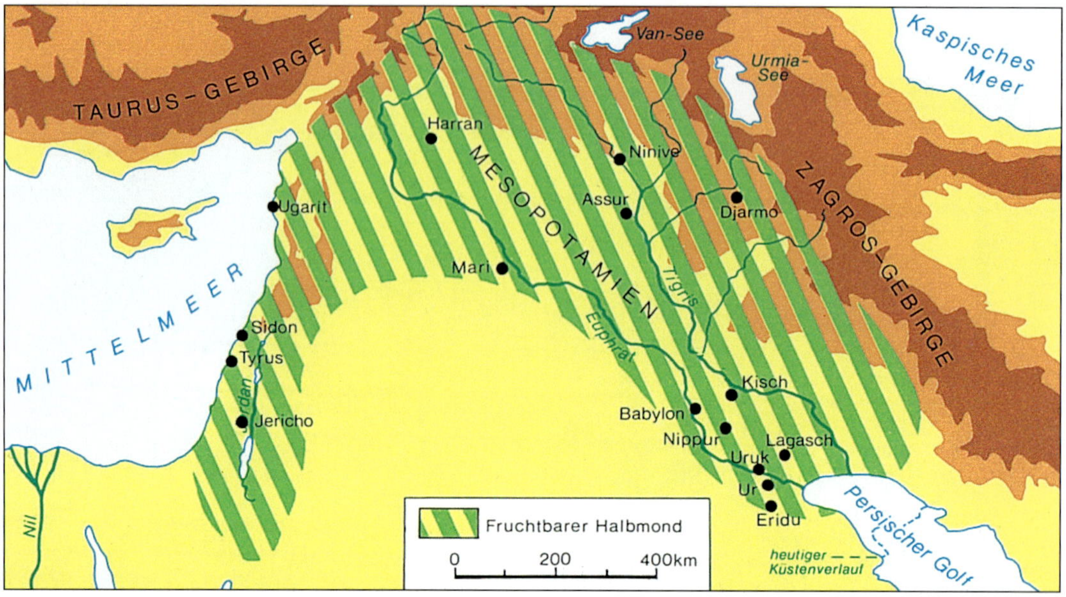

1 Der Vordere Orient zur Zeit der frühen Hochkulturen, um 3000 v. Chr.

Die Hochkultur in Mesopotamien

Mesopotamien heißt wörtlich übersetzt „zwischen den Flüssen". Dieses Gebiet zwischen den Flüssen Euphrat und Tigris gehört heute zu den Ländern Irak, Iran und Syrien. Im 5. Jahrtausend v. Chr. siedelten hier die Sumerer, ein Bauernvolk aus den gebirgigen Gegenden im Osten oder Nordosten Mesopotamiens.

In jedem Frühjahr wurden weite Teile der Flusslandschaft überschwemmt. Wenn die Fluten wieder zurückgingen, blieben fruchtbare Lehmablagerungen zurück, auf denen Getreide und Gemüse in Fülle wuchsen. Allerdings mussten die Saaten und Pflanzen bewässert werden, denn die heißen Sommer trockneten das Tiefland zu einer Lehmwüste aus. Gemeinsam gingen die Sumerer daran, das Bewässerungsproblem zu lösen. Sie zogen Kanäle und Gräben und bauten Dämme zum Schutz vor Hochwasser. Immer größere Flächen konnten so zum Anbau von Getreide, Gemüse und Obst gewonnen werden. Die Bauern ernteten mehr, als sie selber brauchten. Vorräte konnten angelegt werden und es mussten sich nicht mehr alle Menschen mit dem Ackerbau beschäftigen. Der Weg zur Arbeitsteilung war frei.

Zikkurat*: *Stufenturm. Tempelanlage der Sumerer.*

Die Städte der Sumerer

Immer mehr Menschen kamen in das fruchtbare Land und schon um 3000 v. Chr. bauten die Sumerer große Städte, die durch Mauern geschützt waren. Jede Stadt wurde von einem Stadtkönig regiert, der zugleich oberster Priester war. Deshalb nannte man ihn Priesterkönig. Die Wohlhabenden und Herrschenden hatten sich in ihren Vierteln prächtige Wohnsitze aus Lehmziegeln errichten lassen. In anderen Stadtteilen bauten Handwerker und Händler an den Straßen und Gassen dicht an dicht ihre Werkstätten und Geschäfte. Sie waren meistens direkt mit den Wohngebäuden verbunden.

Die Tempel der Götter

In den Zentren der Städte fand man große Tempelanlagen. Dazu gehörte fast immer ein Stufenturm, eine so genannte Zikkurat*. Die Zikkurat waren nach dem Glauben der Sumerer der Weg, auf dem Priester und König zu den Göttern gelangen und umgekehrt die Götter zu den Menschen herabsteigen konnten.

1 *Vergleicht die Situation in Mesopotamien mit der in Ägypten. Listet Gemeinsamkeiten und Unterschiede auf.*

Hochkultur zwischen Euphrat und Tigris

Die erste Schrift entsteht

Priester, Verwaltungsbeamte, Kaufleute – sie alle waren darauf angewiesen, ihre Steuern, Verwaltungsvorgänge und Geschäfte irgendwie festzuhalten. Aus dieser Notwendigkeit entstand die sumerische Keilschrift. Einfache Notizen, Zeichen und Bilder wurden mit einem Griffel aus Rohr in weiche Tontäfelchen geritzt. Aus ihnen entwickelten sich im Laufe der Zeit die sumerischen Schriftzeichen. Sollten die Notizen aufbewahrt werden, wurden die Tontafeln gebrannt. Deshalb blieben einige bis heute erhalten. Da der Griffel einen keilförmigen Eindruck in den Täfelchen hinterließ, bezeichnen wir die sumerische Schrift als „Keilschrift". Sie ist vermutlich älter als die ägyptischen Hieroglyphen.

Die Gesetze des Hammurabi von Babylon

Im Verlauf der Jahrhunderte erlebte das Land um Euphrat und Tigris eine wechselvolle Geschichte. Die Stadtstaaten bekriegten sich und häufig griffen Nomadenstämme die reichen Städte an. Die Stadtkönige sicherten ihre Städte durch Mauern und Soldaten. Dennoch gelang es mehrfach Nomadenstämmen, die Macht in den Stadtstaaten an sich zu reißen. Auf diese Weise wurde auch König Hammurabi Herrscher über die Stadt Babylon (siehe die Karte auf Seite 72). Von hier aus unterwarfen er und seine Soldaten um 1700 v. Chr. Nord- und Südmesopotamien. Hammurabi vereinte die Gebiete im babylonischen Großreich. Aus seiner Herrschaftszeit stammt die größte Sammlung von Gesetzen, die aus jener Zeit bekannt ist. Auf einer Säule ließ Hammurabi 282 Gesetze einmeißeln und öffentlich aufstellen. Er selbst hatte sich auch zum obersten Gerichtsherrn ernannt. Vorher war dies das Recht der Priester in den Tempeln gewesen. Durch seine neue Stellung konnte er selbst die Einhaltung seiner Gesetze überwachen.

2 **Hammurabi nimmt vom Sonnengott die Gesetze entgegen. Dieser gilt als Gott der Weisheit und für die Sumerer als Richter in der Totenwelt.** Basaltstein, um 1700 v. Chr.

Q1 In der von Hammurabi aufgestellten Gesetzessammlung heißt es unter anderem:
… 14. Wenn ein Bürger das Kind eines Bürgers gestohlen hat, so wird dieser Bürger getötet. …
22. Wenn ein Bürger Raub begangen hat und ergriffen wird, so wird dieser Bürger getötet.
23. Wenn der Bürger nicht ergriffen wird, so gibt der beraubte Bürger das ihm abhanden gekommene Gut vor dem Gotte an und die Gemeinde sowie der Vorsteher … erstatten ihm das abhanden gekommene Gut. …
195. Wenn ein Sohn seinen Vater schlägt, so schneidet man ihm seine Hand ab. …
200. Wenn ein Bürger den Zahn eines ebenbürtigen Bürgers ausschlägt, so schlägt man seinen Zahn aus.
201. Wenn er den Zahn eines Untergebenen ausschlägt, so zahlt er ein Drittel Mine Silber (Mine = sumerisches Gewicht). …

2 *Überlegt, was die Gesetze für das Leben der Menschen damals bedeuteten.*
3 *Stellt Vermutungen an, welche Bevölkerungsschicht von der Veröffentlichung der Gesetzestexte besonders profitierte.*
4 *Beurteilt die Gesetze Hammurabis aus heutiger Sicht.*

Einige Beispiele sumerischer Schriftzeichen in ihrer Entwicklung:

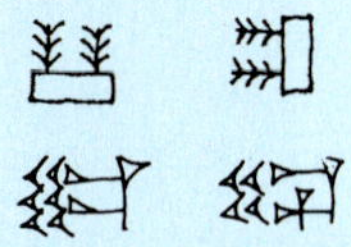

Garten

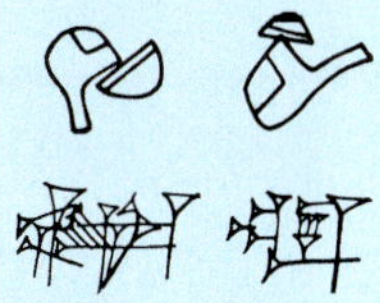

essen

Berg, Gebirge

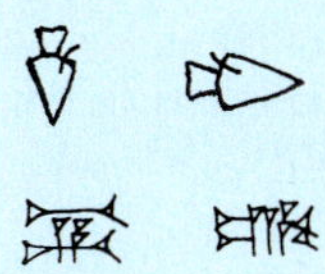

Krug

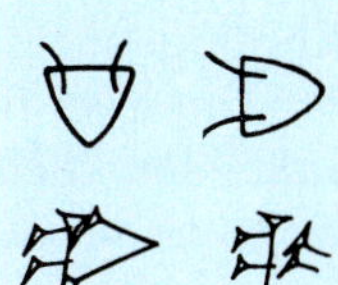

Ochse

Methode: Bilder „lesen"

1 Kindermumie mit Porträt. Wachsmalerei auf Holz, Hawara (Fayum), 2. Jahrhundert n. Chr.

Bilder erzählen Geschichte(n)

Unser Wissen über die Vergangenheit gewinnen wir oft aus Bildern. An alten Fotos, Kirchenfenstern, Wand- oder Deckengemälden, Zeichnungen, Statuen oder Gemälden können wir häufig erkennen, wie die Menschen früher gelebt haben, was sie dachten, fühlten oder hofften. Oft genügt es schon, ein Bild genau zu betrachten und zu beschreiben um beispielsweise etwas über das Alltagsleben früherer Menschen zu erfahren. Bilder zeigen aber Menschen, Dinge oder die Natur nicht immer so, wie sie in Wirklichkeit aussahen. Ein Beispiel: Bei dem Bild eines Ehepaares ist die Frau auffallend kleiner gezeichnet als der Mann. Es kann sein, dass sie es tatsächlich war. Häufig will der Künstler aber auch durch die Größe der Personen einen Rangunterschied zeigen. Eine Deutung ist also nicht ganz einfach. Schwierig wird es auch dann, wenn der Künstler Bildzeichen (Symbole) benutzt, die eine bestimmte Bedeutung haben. Das ägyptische Zeichen ☥ bedeutet „Leben". Wer es nicht kennt, dem bleibt rätselhaft, warum es beispielsweise eine Person auf einem Grabbild in der Hand hält.

Um ein Bild richtig zu deuten brauchen wir also häufig zusätzliche Informationen.

Folgende Fragen werden euch helfen nicht nur ägyptischen, sondern auch anderen Bildern wichtige Informationen zu entnehmen. Wir versuchen die Fragen beispielhaft an Abbildung 1 zu beantworten.

1. Welche „Daten" des Bildes sind bekannt (Name des Künstlers, Bildtitel, Entstehungszeit)?

Angaben dazu stehen meistens neben oder unter dem zu beschreibenden Kunstwerk.

Der Künstler ist uns nicht bekannt, der Titel lautet: Kindermumie mit Porträt. Das Bild entstand im 2. Jahrhundert n. Chr.

2. Was ist dargestellt?

Das Bild zeigt eine Kindermumie mit dem Kopf eines Kindes in Form eines Porträts. Über dem Gesicht der Mumie aus römischer Zeit befindet sich ein sog. Mumienporträt (bemalte Holztafel). Die Wicklungen der einstmals weißen Binden sind deutlich sichtbar.

3. Was erfahren wir aus dem Inhalt und der Form der Darstellung? Zu welchem Zweck wurde das Bild geschaffen?

Durch den Einfluss der Römer, die Ägypten als Provinz in ihr Weltreich einverleibten, entwickelte sich eine sehr realistische Form der gemalten Mumienporträts.

Betrachtet man die Mumie, so fällt der Unterschied zwischen der Größe des Mädchens und der Altersdarstellung auf dem Mumienporträt auf. Das Kind verstarb mit etwa 4 bis 5 Jahren, das Gesicht weist jedoch die Gesichtszüge einer jungen Frau auf. Das Mädchen sollte als junge, gesunde und heiratsfähige Frau ins Jenseits eingehen. Kindermumien gab es nicht nur in Ägypten. Erst 1999 fanden Archäologen im südamerikanischen Hochland auf dem Gebiet des heutigen Argentinien auf mehreren tausend Metern Höhe drei Kindermumien.

Zusammenfassung

Ägypten – Beispiel einer Hochkultur
Als sich das Klima in Ägypten änderte, das Land austrocknete und alles verdorrte, zogen sich seit etwa 5000 v. Chr. die Menschen an die Ufer des Nils zurück und wurden sesshaft.
Irgendwann um 3200 v. Chr. begannen die Ägypter Dämme und Kanäle zu bauen um die Fluten des Nils auf ihre Äcker zu lenken. Sie erfanden Kalender und Schrift, bauten Städte und gründeten einen Staat mit dem Pharao an der Spitze. Eine große Zahl von Beamten war für die Verwaltung zuständig. Daneben gab es Handwerker, Künstler, Arbeiter, Priester, Wissenschaftler, die sich ganz ihren jeweiligen Tätigkeiten widmen konnten, da die Bauern mehr produzierten, als sie selber brauchten.

Der ägyptische Staat
An der Spitze des ägyptischen Staates stand der Pharao mit einer beinahe unbegrenzten Machtfülle, von seinen Untertanen wie ein Gott verehrt. Die Verwaltung des Landes, seiner Menschen und Erträge gehörte zu den Aufgaben der Beamten. Frauen waren von der Beamtenlaufbahn ausgeschlossen. Ihnen begegnet man in der Landwirtschaft, wo sie mithelfen müssen, oder auch als Handwerkerinnen. Ihr eigentlicher Tätigkeitsbereich aber sind das Haus und die Familie. „Herrin des Hauses" wird sie in den Texten oft genannt, und in diesem Bereich genoss sie hohes Ansehen.

Die Religion der Ägypter
Im religiösen Bereich galt die Hauptsorge dem ewigen Leben im Jenseits, das man sich teilweise als Fortsetzung des diesseitigen Lebens vorstellte. Sichtbarer Ausdruck dieses Glaubens waren die Mumifizierung der Toten sowie die Pyramiden und Grabkammern, in denen der Tote wohnte, versorgt mit allem, was er „zum Leben" brauchte.

Andere Hochkulturen
Ähnlich hoch entwickelte und arbeitsteilig organisierte Staaten gab es auch an anderen großen Flüssen, so zwischen Euphrat und Tigris (Mesopotamien um 3000 v. Chr.), am Indus (um 2500 v. Chr.) und in China (um 1500 v. Chr.). Man bezeichnet sie als Hoch- oder Stromkulturen.

Zum Nachdenken
1 *Sprecht darüber, ob ihr als Bauer lieber in Ägypten oder in einem Dorf der Jungsteinzeit gelebt hättet.*
2 *Begründet eure Entscheidung.*

5000 v. Chr.

Nomaden besiedeln die Tiefebene des Nils.

3200 v. Chr.

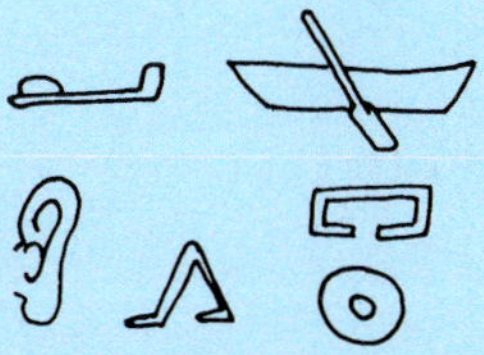

In Ägypten entsteht eine Hochkultur.

3000 v. Chr.

An der Spitze des ägyptischen Staates steht ein Pharao.

1000 v. Chr.

Ägyptens Großreich zerfällt.
Ägypten wird 30 v. Chr. römische Provinz.

Volk und Staat Israel

Jerusalem ist eine heilige Stadt für Juden, Christen und Muslime. Der Blick vom Südwesten auf die Altstadt fällt im Vordergrund rechts von dem freien Platz auf die Klagemauer, einen Teil des jüdischen Tempels aus der Zeit von König Herodes. Damals wurde Jesus von Nazareth geboren, dessen Einzug in die Hauptstadt mit seiner Kreuzigung endete. Dieses Kreuz wurde zum Symbol des christlichen Glaubens.

Wandert der Blick weiter, fällt er auf den achteckigen Bau mit der Goldkuppel, den Felsendom. Dies ist ein Heiligtum der Muslime. Früher stand dort der jüdische Tempel, der von den Römern im Jahr 70 n. Chr. zerstört wurde. Damals wurden die Juden aus ihrer Heimat vertrieben.

Aber auch die Juden lebten nicht von Anfang an in diesem Land. Die ersten Anfänge ihrer Geschichte fallen in die Zeit, als in Ägypten schon 1000 Jahre die Pharaonen herrschten …

Volk und Staat Israel

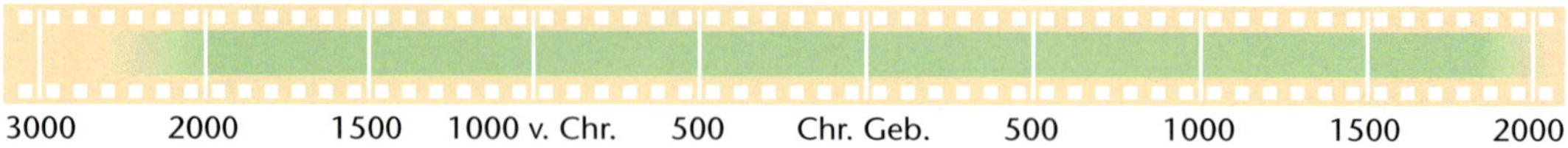

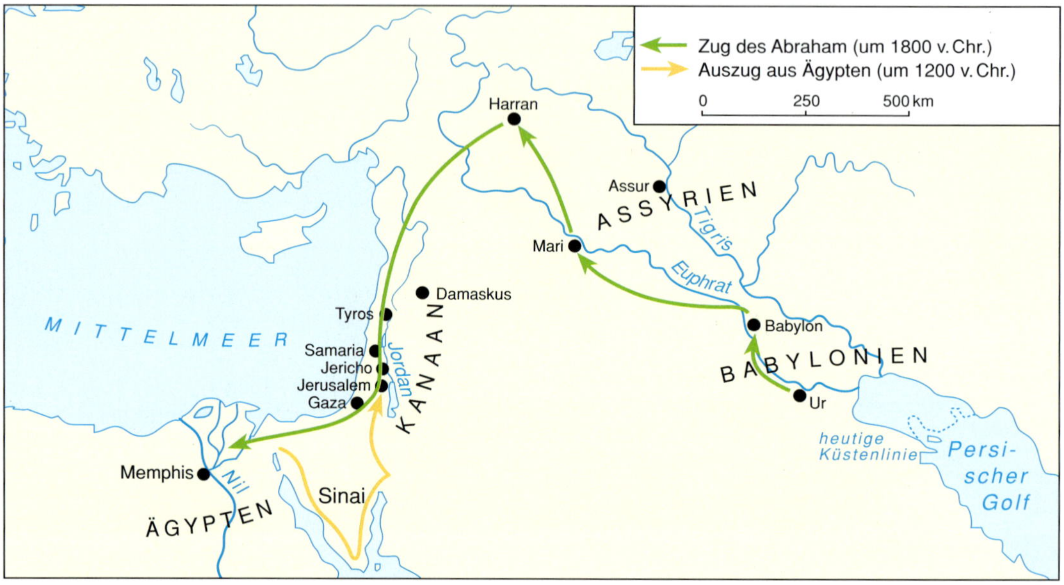

1 **Der Zug des Volkes Israel.**

Um 1800 v. Chr.:
Israelitische Nomadenvölker verlassen ihre Heimat in Mesopotamien. Sie ziehen nach Kanaan und von dort nach Ägypten.

Bibel* *(griech. biblia = Bücher): Die Heilige Schrift der Christen, gegliedert in das Alte und das Neue Testament.*

Exodus*:
(griechisch-lateinisch; übersetzt: Auszug). Begriff für den Auszug des Volkes Israel aus der Sklaverei in Ägypten um 1200 v. Chr.

Auf der Suche nach einer neuen Heimat

Östlich von Ägypten, im Gebiet der beiden Flüsse Euphrat und Tigris, waren ebenfalls schon früh Staaten mit einer Hochkultur entstanden.

In diesem Gebiet lebten neben den Babyloniern und den Sumerern auch Nomadenvölker. Als Viehzüchter und Hirten zogen sie in Familien- und Stammesverbänden durch das Land, stets auf der Suche nach neuen Weidegründen. Zu ihnen gehörten die Vorfahren des Volkes Israel und einer seiner Stämme, der Stamm Juda.

Berichte über die Anfänge des jüdischen Volkes finden wir vor allem in der Bibel*, der Heiligen Schrift der Juden und der Christen. Nach der Erzählung der Bibel verließen die israelitischen Nomadenvölker um 1800 v. Chr. Mesopotamien. Geführt von den Stammesvätern Abraham, Isaak und Jakob zogen sie von Ur im südlichen Mesopotamien nach Harran im Norden; von dort wanderten sie weiter in das Land Kanaan, das heutige Israel. Obwohl sie viele Jahre unterwegs waren, konnten die Vorfahren Israels dort nicht bleiben. Getrieben von Trockenheit und Hungersnöten suchten sie, wie viele andere Völker, Zuflucht im fruchtbaren Niltal. Der ägyptische Pharao nahm die Fremden auf und setzte sie zum Schutz der Grenzen ein. Um 1250 v. Chr. aber versklavte Pharao Ramses II. die Israeliten. Als Zwangsarbeiter wurden sie in Ziegeleien und beim Bau von Städten und Tempeln eingesetzt. Man vermutet deshalb, dass während der Regierungszeit von Ramses II. der Auszug des Volkes Israel stattfand, von dem die Bibel berichtet. Um 1200 v. Chr. gelang es den israelitischen Stämmen, unter ihrem Anführer Moses Ägypten zu verlassen (Exodus*). Sie wollten zurück nach Kanaan, die Heimat ihrer Vorväter. Listenreich soll Moses im Auftrag von Jahwe, ihrem Gott, die Israeliten den gefährlichen Weg durch die Wüste geführt haben.

Die Anfänge der jüdischen Geschichte

2 **Die Tora.** Das Buch der Gesetze. Sie ist ein Teil der Heiligen Schrift der Juden. Der Text der Tora steht handgeschrieben auf Pergament. Es wird auf zwei verzierten Stäben aufgerollt. Inhalt der Tora sind die auf Hebräisch geschriebenen fünf Bücher Mose.

3 **Der Siedlungsraum des Volkes Israel zwischen 1800 und 1200 v. Chr.**

Die Begründung des jüdischen Glaubens

Um Verfolgern und Feinden zu entgehen zogen die israelitischen Stämme quer durch die Wüste. Auf dieser Wanderung erhielt das Volk Israel auch seine Gesetze. Sie bilden die Grundlage der jüdischen und später auch der christlichen Religion.

Die Tora erzählt, dass Mose persönlich die Zehn Gebote von Gott entgegengenommen hat. Gott selbst habe mit seinem Finger diese Gebote in Steinplatten geschrieben. Diese Tafeln wurden in einer hölzernen Truhe aufbewahrt. Sie hieß die „Bundeslade". Die Israeliten sahen diese Truhe auch als Thron Gottes an. Wenn man lagerte, „wohnte" er in seinem heiligen Zelt. Darin wurde dann die Bundeslade aufbewahrt. Auf diese Weise glaubten sie, dass Gott immer bei ihnen sei.

Im Unterschied zu den Ägyptern und zu den benachbarten Stämmen glaubten die Juden nur an einen Gott, den sie Jahwe (übersetzt: „der Seiende") nannten.

Die Eroberung Kanaans

Vierzig Jahre dauerte es, bis die Israeliten Kanaan erreichten und sich im Bergland niederließen. Erst nach heftigen Kämpfen mit der einheimischen Bevölkerung fanden sie dort ihre neue Heimat und errichteten das Königreich Israel.

Der Auszug aus Ägypten und die Rückkehr nach Kanaan sind im Glauben der Juden das Werk ihres Gottes (siehe Randspalte). Alle Leiden, die das jüdische Volk erdulden musste, sind danach Prüfungen, die es mithilfe seines Gottes besteht, weil es von ihm auserwählt wurde.

1 *Beschreibt mithilfe des Textes und der Abbildung 1 die Wanderung des Volkes Israel.*

2 *Überlegt, warum sich die Juden in schwierigen Zeiten bis heute auf ihren Glauben und ihre Geschichte berufen. Lest dazu auch den Text in der Randspalte.*

Glaubensbekenntnis der Juden, wie es noch heute gebetet wird:

„Ein umherirrender Aramäer war mein Vater. Nach Ägypten zog er und war ein Fremdling und seine Familie war gering an Zahl. Aber sie wurde ein großes und mächtiges Volk. Die Ägypter bedrängten und quälten uns und legten uns harte Arbeit auf. Da schrien wir zu Gott, dem Gott unserer Väter. Er führte uns aus Ägypten heraus mit starker Hand und ausgestrecktem Arm, unter Schrecknissen, Zeichen und Wundern. Er brachte uns an diesen Ort und gab uns dieses Land, das von Milch und Honig überfließt."
(5. Buch Mose, Kapitel 26, 5–9)

Israels Aufstieg und Niedergang

1 Ausschnitt eines Modells der Stadt Jerusalem, wie sie um 60 n. Chr. aussah. Hier sieht man von Süden her über die alte Davidsstadt (vorn links davon der Teich Schiloach) zum Tempelbezirk hinauf. Links im Hintergrund zwei Türme der römischen Festung Antonia. Foto 1975.

Prophet*: *Das Wort stammt aus der griechischen Sprache. Ein Prophet ist ein Mensch, der sich von Gott dazu berufen fühlt, den göttlichen Willen zu verkünden und zukünftige Ereignisse vorauszusagen. Propheten gibt es in allen Religionen.*

Um 1200 v. Chr.: *König Saul vereinigt die israelitischen Stämme im Kampf gegen ihre Nachbarn. Der Staat Israel entsteht.*

Das Königreich Israel

Bei der Eroberung Kanaans kam es immer wieder zu Kämpfen mit der einheimischen Bevölkerung und mit Nomadenstämmen. Der Krieg wurde fast zum Dauerzustand. Die israelitischen Stämme schlossen sich enger zusammen und wählten einen gemeinsamen König. Um 1200 v. Chr. wurde Saul vom Propheten* Samuel zum ersten König gesalbt.
Unter seinem Nachfolger König David (1006–966 v. Chr.) gelang es den Israeliten um 1000 v. Chr., die Philister und die Kanaanäer zu besiegen. Die Festung Jerusalem wurde eingenommen und David erklärte sie zur Hauptstadt seines Reiches. Er ließ die Bundeslade in die Stadt bringen und so wurde Jerusalem auch zum religiösen Zentrum des jüdischen Volkes.

Das prachtvolle Jerusalem

König David schuf die Voraussetzungen für die lange Friedenszeit unter König Salomo (966–926 v. Chr.), der Jerusalem prachtvoll ausbauen ließ. Tempel und Paläste wurden errichtet. Salomo holte die besten Architekten, Künstler und Handwerker in das Land. Über die Zeit Salomos heißt es in der Bibel: „Es gab in Jerusalem so viel Silber wie Steine."

Israels Aufstieg und Niedergang

Q1 Über den Reichtum Salomos berichtet die Bibel im ersten Buch der Könige:
... Salomos Hof erhielt täglich 30 Kor (12 000 Liter) Feinmehl, 60 Kor gewöhnliches Mehl, zehn Mastrinder, hundert Schafe, ohne die Hirsche, Gazellen, Rehe und das gemästete Geflügel. Und Salomo hatte 4000 Gespanne für seine Kriegswagen und 12 000 Leute für seine Pferde. ...

Fremde Herren erobern Israel

Die Kosten für die königliche Hofhaltung und die Dienste am Hofe belasteten die Bevölkerung schwer. Als Salomo gestorben war, trennten sich zehn Stämme aus dem Norden Israels vom Königshaus. Sie gründeten ein eigenes Königreich Israel mit der Hauptstadt Samaria. Jerusalem war nur noch die Hauptstadt des Königreiches Juda.
Im 8. Jahrhundert v. Chr. wurde der Nordstaat Israel von der neuen Großmacht Assyrien erobert. 30 000 Angehörige der Oberschicht des israelischen Volkes wurden verschleppt und kehrten nie zurück. Danach gab es nur noch den Staat Juda.

Die babylonische Gefangenschaft

Am Anfang des 6. Jahrhunderts v. Chr. wurde auch dieser Staat ein Opfer fremder Eroberung. Die Babylonier eroberten Juda und zerstörten Jerusalem. Etwa 45 000 Männer, Frauen und Kinder wurden nach Babylonien in die Gefangenschaft verschleppt. Erst 50 Jahre später durften sie in ihre Heimat zurückkehren.
In dieser Zeit wurden große Teile des Alten Testaments von jüdischen Priestern aufgeschrieben. Durch die Erinnerung an die Taten ihres Gottes sollte der Glaube der Juden an sich als das auserwählte Volk gestärkt werden. Durch ihren Glauben bewahrten sie ihre eigenen Sitten und Gebräuche. Sonst hätten die Juden als eigenständiges Volk nicht weiter bestehen können.
Die Juden kamen frei, als das babylonische Reich seinerseits von den Persern eingenommen wurde. In Jerusalem wurde der Tempel

2 **Triumphzug der Römer nach dem Sieg über die Juden, 70 n. Chr.** Ausschnitt aus dem Triumphbogen auf dem Forum Romanum in Rom.

wieder aufgebaut. Juda blieb aber unter persischer Verwaltung. Die Perser wurden abgelöst vom Griechenkönig Alexander dem Großen und seinen Nachfolgern.

Rom übernimmt die Oberherrschaft

Im 1. Jahrhundert v. Chr. übernahmen dann die Römer die Oberherrschaft. Juda gehörte damit zum Römischen Reich, einem der mächtigsten Reiche des Altertums. Die Menschen in Juda litten unter den hohen Steuern und der römischen Besatzung. Als sich die Judäer um 70 n. Chr. gegen die ungerechte Behandlung wehrten, gab der römische Befehlshaber die Stadt Jerusalem zur Plünderung frei. Der Aufstand wurde niedergeschlagen und der Feldherr Titus ließ Jerusalem und den Tempel zerstören. Das Land wurde an römische Soldaten verteilt. Die meisten Juden mussten ihre Heimat verlassen. Als Flüchtlinge wurden sie über das ganze Römische Reich verstreut. Mit den römischen Truppen kamen die ersten Juden auch nach Germanien.

1 *Erklärt, welche Zeit mit dem Ausdruck „Babylonische Gefangenschaft" gemeint ist.*
2 *Begründet, warum die Zeit unter David und Salomo als „Goldenes Zeitalter" galt.*
3 *Stellt eine Ereignisliste über die Geschichte des Tempels von Jerusalem auf.*

Israel unter fremder Herrschaft

926 v. Chr.:
Tod Salomos: Zerfall des Reiches.

722 v. Chr.:
Untergang des Nordreiches Israel: Herrschaft der Assyrer.

597 v. Chr.:
Untergang des Südreiches Juda: Herrschaft der Babylonier.

539 v. Chr.:
Herrschaft der Perser nach ihrem Sieg über Babylon.

333/332 v. Chr.:
Alexander der Große tritt die Nachfolge der Perser an.

326 v. Chr.:
Tod Alexanders: Herrschaft der Seleukiden.

63 v. Chr.:
Rom übernimmt die Oberherrschaft.

70 n. Chr.:
Jerusalem wird von den Römern zerstört.

Glaube an einen Gott

שמע ישראל יהוה אלהינו יהוה אחד:
ואהבת את יהוה אלהיך בכל־לבבך
ובכל־נפשך ובכל־מאדך: והיו הדברים
האלה אשר אנכי מצוך היום על־לבבך:
ושננתם לבניך ודברת בם בשבתך
בביתך ובלכתך בדרך ובשכבך ובקומך:

1 **„Sche'ma Israel…".** Gebetstext in hebräischer Schrift: Höre Israel, der Herr ist unser Gott, der Ewige ist einzig! Liebe den Ewigen, deinen Gott, mit deinem ganzen Herzen, mit deiner ganzen Seele und mit deiner ganzen Kraft. …

Monotheismus*: *Glaube an einen einzigen Gott; monotheistische Religionen: Judentum, Christentum, Islam.*

Synagoge*: *Gebets- und Versammlungshaus der jüdischen Gemeinde.*

Rabbiner*: *Jüdischer Schriftgelehrter, Religionsdiener. Zu seinen Aufgaben gehören die Überwachung der Einhaltung von religiösen Vorschriften und die Seelsorge. 1994 wurde die erste Rabbinerin in Israel in ihr Amt eingeführt.*

Glaube an einen einzigen Gott

Der Text ist das Glaubensbekenntnis der Juden. Es wird gewöhnlich mit geschlossenen bzw. verdeckten Augen gesprochen zum Zweck der besseren Konzentration. Aus diesem ersten Abschnitt des Glaubensbekenntnisses lassen sich bereits die Grundzüge des jüdischen Glaubens ableiten: der Glaube an einen Gott (Monotheismus*), die Anerkennung seiner Einzigkeit und Absolutheit und Gott zu lieben mit ganzem Herzen.

Die Synagoge*: Ort der Versammlung und des Gebets

Die Synagoge ist das Haus der Versammlung für die jüdische Gemeinde. Fast alle Synagogen in deutschen Städten wurden während der Nazi-Zeit (1933–1945) zerstört.
Seit 1945 wurden 26 neue Synagogen gebaut. Der Synagogenbereich umfasst meist neben dem Gebetssaal Gemeinderäume für Versammlungen und Feste, außerdem Unterrichtsräume, denn das Judentum versteht sich als eine Religion des ständigen Lernens. Für viele Juden in Deutschland ist die Synagoge über ihre Bedeutung als Ort des Gebets und der Lehre hinaus zum Zentrum der jüdischen Gemeinschaft geworden. Dennoch ist die Mehrheit der Synagogen nur an hohen Feiertagen gut besucht.
An Feiertagen gilt z. B. unter anderem ein strenges Fahrverbot, das heißt, man darf nur zu Fuß gehen, und auch das nur eine bestimmte Strecke. In Zeiten, als es noch viele Synagogen gab, war es für die Juden einfach, dieses Gebot einzuhalten. Heute ist es kaum noch möglich, da die meisten Juden weit entfernt von einer Synagoge wohnen. Es bleibt ihnen also nur, entweder das Fahrverbot zu missachten oder auf den Synagogenbesuch zu verzichten. In den jüdischen Gemeinden empfinden gerade viele Jugendliche den regelmäßigen Synagogenbesuch als lästige Pflicht.

1 *Findet heraus, ob es in der Nähe eures Schulortes eine Synagoge gibt, und erkundigt euch nach Möglichkeiten diese Synagoge zu besuchen.*

2 *Vergleicht die Einstellung der jüdischen Jugendlichen mit eurer eigenen Haltung zum Gottesdienst.*

Der Talmud

Neben der Tora ist der Talmud das wichtigste Buch im Judentum. Es entstand in über Jahrhunderte dauernder mündlicher und schriftlicher Überlieferung. Lange Zeit diente der Talmud den Juden als Nachschlagewerk für alle Gebiete des Wissens, von der Medizin über Geschichte, Landwirtschaft bis hin zur Religion. Auch heute noch ist der Talmud verbindlich in allen Fragen der jüdischen Religionsgesetze: wie die jüdischen Festtage gefeiert werden und wie die Bräuche einzuhalten sind. Im Talmud stehen auch Geschichten, Gleichnisse und Moralregeln.

3 *Vergleicht den Umgang mit der Tora und dem Talmud mit dem Umgang der Christen und Muslime mit ihren heiligen Schriften.*

Die jüdische Religion hält Regeln für fast jede Alltagssituation bereit. Sie gibt Anleitungen für das Feiern von Festtagen, welche Speisen man wann essen darf, wie sie zubereitet werden. Für den frommen Juden, der sich an die Gesetze der Tora gebunden fühlt, regelt sie praktisch alles von der Geburt bis zum Tod. Doch nicht alle Juden halten sich an diese Ge- und Verbote. Viele fühlen sich als Juden, leben aber nicht religiös. Das Judentum macht jedoch keinen Unterschied zwischen religiösen Juden und nichtreligiösen. Es wäre die Aufgabe der Rabbiner*, nichtreligiöse Juden zur Religion zurückzuführen.

Jüdische Feste

2 **Schabbat in einer jüdischen Familie.**

Schabbat – der höchste jüdische Feiertag

Q1 Im zweiten Buch Mose (20, 8) heißt es:

… Sechs Tage kannst du arbeiten und all deine Werke verrichten; aber der siebente Tag ist Feiertag dem Ewigen, deinem Gott. Da sollst du keinerlei Werk verrichten, du und deine Tochter, dein Knecht und deine Magd und dein Vieh, und dein Fremder, der in deinen Toren.
Denn sechs Tage hat der Ewige gemacht den Himmel und die Erde, das Meer und alles, was darin ist, und geruhet am siebten Tag; deswegen hat gesegnet der Ewige den Schabbat-Tag, und ihn geheiligt. …

Der Schabbat soll an den Schöpfungstag erinnern, an dem sich Gott nach der Erschaffung der Welt ausruhte.
Der Schabbat beginnt am Freitagabend vor Eintritt der Nacht. Er endet am Sonnabend ca. 50 Minuten nach Sonnenuntergang bzw., wenn die ersten drei Sterne am Himmel sichtbar sind.
Wie dieser Tag zu begehen ist oder was an diesem Tag verboten ist, wird in einer ganzen Reihe von Vorschriften festgelegt. Insgesamt gibt es 39 verbotene Tätigkeiten am Schabbat. Die ursprünglichen Gebote wurden im Laufe der Zeit den jeweiligen Lebensformen angepasst. So wurde z. B. das ursprüngliche Gebot, am Schabbat kein Feuer zu entzünden, auf das generelle Verbot des Einschaltens bzw. Benutzens aller elektrischen Geräte ausgeweitet. Weitere Verbote sind: Reisen, Geldausgeben, Schreiben, Kochen, Fernsehen, Telefonieren und vieles mehr.

4 *Auch andere Religionen haben einen Ruhetag. Überlegt, wie es Christen und Muslime damit halten.*

5 *Versetzt euch in die Lage einer Jüdin oder eines Juden, der sich an die Gebote seines Glaubens halten will:*
Auf was müsstet ihr am Samstag verzichten, wenn ihr diese Gebote einhalten würdet?
Mit welchen Problemen hättet ihr dabei in Deutschland zu kämpfen?
Wie würden eure Freundinnen und Freunde reagieren?

Der Schabbat – ein Tag der Ruhe und ein Tag der Familie

Der Schabbat hat aber nicht nur eine religiöse Bedeutung, sondern er ist der wichtigste Tag der Woche. Er vermittelt Gemeinsamkeit, Besinnung und Freude in der Familie. Die Ausgestaltung der häuslichen Feier ist daher am Schabbat besonders wichtig.
Anders als in der Synagoge, in der die Frau nicht aktiv am Gottesdienst teilnimmt, kommt ihr bei der Schabbatfeier eine wichtige Rolle zu. Sie begrüßt den eintretenden Schabbat mit dem Entzünden der Kerzen und spricht dabei einen Segen. Danach vollzieht der Hausherr den „Kiddusch“, eine Segnung mit einem mit Wein gefüllten Becher, der dann bis zum jüngsten Kind in der Familie weitergereicht wird. Die Mahlzeit wird eingeleitet mit dem Verteilen der „Challot“, einem besonderen Schabbat-Brot. Diese gemeinsame Mahlzeit wird auch von sehr vielen nichtreligiösen Juden eingenommen.

6 *Betrachtet die Abbildung 2 und beschreibt die einzelnen Personen. Erklärt den dargestellten Vorgang mithilfe des Textes.*

7 *Berichtet über Situationen, in denen ein gemeinsames Essen in euren Familien besondere Bedeutung hat. Haben diese Mahlzeiten festgelegte Formen und Abläufe? Berichtet darüber.*

Jüdischer Festkalender:
- *Purim*
- *Pessach (1. und 2. Tag, 7. und 8. Tag)*
- *Gedenken an den Holocaust*
- *Jom Haazmaut (Unabhängigkeitstag Israels)*
- *Schawuot (Wochenfest)*
- *Tischa be Aw (Fastentag)*
- *Rosch Haschana (Neujahrstag)*
- *Jom Kippur (Versöhnungstag)*

- *Sukkot (Laubhüttenfest, 1. und 2. Tag)*
- *Schemini Azeret (Schlussfest)*
- *Simchat Thora (Fest der Gesetzesfreuden)*
- *Chanukka (Weihfest)*

Die Welt der Griechen

„Werke von unsterblichem Ruhm" werde man errichten, so soll schon der athenische Staatsmann Perikles (443–429 v. Chr.) gesagt haben, als er auf der Akropolis seiner Heimatstadt Tempel und Gebäude errichten ließ, deren Ruinen heute noch Millionen Menschen jedes Jahr bewundern.

Aber auch bei uns finden wir viele Bauwerke aus späterer Zeit, die die Säulenbauten der griechischen Tempel nachahmen: Museen, Theater, Kirchen und sogar Regierungsgebäude. Selbst unsere Sprache ist vom Griechischen beeinflusst worden. Begriffe wie Politik, Demokratie oder Polizei sind ebenso griechischen Ursprungs wie die Namen vieler Unterrichtsfächer, z. B. Biologie, Geografie, Musik oder Physik. Aber auch das Wort „Pause" (griech. pausa = Rast, Ruhe) stammt aus dem Griechischen. Die bedeutendsten sportlichen Wettkämpfe unserer Zeit, die Olympischen Spiele, haben die Griechen als Erste veranstaltet.

Was die alten Griechen gedacht und erfunden haben, gilt für die Europäer seit etwa einem halben Jahrtausend als beispielhaft. Woher sie kamen, wie sie lebten, was sie dachten und erfanden, warum sie heute noch als Vorbilder gelten, das könnt ihr auf den nächsten Seiten erkunden.

Griechenland – Land und Leute

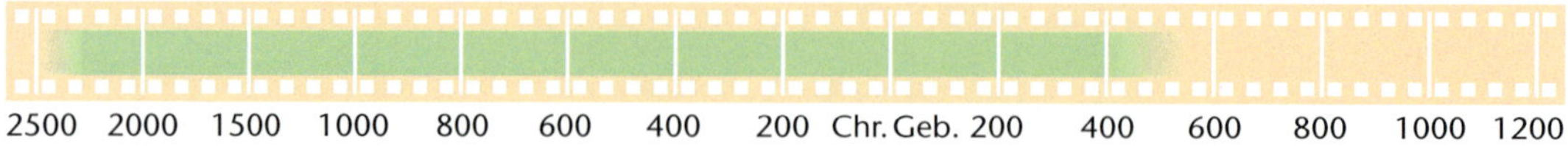

1 **Das antike Griechenland.**

Hellenen**:
Antike Bezeichnung für die Bewohner Griechenlands (Hellas).

Polis** *(griech. = Burg, Stadt): Bezeichnung für den politisch selbstständigen und wirtschaftlich unabhängigen griechischen Stadtstaat; von ihm abgeleitet der Begriff „Politik“, die Angelegenheiten, die alle Bürger angehen.*

Um 2000 v. Chr.:
Aus dem Norden wanderten Volksstämme in Griechenland ein. Sie gründeten Siedlungen und bildeten Kleinstaaten (Poleis).

Lesetipp:
Das alte Griechenland. Reihe „Sehen – Staunen – Wissen“. Gerstenberg Verlag, Hildesheim 1999.

Im Verlauf des 2. Jahrtausends vor Christus drangen von Norden her kriegerische Volksstämme nach Griechenland ein: erst die Achäer, dann die Ionier und Dorer. Nach einem kleinen Stamm in Hellas (Thessalien) nannten sie sich Hellenen*. Dieser Name unterschied sie von allen Fremden und von der Urbevölkerung, die sie auf dem Festland und auf den Inseln der Ägäis unterworfen hatten. Die Bezeichnung als „Griechen“ tauchte erst später bei den Römern auf.
Die Eroberer kamen in ein Land mit meist kleinen, unfruchtbaren Ebenen, umschlossen von hohen Gebirgszügen und Hunderten von Inseln, die der Küste vorgelagert waren. Jedes Tal, jede Insel bildete eine in sich abgeschlossene Welt. So zersplitterte die Bevölkerung in zahlreiche, meist kleine, voneinander getrennte Gemeinschaften. Im Schutz stark befestigter Burgen, auf denen Fürsten oder Könige herrschten, entstanden städtische Siedlungen, in denen sich Großgrundbesitzer, Händler und Handwerker niederließen. Die Bauern lebten auf dem Land, das die Siedlungen umgab. So entstand in Griechenland kein großes Reich mit einer Hauptstadt. Vielmehr bildete jede Stadt einen eigenen Staat für sich, einen Stadtstaat, den die Griechen Polis* nannten.

1 *Beschreibt mithilfe der Karte 1 die griechische Landschaft.*

2 *Vergleicht sie mit der Landschaft Ägyptens (S. 56) und nennt wichtige Unterschiede.*

3 *Erklärt mithilfe der Karte 1 und des Textes, wie die Landschaft das politische Leben der Griechen bestimmte.*

Die minoische Kultur

2 **Wandfresko aus dem Palast von Knossos, um 1500 v. Chr.**

Die frühen Hochkulturen, die wir bisher kennen gelernt haben, waren an Flüssen entstanden. Seit der Mitte des 3. Jahrtausends v. Chr. entwickelte sich auf der Mittelmeerinsel Kreta ebenfalls eine Hochkultur, nach dem sagenhaften König Minos auch „minoische Kultur" genannt. Die Bewohner Kretas betrieben, begünstigt durch die gute Lage der Insel, einen lebhaften Seehandel und konnten ein bedeutendes Reich aufbauen. Geschützt von einer starken Kriegsflotte durchfuhren die Kreter mit ihren Handelsschiffen das östliche Mittelmeer und tauschten Waren in Ägypten, Zypern und Syrien. Sie entwickelten sogar eine eigene Schrift, die sog. Linear-A-Schrift, deren Entzifferung erst vor wenigen Jahrzehnten gelang.

Ungeheuerer Reichtum sammelte sich auf der Insel. In Knossos, der einstigen Hauptstadt des Reiches, die zu ihrer Blütezeit um 1600 v. Chr. rund 50 000 Einwohner hatte, ließen sich die Könige einen herrlichen Palast bauen. Die Anlage bedeckte nahezu eine Fläche von 30 000 m² und besaß eine Vielzahl von Räumen, die den Menschen, vor allem den fremden Besuchern, wie ein Irrgarten, ein Labyrinth, vorgekommen sein muss. Vorratskammern, Werkstätten, Kulträume, Wohnräume für die Diener und mit prächtigen Wandfresken geschmückte Gemächer für die Herrscherfamilie gruppierten sich um einen geräumigen Innenhof. Dort fand an hohen Festtagen, an denen man weiblichen Gottheiten huldigte, das Stierspringen statt. Der Stier war das heilige Tier der Kreter; junge Männer, aber auch Mädchen sprangen im Salto über die heranstürmenden Tiere – ein gefährliches Spiel, das viele mit dem Leben bezahlen mussten. Ähnliche Stierspiele sind heute noch in Portugal üblich, im Gegensatz zu den blutigen spanischen Stierkämpfen.

Um 1450 v. Chr. fand die minoische Kultur ein plötzliches Ende. Vom griechischen Festland her drangen die kriegerischen Achäer gegen die Insel vor, brachen den Widerstand ihrer Bewohner und zerstörten die unbefestigten Städte und Paläste. Die minoische Kultur ging unter, es begann die mykenische Kultur auf Kreta.

Wie Heinrich Schliemann im 19. Jahrhundert (siehe S. 89) so haben auch den aus reichem Hause stammenden Arthur Evans griechische Sagen nach Kreta geführt. In zwei Ausgrabungsphasen (1900 bis 1914 und 1922 bis 1932) legte er systematisch eine Fläche frei, die durch ihre unglaubliche Größe Erstaunen hervorrief. In einem vierbändigen Werk dokumentierte Evans das Ergebnis seiner Arbeit.

4 *Beschreibt die auf Abbildung 2 dargestellte Szene.*

Etwa 2000–1450 v. Chr.:
Minoische Kultur.

Lesetipp:
Hans Baumann: Flügel für Ikaros. dtv, München 1993.

Clifford Wells: Die Gefangenen des Minos. Arena Verlag, Würzburg 1984.

Das kriegerische Mykene

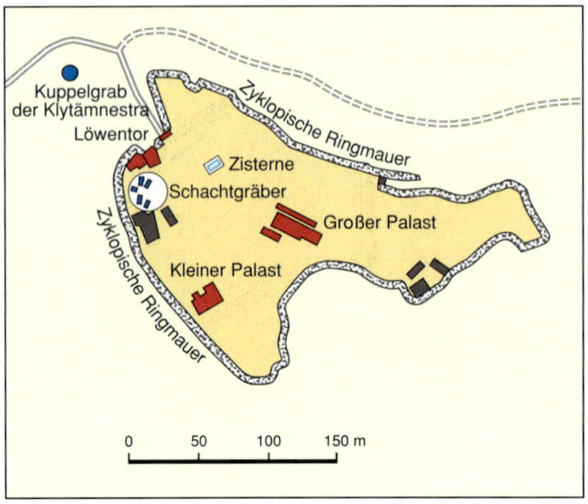

1 **Grundriss der Burg von Mykene.**

2 **Eingang zur Burg von Mykene: das Löwentor.**

Peloponnes*:
Griechische Halbinsel, südlichster Teil der Balkanhalbinsel, mit dem Festland durch den Isthmus von Korinth verbunden.

Zyklop*:
Einäugige Riesen der griechischen Sagenwelt, die für den höchsten Gott Zeus Blitze und Donnerkeile schmiedeten.

Megaron*
(griech. = Halle): Rechteckiger Einraum mit Vorhalle, diente als Speise- und Versammlungsraum der Männer.

1600–1200 v. Chr.:
Mykenische Kultur.

Totenmaske des Agamemnon.

Wie die Kreter viel von den Ägyptern gelernt haben, so übernahmen die Achäer nach der Eroberung der Insel das kretische Kulturerbe und entwickelten es weiter. Nach Mykene, einem ihrer Herrschaftssitze auf der Peloponnes*, wird die Epoche zwischen 1600 und 1200 v. Chr. als „mykenische Kultur" bezeichnet.

Die Achäer waren ein Kriegervolk; von ihren Burgen, die sich ihre Fürsten auf kahlen Felsenkuppen anlegen ließen, herrschten sie über die unterworfene Bevölkerung, die als Bauern für sie arbeiten musste. Adlige Krieger, die als Ritter und Streitwagenkämpfer in die Schlacht zogen, sicherten ihre Macht. Der mächtigste der achäischen Fürsten war der König von Mykene. Seine Burg vermittelt noch heute einen lebendigen Eindruck von seiner Herrschaft.

Ein befestigter Fahrweg führte zum einzigen Tor der Burg, über dem zwei steinerne Löwen wachten. Ihre Mauern sind ohne Mörtel aus gewaltigen, zentnerschweren Steinquadern bis zu einer Höhe von 16 m und einer Dicke von 8 bis 10 m aufgeschichtet worden, sodass die späteren Griechen glaubten, sie seien von Riesen, „Zyklopen"*, errichtet worden. Den Mittelpunkt der Anlage bildete der Palast mit der prächtig geschmückten Herrenhalle, dem Megaron*, in dem ständig das Herdfeuer brannte. Eigenartig waren auch die Gräber der Burgherren. Große unterirdische, bienenkorbförmige Kuppelbauten wölbten sich über die Grabkammern und beschützten die Toten. In den Gräbern fand der deutsche Altertumsforscher Heinrich Schliemann (1822–1890) bei Ausgrabungen kostbare Schätze: Waffen, Schmuck, silberne und goldene Gefäße und Totenmasken aus Gold, darunter eine besonders schöne, die den König Agamemnon, den sagenhaften Anführer der Griechen im Trojanischen Krieg, darstellen soll.

Nachdem sich die Mykener im 15. Jahrhundert v. Chr. auf Kreta niedergelassen hatten, gründeten sie im Mittelmeerraum Handelsniederlassungen. Ihr Einflussbereich erstreckte sich vom heutigen Südfrankreich bis weit nach Kleinasien hinein.

Ab 1200 v. Chr. zerfiel die mykenische Kultur sehr rasch. Von Norden her drangen neue kriegerische Stämme, die Dorer, nach Griechenland ein. Sie besaßen das Eisen und waren damit den Bronzewaffen der Mykener weit überlegen. Mit der Landnahme der Dorer begann die glanzvollste Zeit der Griechen, die griechische Antike.

1 *Beschreibt die Burganlage von Mykene (Abbildung 1) und vergleicht sie mit dem Palast von Knossos (Seite 87).*

2 *Warum werden die Ringmauern der Burg von Mykene „zyklopische Mauern" genannt?*

3 *Informiert euch in einem Jugendlexikon über griechische Sagengestalten wie Agamemnon, Hektor oder Achill und berichtet der Klasse über eure Nachforschungen.*

Der Trojanische Krieg

3 **Das Trojanische Pferd.** Tonvase, um 675 v. Chr.

Das feindliche Troja

Die zahlreichen Inseln der Ägäis und die kleinasiatische Küste wurden bald zum bevorzugten Handelsgebiet der Griechen, das sie ihrer Herrschaft unterwarfen. Wollten sie jedoch zu den reichen Ländern rund um das Schwarze Meer vorstoßen, mussten sie zuerst das feindliche Troja, eine mächtige Stadt am Hellespont*, die ihnen den Zugang zu den Dardanellen* versperrte, überwinden. In einem gemeinsamen Feldzug aller griechischen Stämme unter Führung des Königs Agamemnon von Mykene gelang es ihnen, Troja zu erobern und völlig zu zerstören.
Lange Zeit hatte man angenommen, der Krieg um Troja sei nur eine Sage gewesen und habe niemals stattgefunden. Erst die Ausgrabungen Heinrich Schliemanns haben bewiesen, dass Troja eine geschichtliche Stadt war, die mehrmals zerstört worden ist.

Die Welt Homers

Homer, der bedeutendste griechische Dichter, der um 800 v. Chr. lebte, erzählt uns in seinen Epen „Ilias" und „Odyssee" von diesen heldenhaften Kämpfen, vom Sieg der Griechen und vom Untergang Trojas.

Die „Ilias"

Der trojanische Königssohn Paris entführte Helena, die schöne Frau des Königs Menelaos von Sparta, nach Troja. Daraufhin ziehen die Griechen unter Führung von dessen Bruder Agamemnon in den Krieg. Erst nach langen, blutigen Kämpfen, in denen auch die Götter Partei ergreifen und viele Helden auf beiden Seiten, z. B. Achilles und Hektor, fallen, kann Troja durch eine List des Odysseus erobert und zerstört werden. Die Griechen bauen ein großes Holzpferd, stellen es vor die Stadt und täuschen ihren Rückzug vor. Nachdem die Trojaner das „Abschiedsgeschenk" ihrer Feinde voll Freude in die Stadt gezogen haben, schlüpfen die im Bauch verborgenen Krieger aus dem Pferd und öffnen den heimlich zurückgekehrten Griechen die Stadttore. Unter den überraschten Trojanern richten sie nun ein schreckliches Blutbad an und können so den Krieg gewinnen.

Die „Odyssee"

Sie erzählt die Abenteuer des listenreichen Odysseus, des Königs von Ithaka, der nach dem Sieg über Troja noch zehn Jahre fern der Heimat umherirren musste. Auf seinen Irrfahrten kommt er unter anderem mit seinen Gefährten zum Menschen fressenden Polyphem, einem einäugigen Zyklopen. Nachdem er den Riesen im Schlaf geblendet hat, können Odysseus und seine Gefährten aus der Höhle entkommen, weil sie sich am Bauch der aus der Höhle drängenden Schafe festhalten und sie der geblendete Polyphem nicht ertasten kann. Nach weiteren Abenteuern, die er noch bestehen muss, kann er endlich zu seiner Gattin Penelope, die all die Jahre auf ihn gewartet hat, und seinem tapferen Sohn Telemach heimkehren.

4 **Die Blendung des Zyklopen Polyphem.** Rekonstruktion.

Hellespont*:
Antike Bezeichnung für Dardanellen.

Dardanellen*:
Meerenge zwischen der Ägäis und dem Marmara-Meer.

1184 v. Chr.:
Eroberung Trojas durch die Achäer.

800 v. Chr.:
Epen (Heldenlieder) des Homer.

Heinrich Schliemann
(1822–1890).

Lesetipp:

Hans Baumann: Löwentor und Labyrinth. dtv, München 1987.

Richard Carstensen: Griechische Sagen. Ensslin Verlag, München 1990.

Paul Hühnerfeld: Der Kampf um Troja. dtv, München 1986.

Walter Jens: Ilias und Odyssee. Ravensburger Buchverlag, Ravensburg 1992.

Werkstatt Geschichte: Ausgrabung

Den Geheimnissen unserer Vorfahren auf der Spur
Archäologinnen und Archäologen erforschen, wie die Menschen früher gelebt haben. Sie „graben" dazu in der Vergangenheit und können anhand von Funden Aussagen darüber treffen, wie die Menschen vor Tausenden von Jahren ihre Häuser gebaut haben, was sie aßen, wie ihre Kleidung oder ihr Geschirr aussahen.

Die Ausgrabung

1 *Lest euch die einzelnen Arbeitsschritte gut durch und fertigt eine Liste der Werkzeuge und Arbeitsmaterialien an, die bei einer Ausgrabung benötigt werden.*

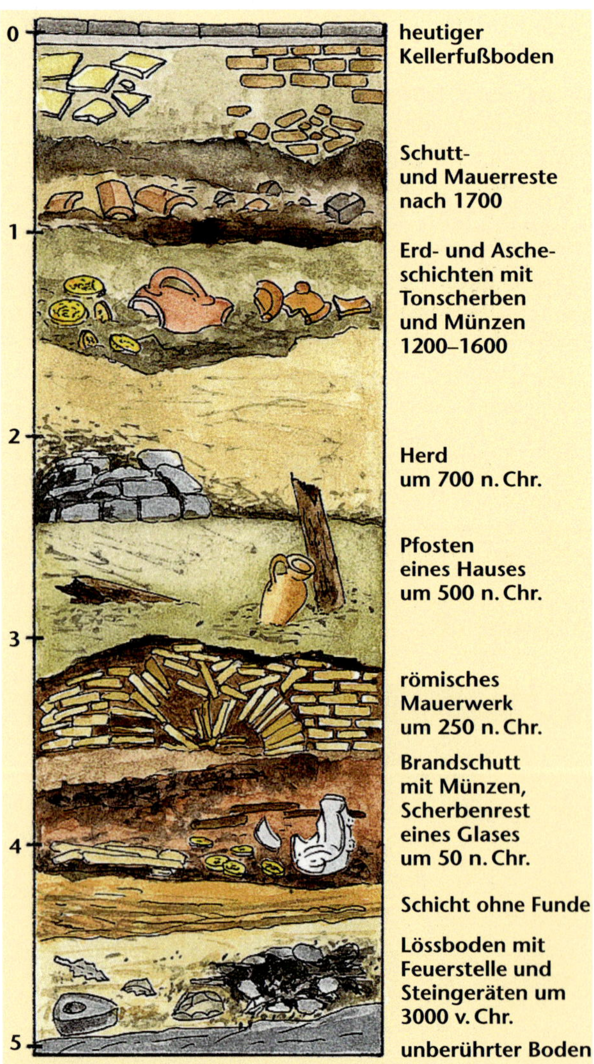

1 **Schichten einer Ausgrabung.** Rekonstruktionszeichnung.

2 *Schreibt auch auf, über welche Fähigkeiten und Fertigkeiten ein guter Archäologe/eine gute Archäologin verfügen muss.*

3 *Beschreibt Abbildung 1.*

1. Schritt
Fundstelle vermessen

Vor dem ersten Spatenstich wird die Fundstelle vermessen und beschrieben. Wie groß ist sie? Aus welchen Materialien besteht die Oberfläche? Am besten zeichnet man gleich einen Plan im Maßstab 1:10.

2. Schritt
Arbeitsgebiete aufteilen

Die Werkzeuge müssen an die Grabungstechniker/innen verteilt werden. Außerdem muss entschieden werden, wo die Arbeit beginnt und wo zunächst der Sand hingeräumt wird. Dann kann die Ausgrabung beginnen.

3. Schritt
Ausgrabung durchführen

Sobald ein archäologischer Fund gemacht wird, muss die Lage des Fundes genau vermessen werden. Dazu werden Leinen so über die Grube gespannt, dass sie sich über dem Fund kreuzen. Nun können die Abstände vom Grubenrand und auch die Tiefe des Fundes abgemessen und auf einen Plan eingetragen werden. Die Fundlage wird fotografiert. Dann wird der Fund vorsichtig mit Spachtel und Pinsel freigelegt um Beschädigungen zu vermeiden.

4. Schritt
Funde bestimmen und rekonstruieren

Die Funde werden auf einem Tisch gesammelt und genau beschrieben sowie gezeichnet oder fotografiert. Nicht immer gelingt es, alle Teile eines Gegenstandes zu finden. Dann muss der Archäologe/die Archäologin versuchen die ursprüngliche Form zu rekonstruieren, z. B. durch eine Zeichnung. Schließlich muss bestimmt werden, wozu die gefundenen Gegenstände früher eigentlich verwendet wurden.

5. Schritt
Ergebnisse präsentieren

Die Funde können zusammen mit dem Ausgrabungsplan und allen Zeichnungen und Fotos in einer kleinen Ausstellung präsentiert werden.

Werkstatt Geschichte: Ausgrabung

Scherben gefunden – und was nun?
Stellt euch folgende Situation vor: Archäologen haben in Griechenland eine versunkene Stadt entdeckt und viele Alltagsgegenstände wie Keramikgefäße gefunden. Leider sind einige zerbrochen und die Scherben müssen zusammengesetzt werden. Für diese Arbeit bildet ihr ein Archäologenteam aus 3 bis 4 Schülerinnen und Schülern pro Gruppe.

4 *Kopiert die „Scherben" auf dieser Seite für jede Gruppe einmal, schneidet sie aus und setzt die Teile wie bei einem Puzzle zusammen. Dann klebt ihr euren Fund auf ein Blatt. Ihr könnt euren Fund auch in den typischen Farben griechischer Keramik, vor allem braun und beige bemalen.*

5 *Jetzt muss der rekonstruierte Fund noch bestimmt werden.*

Dazu stehen euch folgende Informationen zur Verfügung:
Spezielle Gefäßformen wurden von Keramikern im antiken Athen entwickelt und aufgrund ihrer Zweckmäßigkeit in ganz Griechenland übernommen.

a) **Der Krater:** Ein Gefäß mit einer weiten Öffnung. Darin mischten die Griechen ihr Hauptgetränk, Wasser und Wein.
b) **Die Oinochoe:** Diese kleine, einhenklige Kanne war der gebräuchliche Weinkrug. Zum besseren Einschenken war der Rand etwas gebogen.
c) **Die Amphore:** In diesem bauchigen Krug mit engem Hals wurden Lebensmittel aufbewahrt, z. B. Öl oder Oliven.

Eure gesamten Arbeitsergebnisse könnt ihr in kleinen Artikeln zusammenfassen und in einer Wandzeitung eurer Gruppe präsentieren unter den Überschriften: „Der Beruf des Archäologen/der Archäologin und seine/ihre Werkzeuge" sowie „Ein archäologischer Fund aus Griechenland und seine Nutzung". Zusätzlich könnt ihr auch Material sammeln zu aktuellen Ausgrabungen in Deutschland oder der ganzen Welt und euch über die Gefahren für archäologische Funde Gedanken machen.
Interessante Fakten zu diesem Problem und über berühmte Ausgrabungen findet ihr in den Büchern „Auf der Spur großer Kulturen – Das Abenteuer Archäologie" (Lexikothek Verlag, Gütersloh 1979) und „Schatzsuche – Verschollene und gefundene Schätze" (Reihe „Was ist was", Tessloff Verlag Nürnberg).

6 *Überlegt euch, welche Funde Archäologinnen und Archäologen in 300 Jahren in eurem Heimatort machen könnten und welche Schlussfolgerungen sie über euer Leben daraus ziehen würden (vgl. S. 21).*

7 *Habt ihr Interesse gewonnen an der Archäologie? Dann erkundigt euch bei der Gemeindeverwaltung oder im Museum, ob es in eurer Umgebung Ausgrabungen gibt, und organisiert einen Besuch.*

Die griechische Polis

1 Die Lage Athens auf der Halbinsel Attika.

Akropolis*: *Hoch gelegener, geschützter Mittelpunkt (Zufluchtsplatz, Festung, Herrschersitz, Tempelbezirk) zahlreicher griechischer Städte der Antike.*

Entstehung der Polis von Athen

Q1 Der athenische Geschichtsschreiber Thukydides (460/455–um 400 v. Chr.) berichtet über die Gründung der Polis:

... Unter Kekrops und den ersten Königen bis zur Zeit des Theseus wurde Attika in vielen einzelnen Gemeinden bewohnt, die Ratsherren und eine Regierung hatten. ... Aber als Theseus König geworden war, löste er die Rathäuser und Regierungen der anderen Gemeinden auf und schloss die Gemeinden alle zur jetzigen Stadt (Athen) zusammen, indem er ihnen ein einziges Rathaus und eine Regierung zuwies. Und wenn er auch jeder Gemeinde die Verwaltung wie vorher beließ, so zwang er sie doch die Stadt als einziges Gemeinwesen anzusehen, die dadurch groß wurde, dass alle für sie Steuerbeiträge leisteten. ...

1 *Fasst zusammen, wie es zur Gründung der Polis Athen kam.*

Die Polis als Heimat

Eine Polis umfasste aber nicht nur das Gebiet einer Stadt, sondern auch die vielen Dörfer ihrer Umgebung mit den dort lebenden Menschen. So gehörte z. B. zur Polis Athen die Stadt mit der gesamten Halbinsel Attika. Im Mittelpunkt jeder Polis stand meist die Burg als ursprünglicher Herrschaftssitz, die Akropolis*. Bald entwickelte sich unterhalb der Burg eine Stadt mit all den teilweise bis heute typischen Kennzeichen: Marktplatz, Regierungsgebäude, Tempel, Schulen, Theater und Wohnviertel. Geschützt wurde sie durch mächtige Stadtmauern, die sich im Fall Athens als „lange Mauern" bis zum Handels- und Kriegshafen Piräus erstreckten.

Neben Athen waren Sparta, Theben und Korinth weitere bedeutende Stadtstaaten. Für die Bürger war ihre eigene Polis die Heimat, das Vaterland, für dessen Unabhängigkeit und Freiheit man kämpfte – auch gegeneinander.

2 *Beschreibt mithilfe der Karte 1, welches Gebiet die Polis Athen umfasste.*

3 *Nennt die politischen, religiösen und kulturellen Einrichtungen, die es in einer Polis gab.*

4 *Überlegt, ob es auch heute noch „Stadtstaaten" gibt.*

Die Kolonisation

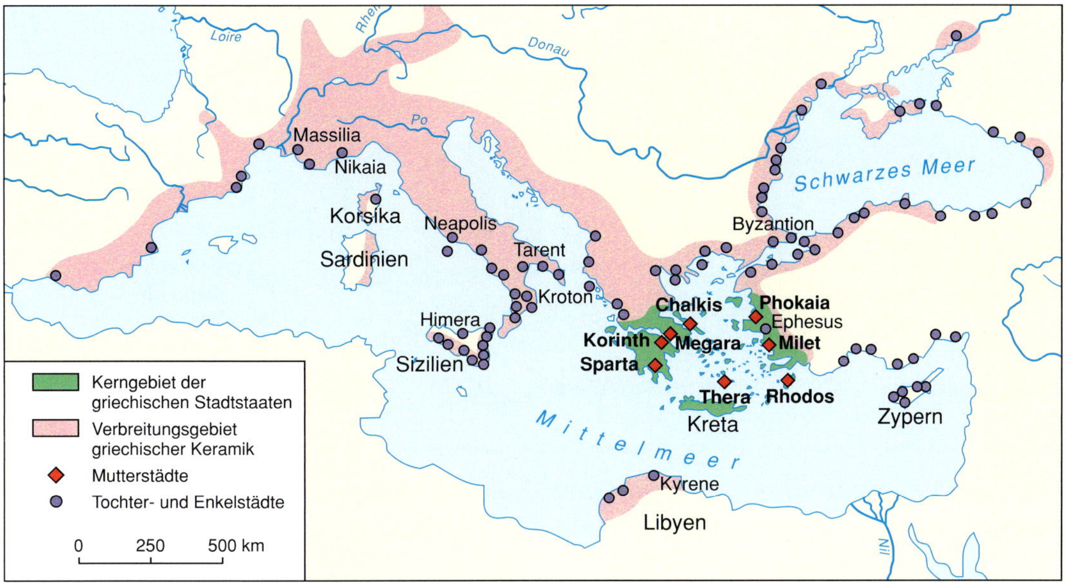

2 **Die Welt der Griechen um 750–550 v. Chr.**

Einige Stadtstaaten litten aber schon bald unter Überbevölkerung und Hungersnot, in anderen waren manche Bürger mit ihren Herrschern unzufrieden und wurden politisch verfolgt. Vor allem vielen Bauern ging es wirtschaftlich sehr schlecht; sie waren hoch verschuldet, sodass ihnen die Schuldknechtschaft drohte.
Deshalb entschlossen sich viele Griechen ihre Heimat zu verlassen und ihr Glück in der Fremde zu suchen. Vor ihrer Abreise befragten die Auswanderer aber das Orakel, wo günstige Siedlungsplätze zu finden seien. Schiffe wurden ausgerüstet und man bestimmte einen Anführer, der die gefährliche Expedition leiten sollte.
Zwischen 750 und 550 v. Chr. wurden so an den Küsten des Mittel- und des Schwarzen Meeres neue Tochter- und Enkelstädte, sog. Kolonien*, gegründet, die aber weiterhin eine enge Verbindung mit ihren Mutterstädten hielten. Das Gefühl der Zusammengehörigkeit blieb bestehen: Man sprach die gleiche Sprache, verehrte dieselben Götter und nahm an den Olympischen Spielen und anderen Festen in Griechenland teil. Vor allem ein reger Handel entwickelte sich zwischen Mutter- und Tochterstädten, die dadurch immer reicher und mächtiger wurden.

Wo die griechischen Auswanderer siedelten, beeinflussten sie mit ihrer Kultur und Zivilisation auch die Lebensweise der einheimischen Bevölkerung. Sie führten unter anderem neue Pflanzen und handwerkliche Techniken ein. So wurden z. B. in Sizilien und Spanien Ölbäume angepflanzt und griechische Vasen waren in Frankreich, Italien und Nordafrika in Gebrauch. Deshalb verlief die Kolonisation auch meist unkriegerisch, weil sich für beide Bevölkerungsgruppen durch Handel, Waren- und Kulturaustausch Vorteile ergaben. Erst um 550 v. Chr. kam die Auswanderungswelle zum Erliegen, als im Westen die Konkurrenz Karthagos und Roms, im Osten der Gegendruck des sich ausdehnenden Persischen Großreiches immer stärker wurde.

5 *Erklärt den Ausspruch eines griechischen Gelehrten: „Wir sitzen um unser Meer wie die Frösche um einen Teich."*

6 *Stellt anhand der Karte 2 und mithilfe eurer Atlanten eine Liste der heutigen Länder auf, in denen es griechische Kolonien gab. Entschlüsselt einige der Städtenamen.*

7 *Im Lauf der Geschichte haben oder mussten Menschen immer wieder ihre Heimat verlassen. Fragt z. B. eure ausländischen Mitschülerinnen und Mitschüler, welche Probleme es für sie gab, als sie nach Deutschland kamen.*

Kolonien* *(abgeleitet aus dem lateinischen Wort „colonus" = Bebauer, Ansiedler): Viele Stadtstaaten litten unter Überbevölkerung und Hungersnöten. Deshalb wanderten seit 750 v. Chr. viele Griechen aus. Sie besiedelten die Küsten des Mittel- und des Schwarzen Meeres und gründeten dort neue Städte (Kolonien).*

Kolonisation: *Auswanderung von Griechen und Besiedlung des Mittelmeerraumes (750–550 v. Chr.).*

Seit dem 7. Jahrhundert v. Chr. gab es in Griechenland ***Münzen****. Das abgebildete Geldstück stammt aus Sizilien, von der Kolonie Leontinoi (Leo = Löwe). Es zeigt einen Löwenkopf mit vier Gerstenkörnern.*

Die olympischen Götter

***Olymp*:** Gebirge in Griechenland an der Grenze Thessaliens und Makedoniens. Es ist bis 2911 m hoch. Nach der Vorstellung der alten Griechen lebten auf den Gipfeln des Olymps die Götter.*

***Hesiod*:** Er lebte um 700 v. Chr. und ist der erste geschichtlich erfassbare Dichter Griechenlands bzw. Europas.*

Zeus

Hera

Hermes

Athene

1 Der Tempel zu Ehren der Göttin Athene auf der Akropolis in Athen, erbaut zwischen 448 und 438 v. Chr.

Was die Griechen, ob sie nun im Mutterland selbst oder in den Kolonien lebten, besonders verband, war der Glaube an die gemeinsamen Götter. Überall gab es prächtige Tempel und heilige Stätten, an denen man die Götter und Göttinnen verehrte. Für viele Menschen lebten die Götter auf dem meist von Wolken umhangenen Gipfel des Olymp*. Hier wohnten sie als große Familie zusammen, ganz wie die Menschen, mit guten und schlechten Eigenschaften, nur mit mehr Luxus, mächtiger und unsterblich.

M1 Vom Leben und Handeln der Götter berichten griechische Sagen:

… Zeus wollte wieder einmal seine Kinder und Geschwister beim Göttermahl vereint sehen. Daher ließ er Hermes, den Götterboten, zu sich kommen und befahl ihm: Ziehe deine Flügelschuhe an und rufe mir deine Brüder und Schwestern herbei. Ich will mit Hera, meiner Frau, ein Göttermahl geben.

Hermes flog zuerst zu Hephaistos, dem Gott des Feuers. Der schmiedete großartige Waffen. Seine Frau war die schöne Aphrodite. Sie warf noch einen Blick in ihren Spiegel und machte sich dann auf den Weg zum Olymp. Ihr hinkender Mann konnte mit ihr nicht Schritt halten.

Athene, die Lieblingstochter des Zeus, traf Hermes in jener Stadt an, deren Einwohner sie zur Schutzgöttin erwählt hatten. Sie nahm Lanze und Schild und eilte zu ihrem Vater.

Zuletzt fand Hermes den Gott des Krieges, Ares. Wie er ihn antraf – mit Schild und Lanze –, so brachte ihn Hermes zu seinen Geschwistern auf den Olymp.

Auch die Brüder des Zeus waren gekommen: Poseidon, der Gott des Meeres, und Hades, der Gott der Unterwelt. Er verließ seinen Richterstuhl um der Einladung zu folgen. Kerberos, den mehrköpfigen Hund, ließ er als Wächter der Unterwelt zurück. …

Die Griechen waren überzeugt, die ganze Natur und auch das menschliche Leben seien vom Wirken der Götter beeinflusst. Wenn es stürmte, dann wühlte Poseidon mit seinem Dreizack im Zorn das Meer auf. Gab es Probleme in Ehe und Familie, dann flehten insbesondere Frauen Hera, die Gattin des Zeus, um ihren Beistand und Schutz an.

Q1 Der griechische Geschichtsschreiber Xenophon (um 430–nach 355 v. Chr.):

… Alles haben Homer und Hesiod* auf die Götter geschoben, was bei den Menschen als Schimpf und Schande betrachtet wird: auch Diebstahl und Ehebruch und gegenseitige Täuschung. Aber die Sterblichen glauben, die Götter würden geboren und hätten Gestalt und Aussehen und Sprache ihnen gleich. …

1 *Die Götter handelten und fühlten, so die Vorstellung der Griechen, ähnlich wie die Menschen. Sucht für diese Behauptung Beweise in der Sage (M 1). Welche Kritik wird aber in Q 1 an diesem Götterglauben geäußert?*

Der Glaube der Griechen

2 **Apollon-Heiligtum (Orakel) in Delphi.** Der Tempel wurde im 4. Jahrhundert v. Chr. über der Wirkungsstätte der Pythia erbaut.

Tempel und Orakelstätten

Die Griechen brachten Opfer und Gaben dar, damit die Götter sie vor Krankheiten bewahrten oder ihnen gute Ernten bescherten. Vor den Tempeln stand der Altar. Auf ihn legte man seine Opfergaben nieder wie z. B. die Erstlingsfrüchte der Felder oder Tiere, die zu Ehren der Gottheit geschlachtet wurden. Im Inneren des Tempels, in der Cella, befand sich das Standbild des Gottes oder der Göttin, die man verehrte.

Heilige Orte waren auch die Orakelstätten. Eine der berühmtesten befand sich in Delphi. Hier konnte man den Rat und die Vorhersagung der Götter einholen. Griechische Städte schickten bei Rechtsstreitigkeiten oder vor Kriegserklärungen ihre Boten zu den Orakelstätten. Aber auch einfache Menschen suchten den Rat der Götter. Aus Quellen wissen wir, welche Fragen sie stellten, z. B. „Soll ich Fischer werden?" oder „Soll ich heiraten?"

Die Fragensteller mussten eine Gebühr entrichten und ein Opfer darbringen, meist eine schwarze Ziege. Danach durften sie den Tempel betreten. Auf einem Dreifuß sitzend kaute die Pythia (= Priesterin) Lorbeerblätter und atmete die Dünste aus einem Erdspalt ein. Dadurch geriet sie in Ekstase und stieß unverständliche Laute aus. Priester deuteten diese Laute und schrieben sie in Versform als Orakel auf.

Oftmals suchten auch Flüchtlinge und politisch Verfolgte die heiligen Stätten auf um Zuflucht und Schutz (griech. Asyl) zu erbitten. Die Priester waren dann verpflichtet ihnen Beistand zu gewähren.

Religiöse Feiern und Wettkämpfe

Besonders viele Griechen suchten die Heiligtümer zu den großen religiösen Feiern auf, an denen zu Ehren der Götter auch künstlerische und sportliche Wettkämpfe stattfanden. Aus allen Stadtstaaten fanden sich Besucher und Teilnehmer dazu ein. Gemeinsam feierte man den Gottesdienst in Prozessionen und öffentlichen Opfern und bestritt die Wettkämpfe. So kam man nach Delphi zu den Pythischen Spielen zu Ehren des Apollon, nach Korinth zu den Isthmischen Spielen zu Ehren des Poseidon und nach Athen zu den Panathenäischen Spielen zu Ehren der Athene. Die berühmteste dieser religiösen Feiern und Wettkämpfe fand alle vier Jahre zu Ehren des Zeus in Olympia statt.

2 *Sucht auf der Karte 1 auf Seite 86 den Olymp, Delphi, Korinth und Olympia.*

3 *Menschen haben sich immer um ihre Zukunft Sorgen gemacht und sich „Orakeln" zugewandt. Nennt Beispiele aus unserer Zeit.*

4 *Beschreibt mithilfe der Abbildungen in der Randspalte auf diesen beiden Seiten die griechische Götterfamilie.*

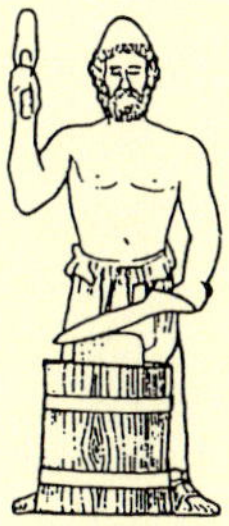

Hephaistos

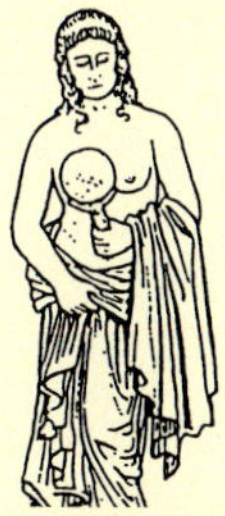

Aphrodite

Ares

Poseidon

Hades

Die Olympischen Spiele

1 **Die Anlage von Olympia.** Rekonstruktion. ① Festtor, ② Stadion, ③ Zeustempel, ④ der innere, heilige Bezirk: Grab des Königs Pelops, ⑤ Heratempel, ⑥ Übungsstätten, ⑦ Werkstatt des Bildhauers Phidias, ⑧ Gästehaus. Lithografie von C. Votteler, 19. Jahrhundert.

Olympiade*:
Ursprünglich der Zeitraum von vier Jahren zwischen den Olympischen Spiele, bereits in der Antike dann Bezeichnung für die Olympischen Spiele selbst.

Frauenwettkämpfe in Olympia*:
Der einzige Wettkampf war ein Lauf für Mädchen und Frauen, der in drei Altersklassen ausgetragen wurde. Nach der Vorschrift liefen sie mit offenen Haaren in einem hemdartigen Gewand, das bis zu den Knien reichte. Die Siegerinnen erhielten einen Kranz vom Ölbaum.

Die Wettkämpfe

Die ersten Olympischen Spiele, von denen wir sicher wissen, fanden 776 v. Chr. statt. Teilnehmer konnten nur freie Griechen sein, Frauen und Nichtgriechen waren nicht zugelassen. Während der Spiele durften in ganz Griechenland keine Kriege geführt werden. Dieser Gottesfriede dauerte so lange, wie Athleten und Zuschauer für die Hinreise, die Durchführung der Spiele und die Rückreise benötigten. Da die Spiele als Gottesdienst galten, begannen sie stets mit Opfer und Gebet, erst dann begannen die Wettkämpfe. Für die Griechen waren diese Spiele so wichtig, dass sie ihre Zeit nach Olympiaden* rechneten.

Für Frauen gab es seit dem 5. Jahrhundert v. Chr. eigene Spiele*. Sie fanden alle vier Jahre zu Ehren von Hera statt. Einziger Wettbewerb war ein Lauf über 160 m. Mit dem Beginn des 4. Jahrhunderts sind außerdem Frauen als Olympiasiegerinnen bekannt, aber nur in einer einzigen Disziplin, dem Wagenrennen. Als Sieger galt hier nicht der Wagenlenker, sondern der Rennstallbesitzer. Da er nicht selbst in Olympia anwesend sein musste, meldeten auch Frauen Gespanne an und konnten so wie z. B. Kyniska, die Tochter des Spartanerkönigs Archidamos, den Sieg erringen.

Zwischen 30 000 und 40 000 Zuschauer waren zugegen, wenn die Wettkämpfe durchgeführt wurden. Sie dauerten fünf Tage.

1. Tag: Feierliche Eröffnung. Vor der Zeusstatue im Rathaus müssen die Athleten und ihre Väter und Brüder und auch die Lehrer schwören, dass sie sich keinen Verstoß gegen die olympischen Wettkämpfe zu Schulden kommen lassen werden. Die Athleten leisten dazu noch den Schwur, dass sie sich insgesamt zehn Monate nacheinander der sorgfältigsten Übung hingegeben hätten.

2. Tag: Wettstreit der Trompeter vor der Echohalle. Wagenrennen, Fünfkampf: Diskus, Weitsprung, Speerwurf, Ringen und Stadionlauf (192 m).

3. Tag: Festprozession zum heiligen Bezirk. Am Altar vor dem Zeustempel: Opferung, Gesänge, Flötenspiel und Gebete. Abends: Opferschmaus.

4. Tag: Schwerathletische Kämpfe: Ringen, Faustkampf und Waffenlauf über 400 m.

5. Tag: Siegerehrung im Tempel mit Dankopfern zu Ehren des Zeus. Festessen der Sieger im Rathaus von Olympia.

Die Olympischen Spiele

2 **Olympische Wettkampfarten auf griechischen Vasenbildern, 6. bis 4. Jahrhundert v. Chr..**

Auszeichnungen und Ehrungen

Die Athleten wollten bei den Wettkämpfen keine Rekorde aufstellen, sondern Erste und besser sein als alle anderen. Zweite oder dritte Plätze gab es nicht. Es gab nur Sieger oder Verlierer. Dabei war es völlig gleichgültig, ob man mit einem schlechten Wurf oder in einer schlechten Zeit gewonnen hatte. Von den Siegern wurden Standbilder angefertigt, die man in Olympia aufstellte. In ihrer Heimatgemeinde erhielten sie ein Leben lang kostenlose Verpflegung und wurden von Steuerzahlungen befreit. Seit dem 4. Jahrhundert v. Chr. nahmen immer mehr Berufssportler an den Olympischen Spielen teil; vereinzelt kam es auch zu Bestechungsversuchen um den Sieg zu erkaufen.

Q1 Isokrates (436–338 v. Chr.), griechischer Schriftsteller, über die Olympischen Spiele:

... Wir versammeln uns alle an einem Ort, nachdem wir alle Feindseligkeiten eingestellt haben. Während des Festes bringen wir gemeinsam unsere Opfer dar, verrichten gemeinsam Gebete und werden uns dabei unseres gemeinsamen Ursprungs bewusst. Alte Freundschaften werden erneuert, neue Freundschaften werden geschlossen. So lernen wir uns gegenseitig besser verstehen ...

Q2 Xenophon (um 430–nach 355 v. Chr.), griechischer Geschichtsschreiber, meint:

... Nein, es liegt kein Sinn in diesem Brauche. Zu Unrecht wertet man die leibliche Kraft höher als Wissen und Weisheit. Denn sei im Volke ein Bürger auch tüchtig im Faustkampf, mag er vielleicht auch im Ringen oder Fünfkampf sehr gut sein oder im Schnelllauf, so wird doch die Ordnung des Staates dadurch nicht besser. Wenig Gewinn erwächst daraus der heimischen Stadt. ...

1 *Beschreibt die Anlage von Olympia (Abbildung 1). Woraus wird ersichtlich, dass es sich bei den Olympischen Spielen sowohl um eine religiöse Feier als auch um sportliche Wettkämpfe handelte?*

2 *Nennt die Disziplinen, die in Abbildung 2 dargestellt sind.*

3 *Diskutiert Vor- und Nachteile der antiken Olympischen Spiele. Nehmt dabei auch die in Q 1 und 2 geäußerten Meinungen zu Hilfe.*

4 *Erkundigt euch, wie die Olympischen Spiele heute ablaufen. Welche Unterschiede zur Antike stellt ihr fest?*

Chronik der Olympischen Spiele:

776 v. Chr.: *Erste sportliche Wettkämpfe zu Ehren des Göttervaters Zeus in Olympia.*

393 n. Chr.: *Verbot der Spiele als vermeintlicher heidnischer Kult durch den christlichen römischen Kaiser Theodosius.*

1896: *Wiederbelebung der olympischen Idee durch den französischen Baron Pierre de Coubertin, Olympiade von Athen.*

1924: *Einführung der Olympischen Winterspiele.*

1936: *Erste Olympiade in Deutschland (Berlin).*

1972: *Olympische Sommerspiele in München.*

1976: *Erste Olympische Spiele der Behinderten.*

2000: *Olympische Sommerspiele in Sydney.*

2004: *Olympische Sommerspiele in Athen.*

Der Kriegerstaat Sparta

1 **Kampf schwer bewaffneter Krieger in Reihen.** Korinthische Vasenmalerei, um 650 v. Chr.

Sparta – ein Staat der Gleichen?

Um 900 v. Chr. wanderten die Vorfahren der Spartaner in die Halbinsel Peloponnes. Sie unterwarfen die dort lebende Bevölkerung und gründeten um 800 v. Chr. den Stadtstaat Sparta.

Jeder Spartiate* erhielt durch Los ein Landgut, das er weder verkaufen noch unter seinen Söhnen aufteilen durfte. Damit wurde der Lebensunterhalt jedes Spartiaten und seiner Familie gesichert. Alle Bürger hatten etwa gleich viel Besitz. Die Spartiaten nannten sich deshalb selbst „Die Gleichen".

Kein Spartiate bewirtschaftete sein Landgut selbst. Zu dieser Arbeit wurde die unterworfene Bevölkerung gezwungen. Man nannte diese Zwangsarbeiter Heloten*. Sie wohnten auf dem Land, bearbeiteten die Felder und lieferten einen bestimmten Teil der Ernte an ihre Herren ab, die in Sparta wohnten. Sie hatten keinerlei politische Rechte und waren den Spartiaten ganz und gar ausgeliefert. Es kam zu wiederholten Aufständen, die aber alle niedergeschlagen wurden. Besser gestellt als die Heloten war die Bevölkerung, die in den Randgebieten des Stadtstaates in eigenen Städten wohnte. Man nannte sie Periöken*, d. h. die „Umwohnenden". Periöken konnten ihr Land bestellen ohne Abgaben leisten zu müssen. Viele waren auch als Handwerker oder Händler für die Spartaner tätig. Denn Handel und Gewerbe zu treiben war den Spartanern verboten, damit sie sich ganz der Sicherung ihres Staates widmen konnten. Periöken mussten Heeresdienst leisten, hatten aber ebenfalls keine politischen Rechte.

1 *Erklärt mithilfe von Abbildung 2 den gesellschaftlichen Aufbau Spartas.*

2 *Überlegt, ob Sparta wirklich ein „Staat der Gleichen" war.*

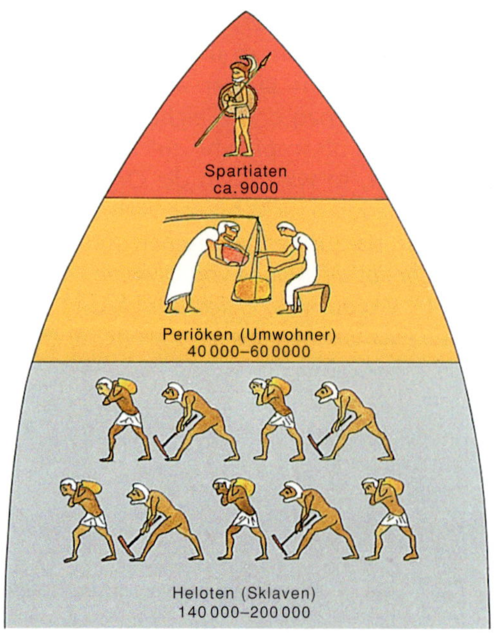

2 **Bevölkerung Spartas.** 5. Jahrhundert v. Chr.

Spartiaten*:
Adlige Herrschaftsschicht in Sparta mit gemeinsamer Abstammung, Landbesitz und staatlich geregelter militärischer Erziehung.

Heloten*:
Zwangsarbeiter, die für die spartiatischen Herren das Land bebauten. Als Sklaven gehörten sie dem spartanischen Staat.

Periöken*:
Bewohner der Städte, die auf spartanischem Staatsgebiet „um Sparta herum" lagen. Sie waren keine Sklaven, hatten aber weniger Rechte als die spartanischen Bürger.

Um 800 v. Chr.:
Gründung Spartas.

Der Kriegerstaat Sparta

Erziehung zum Kampf

Ständig lebten die Spartiaten in der Furcht vor einem Aufstand der Heloten. Deshalb mussten sie alles tun um ihre Macht zu sichern.

3 *Erklärt die Furcht der Spartiaten vor einem Aufstand der Heloten.*

Q1 Der griechische Schriftsteller Plutarch (46–120 n. Chr.) berichtet:

... Wenn ein Kind geboren wurde, musste es der Vater zu den Ältesten der Gemeinde bringen; diese untersuchten das Kind. Wenn es wohl gebaut und kräftig war, gaben sie dem Vater den Auftrag das Kind aufzuziehen. War es aber schwächlich und missgestaltet, so ließen sie es zu der so genannten Ablage an einem Felsengrund bringen. Sie meinten, für ein Wesen, das von Anfang an nicht fähig sei gesund und kräftig heranzuwachsen, sei es besser, nicht zu leben.

Die Ammen erzogen die Säuglinge dazu, nicht wählerisch beim Essen zu sein, keine Angst zu haben im Dunkel und nicht weinerlich zu sein. Sobald die Jungen das siebente Lebensjahr erreicht hatten, mussten sie das Elternhaus verlassen. Jetzt übernahm der Staat die Erziehung.

Die Jungen wurden in Horden eingeteilt. Sie erhielten alle die gleiche Erziehung und Nahrung und gewöhnten sich an gemeinsames Spiel und gemeinsames Lernen.

... Lesen und Schreiben lernten sie nur so viel, wie sie brauchten, die ganze übrige Erziehung bestand darin, pünktlich zu gehorchen, Strapazen zu ertragen und im Kampf zu siegen ...

4 *Nennt die Grundsätze, nach denen die Knaben in Sparta erzogen wurden. Was haltet ihr von dieser Erziehung?*

5 *Auch heute noch spricht man von einer „spartanischen Erziehung". Erklärt, was ihr darunter versteht.*

Nachdem die jungen Spartiaten diese militärische Erziehung erfolgreich durchlaufen hatten, lebten sie bis zu ihrem 60. Lebensjahr in weiteren Gemeinschaften der Männer. Sie gingen auf die Jagd, übten sich in Waffen und kämpften als Hopliten* nebeneinander in der Phalanx*. Bei ihren Familien verweilten sie selten. Als Krieger lebten sie in der ständigen Vorbereitung auf den Krieg, und ihre höchste Ehre sahen sie darin, der Vaterstadt zu dienen und für sie zu sterben.

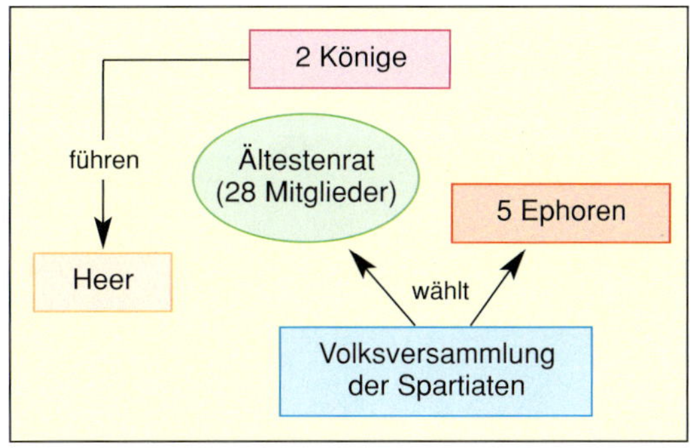

3 **Die Verfassung Spartas.**

Sparta wird Führungsmacht

Die vollen Rechte und Pflichten als Staatsbürger erwarben die Spartiaten mit 30 Jahren; nur sie trafen die politischen Entscheidungen. Alle Spartiaten gehörten gleichberechtigt der Volksversammlung an, die über Gesetze, Bündnisse, Krieg und Frieden entschied. Zwischen den Versammlungen lenkte ein „Rat der Ältesten" zusammen mit fünf Oberbeamten, den Ephoren, den Staat und überwachte das Leben der Bürger. Brach ein Krieg aus, dann lag der Oberbefehl bei zwei Königen, die aus den angesehensten adligen Familien stammten. Diese Verfassung* des spartanischen Staates sorgte zwar für stabile politische Verhältnisse, schloss aber den größten Teil der Bevölkerung von der Herrschaft aus. Alle Macht lag in den Händen des spartiatischen Kriegeradels.

Seine militärische Stärke und innere Stabilität machten Sparta zur Führungsmacht im Süden Griechenlands. Das ganze 5. Jahrhundert v. Chr. hindurch wurden die meisten anderen Stadtstaaten der Halbinsel zum Peloponnesischen Bund unter Spartas Führung vereint. Sparta bildete damit den Gegenpol zum anderen mächtigen Stadtstaat Griechenlands: Athen.

6 *Erklärt mithilfe von Abbildung 3 die Verfassung Spartas mit eigenen Worten.*

Hopliten* *(griech.): Fußsoldaten, ausgerüstet mit Panzer, Helm, Schild, Schwert und Stoßlanze.*

Phalanx* *(griech.): Mehrfach gestaffelte Schlachtreihe.*

Verfassung*: *Eine Verfassung legt fest, welche Aufgaben und Rechte die Bürger haben und wer den Staat regiert.*

Um 500–um 370 v. Chr.: *Sparta als mächtigster Stadtstaat im Peloponnesischen Bund. Der Städtebund verpflichtete sich nach gefasstem Bundesbeschluss zu gemeinsamer Kriegsführung.*

Demokratie in Athen

1 Athenische Volksversammlung. Rekonstruktionszeichnung. Die größte Breite des Platzes betrug 80 m, die größte Tiefe 40 m.

Athens Entwicklung zur Demokratie

In Athen verlief die Entwicklung des Stadtstaates anders als in Sparta. Etwa 300 000 Menschen lebten seit dem 5. Jahrhundert v. Chr. in der größten griechischen Polis, die Hälfte davon in der Stadt selbst. Seit ihrer Gründung um 1000 v. Chr. herrschte von der Akropolis aus ein König über die Polis, doch um 700 v. Chr. setzten ihn mächtige Adlige ab und beseitigten die Monarchie*. Die Herrschaft lag nun in den Händen einiger weniger adliger Großgrundbesitzer, die die Bauern unterdrückten und ausbeuteten. Viele von ihnen gerieten in Schuldknechtschaft und mussten mit ihren Familien den Gläubigern als Sklaven dienen. Auch die wohlhabenden Handwerker und Kaufleute waren an den politischen Entscheidungen der Polis nicht beteiligt. Sie waren deshalb ebenfalls mit der Aristokratie* unzufrieden. Nach langen Auseinandersetzungen zwischen dem Adel und den übrigen Bevölkerungsgruppen, in deren Verlauf es sogar einzelnen Adligen gelang, zeitweise die Macht an sich zu reißen und eine Tyrannis* zu errichten, führten Solon* und Kleisthenes* Reformen durch, die in Athen die Demokratie* begründeten.

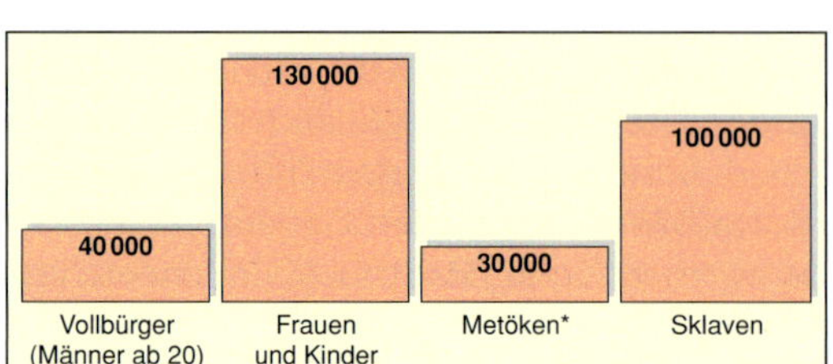

2 Bevölkerung Athens, um 430 v. Chr.

Herrscht in Athen wirklich das Volk?

Q1 Der griechische Geschichtsschreiber Thukydides beschreibt die demokratische Verfassung Athens:

… Wir leben in einer Staatsform, die die Einrichtungen anderer nicht nachahmt, eher sind wir für andere ein Vorbild, als dass wir andere uns zum Muster nähmen. Mit Namen wird sie, weil wir uns nicht auf eine Minderheit, sondern auf die Mehrheit im Volke stützen, Volksherrschaft (= Demokratie) genannt. Und es genießen alle Bürger für ihre Angelegenheiten vor den Gesetzen gleiches Recht. …

Das ganze Volk trifft in der Volksversammlung die Entscheidung und sucht hier ein rechtes Urteil über die Dinge zu gewinnen. …

Der Verfassung nach war Athen eine Demokratie; aber es gab erhebliche Unterschiede zwischen den Bewohnern der Polis.

1 *Beschreibt mithilfe des Schaubilds 2 die Zusammensetzung der athenischen Bevölkerung.*

2 *Vergleicht das Schaubild 2 mit Q 1 und diskutiert, ob die Verfassung Athens wirklich demokratisch war.*

*Die Griechen unterschieden folgende **Staatsformen:***

Demokratie: Herrschaft des Volkes;*

Aristokratie: Herrschaft des Adels;*

Monarchie: Herrschaft eines Königs;*

Tyrannis: Herrschaft eines mit Gewalt Regierenden.*

Metöken* *(griech. = Mitbewohner): Sie lebten in Athen und waren vor allem in Handwerk und Handel tätig. Sie waren persönlich frei, durften aber nicht an der Volksversammlung teilnehmen und auch kein Land besitzen.*

Wichtige athenische Staatsmänner:

Solon (um 640– um 560 v. Chr.)*: *„Friedensstifter" zwischen den zerstrittenen Bevölkerungsgruppen, befreite die Bauern aus der Schuldknechtschaft, setzte Reformen durch (vor allem politische Mitbestimmung der reichen Bürger).*

Kleisthenes (6. Jahrhundert v. Chr.)*: *Einführung einer demokratischen Verfassung, die alle Bürger an der Herrschaft beteiligte.*

Das Athen des Perikles – eine Zeitreise

Perikles – ein Alleinherrscher?

Der berühmteste Staatsmann Athens in dieser Epoche war Perikles*, ein Großneffe des Kleisthenes, den die Bürger von 443 bis 429 v. Chr. ununterbrochen in das höchste Staatsamt wählten. Seiner Ansicht nach sollten alle Bürger die gleichen politischen Rechte besitzen; deshalb führte Perikles weitere Verfassungsreformen durch. Zudem setzte er den Ausbau des Kriegshafens Piräus und den Wiederaufbau der in den Perserkriegen (siehe S. 105/106) zerstörten Akropolis durch und schuf somit viele Arbeitsplätze für die Bevölkerung. Durch eine gezielte Kolonisation an den Küsten des Schwarzen Meeres stärkte er die Macht seiner Heimatstadt, die unter seiner Führung eine Blütezeit erlebte, da er zugleich auch Kunst und Wissenschaft förderte.

Q2 Über seine Stellung schrieb Thukydides:

… Perikles war mächtig durch sein Ansehen. Er wurde daher nicht durch die Volksversammlung gelenkt, sondern er selbst lenkte sie aufgrund seines Einflusses. So bestand in Athen dem Namen nach eine Demokratie, in Wirklichkeit jedoch die Herrschaft eines einzigen Mannes. …

3 *Ist die Stellung des Perikles mit einer Volksherrschaft vereinbar? Begründet eure Antwort.*

Eine Reise in das Athen des Perikles

Was haltet ihr davon, wenn wir zusammen eine Zeitreise in die Vergangenheit machen – eine Reise in das alte Athen? Wir brauchen nur die Zeit um ungefähr 2500 Jahre zurückzudrehen, bis ins Jahr 432 v. Chr. Dann gelangen wir ins Athen des Perikles.

Auf der Agora

Wir begleiten Meidias, den Besitzer einer Töpferwerksatt, auf seinem Spaziergang durch die Stadt und kommen so zur Agora, dem Marktplatz. „Die Agora", sagt er, „ist der Ort, wo wir uns persönlich versammeln. Dort feiern wir in den alten und neuen Tempeln unsere religiösen Feste, dort halten wir auch unsere politischen Versammlungen ab. Mit einem Wort, die Agora ist das politische und auch das wirtschaftliche Zentrum der Stadt. Dort hinten seht ihr übrigens das Bouleuterion", sagt er und deutet dabei mit der Hand auf ein großes Gebäude. „Dort tagt der Rat der 500 Ratsleute aus ganz Attika, die durch das Los bestimmt werden. Dieser Rat bereitet die Gesetze vor, die der Volksversammlung zur Abstimmung vorgelegt werden."

„Und was ist das runde Gebäude dort?", möchten wir wissen.

„Das ist das Prytaneion, der Sitz der Athener Regierung", erklärt uns Meidias sichtlich stolz. „Dort wohnen die Abgeordneten und dort werden die offiziellen Maße und Gewichte der Stadt aufbewahrt. Unter den Händlern, die auf der Agora ihre Waren verkaufen, sind manchmal Betrüger, und so gibt es zehn Marktaufseher, die Kontrollen durchführen. Für diese Kontrollen benutzen sie die Maße und Gewichte, die hier aufbewahrt werden, und wenn sie einen Betrüger erwischen, wird er streng bestraft."

4 *Erklärt, inwiefern die Agora das gesellschaftliche, wirtschaftliche und politische Zentrum der Polis Athen war.*

5 *Informiert euch in einem Lexikon über das Gymnasion und berichtet in der Klasse.*

Perikles (490–429 v. Chr.)*: *Bedeutendster Staatsmann Athens, zwischen 443 und 429 v. Chr. 15-mal zum Strategen gewählt, baute das attische Seereich auf, starb an der Pest während des Krieges gegen Sparta.*

*Wichtige Stadtviertel bzw. Gebäude im antiken **Athen:** Akropolis = Burg- und Tempelberg; Agora = Marktplatz mit öffentlichen Gebäuden; Areopag = Gerichtsstätte; Odeion = Gebäude für Musik- und Theateraufführungen; Gymnasion = Gebäude für körperliche und geistige Schulung und Erziehung.*

3 Modell der Agora in Athen zur Zeit des Perikles.
① Tholos (Rundbau, in dem die Prytanen speisten); ② Gebäude, in dem der Rat der 500 tagte; ③ Stoa (Gerichtsgebäude); ④ Hephaistos-Tempel (– – – = Weg des Besuchers)

Das Athen des Perikles – eine Zeitreise

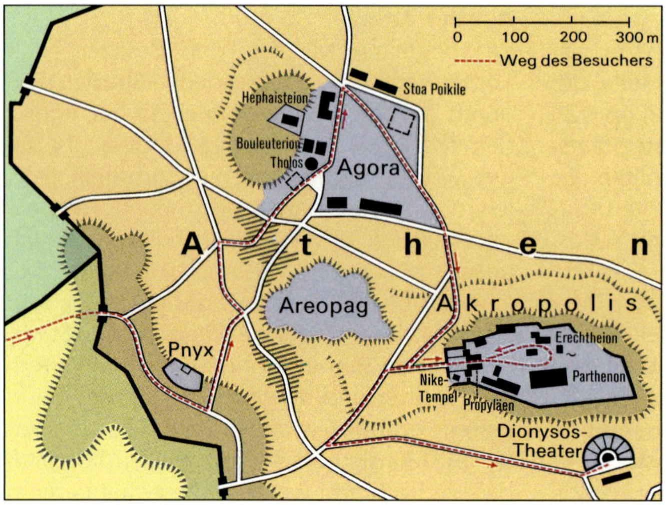

1 **Plan der Stadt Athen zur Zeit des Perikles.**

Volksversammlung*: *Versammlung der männlichen Bürger in Athen. Sie entschied über Krieg und Frieden, beschloss Gesetze und wählte Beamte. Die Mehrheit der Bewohner Athens bestand aus Frauen und Kindern, Mitbewohnern und Sklaven. Sie durften an der Volksversammlung nicht teilnehmen.*

Scherbengericht*: *Verfahren zur Aburteilung übermächtiger Politiker.*

„Stimmzettel" mit dem Namen des zu verbannenden Atheners („Themistokles") und des abstimmenden Bezirks („Neokleos").

Ein stolzer Prytane

Meidias ist heute in Eile. „Ich muss ins Prytaneion", erklärt er. Wir fragen ihn, warum er dorthin muss. „Weil ich Prytane bin", antwortet er voller Stolz. „Ich bin einer der 50 Abgeordneten meines Bezirks und wir werden 35 Tage lang die Stadt regieren. Wie ihr vielleicht wisst, ist Athen in zehn Bezirke unterteilt und jeder von ihnen regiert der Reihe nach die Stadt. Von den Abgeordneten wird durch Los ein Vorsitzender gewählt."
„Und für wie lange?", fragen wir. „Für einen Tag und eine Nacht", antwortet Meidias. „Während dieser Zeit muss der Vorsitzende dauernd im Prytaneion sein. Er ist dort mit den anderen Abgeordneten, empfängt die Wohltäter der Stadt sowie Persönlichkeiten aus anderen Städten und Ländern. Und abends schläft er auch dort. Er ist für alle wichtigen Angelegenheiten der Stadt verantwortlich und muss Tag und Nacht erreichbar sein um alle Probleme, die möglicherweise auftauchen, zu lösen."

Die Volksversammlung

Anschließend zeigt uns Meidias noch das Gerichtsgebäude. „Jedes Jahr werden 6000 Richter gewählt", sagt er. „Durch Los wird festgelegt, welchen Fall sie zu richten haben. So wird eine Bestechung der Richter verhindert." Hier verabschieden wir uns von Meidias und jetzt führt uns sein Freund Kritias weiter. Er führt uns zur Pnyx, wo die Volksversammlungen* stattfinden. „Die Abstimmung" – so klärt er uns auf – „erfolgt durch Erheben der Hand oder mit Kieseln, die als Stimmsteinchen dienen. Die Volksversammlung beschließt über alle wichtigen Dinge. Es liegt also wirklich die Macht beim Volk und deswegen heißt es auch in Athen: Das Volk ist der Herrscher."

Eine Abstimmung mit Scherben

Kritias fährt fort: „Die Volksversammlung kommt einmal im Jahr, im Frühling, zu einem besonderen Zweck auf der Agora zusammen: Bei dieser Versammlung wird entschieden, ob eine Abstimmung mit Scherben* stattfinden soll. „Eine Abstimmung mit Scherben?", fragen wir erstaunt. „Ja", sagt Kritias, „bei dieser Abstimmung schreiben die Athener Bürger auf eine Tonscherbe den Namen des Politikers, der ihrer Meinung nach für die Stadt und die Demokratie eine Gefahr bedeutet. Derjenige, dessen Name von wenigstens 6000 Athenern aufgeschrieben wurde, wird für zehn Jahre aus der Stadt verbannt. Leider urteilen die Athener nicht immer richtig."

1 *Überlegt, ob beim Scherbengericht auch manchmal ungerechte Urteile haben zustande kommen können.*

2 *Spielt folgende Szene: Zwei attische Bauern unterhalten sich zur Zeit der Frühjahrsaussaat darüber, ob sie zur Volksversammlung gehen sollen. Entschieden werden soll über den Bau eines neuen Tempels.*

Das Athen des Perikles – eine Zeitreise

2 **Die Akropolis von Athen zur Zeit des Perikles.** Rekonstruktion.

Perikles der Heerführer

Plötzlich blicken alle zur Straße hin. Ein Mann von edler Gestalt kommt näher. „Das ist Perikles“, flüstert Kritias. „Er ist einer der zehn Strategen*, die den Oberbefehl über unser Heer und unsere Flotte haben.“ Die Oberbefehlshaber werden immer nur für ein Jahr gewählt, wissen wir.

„Ja, aber Perikles wird in den letzten Jahren immer wieder gewählt“, sagt Kritias. „Und das ist gut so, denn er hat viel für unsere Stadt getan. Er hat der Volksversammlung vorgeschlagen mit dem Geld unserer Verbündeten die Tempel und Gebäude, die die Perser zerstört hatten, wieder aufzurichten. Er hat auch viele wichtige Gesetze durchgebracht, wie z. B. jenes, dass alle Richter, Soldaten und Beamten aus der Stadtkasse entlohnt werden. Sie bekommen für ihre Tätigkeiten jetzt Diäten*, d. h. eine Bezahlung.“

Die Akropolis

Von der Pnyx werfen wir einen Blick auf die Akropolis mit ihren wunderschönen Bauten, wir denken an die Werkstätten mit den vielen Beschäftigten, an die Regierungsgebäude auf der Agora und es fallen uns die Worte ein, die Perikles gesagt haben soll: „Einer solchen Stadt gebührt aller Ruhm der Welt. Feinde und Untertanen, heutige und künftige Geschlechter werden mit Bewunderung uns betrachten.“

3 *Erklärt die Bedeutung der Diäten für die Entwicklung der athenischen Demokratie.*

4 *Stellt euch vor: Ein ägyptischer Beamter besucht Athen. Nennt alle politischen Einrichtungen, die ihm fremd sind. Wie wird er darüber gedacht haben?*

5 *Erklärt mithilfe des Schaubilds 3 die Verfassung Athens und vergleicht sie mit der Verfassung Spartas (S. 99).*

Strategen*: *Feldherren, Heerführer.*

Diäten*: *Tagegelder, Aufwandsentschädigung, die auch heute noch die Abgeordneten (= gewählte Volksvertreter) für ihre Tätigkeit erhalten.*

Archonten*: *Inhaber der höchsten Staatsämter.*

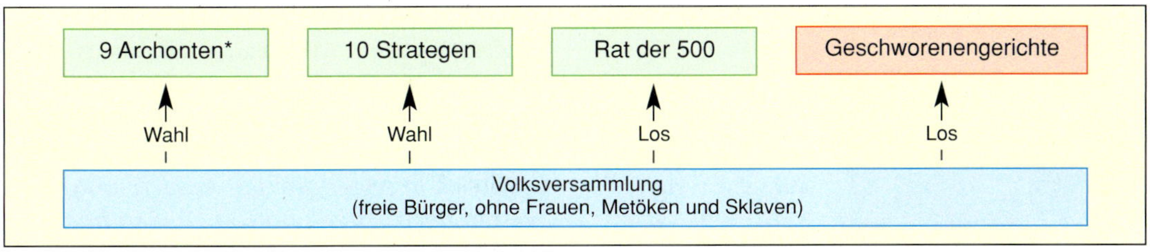

3 **Die Verfassung Athens.** Vereinfachtes Modell.

Griechen und Perser

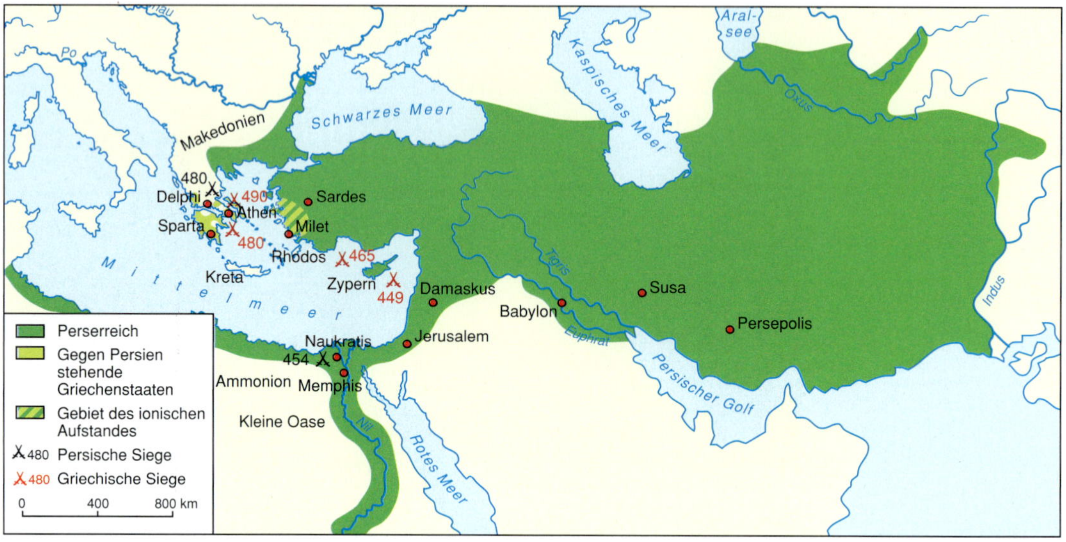

1 **Das Perserreich und die Perserkriege.**

Satrapie*: *Provinz des Persischen Reiches.*

Satrap*: *Statthalter des Königs in einer Provinz.*

Dareikos*: *Goldmünze im Perserreich.*

Das Persische Weltreich

Zu Beginn des 5. Jahrhunderts v. Chr. hatte Persien den Höhepunkt seiner Macht erreicht. Die Großkönige Kyros, Kambyses und Darius I. (521–485 v. Chr.) hatten ein Reich erobert, das von Indien bis zum Mittelmeer reichte. Die griechischen Städte an der Westküste Kleinasiens gehörten ebenso dazu wie Ägypten, das eine persische Provinz war. An der Spitze des Reiches, das in 20 Satrapien* eingeteilt war, stand der Großkönig, der von seinen Palästen in Susa und Babylon aus regierte. Er sah sich durch Ahuramazda, den allmächtigen Gott des Himmels, des Lichts und der Wahrheit, als „König der Könige" eingesetzt und dazu berufen, alle Länder und Völker der Erde unter seiner Herrschaft zu vereinen und so Frieden auf der Welt zu schaffen. Unterstützt in der Verwaltung seines riesigen Reiches wurde er von Statthaltern, die wiederum von heimlichen Beauftragten, den „Augen und Ohren des Königs", überwacht wurden. Jeder Satrap* befehligte seine eigene Streitmacht, zusammen mit dem Heer des Königs, den „10 000 Unsterblichen", konnte so jeder Aufstand in den Provinzen niedergeschlagen werden. Damit der König aus den weit entfernten Gebieten seines Reiches wichtige Nachrichten möglichst schnell erhalten konnte, ließ er ein dichtes Straßennetz, sog. Königsstraßen, anlegen. Reitende Boten konnten z. B. die 2600 km lange Strecke von Sardes in Kleinasien bis zur Königsstadt Susa in nur zwölf Tagen bewältigen. Einheitliches Geld, Goldmünzen mit dem Bildnis des Herrschers („Dareiken"*) sowie innerer Friede ermöglichten einen regen Handel und großen Reichtum des Persischen Reiches.

2 **König Darius I. auf seinem Herrscherthron.** Persisches Relief, um 500 v. Chr.

1 *Zeigt auf einer Wandkarte die Ausdehnung des Persischen Reiches. Nennt die heutigen Länder, die dieses Reich umfasste.*

2 *Messt nach, wie viele Kilometer sich dieses Großreich in seiner größten Ausdehnung von Westen nach Osten und von Norden nach Süden erstreckte.*

Die Perserkriege

Der Ionische Aufstand

Seit 543 v. Chr. standen die griechischen Kolonien in Ionien (Kleinasien) unter persischer Herrschaft. Von Milet ausgehend kam es 499 v. Chr. zu einem Aufstand griechischer Städte in Kleinasien, die um ihre Freiheit kämpften. Nur Athen und Eretria (siehe Karte 1, S. 86) waren bereit die aufständischen Landsleute zu unterstützen, während Sparta aus Angst vor einem Aufstand der Heloten jede Hilfe verweigerte. So gelang es Darius nach fünfjährigen wechselvollen Kämpfen den Aufstand niederzuwerfen. Milet wurde erobert und völlig zerstört, seine Bewohner wurden ins Landesinnere verschleppt. Da die Athener die Aufständischen mit einigen Schiffen unterstützt hatten, beschloss Darius ganz Griechenland anzugreifen. Er hoffte auf wenig Widerstand zu stoßen, da das Land in viele Stadtstaaten zersplittert war und zerstritten schien.

Der Sieg von Marathon

491 v. Chr. erschienen Gesandte des Darius und forderten von den griechischen Stadtstaaten Erde und Wasser als Zeichen der Unterwerfung. Zeitgenössischen Berichten zufolge sollen die Athener die Gesandten von einem Felsen gestürzt und die Spartaner sie in einen Brunnen geworfen haben mit der Bemerkung, dort könnten sie Erde und Wasser genug finden.

Ein Jahr später landete ein gut ausgerüstetes persisches Heer mit etwa 20 000 Kriegern in der Ebene von Marathon. 10 000 athenische Hopliten unter der Führung des Strategen Miltiades zogen ihnen entgegen. Ihre Stärke war der Nahkampf, für den sie mit Helm und Brustpanzer besser gerüstet waren. Die Perser dagegen verfügten über glänzende Bogenschützen. Um ihren Pfeilhagel zu unterlaufen griffen die Athener als Phalanx im Laufschritt an. Mit nur geringen Verlusten gelang es ihnen, im Nahkampf die Perser zu besiegen.

3 *Sucht Marathon auf der Karte 1, Seite 86.*

4 *Vergleicht die Abbildung 3 oben mit der Abbildung 1 auf Seite 98 und erklärt den Sieg der Griechen bei Marathon.*

3 **Persischer Bogenschütze.** Glasierter Ziegelschmuck aus dem Palast des Darius in Susa.

Der Feldzug des Xerxes

Zehn Jahre später plante der persische Großkönig Xerxes I. – Nachfolger des 485 verstorbenen Darius – einen erneuten Feldzug gegen Griechenland. Mit einem Heer von 50 000 Soldaten und über 1000 Schiffen brach er auf um die persische Niederlage zu rächen. Um den Angriff abzuwehren schlossen Athen und Sparta ein Bündnis.

Die Niederlage bei den Thermopylen

Am Pass der Thermopylen, einer Gebirgskette in Mittelgriechenland, stellte sich der spartanische König Leonidas mit über 7000 Kriegern den Persern entgegen um den Vormarsch des übermächtigen Gegners aufzuhalten und ihn zurückzuschlagen. Doch ein griechischer Verräter zeigte dem persischen Großkönig einen geheimen Gebirgspfad, auf dem er den Engpass umgehen konnte. Als nun die Feinde in seinem Rücken auftauchten, gab Leonidas dem Hauptheer den Befehl sich nach Süden abzusetzen um dort eine neue Verteidigung aufzubauen. Er selbst hielt mit einer Elitetruppe dem Gegner lange Zeit stand, wurde aber doch umzingelt und in einem erbarmungslosen Kampf getötet.

Ein Gedenkstein, der später errichtet wurde, ehrt die Gefallenen:

Wanderer, kommst du nach Sparta,
verkünde dorten,
du habest uns hier liegen gesehen,
wie das Gesetz es befahl.

*Bedeutende griechische **Feldherren in den Perserkriegen**:*

***Miltiades** (um 540–um 489 v. Chr.), Sieger bei Marathon.*

***Leonidas**, spartanischer König, versuchte die Perser am Thermopylenpass aufzuhalten.*

***Der Marathonlauf:** Ein athenischer Bote soll vom Kampfplatz in Marathon in das 42 km entfernte Athen gelaufen sein um der Bevölkerung den Sieg über die Perser zu melden. Daran erinnert noch heute der Marathonlauf bei den Olympischen Spielen und anderen sportlichen Wettbewerben.*

Die Perserkriege

1 **Der Abschied des Kriegers.** Vasenmalerei, um 440 v. Chr.

chenland im Stich, das ein Jahr später von den vereinigten Griechen geschlagen werden konnte. Damit war die Gefahr, unter persische Herrschaft zu geraten, für Griechenland endgültig vorüber.

1 *Betrachtet die Abbildung 1 und stellt euch eine ähnliche Abschiedsszene im Jahr 490 oder 480 v. Chr. vor. Wie könnte der Krieger von seiner Familie Abschied genommen haben? Spielt eine Stegreifszene.*

2 *Stellt euch vor, ihr habt als Kriegsberichterstatter einer athenischen Zeitung an der Schlacht bei Salamis teilgenommen. Verfasst eine Reportage.*

3 *Tragt Gründe für den Sieg der Athener zusammen. Was meint ihr zur Auffassung des griechischen Geschichtsschreibers Herodot, der den Sieg der Griechen darin begründet sah, dass die Volksversammlung die Athener zu „freien Menschen" gemacht habe?*

Der Sieg von Salamis

Nach dieser Niederlage der Spartaner war für das persische Heer der Weg nach Athen frei. Der Stratege Themistokles gab deshalb den Befehl die Stadt zu räumen und Frauen und Kinder auf die Insel Salamis in Sicherheit zu bringen. Das delphische Orakel hatte nämlich den Athenern geraten sich hinter hölzernen Mauern zu schützen. Das konnte nur die Flotte sein, welche die Rettung bringen musste. Kampflos zogen die Perser in die Stadt ein und plünderten sie, die Akropolis ging in Flammen auf.

In der Meerenge von Salamis hatte Themistokles seine Flotte zusammengezogen und erwartete den persischen Angriff. Nur in der schmalen Durchfahrt zwischen der Insel und dem Festland waren die kleinen, aber schnellen und wendigen Trieren* der Athener den großen, aber schwerfälligen Kriegsschiffen der Perser überlegen. In einem günstigen Augenblick griffen die athenischen Dreiruderer an, die den genauen Küstenverlauf, die Untiefen und die Windverhältnisse bestens kannten, brachen die Ruder der persischen Schiffe und versenkten sie mit ihren Rammspornen. Nach einer zwölfstündigen Schlacht war der Sieg errungen. Xerxes floh nach Persien, ließ sein erfolgreiches Landheer in Grie-

Der Attische Seebund

477 v. Chr. schlossen sich viele griechische Städte und Inseln unter Führung Athens zum Attischen Seebund zusammen um die Perser von weiteren Angriffen abzuhalten. Athen vergrößerte dadurch seine Kriegsflotte und wurde zur führenden Handels- und Seemacht. Der Attische Seebund und der persische Großkönig vereinbarten 449 v. Chr. einen Friedensvertrag. Viele Bundesgenossen wollten daraufhin aus dem Bündnis austreten, was Athen mit Waffengewalt verhinderte.

4 *Überlegt, warum Athen die Auflösung des Attischen Seebundes mit Gewalt verhinderte.*

2 **Attische Triere zur Zeit der Perserkriege.** Modell.

Triere*: *Griechisches Kriegsschiff mit drei Ruderbänken übereinander und einem Rammsporn um feindliche Schiffe zu versenken. Besatzung: 170 Ruderer, 20–50 Fußkämpfer.*

Themistokles *(um 525– nach 460 v. Chr.), Sieger von Salamis.*

Die Perserkriege:

– ***490 v. Chr.:*** *Sieg der athenischen Truppen über das persische Heer in der Ebene von Marathon.*

– ***480 v. Chr.:*** *Entscheidungsschlacht auf dem Meer in der Bucht von Salamis. Die Flotte des Großkönigs Xerxes wird von den Athenern geschlagen.*

– ***477 v. Chr.:*** *Die meisten griechischen Staaten schließen sich zu einem Militärbündnis gegen die Perser zusammen (Attischer Seebund). Athen wird Führungsmacht.*

– ***449 v. Chr.:*** *Friedensvertrag zwischen dem Attischen Seebund und dem persischen Großkönig.*

Athen: Zentrum im Mittelmeer

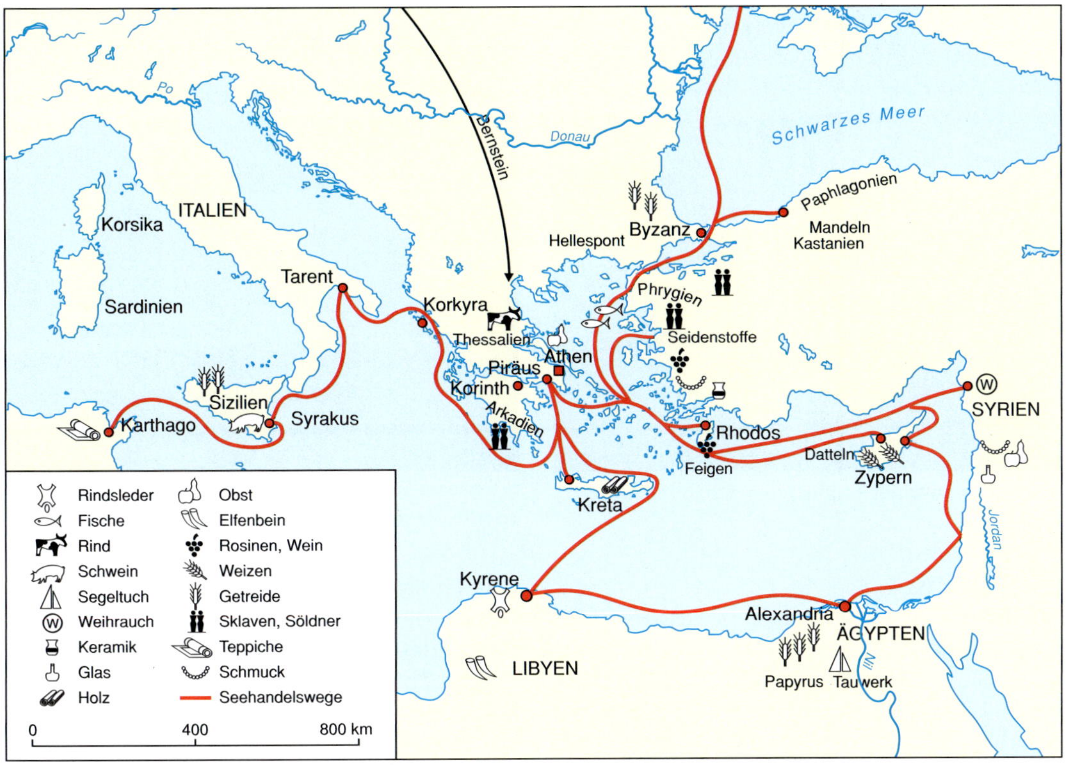

3 Athenische Importwaren.

Durch die Siege gegen die Perser und die Vorherrschaft im Attischen Seebund war Athen zum bedeutendsten Stadtstaat in Griechenland geworden. Die Bündnispartner mussten Abgaben zahlen, Athen unterhielt dafür eine große Kriegs- und Handelsflotte. Die Handelsschiffe der Athener durchfuhren das gesamte Mittelmeer um athenische Waren zu verkaufen und um Luxusgüter und Lebensmittel nach Athen zu bringen.

Q1 Der griechische Dichter Hermippos berichtete um 430 v. Chr.:

… Uns bringen die Schiffe aus Kyrene Rindsleder. Vom Hellespont kommen Makrelen und Rindsleder jeglicher Art.
Rippenstücke vom Rind kommen aus Thessalien, ebenso Graupen. Syrakus liefert Schweine und Hartkäse. Es schickt uns Ägypten Tauwerk und Segeltuch, aber auch Papyrusrollen für Bücher.
Den Weihrauch beziehen wir aus Syrien. Aus Kreta Zypressenholz für die Götter.
Libyen verkauft uns, was wir an Elfenbein brauchen, Rhodos Rosinen und getrocknete Feigen.
Euböa liefert die Birnen und wohlschmeckende Äpfel, Phrygien Sklaven in Menge und Arkadien die Söldner für den Krieg.
Kastanien und Mandeln kommen aus Paphlagonien (nördliche Türkei), Datteln und feinstes Weizenmehl aus Zypern, Teppiche und bunte Kissen aus Karthago …

Außerdem kamen noch jedes Jahr etwa 750 000 Zentner Getreide aus Ägypten, Sizilien und von der Schwarzmeerküste nach Griechenland.

5 *Ordnet die Einfuhrgüter nach Gruppen (Nahrungsmittel, Luxusgüter etc.).*

6 *Sucht die genannten Orte und Landschaften auf der Karte 3.*

7 *Vergleicht die Karte mit einer entsprechenden Karte im Atlas. Wie heißen die Länder, mit denen Athen Handel trieb, heute?*

In ***Amphoren*** *transportierten die Griechen vor allem Wein und Öl. Der bauchige Krug bestand aus gebranntem Ton und endete in einem engen Hals mit zwei Henkeln.*

Lesetipp:
Carl W. Weber: Segel und Ruder – Die Welt des Meeres bei den Griechen. München 1991.
Hier erfahrt ihr mehr über Kaufleute, Kapitäne, Piraten und Sklavenjäger.

Das klassische Athen als Vorbild

Die verschiedenen Richtungen (Stile) der griechischen Baukunst können wir an den Formen der Säulen, vor allem am Säulenoberteil (Kapitell) unterscheiden:

a) ***Dorischer Stil*** *(Süditalien, griechisches Festland).*

b) ***Ionischer Stil*** *(östliches Griechenland und Inseln).*

c) ***Korinthischer Stil*** *(vorwiegend an römischen Tempeln).*

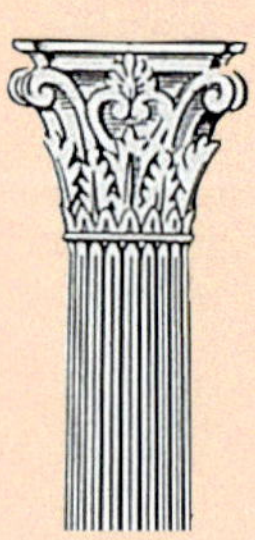

1 **Die Walhalla bei Regensburg.** Erbaut 1830–1842.

2 **Die Propyläen auf dem Königsplatz in München.** Erbaut 1846–1862.

Die Baukunst

Athen war nicht nur zum politischen und wirtschaftlichen Mittelpunkt Griechenlands geworden, sondern auch zum Vorbild auf allen Gebieten der Kunst. Unter Perikles wurden riesige Geldsummen ausgegeben um die Akropolis, die 480 v. Chr. von den Persern vollkommen zerstört worden war, in einen der schönsten Tempelbezirke zu verwandeln. Sie sollte zu einer prunkvollen Stätte der Göttin Athene werden um die Macht und den Glanz Athens für alle sichtbar werden zu lassen. Die künstlerische Leitung beim Bau des Parthenon hatte Phidias, der bedeutendste Bildhauer des 5. Jahrhunderts v. Chr.
Die Bauwerke der Griechen galten bis in unsere Zeit als vorbildlich wegen ihrer Schönheit und ihrer harmonischen Form. Noch im 19. und 20. Jahrhundert wurden zahlreiche Gebäude, deren Würde und Erhabenheit besonders betont werden sollten, in diesem Baustil errichtet.

1 *Vergleicht die Abbildung 1 auf Seite 94 mit den Abbildungen 1 und 2 oben. Nennt Gemeinsamkeiten und Unterschiede.*

2 *Sucht mithilfe eures Lehrers/eurer Lehrerin in einem Kunstführer nach weiteren Beispielen für derartige Baukunst in der Nähe eures Wohnortes. Wenn möglich, so macht Fotografien davon. Erstellt mithilfe dieser Bilder eine Wandzeitung für euer Klassenzimmer.*

Das Theater

Neben den Tempeln zählten die Theater zu den bedeutendsten Bauten der Athener. Das älteste Theater Athens war das am Südabhang der Akropolis gelegene Dionysos-Theater, das etwa 15 000 Zuschauern Platz bot. Die griechischen Theater bestanden aus einem kreisrunden Tanzplatz (Orchestra), dem bogenförmigen Zuschauerraum und den Bühnenbauten (Skene). In den Theatern der ganzen Welt werden heute noch die griechischen Schauspiele (Dramen) aufgeführt, ob als Komödien (Lustspiele) oder Tragödien (Trauerspiele).

3 *Überlegt, warum griechische Dramen heute noch aufgeführt werden.*

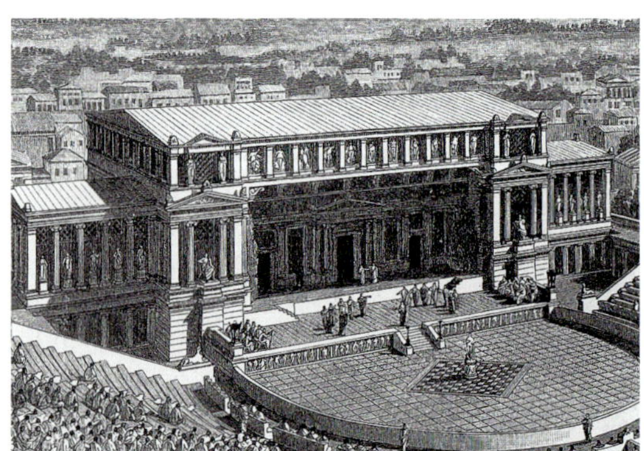

3 **Das Theater von Athen.** Rekonstruktionszeichnung.

Athen – Wiege der Wissenschaft

Die Wissenschaft

Nicht nur in der Baukunst, auch in zahlreichen Wissenschaften gelten die Griechen als Lehrmeister. So hieß es im griechischen Volksglauben lange Zeit: Wenn Zeus seinen gewaltigen Schild schüttelt, bewegen sich die Wolken, bildet sich Gewitter, löst er den Donner aus; als furchtbare Waffe schleudert er den Blitz.

Seit dem 6. Jahrhundert v. Chr. aber gaben sich die griechischen Gelehrten mit derartigen Erklärungen nicht mehr zufrieden. Sie begannen planmäßig zu forschen. Weil sich diese Forscher vor allem für die Natur und die Naturgesetze interessierten, bezeichnet man sie als Naturphilosophen.

Warum, so fragten die Menschen damals, wird es Tag und Nacht? Warum sieht man von einem Schiff, das am Horizont auftaucht, zuerst den Mast? Warum gibt es Sonnen- und Mondfinsternisse?

Für jede Naturerscheinung suchte man jetzt eine natürliche Erklärung. Die Griechen haben auf diese Weise die Grundlagen für das wissenschaftliche Denken gelegt.

4 *Schlagt folgende Begriffe, die aus dem Griechischen stammen, im Lexikon nach: Physik, Mathematik, Astronomie, Geografie, Biologie, Architektur, Musik, Demokratie, Monarchie, Historie, Theorie, Logik.*

Die Philosophie

Mit Sokrates, der selbst keine einzige Zeile geschrieben hat, begann eine neue Epoche der griechischen und damit der europäischen Philosophie. Wir können über ihn bei seinem Schüler Platon nachlesen.

Sokrates wurde laut Platon in Athen als Sohn eines Bildhauers und einer Hebamme geboren. Er verbrachte sein Leben vor allem auf Marktplätzen und in den Straßen, wo er mit den unterschiedlichsten Leuten redete. Er wollte sie nicht belehren, sondern von seinen Gesprächspartnern lernen. Er fragte sie: „Was ist gut? Was ist böse?" Von sich selbst behauptete er: „Ich weiß, dass ich nichts weiß." Sokrates verglich seine Tätigkeit mit der Hebammenkunst. Wie die Hebamme bei der Geburt hilft, wollte auch er den Menschen bei der „Geburt" der Einsicht helfen. Als Philosoph* im wahrsten Sinne des Wortes ließ er sich für seine Lehrtätigkeit nicht bezahlen.

399 v. Chr. wurde er angeklagt die Jugend zu verderben und die Götter nicht anzuerkennen. Mit knapper Mehrheit wurde er für schuldig befunden. Er bat nicht um Gnade, sondern trank im Kreis seiner engsten Freunde einen Becher mit Gift von der Schierlingspflanze. Sokrates hielt sein Gewissen für wichtiger als sein Leben.

Forschung in der Medizin

Der Arzt Hippokrates (460–377 v. Chr.) übertrug das wissenschaftliche Denken auf die Medizin. Im Altertum wurden Krankheiten auf den Einfluss von Gottheiten zurückgeführt. Deshalb versuchte man sie mit Opfern an die Götter zu heilen. Hippokrates dagegen beobachtete seine Kranken sehr genau und schrieb sorgfältig alles auf, was ihm wichtig erschien. So wurde es Hippokrates im Lauf der Zeit möglich, die Zeichen einer Krankheit genau zu deuten und Methoden und Mittel zur Heilung herauszufinden.

Q1 Noch heute gilt für jeden Arzt der Eid des Hippokrates:

... Ich werde die Grundsätze der Lebensweise nach bestem Wissen und Können zum Heil der Kranken anwenden, dagegen nie zu ihrem Verderben und Schaden. Ich werde auch niemandem eine Arznei geben, die den Tod herbeiführt, auch nicht, wenn ich darum gebeten werde. Ich werde auch keiner Frau ein Mittel zur Vernichtung keimenden Lebens geben ... Was ich in meiner Praxis sehe oder höre ..., darüber werde ich schweigen ...

5 *Erklärt, welchen Grund das so genannte Arztgeheimnis hat.*

6 *Begründet, warum sich aktive Sterbehilfe durch den Arzt nicht mit seinem hippokratischen Eid vereinbaren lässt.*

Die Geschichtsschreibung

Im 5. Jahrhundert v. Chr. entwickelte sich die griechische Geschichtsschreibung, als dessen „Vater" Herodot (gestorben um 430) gilt. Er verfasste unter anderem eine Geschichte der Perserkriege.

Philosoph* *(griech. philos = der Freund, sophia = die Weisheit), fragt nach den Ursprüngen des Denkens und Seins, nach dem Wesen der Welt und der Stellung des Menschen im Universum.*

Sokrates. *Kopie einer Marmorbüste.*

Hippokrates. *Kupferstich nach einer Marmorbüste.*

Das Leben der Frauen

1 **Buntweberei am senkrechten Webstuhl.**
Malerei auf einem Trinkgefäß, um 430 v. Chr.

Bildung:
Mädchen gingen nicht zur Schule. Sie wurden zu Hause von ihren Müttern in Haushaltsführung, Spinnen und Weben unterrichtet. Viele Frauen aus wohlhabenderen Familien konnten lesen und schreiben.

Lesende Athenerin.
Vasenbild aus Athen, 5. Jahrhundert v. Chr.

Die Pflichten einer Frau

Q1 In der „Hauswirtschaftslehre" des Geschichtsschreibers Xenophon sagte der 30-jährige Gutsbesitzer Ischomachos zu seiner 14-jährigen Ehefrau:

... Deine Pflicht ist es, zu Hause zu bleiben und die Sklaven, die außerhalb des Hauses zu tun haben, hinauszuschicken. Diejenigen aber, die im Hause zu tun haben, musst du beaufsichtigen. Das, was ins Haus gebracht wird, musst du in Empfang nehmen. Du musst das, was sogleich gebraucht wird, verteilen, musst einschätzen, was als Vorrat gebraucht werden soll, und darauf achten, dass nicht der Vorrat für ein ganzes Jahr schon in einem einzigen Monat verbraucht wird.
Wenn man Wolle bringt, musst du darauf achten, dass alle davon Kleider bekommen, die es brauchen, und du musst ferner darauf achten, dass die getrockneten Nahrungsmittel ordentlich zubereitet werden. ... Eine freilich von deinen künftigen Aufgaben wird dir vielleicht nicht erfreulich erscheinen: Du musst nämlich, wenn jemand im Hause krank geworden ist, dich auch darum kümmern, dass man ihn pflegt. ... Sollten uns nun die Götter einst Kinder schenken, so wollen wir zusammen beraten, wie wir ihnen die beste Erziehung geben können, denn diese müssen unsere Gehilfen und besten Pfleger im Alter werden ...

1 *Nennt die Aufgabenbereiche, für die nach Meinung des Ischomachos seine Frau zuständig ist.*

2 *Beschreibt das Verhältnis zwischen Ischomachos und seiner Ehefrau.*

Die Frau in der Gesellschaft

Das Leben einer Athenerin spielte sich vermutlich hauptsächlich im häuslichen Bereich ab. Nur wenn sie zum Lebensunterhalt der Familie beitragen mussten, arbeiteten Frauen auch in der väterlichen Werkstatt mit oder gingen auf den Markt um zu Hause angefertigte Waren zu verkaufen. Eine willkommene Unterbrechung des Alltags brachten die zahlreichen Feste zu Ehren der Göttinnen und Götter, an denen alle Athenerinnen und Athener teilnahmen. Daneben gab es aber auch reine Frauenfeste: Am mehrtägigen Fest zu Ehren der Fruchtbarkeitsgöttin Demeter z. B. durften nur verheiratete Frauen teilnehmen.
Männer nahmen am häuslichen Leben kaum Anteil. Sie waren mehr unterwegs als daheim. Sie trafen sich auf dem Marktplatz, in den Sporthallen oder bei den Volksversammlungen. Abends lud man seine Freunde zu sich nach Hause ein. An diesen Zusammenkünften durften Frauen nicht teilnehmen.
Nur wenige Männer handelten anders. Zu ihnen gehörte auch Perikles.

M1 Ein Wissenschaftler schrieb über ihn:

... Niemand hätte etwas dabei gefunden, wenn Perikles seine Frau schlecht behandelt hätte. Dass er aber seine Frau als menschliches Wesen ansah, dass er wirklich mit ihr lebte, anstatt sie in die Frauengemächer zu verbannen, dass er Freunde zusammen mit ihren Frauen zu sich einlud, darüber regte sich jeder Athener auf ...

3 *Spielt folgende Situation: Ein Freund kommt ohne seine Frau zu Perikles; seiner Meinung nach gehört es sich einfach nicht, dass Frauen an abendlichen Zusammenkünften teilnehmen. Es empört ihn, dass Aspasia, die Frau des Perikles, anwesend ist. Es kommt zu einem Streitgespräch zwischen den dreien.*

Metöken und Sklaven

2 **Sklaven in einer Schuhmacherwerkstatt.** Vasenbild, um 460 v. Chr.

3 **Ein Bürger, der zu viel getrunken hat, auf dem Heimweg von einem Fest. Eine Sklavin steht ihm bei.** Bild in einer griechischen Trinkschale, um 480 v. Chr.

Mitbewohner ohne Rechte

Zur Zeit des Perikles lebten im Stadtstaat Athen etwa 300 000 Menschen. Politisches Mitspracherecht hatten aber nur etwa 40 000 Bürger. In Athen waren damals auch ungefähr 30 000 Ausländer ansässig, von den Athenern „Metöken", d. h. „Mitbewohner" genannt (siehe auch S. 100). Sie waren nach Athen gekommen um hier in Handel, Handwerk oder im Bankgeschäft ihren Lebensunterhalt zu verdienen. Die Metöken mussten Militärdienst leisten und Steuern zahlen, blieben aber von den Volksversammlungen und von allen politischen Ämtern ausgeschlossen.

Sklaverei in Athen

Völlig rechtlos waren die etwa 100 000 Sklaven. Sie galten als Sache und nicht als Mensch. Bei den Griechen wurden alle Kriegsgefangenen automatisch zu Sklaven oder sie wurden durch Kauf erworben (Sklavenhandel). Die Sklaven konnten nicht mehr über sich verfügen und waren das Eigentum ihrer Besitzer. Kinder von Sklaven wurden ebenfalls Sklaven.

Auf dem monatlichen Sklavenmarkt wurden Männer, Frauen und Kinder von Sklavenhändlern wie Vieh angepriesen und verkauft. Schwerarbeit und Schmutzarbeit blieb in Athen vorwiegend den Sklaven überlassen. Sie arbeiteten als Handwerker in einem Betrieb oder waren als Dienerinnen oder Diener in einem Haushalt tätig. Einige waren auch Lehrer der Kinder reicher Familien. Zehntausende schufteten sich in den staatlichen Silberbergwerken zu Tode. Die Arbeit in den niedrigen Stollen dauerte von Sonnenauf- bis Sonnenuntergang. Ruhe- oder Feiertage gab es nicht.

Q2 Agatharchides, ein Grieche aus Kleinasien, berichtete um 120 v. Chr. über das Leben von Sklaven im Bergbau:

... Die jüngeren Männer arbeiten sich kriechend und mit einer Lampe an der Stirn vor, indem sie den Metalladern folgen. Das geschlagene Gestein wird von Kindern herausgeschleppt und ältere Männer zertrümmern es mit dem Hammer. Das Kleingeschlagene wird dann zu Staub gemahlen mit Steinmühlen, die nicht von Ochsen, sondern von Frauen gedreht werden. Die Sklaven werden von bewaffneten Aufsehern bewacht und häufig geschlagen. Ohne Pause und ohne Rücksicht auf ihren körperlichen Zustand müssen sie arbeiten. Alle begrüßen den Tod, wenn er naht. ...

4 *Das Schicksal der Sklaven hing sehr von ihrer Arbeit ab. Besprecht verschiedene Möglichkeiten.*

5 *Fremde, die in Athen wohnten, arbeiteten und Steuern zahlten, durften an den Volksversammlungen nicht teilnehmen und nicht wählen. Besprecht, ob es bei uns ähnliche Regelungen auch gibt.*

Lesetipp:
Über das Alltagsleben der alten Griechen könnt ihr in dem Buch von Pierre Miquel: So lebten sie im alten Griechenland (Tessloff Verlag, Nürnberg 1982) mehr erfahren.

Die Griechen und ihre Nachbarn

1 **Die Alexanderschlacht.** Links der makedonische König Alexander, im Streitwagen rechts der Perserkönig Darius III. mit seinem Wagenlenker. Römisches Mosaik aus Pompeji, um 300 v. Chr.

Philipp II. von Makedonien* *(359–336 v. Chr.), ermordet von einem Freund seines Sohnes Alexander. Das Miniaturporträt aus Elfenbein (Höhe: 3 cm) wurde auf dem Boden der Grabstätte Philipps gefunden..*

431–404 v. Chr.:
Krieg zwischen Athen und Sparta (Peloponnesischer Krieg). Er endet mit der Kapitulation Athens.

356–336 v. Chr.:
Philipp von Makedonien unterwirft ganz Griechenland.

Aus der Bedrohung wird Krieg

Athens wirtschaftliche Macht und Größe erregte bei anderen griechischen Stadtstaaten nicht nur Bewunderung, sondern auch Sorge und Angst. So befürchtete Sparta, die stärkste Landmacht Griechenlands, einen Angriff der athenischen Kriegsflotte. Die Spartaner beschlossen daher Athen zuvorzukommen und die Stadt anzugreifen.

Der Krieg zwischen Athen und Sparta

431 v. Chr. fiel ein spartanisches Heer in Attika ein, verwüstete das Land und fällte alle Olivenbäume. Die Landbewohner flüchteten in den Schutz der „langen Mauern". Zwei Jahre später brach in der übervölkerten Stadt die Pest aus. Über 100 000 Einwohner wurden von ihr dahingerafft; unter den Toten war auch Perikles.

Fast 30 Jahre dauerten die Kämpfe zwischen Sparta und Athen. 404 v. Chr. gelang es den Spartanern, Athen einzuschließen. Kein Getreideschiff konnte in den Hafen von Piräus mehr einlaufen. Die ausgehungerte Bevölkerung musste sich ergeben. Das demokratische System Athens brach zusammen.

Makedonien erringt die Vorherrschaft

Athen hatte seine beherrschende Stellung in Griechenland verloren, aber auch Sparta war von den langen Kämpfen erschöpft. Andere griechische Stadtstaaten wollten deshalb selber in den Kampf um die Vorherrschaft in Griechenland eingreifen.

Die Streitigkeiten der griechischen Städte untereinander nutzte König Philipp von Makedonien* (siehe Karte S. 113) aus. Mit einem schlagkräftigen Heer gelang es ihm, die Vorherrschaft über ganz Griechenland zu gewinnen. Zusammen mit Hilfstruppen aus den unterworfenen griechischen Städten wollte der makedonische König gegen die Perser ziehen um sein Reich zu vergrößern und um Beute und Ruhm zu gewinnen. Bevor Philipp seinen Plan ausführen konnte, wurde er 336 v. Chr. ermordet. Die Herrschaft übernahm sein Sohn Alexander.

1 *Nennt Gründe für die Kämpfe zwischen den griechischen Stadtstaaten.*

2 *Überlegt, warum Sparta die Olivenbäume in Attika fällte.*

3 *Fasst die politischen Ziele des Makedonenkönigs Philipp zusammen.*

Alexander der Große

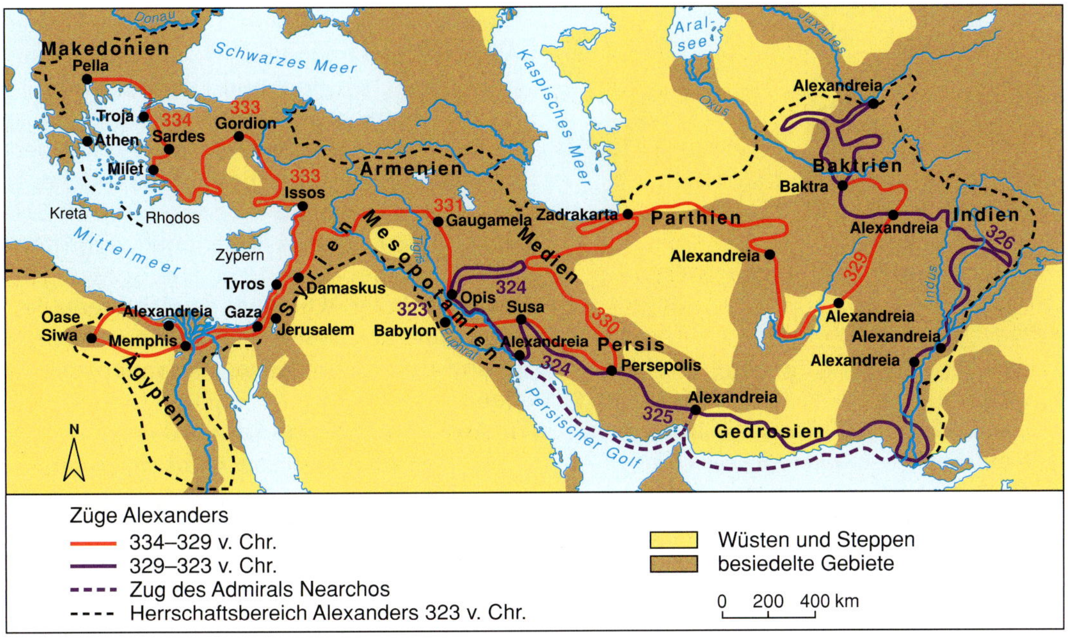

2 **Die Feldzüge Alexanders von Makedonien.**

Die Entstehung des Alexanderreiches
Als Alexander 336 v. Chr. König wurde, war er 22 Jahre alt. In seiner Jugend hatte er sich viel mit griechischen Heldensagen beschäftigt. Diesen griechischen Helden wollte er es gleichtun oder sie sogar übertreffen. Immer wollte er der Erste sein: im Sport, auf der Jagd und im Kampf. Er wollte erreichen, was vor ihm noch niemandem gelungen war. Im Jahr 334 v. Chr. zog Alexander, wie es sein Vater geplant hatte, gegen das Persische Großreich in den Krieg. Sein Heer bestand aus 5500 Reitern, 30 000 makedonischen und 7000 griechischen Fußsoldaten.
Alexander zog zunächst nach Troja und brachte dort den Göttern Opfer dar. Dann ließ er seine Truppen an der Küste Kleinasiens entlangmarschieren. Indessen zog der persische Großkönig Darius III. ein riesiges Heer zusammen. Im folgenden Jahr (333 v. Chr.) kam es zur Schlacht bei Issos, in der das persische Heer vernichtend geschlagen wurde. Die persische Königin, ihre Kinder und das ganze Heerlager mit unermesslichen Schätzen fielen in die Hände Alexanders.
Daraufhin schrieb Darius an Alexander und forderte die Freilassung seiner Familie.

Q1 Alexander antwortete:
... In offener Schlacht habe ich zuerst über deine Feldherren, jetzt über dich und deine Heeresmacht gesiegt. So bin ich durch der Götter Gnade Herr des Landes. Da ich nun Herr von ganz Asien bin, komm du gefälligst zu mir. ... Wenn du aber zu mir kommst, dann fordere deine Mutter und Gattin und die Kinder und was du sonst wünschst von mir und du wirst es erhalten. Und künftig hast du, wenn du wieder an mich schreibst, an mich als König von Asien zu schreiben. Du hast mit mir als dem Herrn über alles, was dein war, zu sprechen, wenn du etwas wünschst. ... Wenn du mir aber noch die Königsherrschaft streitig machst, dann erwarte mich noch einmal zum Kampf und reiß nicht aus ...

4 *Lest in der Ilias des Homer nach und findet heraus, weshalb Alexander sich die griechischen Helden Achill und Herakles zu seinen Vorbildern wählte.*

5 *Beschreibt die Darstellung Alexanders und Darius' auf Abbildung 1.*

6 *Versetzt euch in die Lage des persischen Großkönigs und verfasst ein Antwortschreiben an Alexander.*

333 v. Chr.:
Schlacht bei Issos, Niederlage und Flucht des Perserkönigs Darius.

Die Münze zeigt ***Alexander den Großen*** *mit Widderhörnern. Sie sind das Zeichen des Gottes Ammon. Alexander wurde wahrscheinlich 356 v. Chr. geboren, er starb 323 v. Chr. in Babylon. Sein Lehrer war Aristoteles.*

Alexander erobert das Perserreich

1 Ein Makedonier heiratet eine Perserin.
4. Jahrhundert v. Chr.

336–323 v. Chr.:
Alexander der Große eroberte das Perserreich. Sein Hauptziel war es, ein Weltreich zu erobern und es zu beherrschen.

331 v. Chr.:
Schlacht bei Gaugamela, zweiter Sieg Alexanders über Darius. Einnahme der persischen Hauptstädte Susa, Babylon und Persepolis. Reiche Beute ermöglichte die Fortführung seiner Feldzüge.

Um die Verwaltung des Reiches zu erleichtern und die wirtschaftlichen Bedingungen zu verbessern führte Alexander eine einheitliche Währung ein, das ***Alexandergeld****, und ließ Straßen zwischen den großen Städten seines Reiches anlegen.*

Lesetipp:
Pierre Briant: Alexander – Eroberer der Welt. Ravensburger Buchverlag, Ravensburg 1990.

Die Eroberung des Perserreiches

Alexander führte sein Heer an der Küste nach Süden. Die Hafenstadt Tyros konnte erst nach monatelanger Belagerung erobert werden. Alexander ließ sie zerstören und die gesamte Bevölkerung niedermachen oder in die Sklaverei verkaufen. Ägypten, das unter persischer Herrschaft stand, fiel ihm kampflos zu. Von den ägyptischen Priestern wurde er als Gott verehrt. An der Mündung eines Nilarms gründete er einen Flottenstützpunkt, der seinen Namen trug: Alexandria (siehe S. 118/119). Die Stadt wurde schnell zu einem Handels- und Kulturzentrum im Mittelmeerraum und behielt diese herausragende Stellung bis zu ihrer Zerstörung durch die Römer 146 v. Chr.

331 v. Chr. schlugen Alexanders Krieger den persischen König zum zweiten Mal. Darius musste fliehen. Alexander aber bestieg in Susa, der Hauptstadt des Persischen Reiches, den Thron.

Die Massenhochzeit in Susa

Nach der Flucht des Perserkönigs betrachtete sich Alexander als Nachfolger des Darius. Er wollte Herr über ganz Asien werden. Alexander erkannte aber auch die Notwendigkeit Makedonen und Perser auszusöhnen. Durch Knüpfung verwandtschaftlicher Beziehungen sollten aus ehemaligen Feinden Freunde werden. Deshalb ließ Alexander in Susa eine Massenhochzeit feiern.

Makedonische Offiziere und enge Berater Alexanders vermählten sich mit Frauen aus dem persischen Adel und erhielten von Alexander reichlich Geschenke. Alexander selbst heiratete eine Tochter des Darius und übernahm damit die persische Sitte der Vielehe; er hatte nämlich bereits eine Frau. 10 000 Soldaten sollen sich mit Perserinnen verheiratet haben, einige wurden zur Ehe gezwungen. Kritik an dieser Aktion wurde nicht geduldet. Die Kinder aus diesen Ehen sollten später den Grundstock für ein neues Alexanderheer bilden.

1 *Messt auf der Karte Seite 113 nach, wie lang die gesamte Wegstrecke für die Soldaten war, die den ganzen Krieg mitgemacht haben.*

2 *Nennt Maßnahmen Alexanders, die ihm die Regierung und Verteidigung des Riesenreiches erleichtern sollten. Wie denkt ihr darüber?*

Der Streit zwischen Alexander und seinen Soldaten

Nachdem Darius ein weiteres Mal vernichtend geschlagen und auf der Flucht von einem seiner Satrapen ermordet worden war, war der Widerstand der Perser endgültig gebrochen. Alexander nahm als König des Persischen Großreiches immer mehr die Gewohnheiten seiner persischen Vorgänger an. Er trug die persische Königskrone (Tiara) und forderte den Kniefall des Besuchers bei der Begrüßung. Das aber verweigerten die makedonischen Soldaten.

Das Verhältnis zwischen ihnen und Alexander verschlechterte sich weiter, nachdem immer mehr Perser als Statthalter in den Provinzen eingesetzt worden waren und als Offiziere im Heer ihren Dienst taten. Es kam zu Unruhen, die Alexander mit Gewalt niederschlagen ließ.

Auch sein Freund Kleitos, der ihm einst in der Schlacht das Leben gerettet hatte, büßte seine Kritik mit dem Leben: Alexander erstach am Ende eines Streits den Freund mit dem Speer.

3 *Teilt eure Klasse in zwei Gruppen: Die eine Gruppe verfasst einen Protestbrief der Makedonen an Alexander und die zweite Gruppe einen Rechtfertigungsbrief Alexanders.*

Die Ausbreitung der griechischen Kultur

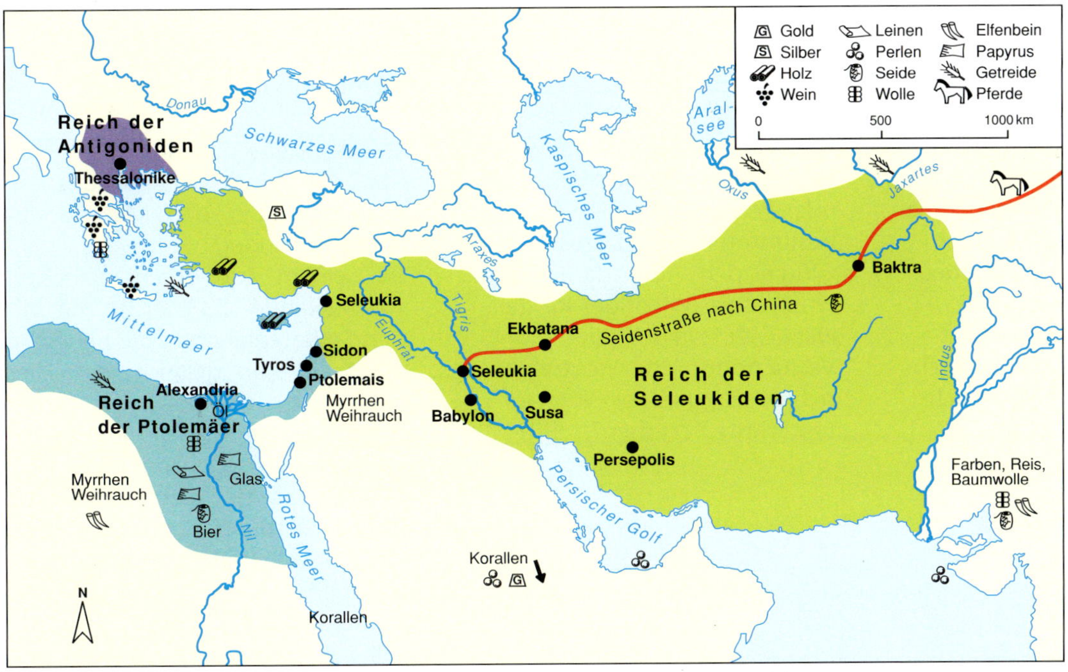

2 **Die Herrschaftsbereiche der Nachfolger Alexanders und wichtigste Handelsgüter.**

Der Weltherrscher Alexander

Nach all seinen Erfolgen strebte Alexander danach, die Herrschaft über die ganze bekannte Welt zu gewinnen. Als er aber über den Indus hinaus vordringen wollte, weigerten sich die Soldaten weiterzuziehen. Der Feldzug wurde abgebrochen. Ein Teil des Heeres kehrte auf dem Seeweg nach Makedonien zurück. Den Rest führte Alexander durch die Wüste Gedrosiens (siehe Karte 2, S. 113). Dabei sollen mehr als 40 000 Soldaten umgekommen sein. Während der Vorbereitung eines neuen Feldzugs in den Süden starb Alexander 323 v. Chr.

4 *Schreibt die wichtigsten Stationen in Alexanders Herrscherlaufbahn auf.*

Die Reiche der Nachfolger Alexanders

Alexander hatte keine eigenen Nachkommen, sodass sich seine Generäle um die Nachfolge stritten. Fast 50 Jahre lang kämpften sie um die Vorherrschaft. Schließlich entstanden drei größere Diadochenreiche*, die nach den neuen Königsgeschlechtern benannt wurden.

Wie Alexander waren die neuen Könige Alleinherrscher und ließen sich wie Götter verehren. In allen Nachfolgereichen wurden auch weiterhin neue Städte gegründet. Griechen und Griechisch sprechende Einheimische übernahmen die wichtigsten Ämter. Tempel, Theater, Sportanlagen und Wohnviertel wurden nach griechischem Vorbild gebaut. Griechisch war die Sprache, mit der sich die Einwohner unterschiedlicher Herkunft miteinander verständigten. Die neue Weltkultur, die damals entstand, nennt man den Hellenismus*. Griechisch wurde die Sprache dieser hellenistischen Welt.

Die Stadt Alexandria in Ägypten, 332/331 v. Chr. von Alexander gegründet, war eine der bedeutendsten und wohlhabendsten Städte der hellenistischen Welt (siehe S. 118/119). Die großen Hauptstädte der hellenistischen Reiche waren auch Mittelpunkte des geistigen und kulturellen Lebens.

5 *Beschreibt nach der Karte 2 die Reiche der Nachfolger Alexanders und vergleicht sie.*

6 *Fertigt mithilfe der Karte 2 eine Liste der wichtigsten Handelsgüter an. Stellt fest, aus welchen heutigen Ländern die Waren kamen.*

7 *Erklärt den Begriff „Hellenismus".*

Diadochenreiche*:
griech. diadochos = Nachfolger.

Hellenismus*:
Der Siegeszug Alexanders hatte zur Folge, dass sich im Mittelmeerraum und im Orient die griechische Sprache und die Lebensformen der Hellenen weit verbreiteten. Diese Epoche (300–30 v. Chr.) bezeichnen wir deshalb mit dem Begriff „Hellenismus".

323 v. Chr.:
Tod Alexanders. Er starb im Alter von 33 Jahren in Babylon, vermutlich an Malaria. Sein nächstes Ziel, die Eroberung der arabischen Halbinsel, konnte er nicht mehr in Angriff nehmen. Alexander hinterließ keine Nachkommen.

Methode: Arbeit mit Textquellen

Textquellen liefern uns wertvolle Informationen über Menschen, die früher gelebt haben, und über längst vergangene Ereignisse. Allerdings sind diese Quellen manchmal schwer zu verstehen, beleuchten nur einen kleinen Ausschnitt oder vertreten eine ganz bestimmte Meinung. Die folgenden Arbeitsschritte und Leitfragen sollen euch die Arbeit mit Textquellen erleichtern.

1. Schritt
Fragen zum Text

- Wovon handelt der Text? Hier geht es um die Beantwortung der so genannten W-Fragen: Wer? Wo? Wann? Was? Wie? Warum?
- Gibt es unbekannte Wörter, die ihr im Lexikon nachschlagen müsst?
- Wie ist der Text gegliedert? Könnte man für einzelne Abschnitte Überschriften finden? Welcher Gesichtspunkt steht im Mittelpunkt des Berichtes?
- Welche Widersprüche, Übertreibungen oder einseitige Darstellungen enthält der Text?

2. Schritt
Fragen zum Verfasser

- Welche Informationen besitzen wir über den Verfasser (Autor)?
- Hat der Schreiber die Ereignisse, über die er berichtet, selbst miterlebt?
- Welche Absichten verfolgte der Verfasser mit seinem Text? Wollte er sich z. B. bei bestimmten Leuten beliebt machen oder wurde er gar dafür bezahlt, Ereignisse oder Personen auf eine ganz bestimmte Weise darzustellen? Ging es dem Autor darum, bewusst etwas Wichtiges für die Nachwelt festzuhalten?
- Versucht der Autor neutral zu sein oder ergreift er Partei für bestimmte Personen?

3. Schritt
Arbeit mit der Textquelle

In diesem Geschichtsbuch findet ihr bei fast jeder Textquelle Fragen zum Inhalt.

- Beim Beantworten dieser Fragen solltet ihr versuchen die Antworten mit eigenen Worten wiederzugeben und nicht lange Sätze aus dem Text zu zitieren.
  Es ist sinnvoll, dass ihr euch kurze Notizen macht; so könnt ihr die Fragen später schneller beantworten.
- Wenn möglich, vergleicht Textquellen von unterschiedlichen Autoren und auch aus verschiedenen Zeiten über dasselbe Ereignis oder dieselbe Person.

Die folgenden Textquellen handeln von dem euch schon bekannten Alexander dem Großen. Lest sie genau durch und geht nach den oben genannten Arbeitsschritten vor.

Der sagenhafte Alexander

M1 Die Menschen erzählten sich über Jahrhunderte hinweg diese Anekdote über den Makedonenkönig Alexander:
Bei seinem Zug durch Kleinasien soll Alexander 333 v. Chr. mit seinen Soldaten auch in die persische Stadt Gordion gelangt sein. Hier befand sich der berühmte Streitwagen des Königs Gordios. Deichsel und Joch sollen mit einem für den Betrachter nicht sichtbaren Knoten verbunden gewesen sein. Laut Orakel sollte derjenige Herrscher über Asien werden, der den Knoten lösen konnte. Alexander soll den Gordischen Knoten mit einem Schwerthieb zerschlagen und dabei gerufen haben: „Nun ist er gelöst."

Q1 Der griechische Geschichtsschreiber Arrianus Flavius (um 95–um 175 n. Chr.) beschrieb den Perserfeldzug Alexanders und teilte über die Lösung des Gordischen Knotens in seinem Werk mit:
... Der Knoten war aus der Rinde der Kornelkirsche und man sah weder Anfang noch Ende. Alexander wusste kein Mittel, wie er zu lösen sei, konnte ihn aber auch nicht so lassen. ... So zerschlug er ihn, wie manche sagen, mit einem Schwerthieb in zwei Hälften. Doch Aristoboulos berichtet, dass er den Pflock aus der Deichsel zog, und so, während er den Knoten in der Hand hielt und zog, das Joch von der Deichsel trennte. ...

M2 Der neuzeitliche Autor Siegfried Fischer-Fabian schreibt über die Hintergründe beim angeblichen Lösen des Gordischen Knotens:
... Die Stimmung der Truppe war

Methode: Arbeit mit Textquellen

auf dem langen Marsch über verschlammte Wege und überflutete Täler unter pausenlos strömendem Regen nicht besser geworden. In der Stadt erwarteten Alexander weitere schlechte Nachrichten. Zwar war Parmenion mit seinem Heer wie verabredet pünktlich erschienen, die Urlauber auf Ehrenwort ließen jedoch auf sich warten. Als sie endlich im Laufe des Frühjahrs die zerfallenen Tore passierten, brachten sie gerade 3000 Soldaten zu Fuß und 300 Reiter mit an Rekruten; weit weniger, als Alexander erwartet hatte. Die von der Ägäis eintreffenden Boten konnten ihn nicht froher stimmen: Memnon (persischer Feldherr) hatte inzwischen Chios eingenommen, ... ja, er schickte sich an mit seiner Flotte den Hellespont zu blockieren und damit den lebenswichtigen Nachschub aus Makedonien.
Alexander beschloss ... die entscheidende Schlacht mit Dareios zu suchen. Vor dem Abmarsch kam Aristandros, der Seher zu ihm und erzählte ... : „Wer den aus dem Bast der Kornelkirsche geknüpften Knoten ... zu lösen vermöge, dem werde die Herrschaft über ganz Phrygien zufallen." Der Makedone war zu sehr der Magie ergeben, als dass er auch nur einen Moment gezögert hätte die Probe zu wagen und das Orakel zu erfüllen. ...

Nachdem ihr die Arbeitsschritte 1 und 2 erledigt habt, folgen nun die Aufgaben zu den Quellen:

1 *Charakterisiert Alexander den Großen, nachdem ihr M 1 gelesen habt.*

2 *Schildert, welchen Eindruck ihr von Alexander habt, wenn ihr Q 1 zugrunde legt.*

3 *Nennt Ursachen, die ihn laut M 2 förmlich zum Lösen des Gordischen Knotens getrieben haben.*

4 *Findet einen Unterschied in der Beschreibung der Bedeutung heraus, die der Gordische Knoten in M 1 und M 3 hat. Diskutiert, wie es zu diesen Abweichungen gekommen sein könnte.*

War Alexander immer ein Held?
Beim Durcharbeiten der Quellen 2 und 3 geht ihr wieder nach den drei Arbeitsschritten vor.

Q2 Plutarch, ein griechischer Schriftsteller (um 46 bis um 119 n. Chr.) schrieb über die Pläne Alexanders des Großen:
... Er war vielmehr von dem Bewusstsein erfüllt von den Göttern als Ordner und Friedensstifter für die Welt gekommen zu sein. Er versuchte die Völker der ganzen Welt in einem einzigen Staat zu vereinigen, indem er Lebensgewohnheiten, Sitten und Bräuche miteinander mischte. Alle sollten die Erde als ihr Vaterland, die Guten und Anständigen als Verwandte, die Schurken als Fremde betrachten. ...

5 *Beschreibt, wie sich laut Plutarch Alexander selbst sah.*

6 *Nennt das Hauptziel Alexanders und seine Wege dieses Ziel zu erreichen.*

Obwohl Alexander nur ein kurzes Leben vergönnt war, beeinflusste er den Lauf der Geschichte nachhaltig. Seine Zeitgenossen und auch spätere Biografen sahen ihn aber nicht nur als mutigen Helden.

Q3 Wie Plutarch berichtete, empörte sich bei einem Fest der Reitergeneral und Freund Alexanders Kleitos über den wachsenden Einfluss der Perser im Reich:
... „Es ist nicht gut, wenn Makedonen, die viel besser gewesen sind als die Spötter, von Barbaren verhöhnt werden. Durch das Blut der Makedonen ... bist du so groß geworden, dass du dich als Gottes Sohn aufspielst."
Wütend antwortete Alexander: „Meinst du, dass du davon viel Freude haben wirst mich zu beschimpfen und die Makedonen aufzuwiegeln, du Schurke?"
„Wir haben jetzt keine Freunde", rief Kleitos, „wenn das der Lohn unserer Mühe ist. Wir nennen diejenigen glücklich, die gefallen sind, ehe sie erleben mussten, wie Makedonen mit persischen Stöcken geschlagen werden und bei Persern darum betteln müssen, vor ihren König treten zu dürfen." ...
Alexander riss der Palastwache den Speer aus der Hand und erstach Kleitos. Danach trauerte er tagelang um den getöteten Freund.

7 *Nennt die Vorwürfe, die Kleitos gegenüber Alexander erhebt, und beschreibt Alexanders Reaktion darauf.*

8 *Versucht Antworten auf die Zwischenüberschrift „War Alexander immer ein Held?" zu finden und begründet eure Meinung.*

Alexandria – Kulturzentrum am Nil

1 **Archimedische Schrauben.** Rekonstruktion. Um das Wasser aus großen Tiefen heraufzuholen mussten viele Schrauben hintereinander angebracht werden. Jede Schraube war 5 m lang und hob das Wasser um 1,5 m. Die Schrauben wurden von Sklaven mit den Füßen gedreht.

Museion*:
Gebäude in Alexandria. Hier hatten die ägyptischen Könige eine Gruppe von Gelehrten um sich geschart.
Das Museion war als Forschungszentrum den Musen gewidmet, also den Göttinnen von Kunst und Wissenschaft.

Bibliothek von Alexandria*:
Die große Bibliothek wurde 47 v. Chr. von den Römern zerstört, als sie das Ptolemäerreich eroberten und als Provinz in das Römische Reich eingliederten. 391 n. Chr. brannten die Christen die kleine Bibliothek als Stätte heidnischer Kultur nieder.

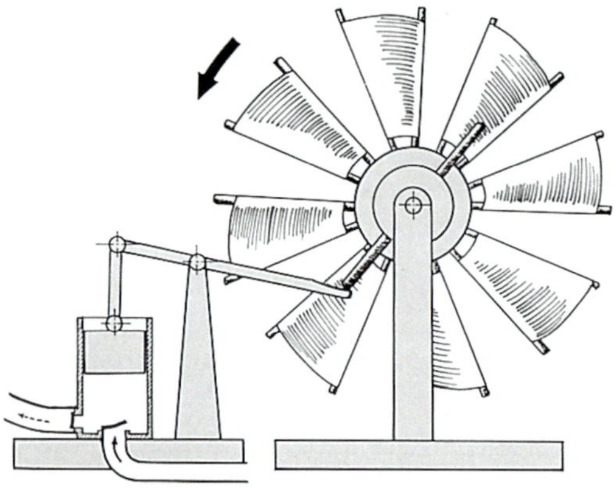

2 **Das vom alexandrischen Ingenieur Heron erfundene Windrad.**

Alexandria – eine griechisch-ägyptische Weltstadt

Die Hauptstädte der hellenistischen Herrscher wurden zu Zentren der Kunst und der Wissenschaft. Besondere Bedeutung erlangte das von Alexander dem Großen im Nildelta gegründete Alexandria. In der seit 331 v. Chr. griechischen Hauptstadt Ägyptens lebten etwa 600 000 Menschen. Die Ptolemäerkönige errichteten hier ein staatlich finanziertes Forschungszentrum, das Museion*.

Das Museion

Hier wurden mathematische, astronomische, geografische, medizinische, zoologische und botanische Studien betrieben. Das Museion, an dem über 100 Wissenschaftler lehrten und forschten, besaß neben einem Zoo und einem botanischen Garten auch die damals größte Bibliothek* der Welt mit mehr als 700 000 Buchrollen. Man fand dort z. B. heraus, dass die Erde eine Kugel ist und sich um sich selber dreht. Auch der Erdumfang wurde mit erstaunlicher Genauigkeit berechnet. Der Ingenieur Heron entwickelte Wasseruhren, Seilwinden, Vermessungsinstrumente, automatische Türen und vieles mehr. Der Mathematiker Euklid schrieb ein Geometriebuch, dessen Regeln bis heute benutzt werden. Der Mathematiker und Physiker Archimedes, der in Alexandria studiert hatte, erfand unter anderem eine Vorrichtung, mit der man bis zu 200 m tiefe Bergstollen entwässern konnte.

1 *Erklärt anhand der Abbildung 1 die „Archimedische Schraube".*

2 *Beschreibt den Mechanismus des Windrades. Wozu ließ sich diese Maschine in der Antike benutzen?*

3 *Unser Ausdruck „Museum" ist von „Museion" abgeleitet. Beschreibt, was wir heute unter einem Museum verstehen.*

Ein Stadtbummel durch das antike Alexandria

3 **Alexandria in Ägypten.** Modellzeichnung.

Das Museion war nicht die einzige Sehenswürdigkeit in Alexandria.

Q1 Der griechische Geograf Strabo (64 v. Chr.–14 n. Chr.) besuchte die Stadt und berichtete:
… Die ganze Stadt wird von Straßen durchschnitten, die Platz für Wagen und Reiter bieten. … Die Stadt besitzt sehr schöne öffentliche Bezirke und den Bezirk der Königspaläste; er allein macht fast ein Drittel des Stadtgebietes aus. Zum Palastviertel gehört auch das Museion mit der Wandelhalle und dem Speiseraum für die Wissenschaftler. Am großen Hafen … liegt die Insel Pharos mit ihrem berühmten, über 160 m hohen Leuchtturm. Hinter dem Hafen erheben sich das Theater, der Poseidontempel, der Marktplatz und die Warenlager, dahinter die Schiffswerften.
Jenseits des Kanals liegt noch ein kleiner Stadtteil, dann die Totenstadt, eine Vorstadt mit vielen Gärten, Gräbern und Stätten zum Einbalsamieren der Toten. Diesseits des Kanals liegen das Heiligtum des ägyptisch-griechischen Gottes Serapis und andere alte Tempelbezirke, dazu ein Amphitheater und ein Stadion. … Kurz, die Stadt ist voll von Heiligtümern; das schönste Gebäude aber ist das Gymnasion mit Säulenhallen von fast 200 m Länge …

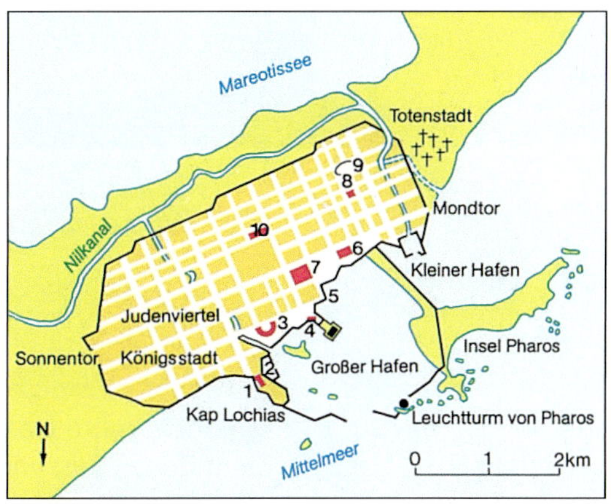

4 **Alexandria.** Stadtplan.
① = Königspalast, ② = königlicher Hafen, ③ = Theater, ④ = Poseidon-Heiligtum, ⑤ = Schiffswerften, ⑥ = Museion, ⑦ = Bibliothek, ⑧ = Serapis-Heiligtum, ⑨ = Stadion, ⑩ = Gymnasion.

4 *Sucht in Q 1 Hinweise darauf, dass in Alexandria Griechen und Ägypter wohnten.*
5 *Nennt mithilfe des Textes in der Randspalte Gründe, mit denen Strabo den außergewöhnlichen Reichtum der Stadt erklärt.*
6 *Sucht die von Strabo in Q 1 genannten Orte in den Abbildungen 3 und 4.*
7 *Alexandria war keine gewachsene, sondern eine geplante Stadt. Begründet diese Behauptung.*

Strabo über den ***Reichtum der Stadt Alexandria:***
„Der Wohlstand der Stadt aber ist vor allem darin begründet, dass von ganz Ägypten allein dieser Platz geschaffen ist sowohl zum Seehandel wegen guter Hafenverhältnisse und zum Binnenhandel, da der Strom (Nil) wie ein bequemer Fährmann alles transportiert. Gewaltige Flotten werden von hier ausgesandt und bringen die wertvollsten Frachten nach Alexandria, von wo sie gleich weitergesandt werden. So kommen doppelte Zölle ein: von der Einfuhr und von der Ausfuhr."

Lesetipp:
Der Leuchtturm von Alexandria zählt zu den „sieben Weltwundern". In dem gleichnamigen Buch (Reihe „Was ist was", Band 81, Tessloff Verlag Nürnberg) erfahrt ihr mehr über die berühmten Bauwerke der Antike.

Werkstatt Geschichte: Griechenland-Quiz

Waagerecht:
3 Ort, wo ein Knoten gelöst worden sein soll; **5** Epoche, in der griechische Kultur und Sprache von vielen Menschen übernommen wurden; **6** Ort, an dem es 331 v. Chr. zu einer berühmten Schlacht kam; **7** Freund Alexanders, den er selbst tötete; **9** Name eines persischen Großkönigs.

Senkrecht:
1 König von Makedonien, 359 bis 336 v. Chr.; **2** Stadt, die nach einem berühmten makedonischen Herrscher benannt wurde; **4** Bezeichnung für die Nachfolger Alexanders; **8** Stadt, in der eine riesige Hochzeitsfeier stattfand.

Kreuzworträtsel
Oben seht ihr ein Kreuzworträtsel. Bevor ihr mit dem Lösen des Rätsels beginnt, müsst ihr euch von dieser Buchseite zuerst eine Kopie machen. Dann lest ihr euch die Erklärungen für die waagerechten und senkrechten Begriffe durch und tragt die Lösungen in die Felder des Kreuzworträtsels ein. Wenn euch keine Antwort einfällt oder ihr bei der Schreibung der fehlenden Begriffe unsicher seid, schlagt im Buch nach. Alle gesuchten Wörter kommen in dem Kapitel über Griechenland vor.
Ihr könnt auch ein eigenes Kreuzworträtsel erstellen. Sucht euch als Erstes die Begriffe heraus, die ihr ins Rätsel einbauen wollt. Ordnet dann die Begriffe so an, dass einige von ihnen sich mit anderen kreuzen (z. B. 4 senkrecht mit 6 waagerecht). Zählt genau aus, wie viele Buchstaben die gesuchten Begriffe haben, und malt euch ein Kreuzworträtsel entsprechend euren Begriffen auf ein Blatt kariertes Papier. Nun müsst ihr noch überlegen, wie ihr die gesuchten Begriffe umschreibt oder definiert. Bei Personen können z. B. die Lebensdaten oder der „Beruf" angegeben werden. Professionelle Hilfe zum Erstellen eines Kreuzworträtsels findet ihr im Internet unter www. puzzlemaker. com.

Silbenrätsel
a – a – ae – ben – di – di – en – ken – kles – ko – kro – lis – lo – lymp – met – ni – o – oe – on – pe – po – ri – scher – skla – sta – ten – then – ven

Mit diesen Silben könnt ihr die folgenden Begriffe herausfinden: Sportstätte – athenischer Staatsmann – heiliger Berg des Zeus – griechische Tochterstädte – größte Bevölkerungsgruppe Athens im 5. Jahrhundert v. Chr. – „Abstimmungszettel" der athenischen Volksversammlung – Tagegelder für Beamte – berühmte Stadt Griechenlands – der „Burgberg" Athens – die „Mitbewohner" Athens.
Wenn ihr aus dem ersten Begriff den 4. Buchstaben herausschreibt, aus dem zweiten den 2., aus den folgenden Begriffen den 4., 2., 2., 5., 3., 2., 8. und 2. Buchstaben, dann erhaltet ihr als Lösungswort einen Begriff, der in der Geschichte Athens eine wichtige Rolle spielte.

Zusammenfassung

Frühe Hochkulturen
Seit der Mitte des 3. Jahrtausends v. Chr. entwickelte sich auf der Mittelmeerinsel Kreta eine frühe Hochkultur, deren Zentrum der zu Beginn dieses Jahrhunderts ausgegrabene Palast von Knossos war. Kriegerische Festlandgriechen eroberten die Insel und übernahmen das Erbe der Kreter. Die ab der Mitte des 2. Jahrtausends neu entstandene Hochkultur trägt ihren Namen nach einem der Herrschaftssitze der Eroberer: mykenische Kultur.

Viele Staaten – ein Griechenland
Seit 2000 v. Chr. wanderten die Hellenen in Griechenland ein. In der zerklüfteten, bergigen Landschaft entstand eine Vielzahl von kleinen Stadtstaaten (Poleis). In vielen Poleis reichte das Land nicht aus um die Menschen zu ernähren. Ganze Bevölkerungsgruppen mussten deshalb zwischen 750 und 550 v. Chr. auswandern und gründeten Kolonien. Seit dieser Zeit gab es griechische Städte um das Schwarze Meer und das Mittelmeer. Alle Griechen verbanden die gemeinsame Sprache und der Glaube an die gleichen Götter. Zu Ehren der Götter wurden sportliche Wettkämpfe veranstaltet.

Die Blütezeit Athens
Nach Auseinandersetzungen zwischen dem Adel und den übrigen Bevölkerungsgruppen entwickelte sich in Athen im 5. Jahrhundert v. Chr. eine Demokratie. Alle männlichen Bürger Athens hatten das Recht an der Volksversammlung teilzunehmen und ihre Angelegenheiten selbst zu regeln. Sie konnten Gesetze beschließen, Beamte wählen und über Krieg und Frieden entscheiden.
Durch die Siege gegen die Perser und die Vorherrschaft im Attischen Seebund wurde Athen zum bedeutendsten Stadtstaat Griechenlands. Auf allen Gebieten der Kunst und der Wissenschaft wurde es zum Vorbild für seine Nachbarn.

Die hellenistische Welt
Durch den Krieg zwischen Athen und Sparta erschöpften sich die griechischen Staaten im Bruderkrieg. Im 4. Jahrhundert v. Chr. gelang es Philipp, dem König der Makedonen, Griechenland zu unterwerfen. Sein Sohn und Nachfolger Alexander eroberte das gesamte Perserreich. Die griechische Sprache, Kultur und Lebensweise waren im Weltreich und auch nach dem Zerfall dieses Reiches bestimmend. Deshalb wird die Zeit von 300 v. Chr. bis zur Zeitenwende Hellenismus genannt.

2000–1200 v. Chr.

Frühe Hochkulturen auf der Insel Kreta (minoische) und auf dem Festland (mykenische Kultur).

750–550 v. Chr.

Gründung griechischer Kolonien am Mittelmeer und am Schwarzen Meer.

5. Jahrhundert v. Chr.

Entstehung der Demokratie in Athen. Die Stadt wird zur Führungsmacht in Griechenland.

356–30 v. Chr.

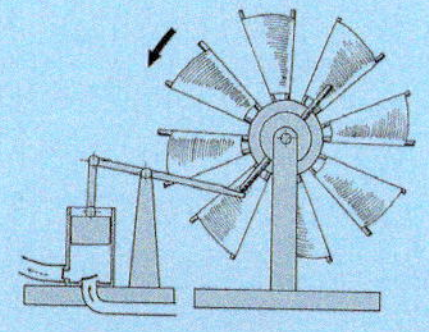

Philipp von Makedonien unterwirft Griechenland. Sein Sohn gründet ein Weltreich. Entstehung des Hellenismus.

Das Weltreich der Römer

„Das Leben auf dem Forum Romanum um 300 n. Chr." heißt dieses Gemälde aus dem 19. Jahrhundert. Foren waren offene Plätze, die in Rom für Märkte und öffentliche Versammlungen genutzt wurden. Hier fanden auch die Triumphzüge statt, mit denen die römischen Feldherren ihre Siege über fremde Völker feierten. Tatsächlich beherrschte Rom über viele Jahrhunderte das größte und mächtigste Reich, das Europa je gekannt hat. Dabei hatte die Weltmacht Rom ganz klein angefangen – als eine Siedlung von Bauern und Hirten, die sich um 1000 v. Chr. am Fluss Tiber niederließen …

Wer gründete Rom?

1 Die bronzene Darstellung der Wölfin stammt aus dem 5. Jahrhundert v. Chr. Sie ist das Wahrzeichen der Stadt Rom und erinnerte die Römer an die Gründungssage ihrer Stadt. Die Zwillinge wurden erst im 16. Jahrhundert n. Chr. hinzugefügt.

753 v. Chr.:
(Der Sage nach) Gründung Roms durch Romulus.

Kriegsgott Mars.
Etruskische Statue, 7. Jahrhundert v. Chr.

Jedes Jahr feiern die Römer den Geburtstag ihrer Stadt, die angeblich am 21. April 753 v. Chr. gegründet wurde. Damals – so heißt es in einer römischen Sage – lebten in der Nähe Roms die Zwillinge Romulus und Remus. Ihr Vater war Mars, der Gott des Krieges, ihre Mutter Rhea, die Tochter des Königs Numitor. Der König Numitor wurde von seinem Bruder, der nach der Herrschaft strebte, vertrieben. Die Zwillinge ließ er auf einem Holztrog auf dem Fluss Tiber aussetzen.

M1 In der Nacherzählung einer Sage heißt es:
... Der Kriegsgott Mars lenkte jedoch den Trog in eine Felsenhöhle. Dann schickte er eine Wölfin, das Tier, das ihm heilig war. Sie säugte die Kleinen. Nach einigen Tagen fand ein Hirte die Knaben und nahm sie mit nach Hause. Als sie herangewachsen waren, beschlossen Romulus und Remus an der Stelle, an der sie einst gefunden worden waren, eine Stadt zu gründen. Sie konnten sich aber nicht einigen, wer der Stadt den Namen geben sollte. Wie es üblich war, wollten sie den Willen der Götter durch den Vogelflug erkunden. Jeder setzte sich auf einen Hügel und eben ging die Sonne auf, da rauschten sechs Geier an Remus vorüber. Nur kurz darauf flogen an Romulus zwölf Geier vorbei. Gewiss, sie waren ihm später erschienen, aber es war die doppelte Zahl. So zog Romulus mit einem Pflug eine Furche, die den Verlauf der künftigen Stadtmauern kennzeichnen sollte. „Das soll eine Mauer sein?", rief Remus höhnisch und sprang über die Furche. Da wurde Romulus zornig. Er stieß seinem Bruder die Lanze in die Brust und rief aus: „So soll es jedem ergehen, der diese Mauern zu übersteigen wagt." Romulus gab der Stadt seinen Namen und wurde ihr erster König. ...

1 *Sagen enthalten häufig einen wahren Kern. Überlegt, was sich von der römischen Gründungssage wirklich ereignet haben könnte.*

Die Strafe der Götter für die Ermordung des Bruders ließ nicht lange auf sich warten: Sie schickten schreckliche Krankheiten und eine verheerende Dürre. Erst als Romulus im Gedenken an seinen Bruder einen zweiten Thron aufstellen ließ, hatten die Götter ein Einsehen, und alle Plagen und Beschwernisse wurden von der jungen Stadt genommen. Der Aufstieg Roms begann.

Wer waren die Etrusker?

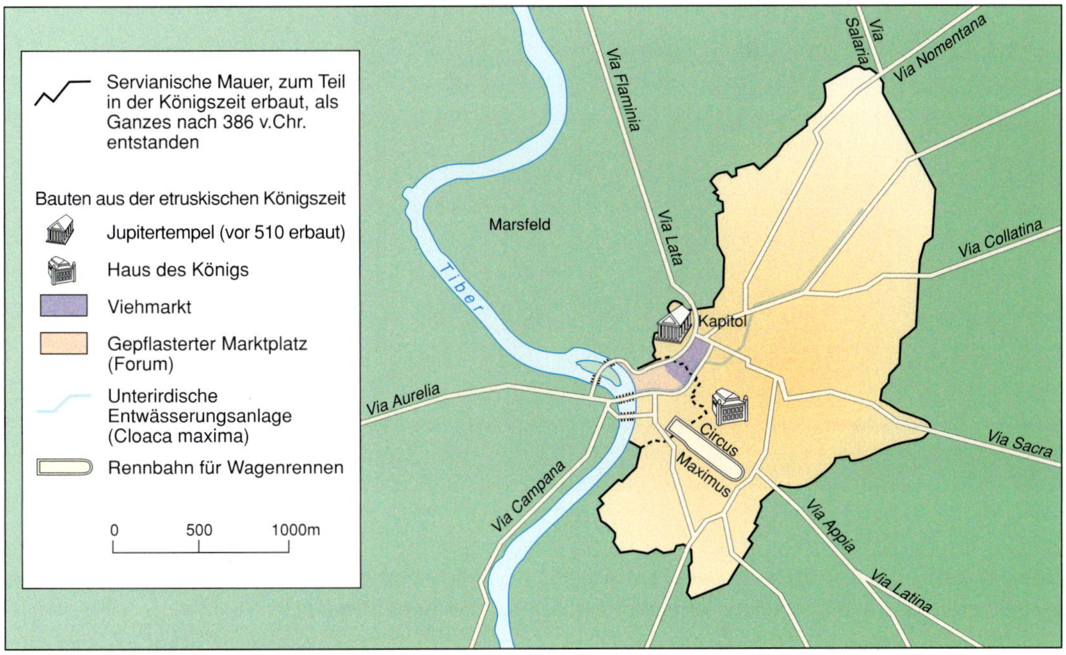

2 **Der Palatin-Hügel in der Stadt Rom um 350 v. Chr.**

Rom – eine Gründung der Etrusker

Archäologische Forschungen beweisen, dass der Palatin, ein Hügel, der nahe beim Tiber liegt, schon im 10. Jahrhundert v. Chr. von dem Stamm der Latiner besiedelt war. Es waren Hirten und Bauern, die Schafe, Rinder und Pferde besaßen und in einfachen Hütten lebten. In der Nähe verlief ein alter Handelsweg. Auf ihm brachten Händler vor allem das kostbare Salz von der Mündung des Tiber ins Hinterland. Allmählich entwickelte sich die Siedlung zu einem bevorzugten Handelsplatz, geschützt durch Wall und Graben.

Die Etrusker, ein Volk, das durch die Ausbeutung von Eisen- und Kupferminen reich und mächtig geworden war und das Gebiet nördlich des Tiber beherrschte, eroberte im 7. Jahrhundert v. Chr. diesen Handelsplatz und baute ihn zu einer Stadt aus. Nach dem etruskischen Adelsgeschlecht der Ruma erhielt die Stadt ihren Namen, der sich später in Rom wandelte. Die Stadtgrenze galt den Römern als unverletzlich und wurde durch eine mächtige Stadtmauer markiert.

Die etruskische Religion war für die Römer von Anfang an besonders wichtig: Aus den Eingeweiden geschlachteter Opfertiere versuchten sie den Willen der Götter zu erkunden. Sie übernahmen auch die Angewohnheit der Etrusker den Donner, den Blitz und den Vogelflug zu beobachten; sie deuteten die Vorzeichen um herauszufinden, ob die Götter einer Handlung zustimmten oder nicht.

2 *Vergleicht den Inhalt der Sage mit den Ergebnissen der Wissenschaft.*

Die etruskischen Könige

Nach Romulus – so erzählt die Sage – sollen noch weitere sechs Könige über Rom geherrscht haben. Manche Könige waren klug und umsichtig. Sie sorgten sich um den Ausbau der Stadt: Ein prächtiger Marktplatz (Forum) wurde angelegt, Straßen gepflastert und ein gemauerter Kanal (Cloaca maxima) fertig gestellt, der alle Abwässer in den Tiber leitete. Zudem ließen sie zahlreiche Tempel errichten, in denen Göttinnen und Götter verehrt wurden. Unter ihrer Leitung wurde Rom zu einer blühenden Stadt, die viele Fremde anlockte sich ebenfalls hier niederzulassen.

10. Jahrhundert v. Chr.:
Erste Besiedlung des Palatin-Hügels.

8.–6. Jahrhundert v. Chr.:
Rom unter etruskischer Königsherrschaft.

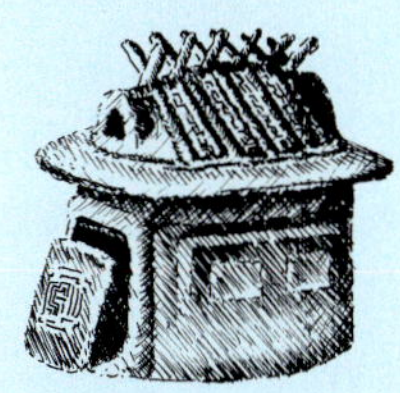

Ascheurne aus Ton, um 900 v. Chr.
Die Urne hat die Form einer vorrömischen Hütte, wie sie auf dem Palatin in Rom gestanden hat.

Die Adligen gründen eine Republik

1 **Wandgemälde aus einer Luxusvilla in Pompeji.**

Republik* *(lat. res publica = die öffentliche Sache): Staatsform, in der das Volk oder ein Teil des Volkes die Macht ausübt.*

Stand*: *Abgeschlossene Gruppe in einer Gesellschaft. Die Mitglieder einer Gruppe bestimmen sich durch Geburt, Vermögen oder durch unterschiedliche Rechte.*

Patrizier* *(lat. patres = die Väter): Der römische Adel.*

Plebejer* *(lat. plebs = Menge, Masse): Freie Bauern, Handwerker, Händler und Kaufleute, die nicht zum römischen Adel gehörten.*

Um 500 v. Chr.: *Die Adligen vertreiben den etruskischen König und gründen die römische Republik.*

Die Vertreibung der etruskischen Könige

Es gab etruskische Könige, die vor allem darauf bedacht waren, ihren eigenen Reichtum und ihre Macht zu vergrößern. Zu ihnen gehörte Tarquinius, genannt „Superbus" („der Hochmütige"). Die Römer hassten ihn nicht nur wegen seiner Überheblichkeit, sondern auch, weil er sie mit immer neuen Abgaben belastete. Um 500 v. Chr. wurde er von der aufgebrachten Bevölkerung verjagt. „Nie wieder einen König", so schworen sich die Römer. Künftig sollte die Politik eine Angelegenheit aller Römer sein. Rom wurde eine Republik*. „Res publica", „eine öffentliche Sache", „eine Angelegenheit des Volkes", so nannten die Römer jetzt ihren Staat. Auf Zeit eingesetzte Beamte sollten von nun an die Herrschaft ausüben.

1 *Erklärt, worauf das Wort Republik in „Bundesrepublik Deutschland" hinweist.*

2 *Ausländische Schülerinnen und Schüler können berichten, wie die genaue Bezeichnung ihres Staates lautet.*

Zwei Stände*: Patrizier und Plebejer

Die führende Stellung im römischen Staat nahmen die Adligen ein. Sie kontrollierten die neue Ordnung und stellten alle obersten Beamten und Priester.

Wie im frühen Griechenland gehörte auch in Rom derjenige zum Adel, der reich und von vornehmer Abstammung war. Die römischen Adligen waren Grundbesitzer und nannten sich selbst Patrizier*.

Den Patriziern gegenüber standen die Plebejer*: freie Bauern, Handwerker, Händler und Kaufleute, die die Mehrzahl der Bevölkerung stellten und nicht zum Adel gehörten. Sehr viele Bauern waren arm und hatten wenig Grundbesitz. Oft mussten sie sich Saatgut oder Lebensmittel bei den Patriziern borgen. Konnten sie es nicht zurückzahlen, verloren sie ihren Besitz und wurden häufig sogar in die Sklaverei verkauft.

Ein Teil der Plebejer, vor allem abhängige Bauern, die auf dem Landgut eines Adligen arbeiteten, unterstellten sich seinem Schutz. Sie wurden seine Klienten. Der Adlige sorgte für seine Klienten bei Rechtsstreitigkeiten und unterstützte sie mit Geschenken und Darlehen. Die Klienten vertraten dafür die Interessen ihres Herrn, des Patrons, und stimmten in den Volksversammlungen so ab, wie der Patron es wollte. Ein Patrizier, der über eine große Anzahl von Klienten verfügte, besaß daher bei Abstimmungen großen Einfluss. Manche Adelsfamilien hatten über 5000 Klienten.

3 *Erklärt den Unterschied zwischen Patriziern und Plebejern.*

4 *Spielt folgende Situation: Die Patrizier erklären, warum allein sie in der Lage sind alle wichtigen Ämter im Staat zu übernehmen. – Was könnten die Plebejer geantwortet haben?*

Plebejer gegen Patrizier

Die Ständekämpfe*

Die Plebejer waren mit der Vorherrschaft der Patrizier nicht einverstanden. Ihre Lage war schwierig, weil sie Jahr für Jahr Heeresdienst leisten mussten, die Patrizier aber freiwillig nichts von ihren Rechten abgeben wollten. So kam es zu erbitterten Auseinandersetzungen, die über 150 Jahre dauerten.

Ständekämpfe*: *Der im 5. und 4. Jahrhundert v. Chr. geführte Kampf der Plebejer mit den Patriziern um rechtliche und politische Gleichstellung.*

Q1 Der römische Geschichtsschreiber Livius (59 v. Chr.–17 n. Chr.) berichtet über folgendes Ereignis aus der Zeit um 490 v. Chr.:

... Zwischen Patriziern und Plebejern herrschte erbitterter Hass. ... Ihr Groll entzündete sich durch das auffallende Elend eines einzigen Mannes. Seine Kleidung war schmutzig, sein Körper blass, abgezehrt und verfallen. Der lange Bart und die Haare ließen ihn verwildert aussehen. Trotz dieses unschönen Aussehens erkannten ihn die Leute und sagten, er sei lange Hauptmann gewesen. Man fragte ihn, warum er denn so heruntergekommen sei, und er antwortete: „Als ich Kriegsdienst leistete, wurden meine Felder verwüstet, ich konnte nichts ernten. Mein Hof brannte ab, man nahm mir alles, auch das Vieh wurde weggetrieben. Die Schulden wuchsen durch die Zinsen. Erst musste ich meinen väterlichen und großväterlichen Besitz veräußern, dann mein übriges Vermögen. Ich selbst wurde meinen Gläubigern übergeben für das Gefängnis und zur Folterung. Darauf zeigte er seinen Rücken, der schlimm aussah mit den noch frischen Striemen der Prügel. ...

5 *Nennt mithilfe des Berichts Gründe für die Auseinandersetzungen zwischen Patriziern und Plebejern.*

6 *Überlegt euch ein Rollenspiel, in dem die Plebejer Forderungen an die Patrizier stellen. Welche Vorschläge werden die Plebejer machen, was könnten die Patrizier antworten?*

Was die Plebejer erreichten

Die Plebejer forderten von den Patriziern zu Beginn des 5. Jahrhunderts v. Chr. die Tilgung ihrer Schulden. Als sich die Patrizier unnachgiebig zeigten, zog ein Großteil der Plebejer auf einen nahe gelegenen Hügel und verweigerte den Heeresdienst. Da Rom in kriegerische Auseinandersetzungen mit seinen Nachbarn in Italien verwickelt war, mussten die Patrizier nachgeben. So erreichten die Plebejer, dass sie eigene Beamte wählen durften. Diese Volkstribunen schützten die Plebejer vor ungerechten Amtshandlungen und Übergriffen der Beamten. Sie hatten außerdem das Recht gegen neue Gesetze Einspruch zu erheben, wenn diese ihrer Meinung nach die Plebejer benachteiligten („Vetorecht“). Auf Betreiben der Volkstribunen wurden um 450 v. Chr. die bestehenden Gesetze aufgeschrieben. Sie wurden auf zwölf Bronzetafeln festgehalten, die öffentlich aufgestellt wurden.

2 **Die Münze zeigt den von Kaiser Tiberius (14–37 n. Chr.) wieder aufgebauten Concordia-Tempel (lat. concordia = Eintracht), der die Einheit zwischen Patriziern und Plebejern symbolisierte.**

Nach und nach besserte sich die Situation der Plebejer: Die Heirat zwischen Patriziern und Plebejern wurde erlaubt und seit der Mitte des 4. Jahrhunderts v. Chr. konnten Plebejer auch Beamte des römischen Staates werden. Nur Männer aus sehr reichen plebejischen Familien konnten es sich allerdings leisten, ein Staatsamt zu übernehmen, da es ehrenamtlich, das heißt ohne Bezahlung ausgeübt wurde.

7 *Fasst zusammen, welche Rechte sich die Plebejer erkämpft haben.*

8 *Erklärt, warum den Plebejern die Aufzeichnung des Rechts so wichtig war.*

Wie organisierten die Römer ihren Staat?

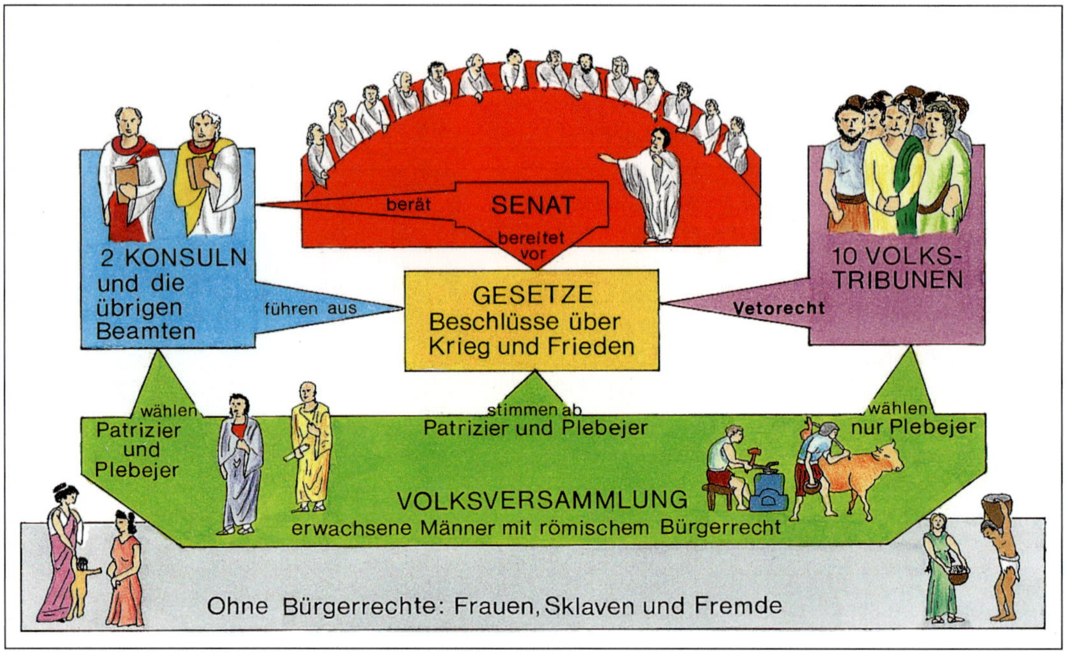

1 **Die Organisation des römischen Staates nach dem Ende der Ständekämpfe.**

*__Senat*__ (lat. senex = Greis): Rat der Ältesten, eigentliches Regierungsorgan im römischen Staat.*

Die Münze aus der Zeit der römischen Republik zeigt einen Römer bei der Abstimmung in der Volksversammlung. Der Buchstabe V auf der Stimmtafel zeigt, dass er dem vorgeschlagenen Gesetz zustimmt.

Der Senat und das römische Volk

Die Plebejer hatten nicht nur ihre Lage verbessert, sie haben auch die Organisation des römischen Staates verändert. An der Spitze standen als oberste Beamte zwei Konsuln. Sie führten die Regierungsgeschäfte und hatten im Krieg den Oberbefehl über das Heer. Die Konsuln besaßen – wie früher die Könige – eine fast unumschränkte Macht. Ihre Amtszeit war aber auf ein Jahr beschränkt, eine direkte Wiederwahl nicht möglich. Das Mindestalter eines Konsuls betrug 40 Jahre.
Beraten wurden die Konsuln vom Senat*. Hier versammelten sich die Oberhäupter der Adelsfamilien. Die Mitglieder, Senatoren genannt, bereiteten die Gesetze vor. Auch Verträge mit anderen Staaten wurden vom Senat geschlossen.

Die römischen Beamten

Die Konsuln wurden in ihrer Amtsführung von anderen Beamten unterstützt. Die Quästoren verwalteten die Staatskasse. Die Ädilen überwachten die Ordnung auf den Straßen, auf dem Markt und allen öffentlichen Plätzen und waren zuständig für die Lebensmittelversorgung. Außerdem organisierten sie die öffentlichen Feste und Zirkusveranstaltungen. Prätoren konnten die Konsuln als Heerführer vertreten, sie übten die gesamte Rechtsprechung aus. Zu Zensoren wurden alle fünf Jahre fast immer ehemalige Konsuln gewählt. Zensoren überprüften das Vermögen und setzten die entsprechende Steuer fest. Sie waren ferner als Sittenrichter tätig und überwachten das Privatleben der Bürger.
In Notzeiten sollte ein Diktator die Republik retten. Gewählt für ein halbes Jahr war er mit außerordentlichen Vollmachten ausgestattet.

1 *Arbeitet Unterschiede und Gemeinsamkeiten in den Verfassungen Roms und Athens heraus (zur Verfassung Athens siehe S. 103).*

Senatus Populusque Romanus

Das Hoheitszeichen des römischen Staates, „SPQR", ist auch heute noch im Straßenbild Roms zu sehen. Es heißt „Senatus Populusque Romanus" und bedeutet „Der Senat und das Volk von Rom". Es war überall dort angebracht, wo staatliche Macht demonstriert werden sollte: auf Feldzeichen, öffentlichen Gebäuden, Triumphbögen usw.

Wie entstand das Römische Weltreich?

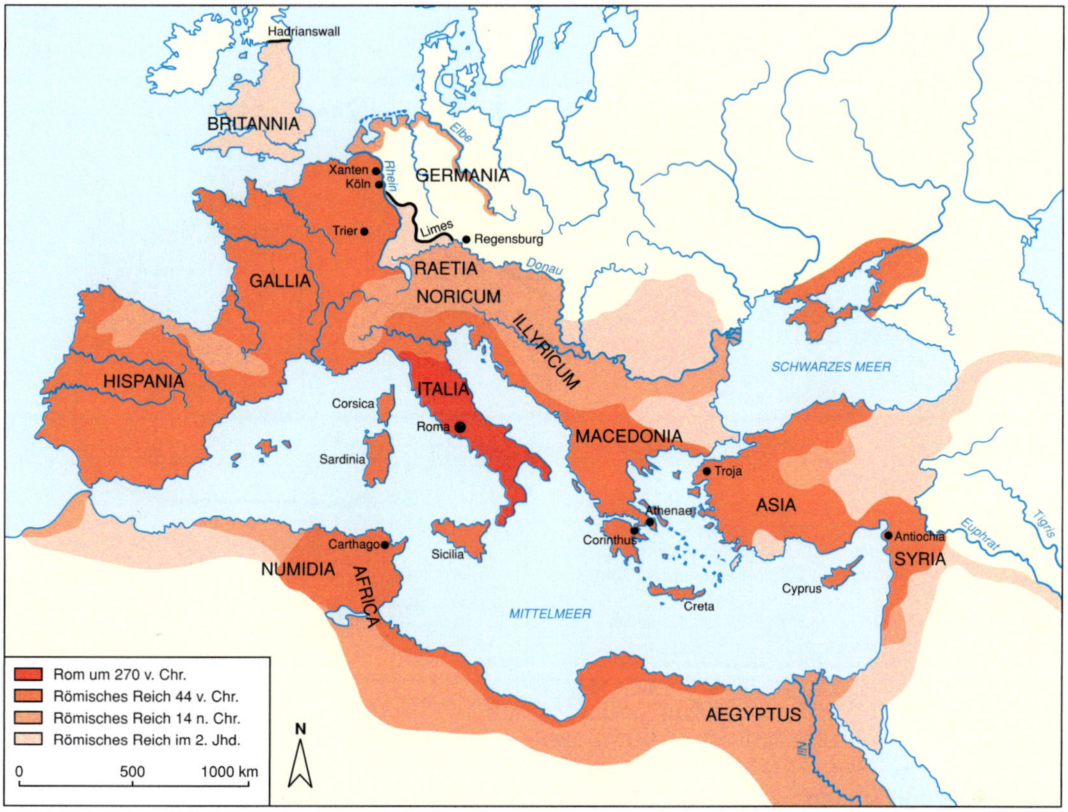

2 Die Ausdehnung der römischen Herrschaft von ca. 270 v. Chr. bis ins 2. Jahrhundert n. Chr.

Um 500 v. Chr. war die römische Republik noch ein kleiner Bauernstaat, dessen Fläche nicht viel größer war als das heutige Nürnberg. 500 Jahre später beherrschten die Römer ein Reich, das von Spanien und Frankreich im Westen bis an den Euphrat und Tigris im Osten, von der Nordsee bis Nordafrika reichte.

Die Römer konnten ihr großes Reich mithilfe ihres Heeres erobern. Die Plebejer stellten die Masse der einfachen Soldaten. Sie haben nach dem Ende der Ständekämpfe nie wieder den Kriegsdienst verweigert. Vielmehr besaß Rom die am besten ausgebildeten und ausgerüsteten Truppen. Die Tapferkeit seiner Soldaten wurde schon damals gelobt.

Aber nicht allein durch Eroberungszüge bauten die Römer ein Weltreich auf. Manche Gebiete fielen ihnen kampflos in die Hände, wie z. B. das Reich Attalos' III. von Pergamon, der seinen Besitz an die Römer verschenkte. Die Römer verstanden es, in Konflikte nicht offen einzugreifen, sondern sie geschickt zur Durchsetzung ihrer Interessen zu nutzen.

2 *Seht euch die Karte 2 an und berichtet von Gebieten, über die ihr im Geschichtsunterricht schon gesprochen habt.*

3 *Überlegt, was die Ausdehnung des Römischen Reiches für die unterworfenen Völker bedeutete.*

4 *Fertigt eine Tabelle an: In die linke Spalte tragt ihr die römischen Ländernamen ein, in die rechte Spalte die heutigen Bezeichnungen.*

damals	heute
Gallia	...
...	...
...	...
...	...

Römischer Soldat *mit Schienenpanzer. Rekonstruktion nach einem Relief. Bis zu 30 kg wogen Waffen und Ausrüstung eines Fußsoldaten. Dazu kamen noch etwa 15 kg Verpflegung.*

Rom im Kampf mit Karthago

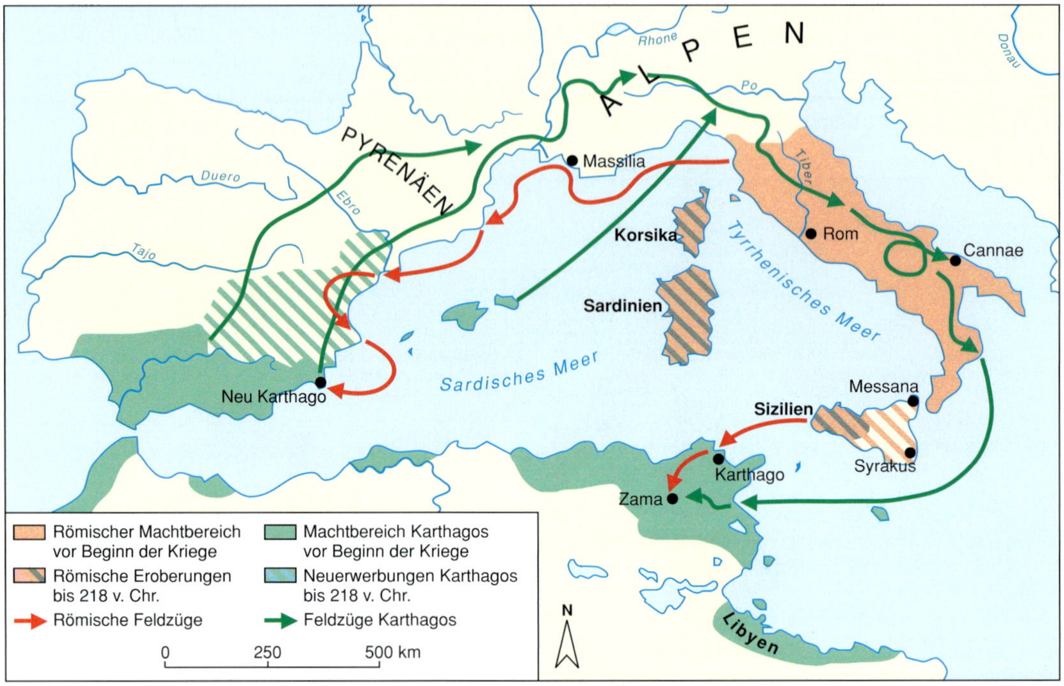

1 **Der Machtbereich Roms und Karthagos um 218 v. Chr.**

500–250 v. Chr.: *Römische Eroberungen in Italien. Rom wird stärkste Landmacht im Mittelmeerraum.*

264–241 v. Chr.: *1. Krieg Roms gegen Karthago.*

218–201 v. Chr.: *2. Krieg Roms gegen Karthago.*

Die Eroberung Italiens

Der junge Römerstaat unterhielt anfangs freundschaftliche Beziehungen zu seinen Nachbarn. Doch nach und nach wurden die Nachbarstaaten von den Römern unterjocht. Zwischen 500 und 250 v. Chr. kämpften die römischen Heere fast ununterbrochen. Sie besiegten die Etrusker und alle italischen Stämme. Nachdem die griechischen Kolonien in Süditalien unterworfen worden waren, beherrschten die Römer die gesamte Halbinsel. Die römische Republik wurde zur stärksten Landmacht im westlichen Mittelmeerraum. Es dauerte nicht lange, bis es zwischen Rom und der mächtigen See- und Handelsmacht Karthago zum Konflikt kam.

Der Kampf mit Karthago

264 v. Chr. schickte Rom Truppen nach Sizilien, einem Stützpunkt der Karthager. Das bedrohte Messana hatte die Römer um Hilfe gebeten. Über 20 Jahre dauerte der Krieg mit Karthago, den die Römer erst 241 v. Chr. siegreich beenden konnten. Sizilien wurde die erste römische Provinz.

Wenige Jahre später musste Karthago auch Sardinien und Korsika abtreten. Selbstbewusst nannten die Römer jetzt das Tyrrhenische Meer „mare nostrum" („unser Meer"). Zum Ausgleich für die verlorenen Inseln wollte Karthago seine Herrschaft in Spanien ausbauen. Die Römer fühlten sich bedroht und erklärten 219 v. Chr. den Karthagern den Krieg.

Q1 Nach dem Bericht des Livius soll der karthagische Feldherr Hannibal über die Römer geäußert haben:

… Dieses so grausame und hochfahrende Volk nimmt alles in Besitz und unterwirft alles seiner willkürlichen Entscheidung …

Q2 Livius über die Motive der Römer:

… Wir sind das Volk, das Kriege führt für die Freiheit anderer, damit nirgends ungerechte Herrschaft besteht, sondern überall Recht und Gesetz. …

1 *Schreibt mithilfe der Quellen die Gründe auf, die für die Kriege der Römer angegeben werden. Was meint ihr dazu?*

Roms schärfster Gegner Hannibal

2 **Römischer Triumphzug.** Rekonstruktion. In Triumphzügen stellten die Römer ihre Beute zur Schau.

Hannibal zog 219 v. Chr. mit einem Tross von 90 000 Soldaten, 9000 Reitern und 38 Elefanten über Spanien und Frankreich nach Italien. Er überwand in den Wintermonaten die Pyrenäen und die Alpen. Dabei erlitt sein Heer große Verluste. Innerhalb von 15 Tagen soll fast die Hälfte seiner Soldaten umgekommen sein – erfroren oder von den steilen Gebirgspfaden in die Tiefe gestürzt.
Dennoch konnte Hannibal die Römer mehrmals vernichtend schlagen. Doch die Römer gaben nicht auf: 204 v. Chr. setzten römische Truppen nach Afrika über und griffen Karthago an. Um seiner Heimatstadt zu helfen wurde Hannibal aus Italien zurückgerufen. Drei Jahre lang dauerten die erbitterten Kämpfe um Karthago. 146 v. Chr. wurde Karthago dem Erdboden gleichgemacht und die Bevölkerung in die Sklaverei verschleppt. Hannibal floh nach Kleinasien und vergiftete sich, von den Römern in die Enge getrieben, selbst.

2 *Erkundigt euch mithilfe eurer Schülerbücherei über Hannibal. Verfasst einen Lebensbericht und beginnt so: „Ich, Hannibal …“*

Eroberungen und Plünderungen

Nachdem Karthago von den Römern als Gegner ausgeschaltet worden war, eroberten römische Truppen bis zum 1. Jahrhundert v. Chr. unter anderem Griechenland, Kleinasien, Ägypten, Gallien, einen Teil Germaniens und Britanniens. Aus den besiegten Ländern brachten die römischen Soldaten Sklaven und große Reichtümer nach Rom.

Q3 Von einem Triumphzug des römischen Feldherrn Aemilius Paullus nach seinem Sieg über den makedonischen König Perseus 168 v. Chr. wird Folgendes berichtet:
… Der festliche Umzug war auf drei Tage verteilt, von denen der erste kaum für die erbeuteten Bildsäulen, Gemälde und Statuen ausreichte, die auf 250 Wagen vorbeigefahren wurden. Am folgenden Tag trugen 3000 Männer das (erbeutete) Silbergeld in 750 Gefäßen von je 78 kg Gewicht …
Am dritten Tag folgten der Wagen des Perseus, seine Waffen und darauf liegend seine Krone. Dann wurden die Kinder des Königs als Gefangene einhergeführt und mit ihnen die Menge ihrer Wärter, Lehrer und Erzieher. …

3 *Beschreibt die Abbildung 2. Was könnte die römische Bevölkerung bei diesem Triumphzug empfunden haben?*

4 *Schreibt mithilfe von Q 3 und der Abbildung 2 einen kurzen Bericht, in dem ein Makedone erklärt, was die Niederlage gegen Rom für seine Heimat und für ihn selber bedeutete.*

146 v. Chr.:
Zerstörung Karthagos.

Hannibal
(„Geschenk des Gottes Baal“, 247/246–183 v. Chr.).

Lesetipp:

Hans Baumann: Ich zog mit Hannibal. dtv, München 1980.

Tilman Röhrig: Mit Hannibal über die Alpen. Arena Verlag, Würzburg 1991.

Wie verwalteten die Römer ihr Weltreich?

1 **Das italische Fernstraßennetz.**

Die Römer sichern ihre Herrschaft

Nach der Eroberung der italischen Halbinsel gingen die Römer daran, ihren Einflussbereich abzusichern. Sie bedienten sich dazu unterschiedlicher Herrschaftsformen:

- Manche Gebiete nahmen sie in Besitz und verteilten das Land an römische Siedler oder machten es zu römischem Staatsland.
- Einigen Gemeinden erteilten die Römer das römische Bürgerrecht. An den Wahlen in Rom nahmen Bürger dieser Gemeinden nicht teil. Ihre inneren Angelegenheiten konnten diese Gemeinden weitgehend selbst regeln, in Fragen der Außenpolitik entschied Rom.
- In ungesicherten Grenzgebieten legten die Römer Kolonien an, in denen auch Nichtrömer angesiedelt wurden. Die Bewohner durften die Kolonien nach römischem Vorbild verwalten. Sie sollten rasch und selbstständig handeln können.
- Außerdem schloss Rom mit weiterhin selbstständigen Gemeinden Bündnisse. Die Bewohner dieser Gemeinden wurden Bundesgenossen, die auf eigene Kosten Truppen stellen mussten.

Über die gesamten mit Rom verbundenen Gebiete breiteten sich allmählich die lateinische Sprache sowie römische Lebensgewohnheiten aus. Um eine zuverlässige Verbindung mit wichtigen Städten zu gewährleisten begannen die Römer feste Straßen zu bauen, wie z. B. die Via Appia.

2 **Die Via Appia war die erste gepflasterte Straße des römischen Imperiums*.** Mit ihrem Bau wurde 312 v. Chr. begonnen, sie führte zunächst von Rom nach Capua, später bis nach Brundisium.

Imperium*: *(lateinisch) Weltreich.*

Was sind Provinzen?

3 **Das Augusteische Theater in Leptis Magna im heutigen Libyen/Nordafrika, 1. Jahrhundert n. Chr.**

Einrichtung von Provinzen

Nach dem Ende des Ersten Punischen Krieges 241 v. Chr. begann Rom in den eroberten Gebieten außerhalb Italiens Provinzen* einzurichten. Ihre Bewohner wurden keine Bundesgenossen, sondern galten als Unterworfene ohne Rechte. Sie hatten jährlich eine zehnprozentige Ertragssteuer an Rom abzuführen, das den Bewohnern den Boden zur Nutzung überließ. Provinzen wurden von einem ehemaligen Konsul oder Prätor verwaltet, der die oberste militärische und richterliche Gewalt innehatte. Steuerpächter übernahmen häufig die Eintreibung der von einem Quästor festgesetzten Abgaben. Klagen der Provinzbewohner über eine Ausplünderung durch römische Beamte waren nicht selten.

Wachsamkeit und Verteidigungsbereitschaft

Mit der Einrichtung von Provinzen gaben die Römer den einstigen Grundsatz auf Unterlegene zu Bundesgenossen zu machen. Natürlich waren manche Gebiete, so z. B. Sizilien, vor der Errichtung einer römischen Provinz bereits unter fremder Herrschaft. Wenn sie Rom um Hilfe baten, so deshalb, weil sie auf eine Verbesserung ihrer Lage hofften. Um so schwerer drückte sie jetzt das Joch der römischen Fremdherrschaft.

Auf Widerstand aus den Provinzen mussten die Römer immer gefasst sein. Berüchtigt wurde die „Vesper von Ephesus" (88 v. Chr.), als sich der aufgestaute Hass der Griechen in einem Blutbad entlud, dem 80 000 Römer zum Opfer gefallen sein sollen. Wachsamkeit und ein hoher Einsatz wurden von den Römern umso mehr gefordert, je größer das Reich wurde.

Q1 Der griechische Geograf Strabo (64 v. Chr.–14 n. Chr.) schrieb über die Bewohner Südspaniens:

... Die Turdetaner und besonders die um Baetis (Guadalquivir) herum Wohnenden haben ihre Lebensweise völlig in die römische verwandelt und selbst ihre eigene Sprache vergessen. Die meisten ... haben römische Ansiedler erhalten, sodass nur wenig fehlt, dass alle Römer sind. ...

1 *Versetzt euch in die Lage eines römischen Finanzbeamten, der in Südspanien seinen Dienst ausübt, und in Provinzbewohner, die sich bei ihm über die drückende Abgabenlast beschweren. Spielt eine Stegreifszene.*

Provinz*:
Erobertes Land unter römischer Herrschaft, das von einem Statthalter verwaltet wird und dessen Bewohner ohne Rechte und abgabenpflichtig sind.

Die Auswirkungen der Eroberungen

1 Römischer Sklavenmarkt. Rekonstruktionszeichnung.

Halsring eines Sklaven mit dem Namen seines Herrn.

Von ihren Eroberungen brachten die Römer häufig Zehntausende von Kriegsgefangenen mit, die sie als Sklaven verkauften. Auf einem Schild, das sie um den Hals trugen, waren Alter, Herkunftsort und besondere Fähigkeiten angegeben. Je mehr Fähigkeiten ein Sklave besaß, desto teurer war er.

Das Schicksal der Sklavinnen und Sklaven hing von der Tätigkeit ab, die sie übernehmen mussten, und von der Einstellung ihres Herrn. Haussklavinnen und -sklaven wurden meist einfachere Arbeiten übertragen. Sie waren allerdings – ebenso wie alle anderen – ständig der Gefahr ausgesetzt wegen einer Nachlässigkeit schwer bestraft oder sogar getötet zu werden. Die übliche Tötungsart war die Kreuzigung.

Unter unmenschlichen Bedingungen mussten viele Sklaven auf den großen landwirtschaftlichen Gütern arbeiten. An Ketten gefesselt arbeiteten sie tagsüber bei geringer Verpflegung, nachts schliefen sie angekettet in unterirdischen Räumen. Als Hirten in einsamen Gegenden mussten sie sich ihre Nahrung selbst beschaffen.

Etwas besser als die Bergwerkssklaven, unter denen die Todesrate wegen der ungesunden Arbeit unter Tage besonders hoch war, hatten es jene, die als Handwerker in Töpfereien, Waffenwerkstätten, Mühlen oder Bäckereien arbeiteten. Einige wurden auch als Lehrer zur Erziehung der Kinder eingesetzt.

1 *Beschreibt Abbildung 1. Versetzt euch in die Lage eines Sklaven/einer Sklavin, der/die auf dem Markt zum Verkauf angeboten werden soll. Beschreibt in einem Brief an einen Freund/eine Freundin, wie ihr euch fühlt.*

Q1 Der griechische Geschichtsschreiber Plutarch (um 46–um 119 n. Chr.) schrieb über den römischen Politiker Cato den Älteren (234–149 v. Chr.):

... Er hielt eine große Menge Sklaven, die er aus den Kriegsgefangenen kaufte, am liebsten solche, die noch klein waren und sich wie junge Hunde oder Füllen nach seiner Art bilden und ziehen ließen. ... Wenn er seinen Freunden und Amtsgenossen ein Gastmahl gab, (ließ er) gleich nach Tisch die Sklaven, die beim Auftragen oder Zubereiten nachlässig gewesen waren, auspeitschen. ... Diejenigen, die ein todeswürdiges Verbrechen begangen zu haben schienen, ließ er dann, wenn sie von sämtlichen Sklaven in einem Gericht schuldig befunden worden waren, hinrichten. ...

2 *Sprecht darüber, wie Cato nach Q 1 seine Sklaven behandelt.*

Die Sklaven

2 **Römisches Fußbodenmosaik mit kämpfenden Gladiatoren.** Ausschnitt. 2. Jahrhundert n. Chr.

3 **Römisches Fußbodenmosaik mit kämpfenden Gladiatoren.** Ausschnitt. 2. Jahrhundert n. Chr.

Gladiatoren in der Arena

Manche Sklaven wurden auch zu Gladiatoren ausgebildet. Zur Unterhaltung der Zuschauer mussten sie in großen Arenen auf Leben und Tod gegeneinander oder gegen wilde Tiere kämpfen (siehe Abbildungen oben).

Bei den Römern waren diese Spiele überaus beliebt. Mit lauten Rufen feuerten sie die Gladiatoren an oder verlangten von den Aufsehern allzu träge und langsame Kämpfer mit Peitschenhieben oder glühenden Eisen anzutreiben. War ein Gladiator so stark verwundet, dass er nicht weiterkämpfen konnte, hob er den linken Arm; mit diesem Zeichen bat er um Gnade. Die Entscheidung darüber stand allein dem Ausrichter der Spiele zu, der den Willen der Zuschauer berücksichtigte. Waren diese mit den Leistungen nicht zufrieden, so senkten sie den Daumen und riefen: „Erdrossle, töte ihn".

Weil diese Spiele so beliebt waren, nutzten ehrgeizige Politiker diese Möglichkeit sich durch die Ausrichtung derartiger Veranstaltungen bei der Bevölkerung beliebt zu machen. Auf diese Weise hofften sie genügend Stimmen zu erhalten, wenn sie sich um das nächsthöhere Amt in ihrer Beamtenlaufbahn bewarben.

3 *Beschreibt die Situationen auf den Abbildungen 2 und 3. Versetzt euch in eine der dargestellten Personen und schildert eure Gedanken und Empfindungen.*

4 *Spielt folgende Situation: Der Schüler Alypius verabscheut die Gladiatorenspiele. Seine Freunde bedrängen Alypius und wollen ihn überreden sich die Kämpfe anzuschauen. Er aber lehnt ab.*

Sind Sklaven Menschen?

Immer wieder kam es zu Aufständen von Sklaven, die ihre verzweifelte Lage mit Gewalt zu verändern suchten (siehe S. 139). Denn es gab nur wenige, die sich für eine menschliche Behandlung der Sklaven aussprachen. Zu ihnen gehörte der Philosoph Seneca.

Q2 Seneca (etwa 4 v. Chr.–65 n. Chr.), Erzieher des Kaisers Nero (37–68 n. Chr.), schrieb:

… Zu meiner Freude erfuhr ich von Leuten, die dich besucht haben, dass du freundlich mit deinen Sklaven umgehst. Das entspricht deiner Einsicht und deiner Bildung. … Bedenke, dass der Mensch, den du einen Sklaven nennst, den gleichen Ursprung hat wie du, dass sich über ihm derselbe Himmel wölbt, dass er die gleiche Luft atmet, dass ihm das gleiche Leben, der gleiche Tod beschieden ist. …

Auch Seneca konnte an der Lage der Sklaven nichts ändern. Erst mit dem Christentum verschwand die Sklaverei allmählich.

5 *Sprecht darüber, wie Seneca seine Haltung gegenüber den Sklaven begründet.*

Freigelassene *(lat. libertini): Sklaven kauften sich mit Ersparnissen selber frei oder wurden von ihren Herren nach mehreren Jahren freigelassen. Erst in zweiter oder gar dritter Generation hatten Freigelassene das volle römische Bürgerrecht, konnten damit öffentliche Ämter bekleiden oder eine rechtsgültige Ehe eingehen. Freigelassene traf man häufig in Ämtern am Kaiserhof oder in der Verwaltung der Provinzen an. Als Handwerker garantierten sie den hohen Lebensstandard der Kaiserzeit.*

Die Bauern – „Herren der Welt" ohne ein Stück Land

1 **Die Folgen der Eroberungen für die Bauern: ① Im Frieden konnten die Bauern ihr Land bestellen. ② Durch den jahrelangen Kriegsdienst verödete ihr Besitz. ③ Aus dem Krieg zurückgekehrt mussten sie ihr Land verkaufen. ④–⑥ Nun blieben drei Möglichkeiten: Die Bauern konnten das Land vom neuen Besitzer pachten, nach Rom gehen oder sich als Landarbeiter verdingen.**

*__Proletarier*__ (lat. proles = die Nachkommenschaft): Bezeichnung der Römer für die Besitzlosen, die nichts außer ihre zahlreiche Nachkommenschaft besaßen.*

Rom war im 2. Jahrhundert v. Chr. zur Hauptstadt eines Weltreiches geworden. Doch die Reichtümer und Steuergelder aus den Provinzen kamen keineswegs allen Römern zugute. Im Gegenteil: In den zahllosen Kriegen waren viele Bauern und deren Söhne gefallen. Andere hatten jahrelang ihre Höfe nicht richtig bewirtschaften können. Das von ihnen angebaute Getreide war zudem fast unverkäuflich geworden. Getreide kam jetzt nämlich zu niedrigen Preisen aus den Provinzen nach Italien. Viele Bauern verarmten, sodass sie ihre Höfe aufgeben mussten. Sie zogen mit ihren Familien nach Rom, wo sie allerdings auch keine bessere Zukunft erwartete, denn überall, im Kleinhandel wie im Handwerk, wurden Sklaven beschäftigt. Für die Bauern gab es keine Arbeit. Mittellos, ohne Verdienstmöglichkeiten, gehörten sie bald zur großen Masse der Proletarier*.

Q1 Der Volkstribun Tiberius Gracchus soll um 130 v. Chr. die Lage der Bauern folgendermaßen beschrieben haben:

… Die wilden Tiere, die in Italien leben, haben ihre Höhlen und kennen ihre Lagerstätten und Schlupfwinkel. Die Männer aber, die für Italien kämpfen und sterben, haben nichts als Luft und Licht. Unstet, ohne festen Wohnsitz, ziehen sie mit Frau und Kind im Land umher. …

Für Wohlleben und Reichtum anderer kämpfen und sterben sie im Krieg. Herren der Welt werden sie genannt. In Wirklichkeit aber besitzen sie nicht das kleinste Stückchen Land. …

1 *Erklärt, warum die Bauern verarmten, während das Römische Reich immer größer wurde.*

2 *Überlegt die wirtschaftlichen und politischen Auswirkungen, wenn immer mehr mittellose Proletarier nach Rom zogen.*

Bringt eine Landreform Erfolg?

2 Römischer Bauer auf dem Weg zum Markt. Am Stock über der Schulter trägt er ein Ferkel, in der rechten Hand einen Korb mit Eiern. Auf dem Rücken der Kuh sind zwei an den Beinen zusammengebundene Schafe zu erkennen. Marmorrelief, um 50 n. Chr.

Zwei Volkstribunen kämpfen für eine Landreform*

Wenn ein Krieg drohte, wurden freie Bauern zum Heeresdienst eingezogen. Ihre Ausrüstung mussten sie selber bezahlen. Freie Bauern, die über so viel Geld verfügten, gab es aber immer weniger. So wurde es für Rom immer schwieriger, genügend Soldaten auszuheben.

Der Volkstribun Tiberius Gracchus wollte diese Situation ändern. Er forderte 133 v. Chr., dass jeder Großgrundbesitzer höchstens 1000 Morgen Land (= 250 ha) besitzen dürfe. Das übrige Land sollten landlose Bauern erhalten. Mit diesem Vorschlag aber waren die Großgrundbesitzer nicht einverstanden.

Q2 Der griechische Geschichtsschreiber Appian schreibt um 150 n. Chr.:

… So traten dann die Reichen in Gruppen zusammen, beklagten sich und hielten den Armen vor, dass sie auf dem Lande seit Generationen Arbeit geleistet, dass sie Pflanzungen angelegt und Gebäude errichtet hätten.

Einige sagten, sie hätten das Land von ihren Nachbarn gekauft. Sollten sie mit dem Land auch das Geld verlieren? Andere erklärten, die Gräber ihrer Vorfahren lägen auf dem Lande. Kurz, es herrschte ein wildes Geschimpfe und Empörung. Auf der anderen Seite beklagten sich die Armen, man habe sie aus dem Wohlstand in bitterste Armut gestürzt. Sie zählten auf, wie viele Feldzüge sie mitgemacht hatten um das Land für sich zu erobern …

3 *Nennt zwei Ziele, die Tiberius Gracchus mit seinen Reformen erreichen wollte.*

4 *Verfasst eine kurze Ansprache, in der Tiberius Gracchus vor der Volksversammlung dafür wirbt, das Land neu aufzuteilen.*

Die Ermordung der Gracchen

132 v. Chr. wurde Tiberius Gracchus von aufgebrachten Senatoren, die um ihren Grundbesitz fürchteten, ermordet. Das gleiche Schicksal ereilte zehn Jahre später auch seinen Bruder Gaius, der ebenfalls eine Landreform durchsetzen wollte. Das Volk war empört. Um es zu beruhigen wurden in den folgenden Jahren etwa 50 000 kleine Landgüter verteilt. Aber viele hunderttausende Familien, die ebenfalls auf ein Stück Land gehofft hatten, gingen leer aus.

Die Reformversuche der Gracchen zeigten, dass die römische Gesellschaft tief gespalten war: Auf der einen Seite standen diejenigen, die mithilfe der Volksversammlung und des Volkstribunats Politik zu machen versuchten, auf der anderen Seite diejenigen, die keine Schmälerung der Befugnisse des Senats duldeten. Der Mord war zu einem Mittel der politischen Auseinandersetzung geworden.

5 *Sprecht über die mit den Reformvorschlägen verbundenen Schwierigkeiten. Welche Lösungen würdet ihr vorschlagen?*

Reform*:
Veränderung, Verbesserung.

133 und 123 v. Chr.:
Tiberius und Gaius Gracchus versuchen die Lage der Bauern durch eine Landreform zu verbessern. Die Brüder werden von aufgebrachten Senatoren ermordet. Die Reform scheitert.

Die Soldaten – Werkzeuge der Heerführer

1 „Römische Soldaten" auf der Römerstraße bei Brixen. An der Spitze ein Soldat mit den Feldzeichen seiner „Truppe". Rekonstruktion.

2 Ein „römischer Offizier" mit Beinschienen und Offiziersmantel. Rekonstruktion.

Parzelle*:
Kleines vermessenes Grundstück.

Veteran*:
Nach meist 20-jähriger Dienstzeit entlassener Soldat. Veteranen erhielten häufig ein Landgut und genossen steuerliche Vorteile.

107 v. Chr.:
Der Konsul Marius reformiert die römische Armee.

Der Konsul Marius reformiert das Heer

Die Gracchen waren mit ihren Reformen gescheitert. Die Folgen sollten sich schon bald zeigen: 115 v. Chr. drangen Kimbern und Teutonen, deren Wohnsitze im Gebiet des heutigen Dänemark lagen, nach Süden vor. Römische Heere, die sich ihnen entgegenstellten, erlitten schwere Niederlagen. In dieser für Rom bedrohlichen Situation wurde Marius, ein erfolgreicher Feldherr, 107 v. Chr. zum Konsul gewählt.

M1 Über Marius wird in einem Jugendbuch berichtet:

… Rom ist reich genug um auch diejenigen unter Waffen zu stellen, die selbst so arm sind, dass sie keine militärische Ausrüstung erwerben können. Jeder Arme also, der Lust hat Soldat zu werden, darf es, verkündete er. Marius ordnete an, dass jeder, der 16 Jahre gedient hatte, eine Landparzelle* erhielt. Dort kannst du, nachdem du dir für Rom Narben geholt hast, ein Haus bauen und den Acker bestellen, Oliven und Wein ernten und süßen Honig aus den Bienenstöcken gewinnen; kurzum ein ehrenwertes Leben in Frieden und Ruhe als Veteran* führen. …

Marius gelang es, in kurzer Zeit ein starkes Heer aufzustellen. Er schlug nicht nur die Kimbern und Teutonen 102/101 v. Chr. vernichtend, er beendete auch den jahrelangen Wüstenkrieg Roms gegen den Numiderfürsten Jugurtha (105 v. Chr.).

1 *Beschreibt die Ausrüstung der römischen Soldaten anhand der Abbildungen 1 und 2.*

2 *Spielt folgende Situation: Mehrere Proletarier unterhalten sich darüber, ob sie sich freiwillig zum Heeresdienst melden sollen.*

3 *Erklärt, warum die Heeresreform des Marius notwendig war.*

Roms Armeen kämpfen gegeneinander

Durch die Aussicht auf Beute, festen Sold und späteren Landbesitz verlockt traten viele Proletarier in das Heer ein. Das Ackerland als „Altersversorgung" hatte ihnen aber nicht der römische Senat zugesagt, sondern Marius. Dieser Umstand führte zu einem ganz neuen Verhältnis zwischen dem Feldherrn und seinem Heer. Ein erfolgreicher Feldherr, der viele Siege errang, konnte sich auf seine Truppen unbedingt verlassen; ein weniger erfolgreicher Heerführer konnte kaum darauf hoffen, dass ihm die Soldaten die Treue hielten. So diente das Heer in erster Linie nicht

Bürgerkriege ohne Ende

3 **Nach dem gescheiterten Aufstand unter Spartakus wurden 6000 Sklaven von römischen Legionären gekreuzigt.** Rekonstruktion.

mehr dem Staat, sondern seinem Heerführer. Macht und Ansehen des Senats, dessen Anordnungen die Truppen nicht mehr Folge leisteten, schwanden immer mehr dahin. Es dauerte nicht lange, bis einzelne Heerführer, gestützt auf die ihnen treu ergebenen Soldaten, ihre Truppen in Rom einmarschieren ließen um selber die Macht an sich zu reißen. Immer häufiger kam es zu erbitterten Kämpfen zwischen einzelnen Heerführern und ihren Truppen um die Macht.

Der Aufstand des Spartakus

Nicht nur die jahrzehntelangen Bürgerkriege, auch die wiederholten Sklavenaufstände schwächten den römischen Staat. In Italien lebten um 100 v. Chr. etwa fünf Millionen Menschen, darunter ungefähr eine Million Sklaven, die zumeist als Kriegsgefangene nach Italien verschleppt worden waren. Immer wieder kam es zu Versuchen dem Sklavendasein zu entfliehen. So flüchteten 73 v. Chr. über 200 Sklaven aus der Fechtschule in Capua. Sie wurden hier unter strenger Bewachung auf die tödlichen Schaukämpfe in den großen Arenen vorbereitet. 78 von ihnen gelang es, sich den Verfolgern zu entziehen. Weitere Sklaven schlossen sich ihnen an; nach kurzer Zeit waren es bereits 60 000 Sklaven, die bereit waren um ihre Freiheit zu kämpfen. Zu ihrem Anführer wählten sie Spartakus. Unter seiner Führung wurden die römischen Truppen, die zur Niederschlagung des Aufstandes ausgesandt worden waren, immer wieder vernichtend geschlagen. Erst zwei Jahre später gelang es den Römern mit einem Heer von über 40 000 Soldaten die Sklaven zu besiegen. Wer in Gefangenschaft geriet, wurde von den Römern ans Kreuz geschlagen, zur Abschreckung und Warnung vor erneuten Sklavenaufständen.

4 *Entwerft eine Rede, in der Spartakus dazu aufruft, sich seinem Aufstand anzuschließen.*

5 *Ein römischer Feldherr spricht zu seinen Soldaten vor dem Kampf mit dem Heer des Spartakus. Was könnte er gesagt haben?*

88–31 v. Chr.:
Machtkämpfe zwischen verschiedenen Heerführern und zeitweise blutige Bügerkriege erschüttern Rom.

Caesar verändert die Republik

1 Ein kleiner, wohlbekannter Gallier, verabredet ein Treffen mit Gaius Julius Caesar. Comic-Zeichnung.

2 Die Feldzüge Caesars in Gallien.

49–44 v. Chr.: Bürgerkrieg

Römische Münze, geprägt unter Julius Caesar. Die lateinische Inschrift (VENI, VIDI, VICI) heißt übersetzt: Ich kam, ich sah, ich siegte.

Ein Heerführer, dem es besonders gut gelang, die Soldaten für sich zu gewinnen, war Gaius Julius Caesar (100–44 v. Chr.). Zwischen 58 und 52 v. Chr. eroberten die von ihm geführten Truppen ganz Gallien. Unter seiner Führung unternahmen römische Truppen erstmals Vorstöße über den Rhein nach Germanien und nach Britannien.

Q1 Der griechische Geschichtsschreiber Plutarch (um 46–120 n. Chr.) schrieb:

... Keiner von all seinen Vorgängern erreichte ihn in der Zahl der Schlachten und in der Größe der Verluste, die er den Feinden beibrachte. Denn der Krieg, den er in Gallien führte, dauerte nicht ganz zehn Jahre und in dieser Zeit nahm er über 800 Städte im Sturm, bezwang 300 Völkerschaften und kämpfte gegen drei Millionen. Eine Million tötete er im Kampf und eine andere nahm er gefangen.

Bei seinen Leuten war Caesar so beliebt, dass sie für seinen Ruhm mit unwiderstehlichem Mut in die größten Gefahren gingen.

Solchen Mut weckte Caesar besonders dadurch, dass er reichlich Geschenke und Belohnungen austeilte. Er wollte damit beweisen, dass er die im Krieg erworbenen Reichtümer nicht für sich selbst sammelte, sondern sie als gemeinsamen Lohn für tapfere Taten an verdiente Soldaten verteilte. ...

Nach der Niederwerfung Galliens war die Macht Caesars so groß geworden, dass ein Senator meinte: „Nicht die Gallier und Germanen muss man fürchten, die größte Gefahr droht von Caesar." Als der Senat verlangte, dass Caesar seine Soldaten entlassen sollte, beschloss er nach Rom zu marschieren. Er überschritt 49 v. Chr. den Grenzfluss Rubikon, besetzte in kurzer Zeit ganz Italien und besiegte das vom Senat aufgestellte Heer. Viele Senatoren flohen aus Rom; die übrigen ernannten ihn zum Diktator, zunächst auf ein Jahr, später auf Lebenszeit. Nachdem Caesar seinen Hauptrivalen Pompeius, genannt „Magnus" („der Große"), besiegt hatte, war er zur Alleinherrschaft gelangt. Bei allen staatlichen Handlungen trug er einen Lorbeerkranz und saß auf einem vergoldeten Stuhl.

1 *Seht euch die Abbildung 1 und die Karte 2 an. Erzählt, was ihr über die Eroberungen Galliens durch Caesar aus Jugend- oder Sachbüchern wisst.*

2 *Sprecht über die Warnung des Senators. Für wen stellte Caesar eine Gefahr dar?*

Die Krise der Republik

3 **Die Ermordung Caesars.** Das Bild zeigt, wie die Verschwörer Caesar umringen. Er lehnt – wie erwartet – die Bitte eines der Verschwörer ab. Daraufhin greifen sie zu Dolchen. Gemälde aus dem 19. Jahrhundert.

Caesar als Alleinherrscher

Eine der ersten Maßnahmen Caesars bestand darin, die Versorgung seiner Soldaten sicherzustellen. Sie wurden in verschiedenen Gebieten des Römischen Reiches angesiedelt und erhielten Land zur Bearbeitung. Anderen gab er Arbeit durch ein großzügiges Bauprogramm in der Hauptstadt. Unter den Senatoren hatte er zahlreiche Gegner. Sie fürchteten, Caesar strebe nach der von den Römern verhassten Königsherrschaft und wolle damit den Untergang der Republik besiegeln.

Q2 Der griechische Geschichtsschreiber Cassius Dio (155–235 n. Chr.)* schrieb:

… Der Senat überließ Caesar die Besetzung aller Beamtenstellen und ernannte ihn zum Diktator. Er allein sollte Soldaten halten dürfen und die alleinige Verfügung über die Staatskasse haben. Und die Senatoren beschlossen außerdem, es solle ein elfenbeinernes Standbild von Caesar zusammen mit den göttlichen Standbildern im Festzug mitgeführt werden. Ein anderes Bild Caesars stellten sie im Tempel auf mit der Inschrift „Dem unbesiegten Gott", ein weiteres auf dem großen Marktplatz zu den Bildern der einstigen Könige Roms. …

Am 15. März 44 v. Chr. wurde Caesar während einer Senatssitzung ermordet.

3 *Beurteilt die Aussage des Cassius Dio. Beachtet dabei seine Lebensdaten und die Tatsache, dass er selbst dem Senatorenstand angehörte.*

4 *Verfasst einen kurzen Nachruf auf Caesar, in dem ihr seine Licht- und Schattenseiten gegenüberstellt. Nehmt dabei Stellung zur Frage: Caesar – Freund oder Feind der Republik?*

Die Republik in der Zerreißprobe

Nach dem Attentat auf Caesar entbrannte erneut ein mit großer Grausamkeit und Härte geführter Bürgerkrieg. Die führenden Köpfe der Verschwörung, die sich mit ihren Armeen in den Osten des Reiches abgesetzt hatten, wurden vernichtend geschlagen. Es folgte ein blutiger Kampf um die Macht zwischen jenen, die sich als Erben Caesars verstanden. Der Machtanspruch wurde dabei auch mit dem Versprechen begründet die Republik wiederherstellen zu wollen.

44 v. Chr.:
Caesar wird Alleinherrscher auf Lebenszeit und am 15. März ermordet.

Cassius Dio*:
Historiker aus Bithynien in Kleinasien, der zu Beginn des 3. Jahrhunderts Geschichtswerke in griechischer Sprache verfasste und unter dem Kaiser Commodus selbst Senator war.

Methode: Münzen auswerten

1 **Römisches Schwergeld mit Stierabbildung, um 280/270 v. Chr.**

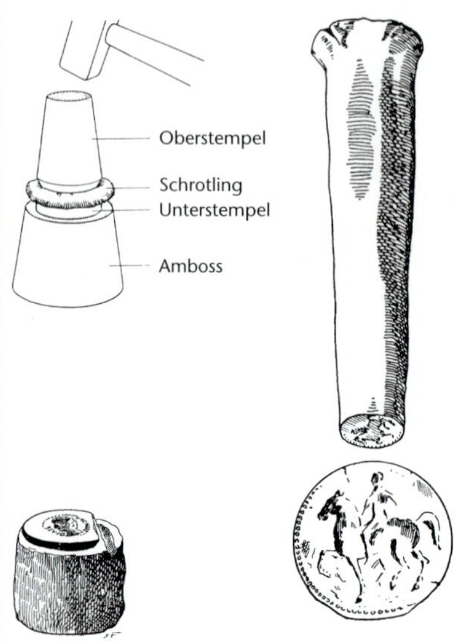

2 **Schematische Darstellung des Münzprägevorgangs.**

Geld hat seine eigene Geschichte

Man nimmt an, dass der Ursprung der Herstellung und des Gebrauchs von Geld in Lydien (Kleinasien) liegt. Etwa ab dem 7. Jahrhundert v. Chr. hat sich die Erfindung von dort aus im Mittelmeerraum verbreitet.

Über den Beginn der römischen Münzprägung ist nur wenig bekannt. Vergleichsweise spät hat sich bei den Römern Geld als Zahlungsmittel durchgesetzt. Bis dahin war Tauschhandel üblich. Als Tauscheinheit galten im frühen Rom Schafe und Rinder. Die ersten Geldstücke, in Form schwerer Bronzebarren, trugen Darstellungen von Vieh (siehe Abbildung 1).

Das lateinische Wort „pecunia" („Geld, Vermögen") leitet sich vom Begriff „pecus" („Vieh") ab.

1 *Erklärt den Zusammenhang zwischen „pecus" und „pecunia".*

Die Münzherstellung

Amboss, Hammer und Stempel aus Bronze oder Eisen waren das Werkzeug bei der Münzprägung. Bearbeitet wurde metallenes Material, das noch warm war.

2 *Beschreibt mithilfe von Abbildung 2 die Herstellung von Münzen.*

Die antike römische Währung

Drei Metalle bildeten die Grundlage des römischen Geldwesens, wie es sich bis zur Zeit Caesars entwickelt hatte: Der „aureus" (aus Gold) war so viel wert wie 25 (Silber-)Denare. 1 Denar entsprach 4 Sesterzen (aus Messing, einer Metallverbindung mit Kupfer), 1 Sesterz wiederum 4 Assen (aus Kupfer). Die gebräuchlichsten Münzen waren der Sesterz und das As.

Was war das Geld im Bezug auf das Einkommen der Menschen und ihren täglichen Bedarf wert? Daten, die uns aus Pompeji (s. S. 148 bis 151) und Urso/Spanien überliefert sind, helfen diese Frage zu klären.

3 *Errechnet mithilfe der Übersicht 3 aus dem Jahreseinkommen den täglichen Verdienst von Tagelöhnern, Schreibern, Bürogehilfen, Gutsbesitzern und Soldaten.*

4 *Versucht einzuschätzen, was sich der „einfache" Bürger Roms leisten konnte. Informiert euch hierzu über das Leben in Rom auf Seite 147.*

5 *Stellt fest, wie es wirtschaftlich um den einzelnen Soldaten bestellt war. Lohnte es sich Soldat zu sein? Informiert euch hierzu auf Seite 169.*

Ab dem 1. Jahrhundert v. Chr. verbreitete sich das Münzsystem der Römer über ihren ganzen Herrschaftsbereich und auch unter den Nachbarvölkern, z. B. bei den Germanen.

6 *Überlegt, welche Folgen dies für Handel und Wirtschaft hatte.*

7 *In Deutschland wie in den anderen Ländern der Europäischen Union wurde eine neue Währung eingeführt: der Euro. Seht ihr Gemeinsamkeiten mit der Geschichte der antiken römischen Währung?*

Jährliches Einkommen	
Tagelöhner	300–400 Denare
Schreiber	100 Denare
Bürogehilfen	600 Denare
Gutsbesitzer	30 000 Denare
Soldaten	900 Sesterzen (+12 000 Sesterzen Abfindung + Beuteanteil)
wohlhabende Bürger	ab etwa 6000 Denare

Lebenshaltungskosten	
1 kg Brot	ca. 2 Asse
1 kg Öl	12 Asse
1 Maß einfachen Wein	1 As
1 Breitopf	1 As
1 kl. Becher	2 Asse
1 Tunika	15 Sesterzen
Reinigung einer Tunika	1 Denar
1 Esel	500 Sesterzen
1 Rind	200 Denare
1 Sklave	200–1500 Denare

3 **Beispiele für Einkommen und Lebenshaltungskosten.** Schätzungen für die Mitte des 1. Jahrhunderts n. Chr.

Methode: Münzen auswerten

Münzen – viel mehr als nur Geld
In der Arbeit der Archäologen sind Münzen, die bei einer Ausgrabung entdeckt werden, ein wertvoller Fund. So lässt sich durch die so genannte Schlussmünze ermitteln, wann der Fund frühestens in die Erde kam. Außerdem können Münzen Hinweise auf Verbreitung von Geld und Währungen, Handelsbeziehungen, wirtschaftliche und politische Verhältnisse geben.
8 *Erklärt, was unter einer „Schlussmünze" zu verstehen ist.*

4 **Denar.** Auf der Vorderseite: Göttin Roma, auf der Rückseite: reitendes Dioskurenpaar (= legendäres Zwillingspaar der griechischen Mythologie).

5 **Münze mit Bild des Feldherrn Sulla (138–78 v. Chr.).**

6 **Münze mit Bild der Reiterstatue eines Adligen, der mit 15 Jahren im Krieg einen Feind tötete und einem Römer das Leben rettete.**

7 **Denar.** Auf der Vorderseite: lorbeerbekränztes Haupt Caesars, auf der Rückseite: Göttin Venus.

8 **Augustus-Porträt.**

9 **Ährenbündel als Zeichen für die Sicherung der Nahrung.**

Münzen zeugen vom Schicksal der „res publica"
Für die Münzprägung der Stadt Rom waren drei jährlich wechselnde Münzmeister zuständig. Obwohl sie im Auftrag der Republik wirkten, hatten sie bei der äußeren Gestaltung des Geldes freie Hand. Darstellungen von legendären römischen Helden, von Gottheiten oder Tugenden (z. B. Ehrenhaftigkeit und Tapferkeit) zierten in der Blütezeit der Republik die Münzen (siehe Abbildung 4).
Ihr Aussehen veränderte sich während der Bürgerkriege. Zunächst bildete man verstorbene Persönlichkeiten ab, vor allem Feldherren (siehe Abbildungen 5 und 6).
9 *Nennt Gründe für diese Entwicklung. Informiert euch hierzu auf Seite 138 und 140.*

In der Mitte des 1. Jahrhunderts v. Chr. ging man dazu über, Geld mit den Porträts noch lebender Politiker zu versehen. Auf der Rückseite der Münzen wurde in Bildern und durch Symbole auf deren Leistungen oder sogar auf eine angeblich göttliche Abstammung hingewiesen (siehe Abbildung 7).
Auch die Nachfolger Caesars präsentierten sich zu Lebzeiten auf Geldstücken (siehe Abbildung 8). Sie kontrollierten das Münzwesen und nahmen dem Senat die Möglichkeit es zu beeinflussen.
10 *Die Geschichte der römischen Münzbilder verrät uns, was nach der Herrschaft Caesars aus der Republik geworden ist. Äußert eure Mutmaßungen.*
11 *Warum war es Caesar und seinen Nachfolgern so wichtig sich auf Münzen zu „vergegenwärtigen"?*
12 *Untersucht, was auf heutigem Geld abgebildet ist, und findet dafür Erklärungen.*

Das Prinzipat des Augustus

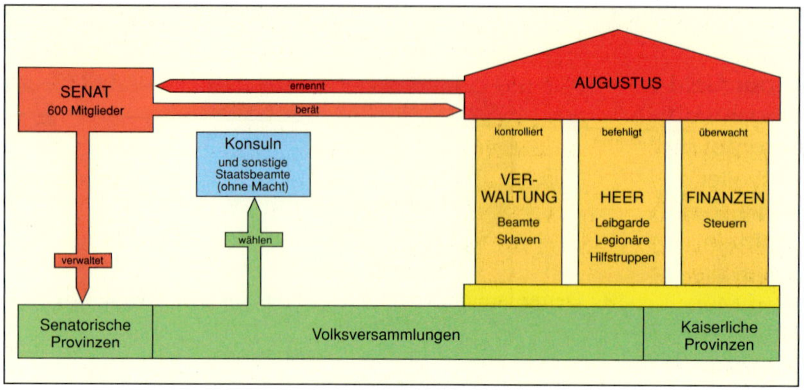

1 **Die „Verfassung" des Römischen Reiches unter Augustus.**

2 **Augustus.**

Republik oder Monarchie? – Das Römische Reich unter Augustus

Die Römer betrachteten ihren Staat als eine Sache der Allgemeinheit („res publica"). Sie verabscheuten die Herrschaft eines Einzelnen, was die Ermordung Caesars allen – auch seinem Adoptivsohn Octavian – vor Augen geführt hatte. Octavian aber konnte nach den langen Bürgerkriegswirren die Sehnsucht der Menschen nach Ruhe und Frieden im Reich für seine Ziele nutzen. Nachdem er seine Gegner ausgeschaltet hatte, trat Octavian 27 v. Chr. vor den römischen Senat und erklärte, die Republik sei wiederhergestellt. Er lege seine gesamte Macht nieder und wolle nur noch „princeps" (= erster Bürger) sein.

Q1 Cassius Dio beschreibt die politische Stimmung unter dem Prinzipat des Augustus:

... Viele Senatoren bestürmten ihn (Octavian) mit Bitten die Herrschaft zu behalten, bis er sich endlich gezwungen sah Alleinherrscher zu bleiben. Die Provinzen, die friedlich und nicht mehr zum Krieg geneigt waren, überließ er dem Senat, die Provinzen, die unzuverlässig und gefährlich erschienen, behielt er selbst. ... Auf diese Weise sollten die Senatoren von Waffen und Krieg entfernt bleiben. Er selbst wollte allein Waffen führen und Truppen unterhalten. ...
In Wirklichkeit kam es dahin, dass Octavian selbst in allem über alles als Alleinherrscher bestimmte, da er die Finanzen kontrollierte. Außerdem war er Herr über das Heer. ...

Diadem*:
In der Antike nach hinten offene Stirnbinde aus Stoff oder Edelmetall, zumeist mit Edelsteinen geschmückt.

Prinzipat des Augustus (27 v. Chr. – 14 n. Chr.):
Beginn der römischen Kaiserzeit.

1 *Erklärt mithilfe des Textes und des Schemas 1, worauf die Macht Octavians beruhte und welche Befugnisse der Senat innehatte.*
2 *Warum stellte sich Octavian als Retter der Republik dar? Was haltet ihr von der Aussage, er sei zur Alleinherrschaft gezwungen worden?*

Die besondere Stellung Octavians äußerte sich in den Ehrentiteln, die ihm verliehen wurden. Den Beinamen „Caesar", den er seit 42 v. Chr. trug, übernahmen seine Nachfolger ebenso wie das von ihm geschaffene Herrschaftssystem. Ab 27 v. Chr. wurde er „Augustus" („der Erhabene") genannt. Auch in seiner äußeren Erscheinung brachte er seine Würde zum Ausdruck: Augustus trug als Zeichen seiner Macht das Diadem* (siehe Abbildung 2).

Die Macht der Kaiser

Seit Augustus lag die Macht nicht mehr bei den Konsuln, sondern beim Kaiser. Er regierte auf Lebenszeit und stand über den bisherigen Beamten und dem Senat. Der Kaiser war Oberbefehlshaber der römischen Armee, seine Befehle hatten Gesetzeskraft. Der kaiserliche Gerichtshof hatte in wichtigen Fällen das letzte Wort. Einen Teil der Provinzen ließ der Kaiser direkt durch eigene Statthalter verwalten, nur für die Provinzen, in denen keine Soldaten stationiert waren, durfte der Senat die Statthalter ernennen.

3 *Erklärt, warum die Kaiser (ab 37 n. Chr.) nur die Provinzen ohne Soldaten dem Senat überließen.*

Der Kaiser und das Reich

3 Vergöttlichung des Antoninus Pius (138–161 n. Chr.). Relief auf einem Denkmal. Der Kaiser und seine Frau werden vom geflügelten Äon („Ewigkeit") in den Himmel gehoben. Rechts ist die sitzende Stadtgöttin Roma zu sehen.

Die kaiserliche Reichsverwaltung
Das Reich wurde von Rom aus verwaltet. Da es aber sehr groß war, konnten die Kaiser nicht alles direkt kontrollieren. Die zahlreichen Städte im Reich behielten daher eine gewisse Selbstständigkeit. Solange sie die festgelegten Steuern zahlten, durften sie sich und ihr Umland weitgehend ohne Einmischung der kaiserlichen Zentrale verwalten. Jedes Jahr wählte man dafür in den Städten eigene Beamte. Ohne diese Selbstverwaltung von Tausenden von Städten hätte ein so großes Reich kaum bestehen können.

4 *Überlegt, welche Schwierigkeiten sich bei der Verwaltung eines so großen Reiches ergeben konnten.*

5 *Stellt Vermutungen darüber an, was mit der Darstellung auf dem Denkmal für Antoninus Pius (Abbildung 3) bezweckt wurde.*

Die Kaiser und die Bewohner des Reiches
Alle römischen Untertanen mussten den Kaiser verehren (Kaiserkult*) und ihm einen Treueid leisten.

Q2 In einem Eid auf den Kaiser Caligula (37–41 n. Chr.) heißt es:
... Ich schwöre, dass ich diejenigen als meine persönlichen Feinde ansehen werde, von denen ich erfahre, dass sie dem Kaiser Caligula feindlich gesonnen sind. Und wenn jemand ihn und sein Wohlergehen gefährdet oder gefährden wird, werde ich nicht aufhören ihn zu verfolgen, bis er vernichtet ist. Ich werde um das Wohl des Kaisers mehr besorgt sein als um meines oder das meiner Kinder und ich will diejenigen, die ihm feindlich gesonnen sind, als Staatsfeinde ansehen. Wenn ich bewusst gegen diesen Eid verstoße, dann sollen Jupiter Optimus Maximus und der unter die Götter aufgenommene Augustus und alle anderen unsterblichen Götter mir und meinen Kindern Vaterland, Gesundheit und all meinen Besitz nehmen. ...

6 *Fasst zusammen, wozu jeder, der diesen Eid schwören musste, sich verpflichtete.*

7 *Überlegt, warum der Kaiser diesen Treueid verlangte.*

Kaiserkult*:
Die römischen Kaiser wurden auch als Götter verehrt, zum Teil erst nach ihrem Tod, die meisten bereits zu Lebzeiten. Das römische Kaiserbildnis galt als Stellvertreter des Kaisers. Beleidigendes Verhalten gegenüber seinem Bild wurde als schweres Verbrechen geahndet.

Rom – Hauptstadt eines Weltreiches

1 Forum* Romanum: ① Curia, Tagungsort des Senats; ② Rostra*, Rednertribüne der Magistrate; ③ Bronzetafel des Zwölftafelgesetzes; ④ Basilica Aemilia, ein Handelsgebäude; ⑤ Staatsarchiv. Rekonstruktion 19. Jahrhundert.

Forum*:
Markt- und Versammlungsplatz in einer römischen Stadt, vergleichbar mit der griechischen Agora.

Rostra*:
An der Rednertribüne auf dem Forum Romanum waren bronzene Schiffsschnäbel („rostra") angebracht, die die Römer in Seeschlachten erbeutet hatten.

Modell eines Wohnblocks in Rom:
Die Mietshäuser waren billig gebaut. Ständig drohte Einsturzgefahr. Augustus verfügte, dass sie nicht mehr als sechs bis sieben Stockwerke haben durften. Weil es keine sicheren Beheizungseinrichtungen gab, wurden die Stadtviertel häufig von Bränden heimgesucht.

Alltag in Rom

Q1 Strabo (64 v. Chr.–14 n. Chr.), ein Grieche, schrieb nach einer Besichtigung Roms zur Zeit des Augustus:
... In Rom gibt es gepflasterte Straßen, Wasserleitungen und unterirdische Gräben, durch welche der Unrat aus der Stadt in den Tiber geleitet wird. Die Wasserleitungen führen so viel Wasser herbei, dass ganze Flüsse durch die Stadt und die unterirdischen Kanäle strömen und fast jedes Haus Wasserbehälter und reichlich sprudelnde Brunnen hat. Rom besitzt ferner zahlreiche herrliche Bauwerke. Viele davon stehen auf dem Marsfeld. Dieser Platz ist so groß, dass Wagenrennen und Pferdesport betrieben werden können, während sich gleichzeitig eine gewaltige Menge an Menschen im Ball- und Reifenspiel und im Ringen üben kann. Ferner gibt es viele Theater, breite Straßen, prächtige Tempel, herrliche Wohngebäude und Paläste.
Kommt man auf den alten Markt und sieht die prächtigen Bauten, die Tempel, Säulengänge und Wohngebäude, dann kann man leicht alles vergessen, was es sonst so gibt. So schön ist Rom. ...

Q2 Der römische Dichter Juvenal (60 bis 140 n. Chr.) meinte dagegen:
... In jedem Landstädtchen könnte ich mir ein Häuschen kaufen zum gleichen Preis, den ich hier jedes Jahr als Miete für ein finsteres Loch zahlen muss. ... Weil es an Schlaf fehlt, gehen in Rom viele Kranke zugrunde. ... Doch wen lässt die Mietwohnung schlafen? Jede Nacht rollen die Reisewagen durch die engen Gassen, wo Herden sich stauen und Flüche der Treiber hallen: Der Lärm weckt Erzschlafmützen ... auf. ... Bin ich in Eile, komme ich wegen der vielen Menschen kaum voran. Hinter mir drückt das Volk in Scharen nach. Der eine stößt mir den Arm in die Seite, ein anderer ein hartes Brett. Bald trifft mich ein Balken am Schädel, bald ein Ölfass. Kot bespritzt meine Waden, von allen Seiten bekomme ich Tritte von mächtigen Sohlen und bald tritt mir ein grober Soldat mit den Nägeln seiner Stiefel auf die Zehen. Nun, mein Freund, weißt du etwa, warum ich die Hauptstadt verlasse. ...

1 *Vergleicht die beiden Aussagen miteinander. Warum findet der Grieche Rom so besonders schön, weshalb verlässt der Römer die Stadt?*

Brot und Spiele

2 **Kampf zweier Gladiatoren.** Von einem Aufpasser werden die Gladiatoren mit einem Lederriemen immer wieder angetrieben. Fußbodenmosaik, um 240 n. Chr.

3 **Die Thermenanlage des Kaisers Caracalla (211 bis 217 n. Chr.).** Rekonstruktionsversuch, 19. Jahrhundert.

Der Kaiser versorgt die Untertanen

Zur Zeit des Kaisers Augustus lebten in Rom über eine Million Menschen. Unter ihnen gab es viele Arme, Berufs- und Arbeitslose. An über 200 000 bedürftige römische Bürger ließ der Kaiser daher jeden Monat je 30 kg Getreide, das aus allen Teilen des Reiches herbeigeschafft wurde, kostenlos verteilen, damit sie wenigstens genug zu essen hatten.

Die römischen Bürger forderten vom Kaiser aber nicht nur „Brot". Er sollte auch für Unterhaltung und Vergnügen in ihrer Freizeit sorgen. „Panem et circenses" („Brot und Spiele") – dafür hatten ihrer Meinung nach die Kaiser zu sorgen.

Abwechslung suchten die Römer auch in den Thermen*. Das waren prächtig ausgestattete Freizeitzentren mit Dampf- und Wasserbädern, Kalt- und Warm- sowie Schwimm- und Wannenbädern. Daneben gab es auch Sportplätze, Gymnastikhallen und Büchereien. Außerdem waren in den Säulenhallen zahlreiche kleine Läden eingerichtet, in denen man einkaufen konnte. Der Eintrittspreis in die Thermen war so niedrig, dass sie auch ärmere Leute besuchen konnten. In den größeren Thermen konnten sich bis zu 3000 Besucher gleichzeitig aufhalten.

Der Circus Maximus und das Kolosseum

Im Circus Maximus fanden Pferde- und Wagenrennen statt. Gerne gingen die Römer auch in das Kolosseum*, ein Rundbau, 50 m hoch, mit Platz für bis zu 80 000 Zuschauer. In der Mitte war – wie im Zirkus – eine Arena. Fast immer war das Kolosseum überfüllt. Alle wollten den Tierkämpfen zusehen, die der Kaiser für die Massen veranstalten ließ. Bären ließ man gegen Büffel kämpfen, Büffel gegen Elefanten oder Elefanten gegen Rhinozerosse. Häufig gab es auch den Kampf Mensch gegen Tier. Grausamer war der Kampf der Gladiatoren untereinander. Es war ein Kampf auf Leben und Tod. Die Kämpfer wurden von einer fanatischen Menge angefeuert. Beendet war der Kampf häufig erst dann, wenn einer der Kämpfer tot am Boden lag.

2 *Beschreibt die Situation auf Abbildung 2.*

3 *Nehmt Stellung zu den Gladiatorenkämpfen. Wie denkt ihr über diese „Freizeitunterhaltung"?*

4 *Überlegt, warum der Kaiser Gladiatoren- und Theaterspiele veranstalten ließ.*

5 *Gestaltet eine Wandzeitung für euer Klassenzimmer zum Thema: „Eine Rundfahrt durch das alte Rom". Materialien bekommt ihr in Büchereien und Reisebüros.*

Thermen*: *Römische Badeanstalten mit Kalt- und Warmwasserbad, mit offenem Hof für Sport und Spiel, Massage- und Ruheräumen, manchmal auch mit Bibliotheken.*

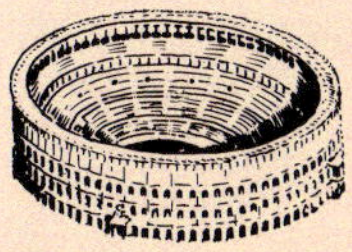

Kolosseum*: *Hier veranstalteten die Kaiser seit 80 n. Chr. Gladiatorenkämpfe und Tierhetzen. Für Seegefechte konnte man den Innenraum unter Wasser setzen.*

Wagenrennen im Circus Maximus. *Relief, um 200 n. Chr.*

Pompeji – Leben in der Kaiserzeit

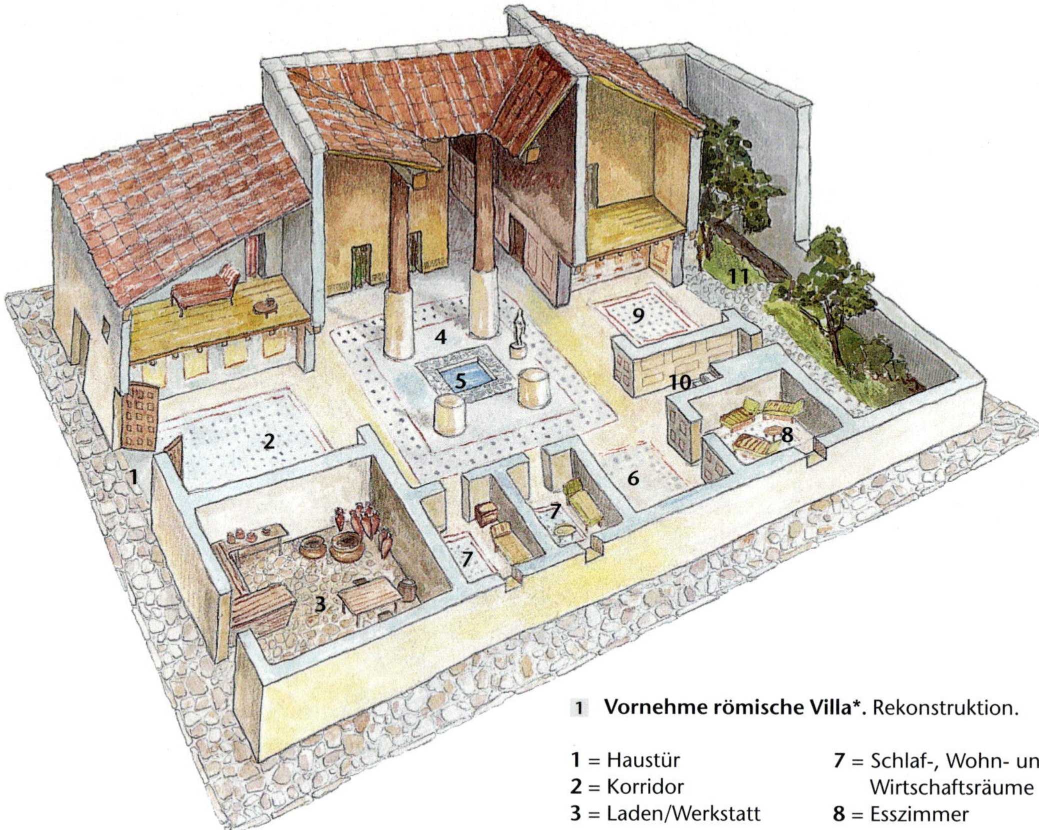

1 Vornehme römische Villa*. Rekonstruktion.

1 = Haustür
2 = Korridor
3 = Laden/Werkstatt
4 = Atrium*
5 = Regenbecken
6 = Seitenflügel
7 = Schlaf-, Wohn- und Wirtschaftsräume
8 = Esszimmer
9 = Gesellschaftsraum
10 = Gang
11 = Garten

Villa* *(lat. = Landhaus): Bei den Römern war die Villa das zu einem Landgut gehörende Herrenhaus. Später bezeichnete die Villa auch die vornehmen Stadtwohnungen. Ihre reichen Besitzer verfügten in der Regel über landwirtschaftliche Güter.*

Atrium*:
In der Eingangshalle (lat. = atrium) empfingen reiche Römer ihre Gäste. Durch die Öffnung im Dach fiel Licht ein. Regenwasser wurde in einem Becken aufgefangen.

Öffentliche Latrine in Pompeji.

Schrittsteine über eine Straße in Pompeji.

Q1 Kaiser Tiberius (14–37 n. Chr.) sagte einmal:
… Was soll ich zuerst verbieten? Den grenzenlosen Umfang der Villen? Die riesige und aus allen Nationen zusammengesetzte Dienerschaft? Die Schwere der Silber- und Goldgefäße? Die kostbaren Gewänder, die ebenso von Männern wie von Frauen getragen werden? Unsere Siege über fremde Völker ermöglichen es, fremdes Gut so zu verprassen. …

1 *Beschreibt, wie ein reicher Römer in Pompeji gewohnt hat. Betrachtet dazu auch die Abbildungen 1 und 2 sowie die Abbildung 1 auf Seite 126.*

Zur Zeit des Kaisers Tiberius lebten in Pompeji schätzungsweise 16 000 Menschen, darunter etwa 4000 Sklaven. Neben zahlreichen prunkvollen Villen gab es auch viele einfache Häuser mit kleinen Zimmern für die Armen. Läden, Wirtshäuser und Bars fanden sich vor allem an den Hauptstraßen. Eine Wasserleitung versorgte die Häuser der Reichen, die öffentlichen Bäder und Brunnen mit Wasser. Es gab keine ausreichende Kanalisation. Fast alle Einwohner benutzten die öffentlichen Latrinen. Abfälle warf man einfach in den Rinnstein. Bis zu 8,5 m breite Hauptstraßen waren mit Lavasteinen gepflastert und wiesen künstlich eingeschnittene Spurrinnen für die Wagenräder auf. Als Zebrastreifen dienten Schrittsteine, die das Überqueren der Straße erleichterten.

2 *Überlegt, welche Folgen auftreten können, wenn eine Stadt über keine oder nur eine unzureichende Kanalisation verfügt.*

Pompeji – Leben in der Kaiserzeit

2 **Römische Luxusvilla in Pompeji.** Rekonstruktion.

3 **Pompeji im 1. Jahrhundert n. Chr.** – Links eine Werkstatt, in der Stoffe bearbeitet werden. – Über dem Eingang die Köpfe von vier Schutzgöttern. – Rechts daneben: Ein Heiligtum, das den 12 Schutzgöttern des Stadtviertels geweiht war. – Weiter rechts: Ein Gasthaus (Taverne) mit einer Bar und weiteren Zimmern im Obergeschoss.

Der Ausbruch des Vesuv

1 Pompeji in den ersten Minuten des Bimssteinhagels 79 n. Chr.

Zur Ausgrabungsgeschichte Pompejis: *Nach der Katastrophe 79 n. Chr. versuchten Überlebende und Plünderer in die Stadt vorzudringen. Sie geriet aber bald in Vergessenheit, bis man 1592 beim Bau einer Wasserleitung auf Überreste stieß. Erst nachdem man im 18. Jahrhundert Skulpturen und Teile eines Theaters unter den Lavamassen von Herculaneum gefunden hatte, begannen planmäßige Ausgrabungen. An versunkene Schätze zu kommen war dabei ein wichtiges Motiv. 1860 setzte dann die wissenschaftliche Erforschung Pompejis ein. Heute ist es wieder von Zerstörung bedroht. Gefahren gehen von der Umweltverschmutzung, dem immer noch aktiven Vesuv und nicht zuletzt von den Touristenströmen aus, die die freigelegte Stadt nicht zur Ruhe kommen lassen.*

Der Vesuv bricht aus

Pompeji war ein wichtiges Handels- und Industriezentrum und verfügte über einen eigenen Hafen. Als die Stadt 62 n. Chr. durch ein gewaltiges Erdbeben weitgehend zerstört wurde, begannen seine Bewohner sofort mit dem Wiederaufbau. Die Arbeiten an den öffentlichen Gebäuden und den Privathäusern waren noch lange nicht vollendet, als am 24. August 79 n. Chr. über die Stadt eine Katastrophe hereinbrach. Eine große Aschewolke zog bis Misenum, wo sich gerade Plinius der Jüngere aufhielt.

Q1 In zwei Briefen an den Geschichtsschreiber Tacitus berichtete der römische Politiker und Schriftsteller Plinius der Jüngere (um 62–114 n. Chr.) über den Vesuvausbruch:
... Eine dicke Qualmwolke, die wie ein reißender Strom über die Erde dahinschoss, folgte uns drohend. „Wir wollen ausbiegen", rief ich (meiner Mutter zu), „solange wir noch etwas sehen, damit wir nicht auf der Straße in der Finsternis von der Menschenmasse ringsum zertrampelt werden."
Wir hatten uns kaum niedergesetzt, da umhüllte uns bereits die Nacht. ... Man hörte das Heulen der Frauen, das Gewimmer der Kinder, die Schreie der Männer. ... Die einen jammerten über sich selbst, die anderen über das Unglück der Ihren. Viele hoben die Hände zu den Göttern, groß war die Zahl derer, die glaubten, es gebe keine Götter mehr und über die Welt sei die letzte, die ewige Nacht hereingebrochen. ...
Reichlich und schwer fiel die Asche herab. Von Zeit zu Zeit mussten wir aufspringen und sie abschütteln, sonst hätte sie uns völlig bedeckt und durch ihr Gewicht erdrückt. ...

1 *Informiert euch (z. B. im Erdkundeunterricht) darüber, wie es zu einem Vulkanausbruch kommen kann.*

Eine Stadt stirbt

Als Plinius in Misenum vor dem Ascheregen floh, war in Pompeji bereits alles Leben erloschen. Um 10.00 Uhr vormittags begann, ohne Vorwarnung, der Ausbruch des Vesuv mit einem furchtbaren Knall. Millionen Tonnen von Bimsstein, Lava und Asche wurden in den Himmel geschleudert und trieben in einer schwarzen Wolke auf Pompeji zu.
Mauern und Dächer stürzten ein und begruben Mensch und Tier unter sich. Nur drei Stunden später war jegliches Leben hier erloschen. Heftige Blitze, Erd- und Seebeben begleiteten die Katastrophe, die drei Tage andauerte und die Stadt schließlich unter einer 5 m dicken Schicht versinken ließ.
Die infolge von Regenfällen feuchte Asche legte sich um die Leiber und drang in die Fal-

ten der Kleider, bevor sie erstarrte. Als die Körper zerfielen, blieb ihr Abdruck in der Asche erhalten. Als man im 19. Jahrhundert mit der systematischen Grabung in Pompeji begann, goss man in die so entstandenen Hohlformen flüssigen Gips. Man erhielt so ganz genaue Abbilder von Tieren und Menschen in Pompeji während der letzten Sekunden ihres Lebens.

M1 Ein Wissenschaftler berichtet:

... Im Hause des Vesonius Primus hatte man vergessen den Hund, der im Atrium angekettet war, freizulassen. Durch die Öffnung im Dach rieselte Schlacke in den Raum. Das unglückliche Tier kletterte auf die Asche, soweit es die Kette zuließ. Schließlich war der Hund besiegt; er drehte sich auf den Rücken, versuchte unter dem Einsatz seiner ganzen Kraft sich zu befreien, und verendete (Abbildung 3). Im Hause des Fauns konnten sich die Eigentümer nicht dazu entschließen, ihre Schätze im Stich zu lassen. In aller Eile suchte die Hausherrin ihre kostbarsten Besitztümer zusammen: goldene Armreifen in Schlangenform, Haarnadeln, Ohrringe, einen silbernen Spiegel und eine mit Goldstücken gefüllte Börse; dann erst wandte sie sich zur Flucht.

Aus Angst vor der Asche kehrte sie zurück; kurz darauf stürzte das Dach ein und begrub die Unglückliche samt ihren Schätzen unter sich. Die anderen Hausbewohner erstickten in ihren Verstecken. ...

Die Gladiatorenkaserne wurde zu einer tödlichen Falle für ihre Bewohner. Zwei, die in Ketten lagen, gingen elend zugrunde, denn niemand kümmerte sich um sie; die anderen zogen sich in bestimmte Räume zurück. Der Tod ereilte dort 63 Menschen. ...

2 *Betrachtet Abbildung 4 und die Zeichnung 1. Welche Gründe könnten Menschen an einer schnellen Flucht gehindert haben?*

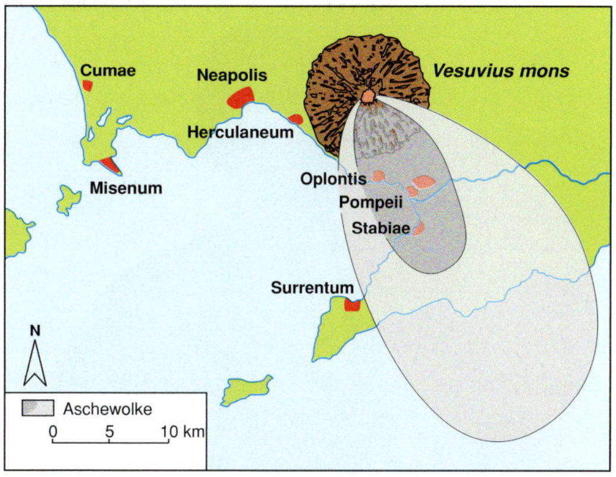

2 **Die Bucht von Neapel 79 n. Chr.**

3 **Abguss vom Wachhund des Vesonius Primus.**

4 **Abguss eines Maultiertreibers, der sich zum Schutz gegen den Ascheregen in seinen Umhang hüllte und erstickte.**

Fundstücke aus Pompeji:

Tragbares Kohlebecken.

Armreif in Gestalt einer Schlange.

Geldbörse aus Silber.

Lesetipp:

Ellis Dillon: Im Schatten des Vesuv. Herder, Freiburg Verlag 1980.

Sara C. Bisel: Die Geheimnisse des Vesuv. Tessloff Verlag, Nürnberg 1991.

Melanie Rice u. a.: Pompeji. Der Untergang einer Stadt. Gerstenberg Verlag, Hildesheim 1999.

Familie und Erziehung

1 **Ein Römer mit den Büsten seiner Vorfahren.** 1. Jahrhundert n. Chr.

2 **Eine Frau mit einer Schreibtafel; ihr Mann mit einer Buchrolle.** Wandbild aus Pompeji, um 70 n. Chr.

Die römische „familia"

An der Spitze einer Adelsfamilie stand der „pater familias", der Vater der Familie. Er besaß auf Lebenszeit über alle Familienmitglieder uneingeschränkte Macht, er allein entschied über das Vermögen und nur er konnte Verträge schließen. Und er allein entschied, ob ein Neugeborenes aufgezogen oder ausgesetzt wurde. Vor allem Mädchen wurden häufig ausgesetzt. Über alle Mitglieder der „familia" konnte der „pater familias" Strafen, sogar die Todesstrafe verhängen. Zur engeren Familie gehörten neben der Ehefrau und den Kindern auch Enkel und Urenkel und die Familien der verheirateten Söhne. Ferner wurden zur Familie auch die Sklaven und die Klienten gezählt.

1 *Betrachtet Abbildung 1 und überlegt, warum der Römer mit den Büsten seiner Ahnen dargestellt wird.*

Frauen in Rom

Die Römerin heiratete im Alter zwischen 12 und 14 Jahren. Als Ehefrau war sie vor allem „mater familias", die Mutter der Familie. Sie sorgte für das Haus, beaufsichtigte die Sklavinnen und kümmerte sich um die Erziehung der Kinder. Mit dem Beginn der Kaiserzeit erhielten die Römerinnen größere Freiheit und Selbstständigkeit. Kein Vater konnte seine Tochter mehr zwingen eine Ehe einzugehen. Politische Rechte erhielten die römischen Frauen allerdings auch jetzt noch nicht; sie konnten also auch weiterhin keine öffentlichen Ämter übernehmen. So beschäftigten sich Frauen der Oberschicht häufig mit Bildung und Wissenschaft. Als Beraterinnen ihrer Männer wurden sie von römischen Schriftstellern immer wieder wegen ihrer politischen Klugheit gelobt. Stärker als früher nahmen sie am öffentlichen Leben teil, besuchten religiöse Feste, öffentliche Spiele, Theater, Thermen und Zirkusspiele.

Für die Frau eines einfachen Römers sah das Leben anders aus: In den engen, vom Einsturz bedrohten Mietskasernen wohnend musste sie häufig allein für den Lebensunterhalt und die Erziehung der Kinder sorgen. Hatte sich ihr Mann als Berufssoldat für eine zwanzigjährige Dienstzeit verpflichtet, so kam er oft jahrelang nicht nach Hause.

2 *Beschreibt, welche Eigenschaften einer Römerin auf Abbildung 2 als besonders lobenswert erscheinen.*

Schule und Unterricht

3 Privatlehrer. Relief, 3. Jahrhundert n. Chr.

Bis zum 6. oder 7. Lebensjahr wurden die Kinder von ihrer Mutter erzogen. In den wohlhabenderen Familien übertrug man die Erziehung auch geeigneten Sklavinnen oder Sklaven. Ursprünglich übernahm der „pater familias“ die weitere Erziehung der Söhne, Mädchen blieben in der Obhut der Mutter. Die Väter führten ihre Söhne in das Leben ein, in dem sie später „ihren Mann stehen“ sollten. Ab dem 2. Jahrhundert v. Chr. vermittelten Privatschulen die Bildungsinhalte, unter griechischem Einfluss vermehrt auch musische Fächer. Eine Schulpflicht gab es nicht.

3 *Seht euch Abbildung 3 an. Welche Situationen im Leben eines römischen Jungen sind hier dargestellt?*

M1 Ein heutiger Wissenschaftler schreibt:

… Der Unterricht begann früh am Morgen, ging pausenlos bis zum Mittag durch, wurde unter dem Vordach eines Ladens abgehalten, ständig umbrandet vom Straßenlärm, von dem ihn lediglich einige Zeltplanen trennten. Die gesamte Ausstattung bestand aus einem Stuhl für den Lehrer, Bänken oder Schemeln für die Schüler, einer schwarzen Tafel, Schreibtäfelchen und einigen Rechenbrettern. Der Unterricht ging das ganze Jahr hindurch und wurde nur an Markttagen und während der Sommerferien ausgesetzt. …

4 Bestrafung eines Schülers. Nach einem Wandgemälde aus Herculaneum, 1. Jahrhundert n. Chr.

Lehrer waren häufig freigelassene Sklaven, denen die Schüler vielfach mit Verachtung begegneten. Um sich durchzusetzen griffen sie deshalb häufig zur Prügelstrafe. Ganz anders ging es in den teuren Privatschulen zu, die nur von Kindern der Oberschicht besucht wurden. Begleitet von einem Sklaven, der Schreibzeug, Tafel und Lineal tragen musste, gingen die Kinder morgens zum Unterricht, der von einem gut ausgebildeten Lehrer gehalten wurde. …

4 *Für den Schulabschluss sagte man in Rom häufig „die Hand unter dem Stock wegziehen“. Erklärt diese Redewendung.*

Schreibtafel aus Wachs mit Griffel. Rekonstruktion

Tintenfass mit Feder und Pergament. Rekonstruktion.

Werkstatt Geschichte: Culinaria Romana

1 **Asterix und Obelix bei Tisch.** Comic-Zeichnung.

Römische „Tischsitten"
Etwa gegen 6 Uhr früh stand der Römer auf. Zum Frühstück aß er Brot, Käse, Eier und trank dazu Wasser. Gegen 11 bis 12 Uhr mittags nahm er – meist in Eile – ein paar Bissen von kalten Speisen (Gemüse, Obst, Eier, Fisch) ein. Die Hauptmahlzeit, die „cena", fand am Nachmittag statt und dauerte unterschiedlich lang, je nachdem, ob sie als einfaches Essen oder als Festmahl gestaltet war.
Nach griechischem Vorbild wurde nicht in sitzender Haltung, sondern auf Ruhebänken liegend gegessen. In Hufeisenform waren sie um einen viereckigen Tisch angeordnet. Eine Seite ließ man zum Bedienen der Gäste offen.
Die Gerichte waren in kleine Portionen aufgeteilt, sodass sie mit den Fingern zum Mund geführt werden konnten. Bei flüssigen Speisen kam ein Löffel zum Einsatz. Zum Reinigen der Hände wurden während der Mahlzeit Gefäße mit Wasser gereicht.

Speisen und Getränke
Was auf dem Speisezettel stand, hing – wie auch heute – vom „Geldbeutel" ab. Die Hauptnahrung der Ärmeren bestand aus Brot minderer Qualität, Gemüse (Bohnen, Linsen, Kichererbsen) und in Salzlake haltbar gemachtem Fisch. Allgemein als Würzmittel beliebt war das „garum", eine aus gepökeltem Fisch hergestellte Sauce, die einen sehr intensiven Geruch verbreitete. Zum Essen wurde mit Wasser verdünnter Wein getrunken. Die Wohlhabenden gönnten sich – für unseren Geschmack – recht ausgefallene Leckerbissen mit Zutaten, die aus den unterschiedlichsten Regionen innerhalb und außerhalb des Reiches stammten. Eine Vorstellung davon geben uns die Rezepte des Apicius. Er war ein Zeitgenosse des Kaisers Tiberius (14–37 n. Chr.) und galt als verschwenderischer Feinschmecker. Nachdem er sein ganzes Vermögen vergeudet hatte, beging er Selbstmord. 200 Jahre später erschien unter seinem Namen ein Kochbuch.

Q1 Aus dem Kochbuch des Apicius:
Parthisches Huhn
Schneide das Hühnchen am Rücken auf und spreize es auseinander. Zerstoße Pfeffer, Liebstöckel, Kümmel, gib Fischsoße dazu und vermische es mit Wein. Lege das Hühnchen auf einen Teller ... und gieße die Soße darüber. Löse starkes Asa foetida (Wurzelextrakt einer Pflanze) in warmem Wasser auf und gieß es während des Kochens über das Hühnchen. Serviere es wohlgewürzt mit Pfeffer.

1 *Versucht den Rezeptvorschlag des Apicius nachzukochen.*
Für vier Personen braucht ihr:
4 Stücke vom Huhn (Brust oder Schlegel)
gemahlenen schwarzen Pfeffer
170 ml Rotwein
30 ml Fischsoße
2 TL klein geschnittenes Liebstöckel- oder Selleriegrün
2 TL Kümmelsamen.
Die Hühnerteile in eine Kasserolle legen und großzügig mit Pfeffer bestreuen. Den Wein und die Fischsoße vermischen, Liebstöckel und Kümmelsamen dazugeben und das Hühnerfleisch damit übergießen; abgedeckt im vorgeheizten Backofen bei 190°C (Gas Stufe 5) eine Stunde lang braten. Nach einer halben Stunde den Deckel abnehmen, damit das Fleisch bräunt; mit etwas Soße übergossen auftragen.

Wirtschaft und Handel in der Kaiserzeit

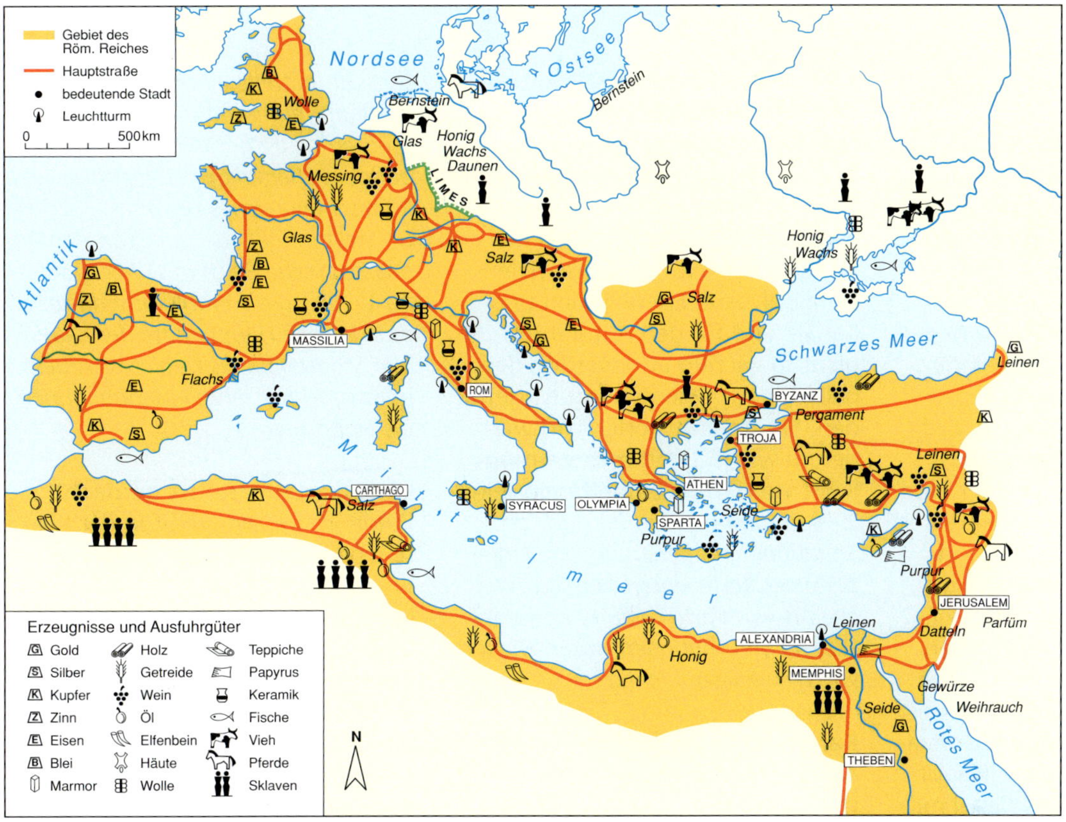

1 **Die Wirtschaft des Römischen Reiches im 1. Jahrhundert n. Chr.:** Produkte, die nach Rom geliefert wurden.

Mit Kaiser Augustus begann für das Römische Reich eine Zeit des Friedens. So konnte sich der Handelsverkehr auf den Straßen ungestört entwickeln. Auch die Handelsschiffe wurden nicht mehr wie in den Jahren zuvor von Seeräubern bedroht.

Dies kam den Fernhändlern gelegen, die ihre Waren lieber mit dem Schiff beförderten. Der Transport zu Lande mit von Ochsen gezogenen Wagen war im Vergleich dazu außerordentlich teuer; er spielte eine größere Rolle bei kürzeren Entfernungen.

Schiffe löschten in der alten römischen Hafenstadt Ostia Waren aus aller Welt; von hier wurden sie tiberaufwärts nach Rom gebracht und im Stadthafen oder auf dem Forum verteilt.

1 *Fertigt mithilfe der Karte eine Tabelle an. In die linke Spalte tragt ihr die heutigen Ländernamen ein, in die rechte Spalte die Waren, die nach Rom geliefert wurden.*

2 *Informiert euch in einem Lebensmittelgeschäft, aus welchen Ländern z. B. Gemüse, Obst usw. kommen.*

M1 Ein Wissenschaftler schreibt:

... In den drei Häfen Roms strömten die Güter der Welt zusammen: Gemüse, Obst und Wein aus Italien; Getreide aus Ägypten und Afrika; Öl, Pökelfleisch, Blei, Silber und Kupfer aus Spanien; Wild, Holz und Wolle aus Gallien; Datteln aus den Oasen; Marmor aus Griechenland und Numidien; Elfenbein aus Nordafrika; Bernstein aus den baltischen Ländern; Glasschätze aus Phönizien und Syrien; Stoffe und Seide aus dem Orient; Weihrauch aus Arabien; Gewürze und Edelsteine aus Indien. ...

3 *Lest nochmals den Rezeptvorschlag des Apicius auf Seite 154. Aus welchen Ländern oder Regionen könnten die Zutaten in römischer Zeit gestammt haben?*

Wie die Griechen (siehe S. 107) transportierten auch die Römer z. B. Olivenöl, Wein und Trockenobst in doppelhenkligen Krügen, den ***Amphoren****.*

Methode: Arbeit mit Karten

Karten im Erdkundeunterricht

Im Erdkundeunterricht habt ihr bereits mit verschiedenen thematischen Karten gearbeitet. Nur die Umrisse von Land und Meeren und auch der Verlauf von Flüssen sind auf Karten eines bestimmten Gebietes immer gleich. Dieses „Kartenbild" hilft uns bei der Orientierung, wenn wir es uns gut eingeprägt haben.

Am häufigsten arbeitet ihr im Erdkundeunterricht mit physischen Karten, die die Oberfläche der Erde zeigen. Flüsse, Seen und Meere sind blau eingetragen. Die Landmassen sind zumeist grün, beige und braun eingezeichnet und zeigen so verschiedene Höhenlagen. Man legt aber auch Karten zu vielen anderen Themen an:

– Politische Karten zeigen die Staaten mit ihren Grenzen und Hauptstädten. Staaten werden dabei mit einer bestimmten Flächenfarbe dargestellt, Grenzen als Linien und Städte mit bestimmten Zeichen, meist als Punkte oder Kreise unterschiedlicher Größe. Diese Zeichen nennt man Signaturen.

– Wirtschaftskarten zeigen die Verbreitung von Bergbau, Industrie, Land- oder Forstwirtschaft. Das kann durch bestimmte Flächenfarben geschehen, meist werden aber verschiedene Signaturen benutzt.

– Verkehrskarten stellen mit Linien und Signaturen Straßen-, Eisenbahn- und Kanalnetze dar, aber auch Flugrouten.

Flächenfarbe, Linien und Signaturen werden am Rand jeder Karte in der Legende erklärt.

1 *Sucht aus eurem Atlas Karten von Europa zu den verschiedenen Themen heraus. Beschreibt, welche Flächenfarben, Linien und Signaturen vorkommen und was sie bedeuten.*

Karten werden zu bestimmten Zwecken angelegt

Jede Karte hat ihren besonderen Zweck. Der Autoatlas beispielsweise zeigt nicht das gesamte Verkehrsnetz, sondern hauptsächlich das Straßennetz mit möglichst vielen Details. Flüsse, Eisenbahnen und Kanäle sind für den Autofahrer nicht so wichtig und werden deshalb nur zur Orientierung eingetragen. Städte und Dörfer sind wiederum wichtig und müssen möglichst vollständig eingetragen sein.

2 *Bestimmt erinnert ihr euch an Situationen, in denen ihr eine Frage mit einer Karte klären musstet. Welche Art von Karte habt ihr benutzt? Welche Informationen waren wichtig, welche weniger wichtig?*

Karten im Geschichtsunterricht

Auch im Geschichtsunterricht wird mit Karten gearbeitet. Genau wie im Erdkundeunterricht sind es thematische Karten. Der Unterschied besteht darin, dass die Karten in eurem Geschichtsbuch oder in einem Geschichtsatlas nicht die heutige Situation zeigen wollen, sondern die Situation zu einem vergangenen Zeitpunkt. Ein Beispiel dafür seht ihr auf der gegenüberliegenden Seite. Andere Karten zeigen aber auch Veränderungen zu bestimmten Themen zwischen festgelegten Zeitpunkten. Ein Beispiel dafür findet ihr auf Seite 129.

3 *Stellt fest, welchen Zeitpunkt die Karte auf S. 157 darstellt und welcher Zeitraum auf der Karte von S. 129 dargestellt wird.*

4 *Vergleicht die Karte von S. 157 mit einer Karte des heutigen Mittelmeerraumes aus eurem Atlas und stellt zusammen, welche Elemente der Karte unverändert dargestellt werden.*

5 *Stellt mithilfe einer politischen Karte aus eurem Atlas fest, welche Staaten heute ganz oder teilweise auf dem ehemaligen Gebiet des Römischen Reiches liegen.*

6 *Stellt mithilfe der Anleitung unten das Römische Reich in seiner größten Ausdehnung als Wandkarte dar und markiert die Hauptstädte der heutigen Staaten dieses Gebietes (Arbeitsauftrag 5) mit ihren Nationalfahnen als Signaturen.*

Wandkarten – selbst gemacht

Wenn ihr für die Arbeit in der Klasse eine Wandkarte selbst anlegen wollt, könnt ihr euch die Arbeit leicht machen, indem ihr das Kartenbild aus dem Atlas zunächst mit einem Folienstift auf eine OHP-Folie durchpaust. Wenn ihr die Folie dann mit dem OHP auf die Zeichenfläche (alte Tapetenrollen, Packpapierbögen) projiziert, müsst ihr die Linien nur noch mit einem dicken Filzstift nachziehen.

1 Wandkarten – selbst gemacht.

Methode: Arbeit mit Karten

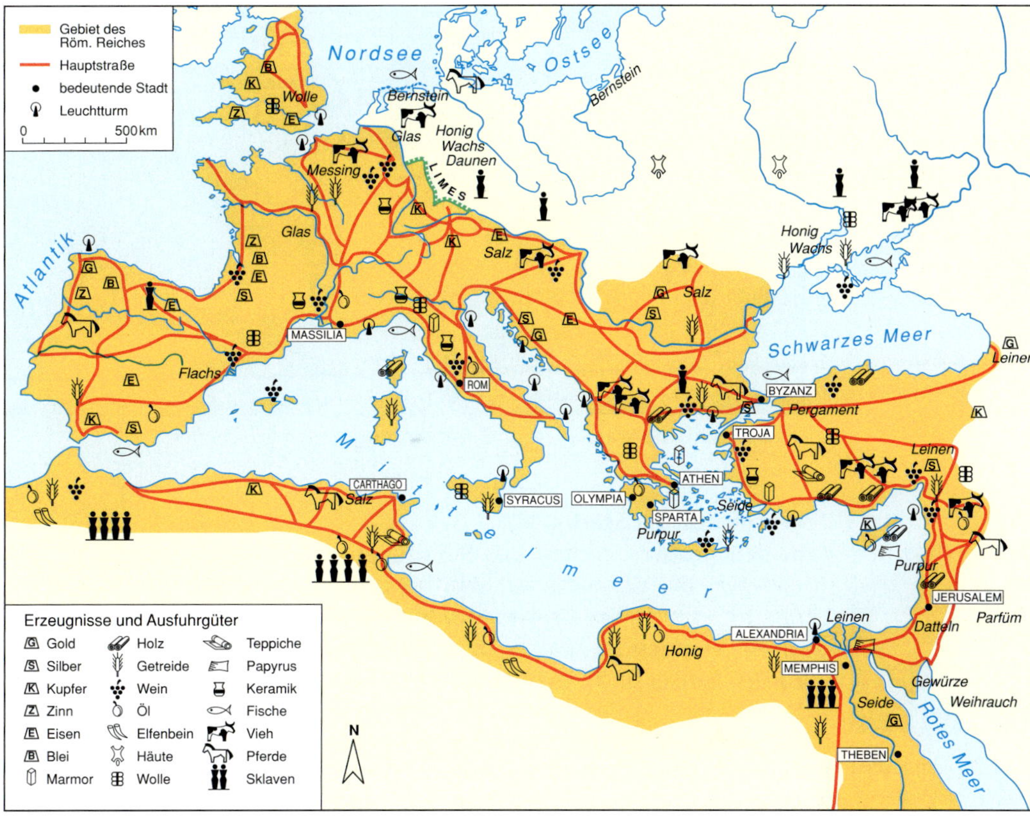

2 Die Wirtschaft des Römischen Reiches im 1. Jahrhundert n. Chr.: Produkte, die nach Rom geliefert wurden.

Bei der Arbeit mit Geschichtskarten helfen folgende Schritte (ihr könnt sie zunächst am Beispiel der Karte oben anwenden):

1. Schritt
Thema und Zeitraum bestimmen

Antwort gibt meist der Titel einer Karte. Er ist in diesem Buch unter oder neben den Karten abgedruckt. Wenn der Zeitraum im Titel nicht zu erkennen ist, müsst ihr einen Blick in die Legende werfen oder auf der Karte eingetragene Jahreszahlen berücksichtigen.

2. Schritt
Das dargestellte Gebiet bestimmen

Häufig wird das Gebiet im Titel einer Karte genannt. Fehlen die Angaben, müsst ihr euch am Kartenbild orientieren.
(Zur Karte oben müsst ihr selbst eine Bezeichnung finden, die heute für dieses Gebiet gebraucht wird.)

3. Schritt
Farben und Zeichen erkennen

Fast jede Karte hat eine Zeichenerklärung, die so genannte Legende. Dort findet ihr für Farben und Symbole Erklärungen, die nicht in der Karte selbst stehen.
(Zur Karte oben findet ihr die meisten Angaben in der Legende.)

4. Schritt
Aussagen der Karte zusammenfassen

Manchmal hilft es, die Aussagen einer Karte in einem kurzen Bericht zusammenzufassen.
(In der Karte oben könntet ihr z. B. den Weg bestimmter Waren verfolgen und darüber berichten oder ihr könntet euch in die Situation eines Händlers versetzen, der Waren, die er verkaufen möchte, an einem bestimmten Ort beschaffen will.)

Die Wasserver- und -entsorgung

1 **Die römische Wasserver- und -entsorgung.** Schemazeichnung.

Römischer Aquädukt (Wasserleitung) *in Segovia (Mittelspanien), 1. Jahrhundert n. Chr. Der 800 m lange Aquädukt ist immer noch betriebsfähig.*

Wasser für die Städte

In den großen Städten des Römischen Reiches war der Wasserbedarf sehr hoch. Nicht nur für die Trinkwasserversorgung wurden große Mengen an Wasser benötigt. Gerber, Färber, Müller und viele Handwerker brauchten Wasser bei der Ausübung ihres Berufes. Hinzu kam der Wasserbedarf der öffentlichen Badeanstalten, die von den Römern gern und häufig aufgesucht wurden. Auch für die Aufführung von Seeschlachten im Kolosseum waren Unmengen von Wasser notwendig.

Q1 Der römische Dichter Martial (um 40 bis 103/104 n. Chr.) berichtete darüber:
... Falls du, Zuschauer, von fernen Küsten hergereist ... bist, ... dann lass dir, damit dich die Seeschlacht mit ihren Schiffen nicht täusche, gesagt sein: Hier war eben noch Land. Du glaubst es nicht? Dann schau noch weiter zu, während Mars auf dem Meer sich erschöpft: Es wird nicht lange dauern und du wirst sagen: Hier war eben noch Meer. ...

1 *Versucht herauszufinden, welche Einstellung Martial gegenüber den Veranstaltungen einnimmt.*

Wasserversorgung auf hohem Niveau

Um den hohen Wasserbedarf einer römischen Stadt zu decken wurden seit 312 v. Chr. Fernwasserleitungen aus den Quellgebieten der umliegenden Berge in die Städte gelegt. Am Rande der Städte wurde das Wasser auf Rohrleitungen für die öffentlichen Brunnen und für die Thermen verteilt. Hier begannen auch die Wasserleitungen zu den Privathäusern der Reicheren. Wer in einem Mietshaus lebte, hatte selbst kein fließendes Wasser. Diese Menschen mussten ihr Wasser aus den öffentlichen Brunnen holen.

Die Abwasserbeseitigung

Q2 Der griechische Geograf Strabo beschrieb, wie das gebrauchte Wasser wieder fortgeschafft wurde:
... Die Römer ... sorgten ... für unterirdische Kanäle, die den Schmutz der Stadt in den Tiber spülten. ... (Diese) aus eng aneinander gefügten Steinen gewölbten Kloaken sind manchmal so weit, dass sie mit Heu beladenen Wagen Durchfahrt bieten können. ...

In diese Kloaken hinein floss auch das Abwasser der öffentlichen Toiletten. Gullis nahmen das Wasser auf, das sich in den Straßen sammelte. Regelmäßige Spülungen der Abwasserkanäle mit frischem Wasser sollten diese durchlässig halten.

2 *Beschreibt mithilfe von Q 2 und der Schemazeichnung, wie Wasserver- und -entsorgung einer römischen Stadt miteinander verknüpft waren.*

3 *Überlegt, welche Probleme sich durch dieses Zusammenwirken ergeben haben könnten.*

Der Straßenbau

2 **Bau einer Römerstraße: rechts im Bild ein Landvermesser, unten ein Querschnitt durch eine Landstraße.** Rekonstruktion.

Unter Augustus wurden verstärkt Soldaten zum Straßenbau eingesetzt. Die Straßen waren bis zu 7 m breit. Das Fundament bestand meist aus größeren Steinen, darauf folgte eine Schicht aus grobem Steinschotter und eine weitere Schicht aus feinerem Kies. Die Straßendecke bestand ebenfalls aus Kies, in Städten oder in der Umgebung von Städten auch aus Steinplatten. Sie war leicht gewölbt, damit das Regenwasser in die Gräben zu beiden Seiten der Straße abfließen konnte. Wachtposten überwachten an wichtigen Kreuzungspunkten den Straßenverkehr. Für Reisende gab es in regelmäßigen Abständen Rasthäuser mit Schlafzimmern, Bädern und Ställen für Pferde und Wagen. Die Straßen dienten vor allem der Sicherung des Reiches: Auf den Straßen ritten Boten nach Rom, berichteten dem Kaiser von der militärischen Lage an den Grenzen und kehrten mit seinen Befehlen zu den Truppen zurück.

Truppen konnten schnell von einem Ort an einen anderen verlegt werden. Waffen, Handwerkserzeugnisse und Nahrungsmittel gelangten in kurzer Zeit bis zu den entferntesten Grenzbefestigungen. Zur Zeit seiner größten Ausdehnung verfügte das Römische Reich über ein Straßennetz von 250 000 km; davon waren 80 000 km Fernstraßen (Länge der Autobahnen in der Bundesrepublik Deutschland = 12 000 km), die ständig überwacht wurden. Zahlreiche Brücken aus Holz, aber auch feste Steinbrücken überspannten die Flüsse und Bäche.

Wer oft unterwegs war, versprach den Göttern vor Antritt einer Reise einen wertvollen Weihestein für den Fall, dass er mit der Ware heil nach Hause zurückkehren würde.

4 *Stellt euch vor, ihr wärt Römer und hättet die Aufgabe eine Straße zu bauen. Betrachtet die Abbildung 2 und sprecht über die Aufgaben, die dabei gelöst werden müssen. Nicht alle Arbeiten des römischen Straßenbaus sind gezeigt. Denkt bei euren Planungen daran, dass die Soldaten auch verpflegt und untergebracht werden müssen.*

5 *Seht euch nochmals die Abbildung 2 an. Schreibt folgende Geschichte zu Ende: „Sobald der Landvermesser eine Straße mit Stangen abgesteckt hatte, …"*

Via Appia: *Die älteste gepflasterte Straße im Römischen Reich.*

Ordnung und Sicherheit durch römisches Recht

1 **Die umgekehrte Kreuzigung.** Sie war sehr schmerzhaft, allerdings verlor das Opfer relativ schnell das Bewusstsein.

Vom mündlichen zum schriftlichen Recht

Schon kurz nach der Entstehung der römischen Republik bemühten sich die römischen Bürger um rechtliche Sicherheit. Aber nur die Adligen konnten sich bestimmte politische Rechte erstreiten. Bis dahin gab es nur mündlich überlieferte Gesetze und Regeln für das Zusammenleben. Weil das mündlich überlieferte Recht nicht selten zu ihrem Nachteil oder willkürlich ausgelegt wurde, erstritten die Plebejer 450 v. Chr., dass die geltenden Gesetze schriftlich festgehalten wurden. Das so entstandene Zwölftafelgesetz mussten die jungen Römer jahrhundertelang in der Schule auswendig lernen. Es regelte z. B. den Ablauf eines Prozesses, die Rechte des Einzelnen in der Familie, enthielt Bestimmungen über Erbschaft und Eigentum und legte für den Fall einer Verurteilung das Strafmaß fest.

Zur Zeit der römischen Republik erließen der Senat, der Magistrat und die Volksversammlung neue Gesetze. In der Kaiserzeit nahm der Prinzeps immer mehr Einfluss auf die Gesetzgebung. Die kaiserliche Rechtsprechung wurde als „Quelle allen Rechts" bezeichnet. Das Zwölftafelgesetz blieb aber gültig und wurde nur durch immer neue Gesetze erweitert.

Rom straft ohne Gnade

Das römische Gesetz strafte hart und behandelte nicht alle Bürger gleich. Wenn z. B. jemand einem Freien einen Knochen brach, musste er als Buße 300 As zahlen. War der Leidtragende allerdings ein Sklave, betrug die Buße nur 150 As. Der Römer Lucius Veratius, der mit der römischen Gesetzgebung gut vertraut war, machte sich ein Vergnügen daraus, Ohrfeigen auszuteilen. Falls der Geohrfeigte sich dies nicht grfallen ließ, lachte Lucius nur, der sich diesen Spaß gerne 25 As Bußgeld kosten ließ.

Männer und Frauen der Oberschicht wurden in der Regel nicht so hart bestraft wie einfache Bürger. Sie wurden verbannt oder verloren ihren Status. Mitglieder der unteren Klassen hingegen wurden geschlagen oder öffentlich hingerichtet. Nicht selten wurden sie auch zur Unterhaltung in der Arena getötet. Der Schriftsteller Seneca berichtet von entsetzlichen Strafen: Streckfolter, Pfählen, Kreuzigung, Tod durch wilde Tiere oder durch Wagen, die die Opfer auseinander rissen. Sehr große Schmerzen verursachte die Bestrafung mit Peitschen, deren Enden um Knochen oder scharfe Metallstücke geknotet waren. Laut Zwölftafelgesetz galt in Rom das Prinzip der Blutrache. Wenn z. B. jemand einem anderen einen Körperteil verstümmelte, sollte der Täter das Gleiche erleiden, wenn er sich nicht mit dem Verletzten gütlich einigte.

Corpus iuris civilis

Kaiser Justinian ordnet das Recht neu

Im Laufe der Zeit veralteten viele römische Gesetze. Sie mussten immer wieder den sich verändernden Verhältnissen angepasst werden. Durch die vielen Provinzen kamen verschiedene Rechtsgewohnheiten ihrer Bewohner hinzu. Das römische Recht wurde durch ständige Erweiterung, Ergänzung und Veränderung immer umfangreicher und komplizierter. Immer mehr Fachleute waren nötig um die Gesetze und Vorschriften zu sammeln, zu ordnen und zu erläutern. Erst in den Jahren 528 bis 534, also nach dem Ende des Weströmischen Reiches, ließ Kaiser Justinian (siehe S. 193) die vorhandenen Gesetze vereinheitlichen und zusammenfassen. Die neue Rechtsordnung – Corpus iuris civilis* – galt im gesamten Ost- römischen Reich.

Der Corpus iuris civilis wirkt bis in unsere Gegenwart hinein. Die Rechtsvorstellungen vieler Staaten – z. B. Deutschlands, Russlands, Ägyptens und Japans – beruhen auf der römischen Grundlage. Der rechtliche Bereich zeigt wie kaum ein anderer, dass das alte Rom Europa heute noch prägt.

Q1 Im Corpus iuris civilis finden sich folgende Grundsätze römischer Rechtsgelehrter:
1. Derjenige muss den Beweis erbringen, der etwas behauptet, nicht der, der leugnet.
2. Was unter Zwang zustande gekommen ist, wird für ungültig erklärt.
3. Keiner darf verurteilt werden ohne vorher gehört zu werden.
4. Auf bloße Verdachtsmomente hin jemanden zu verurteilen geht nicht an.
5. In Zweifelsfällen muss der Richter für den Angeklagten entscheiden.
6. Die größere Würde liegt beim männlichen Geschlechte. …

Q2 Aus Gesetzestexten der Gegenwart:
Bürgerliches Gesetzbuch, § 1231: Wer zur Abgabe einer Willenserklärung durch Drohung gezwungen worden ist, kann die Erklärung anfechten.

2 Kaiser Justinian. Holzschnitt, 1516.

Grundgesetz Art. 103 (2): Eine Tat kann nur bestraft werden, wenn die Strafbarkeit gesetzlich bestimmt ist, bevor die Tat begangen worden ist.
Grundgesetz Art. 3 (2): Niemand darf wegen seines Geschlechtes, seiner Abstammung, seiner Rasse, seiner Sprache, seiner Heimat und Herkunft, seines Glaubens, seiner religiösen oder politischen Anschauung benachteiligt oder bevorzugt werden.
Strafgesetzbuch, § 23 (1): Der Versuch eines Verbrechens ist stets strafbar …
Entscheidungssammlung des Bundesgerichtshofes in Strafsachen, Bd. 19, S. 33: Sind trotz Anhaltspunkten keine bestimmten Feststellungen möglich, so ist von der dem Angeklagten günstigsten Tatsachengestaltung auszugehen.

1 *Vergleicht die Bestimmungen des Corpus iuris civilis mit den Gesetzen der Gegenwart. Welche Gemeinsamkeiten könnt ihr feststellen? Worin unterscheiden sie sich?*

Corpus iuris civilis*: *Die von Kaiser Justinian im 6. Jahrhundert n. Chr. veranlasste Sammlung der geltenden Gesetze.*

Die Römer in Bayern

1 **Römische Münze: Auf der Vorderseite Kaiser Augustus, auf der Rückseite seine Stiefsöhne Drusus und Tiberius mit Lorbeerzweigen als Feldherren gekleidet.**

M1 Ein Gespräch, das im Jahre 15 v. Chr. in Rom stattgefunden haben könnte:

ANTONIUS: Habt ihr schon das Neueste gehört? Kaiser Augustus will noch in diesem Sommer das Land auf der anderen Seite der Alpen erobern.

BALTUS: Das kann doch nicht sein! Alle haben bisher gesagt, dass die Bewohner dort unüberwindbar sind.

CASSIUS: Caesar, unser erfolgreichster Feldherr, hätte es vielleicht schaffen können, immerhin hat er ganz Gallien besiegt. Aber er ist ja ermordet worden.

BALTUS: Welche Stämme leben in diesem Land hinter den Alpen?

CASSIUS: Es sind die Raeter. Sie gehören zum Stamm der Vindeliker und diese zum Volk der Gallier oder – wie sie sich nennen – der Kelten.

ANTONIUS: Kaiser Augustus hat diese Aufgabe seinen beiden Stiefsöhnen Drusus und Tiberius übertragen. Sie sollen mit dieser Eroberung die Nordgrenze unseres Reiches sichern.

BALTUS: Da bin ich aber gespannt!

Q1 Über diesen Feldzug berichtete der griechische Geschichtsschreiber Cassius Dio später:

... Die Raeter hatten häufig Streifzüge in das ihnen benachbarte Gallien unternommen und auch in Italien Beute gemacht. ... Zudem misshandelten sie von den Römern solche, die durch ihr Gebiet reisten. Als nun beide (Drusus und Tiberius) von vielen Seiten her zugleich in das Land eindrangen und Tiberius zudem sogar in Schiffen über den See (Bodensee) heranrückte, ... da überwanden sie mühelos alle, ... da sie (die Raeter) nie mit vereinten Kräften vorgingen, ... und die Übrigen, die mutloser geworden waren, nahmen sie gefangen. ...

1 *Wie rechtfertigt Cassius Dio in Q 1 einen Angriff auf das Alpenvorland? Welche anderen Gedanken könnte Kaiser Augustus gehabt haben? Berücksichtigt auch das Gespräch zwischen Antonius, Baltus und Cassius.*

2 *Bei uns sind Münzen ein Zahlungsmittel. Das waren sie auch bei den Römern, aber sie hatten dazu noch einen besonderen Zweck. Versucht das aus Abbildung 1 herauszufinden; schlagt auch noch einmal auf den Seiten 142/143 nach.*

Sobald ein Stamm dem Römischen Reich angeschlossen war, wurden aus der Bevölkerung Truppen zusammengestellt, die in einer anderen – oft weit entfernten – Provinz ihren Dienst leisten mussten. Die zum Kriegsdienst gezwungenen jungen Männer sahen oft ihre Heimat nie wieder.

Die Eroberung des Alpenvorlandes

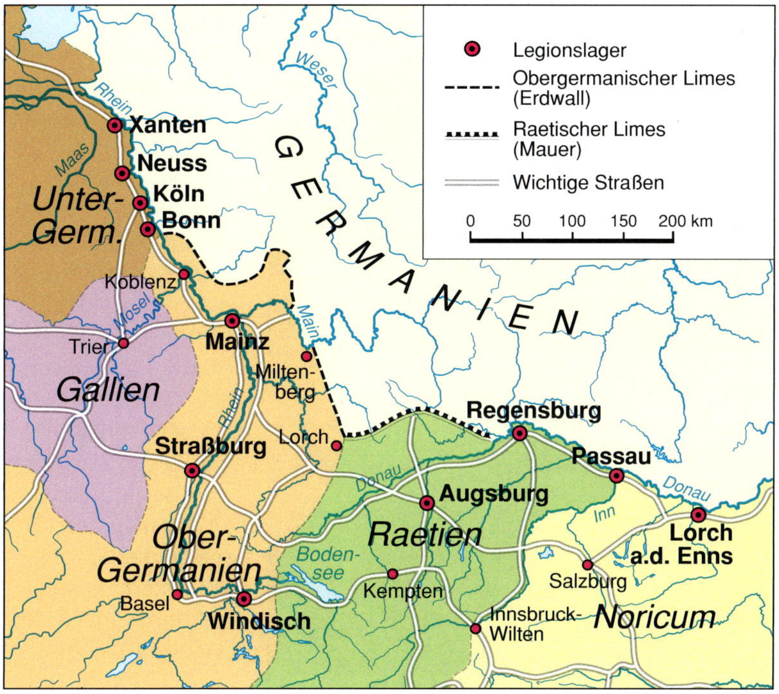

2 **Die römischen Provinzen nördlich der Alpen.**

Kaiser Augustus wollte das ganze Römische Reich durch natürliche Grenzen* schützen. Caesar hatte bereits Gallien erobert; dadurch war der Rhein zum Grenzfluss geworden. Die Stiefsöhne des Kaisers, Drusus und Tiberius, brachten 15 v. Chr. das Alpenvorland unter römische Herrschaft. Die Raeter und Vindeliker wurden in einer Schlacht am Bodensee vernichtend geschlagen, während sich die Noriker, ohne Widerstand zu leisten, dem übermächtigen Gegner ergaben. Damit war die Nordgrenze des Imperiums bis zur Donau vorgeschoben; aus dem eroberten Gebiet entstanden die Provinzen Raetien und Noricum. Sie wurden von einem Statthalter verwaltet, der unmittelbar dem Kaiser unterstellt war. Er befehligte die Truppen, die in Kastellen* stationiert waren, er verwaltete die Finanzen und hatte dafür Sorge zu tragen, dass überall im Land das römische Recht eingehalten wurde. Hauptstadt der Provinz Raetien war Augsburg (Augusta Vindelicorum), das durch eine gut ausgebaute und mit Militärposten gesicherte Fernstraße (Via Claudia Augusta) mit Italien verbunden war.

Da die benachbarten germanischen Stämme immer wieder in das Römische Reich eindrangen, wollte Kaiser Augustus die Grenze weiter nach Norden bis zur Elbe vorschieben um das neu eroberte Voralpenland zu sichern. Doch dies scheiterte am Widerstand der Germanen, die unter dem Cheruskerfürsten Arminius 9 n. Chr. drei römische Legionen im Teutoburger Wald vernichteten. So beschränkte er sich – wie auch die nachfolgenden Kaiser – darauf, die bestehende Rhein-Donau-Grenze zu halten und zu sichern. Überall dort, wo nicht Berge oder Flüsse eine natürliche Grenze bildeten, wurden Erdwälle aufgeschüttet, Türme, Palisaden oder Mauern errichtet. Diese Grenzbefestigung hieß Limes*.

3 *Nennt die Provinzen, welche die Römer im eroberten Alpenvorland einrichteten.*

4 *Erklärt, mit welchen natürlichen und künstlichen Grenzen die Römer ihre Eroberungen absicherten.*

5 *Sucht mithilfe der Karte 2, welche Kastelle und Legionslager die Römer anlegten.*

Natürliche Grenze*: *Grenze, die durch geografische Gegebenheiten wie Gebirge, Flüsse usw. gebildet wird.*

Kastell* *(lat. castrum = Schanzlager): Befestigtes Truppenlager an der Grenze des Reiches.*

Limes* *(lat. limes = Grenzweg): Grenzbefestigung der Römer mit Wällen, Gräben, Wachttürmen und Kastellen.*

15 v. Chr.: *Eroberung des Alpenvorlandes durch Tiberius und Drusus.*

9 n. Chr.: *Vernichtung von drei römischen Legionen im Teutoburger Wald durch germanische Stämme unter Führung des Cheruskerfürsten Arminius.*

Die Sicherung der Provinz Raetien

Limes-Bauphasen:

1. Phase: Aus einer Waldschneise entstand zur Sicherung des eroberten Gebietes um 90 n. Chr. ein Postenweg mit hölzernen Wachttürmen.

2. Phase: Kaiser Hadrian (117–138 n. Chr.) ließ die Limes-Linie mit einer durchgehenden Palisade vor dem Postenweg schließen.

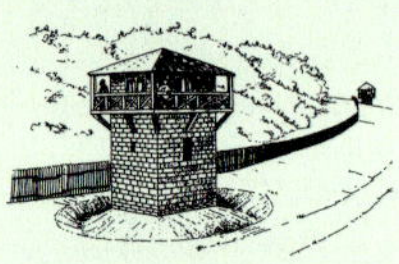

3. Phase: Antoninus Pius (138–161 n. Chr.) begradigte den Limes zur leichteren Verteidigung, ließ die Holzbauten durch Stein ersetzen und neue Kastelle errichten.

4. Phase: Den Markomannenkriegen (166–180 n. Chr.) hielt der Limes nicht stand. Folge: Verstärkung des obergermanischen Limes mit Wall und Graben, des raetischen mit einer 3 m hohen und 166 km langen Mauer („Teufelsmauer").

1 **Raetischer Limes.** Rekonstruktion.

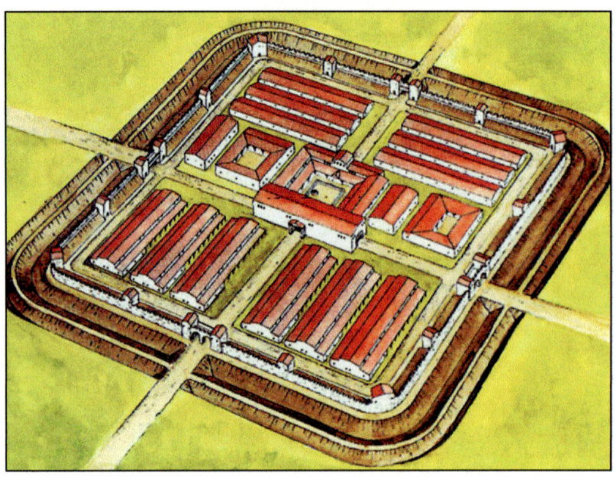

2 **Kastell Weißenburg.** Rekonstruktion.

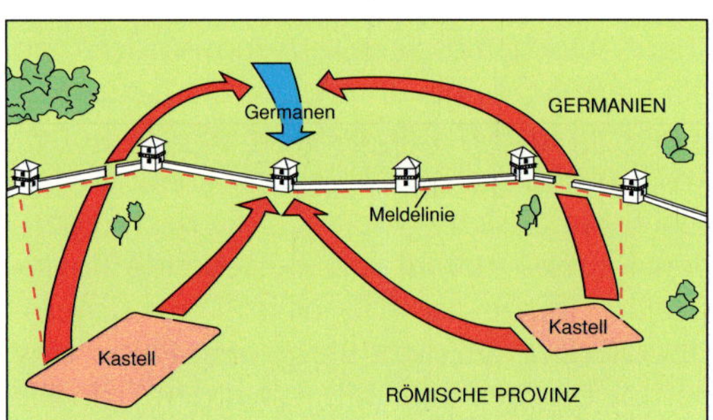

3 **Abwehrsystem am Limes.** Rekonstruktion.

1 *Beschreibt den Aufbau der Befestigungsanlagen am raetischen Limes.*
2 *Nennt die Sicherheitsvorkehrungen, die ihr auf Abbildung 2 erkennen könnt.*
3 *Erklärt, was geschah, wenn ein römischer Wachtposten einen germanischen Krieger sichtete. Seht euch dazu Abbildung 3 an.*

Der Limes

In der Kaiserzeit erstreckte sich der Limes vom Rhein bis zur Donau: 584 km lang und bewacht von römischen Soldaten in über 60 Kastellen und 900 Wachttürmen. Sein Bau wurde von Kaiser Domitian (81–96 n. Chr.) begonnen. In Obergermanien bestand er aus einem Palisadenzaun, hinter dem sich Wall und Graben befanden. In Raetien dagegen baute man anstelle der Palisaden im 2. Jahrhundert n. Chr. eine 2 bis 3 m hohe Steinmauer (im Volksmund später als „Teufelsmauer" bezeichnet). Auch die Wachttürme bestanden aus Stein und waren weiß verputzt. Der Limes bildete so weithin sichtbar die römische Reichsgrenze. Nur an bestimmten Übergangsstellen durften Kaufleute und Reisende die Grenze überqueren. Reichtum und Wohlstand in den römischen Siedlungen hinter dem Limes verlockten Germanen immer wieder zu kleineren Raub- und Plünderungszügen. Entdeckte der römische Posten auf einem Wachtturm angreifende Germanen, gab er sofort ein Signal an die benachbarten Wachttürme weiter, nachts z. B. mit einer Fackel, tagsüber mit Rauch- oder Lichtzeichen, bei schlechtem Wetter mit einem Horn. Von Turm zu Turm wurde das Alarmsignal bis zum nächsten Kastell weitergegeben.

Das Kastell

16 km betrug die tägliche Marschleistung eines römischen Legionärs. Etwa so weit ist daher auch meist die Entfernung zwischen den einzelnen Militärlagern, die die Römer entlang des Limes und der Donau errichteten. Das größte war Castra Regina (Regensburg) mit einer Länge von 540 m und einer Breite von 450 m. Mächtige Mauern (7 m hoch, 2 m dick) umgaben das Lager. 179 n. Chr. von Kaiser Mark Aurel errichtet bot es Raum für eine ganze Legion mit 6000 Mann.
Römische Kastelle waren alle nach dem gleichen Muster gebaut. In der Mitte befand sich das Hauptquartier mit dem Büro des Kommandanten und dem Lagerheiligtum. Umgeben war es von Waffenkammern, Lazarett, Vorratsgebäuden, Werkstätten und Ställen. In den Mannschaftsbaracken mussten sich acht Soldaten einen Raum von 33 m² teilen.

Werkstatt Geschichte: Bau eines Limes-Wachtturms

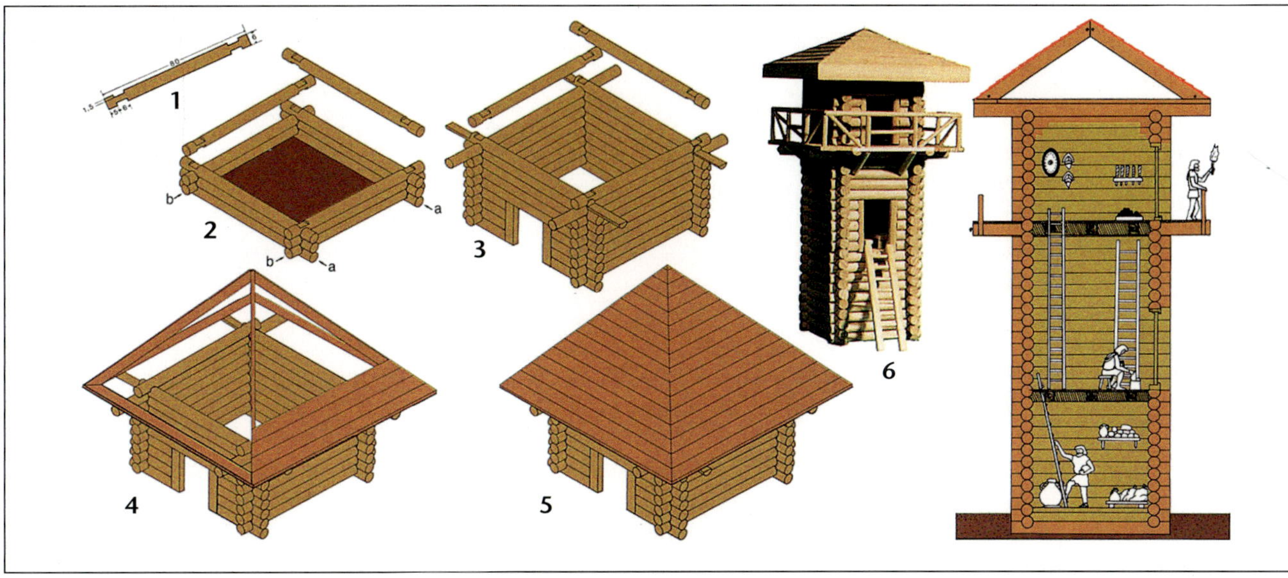

Die Wachttürme am Limes waren wegen des unebenen Geländes unterschiedlich hoch (zwischen 8 und 15 Metern). Ihr Grundriss war quadratisch. Damit Feinde nicht eindringen konnten, befand sich der Einstieg in einer Höhe von etwa 3 Metern. Die Leiter zum Einstieg konnte hochgezogen werden.

Der Wachtturm wird auf einer Sperrholzplatte aufgebaut. Erfolgt der Nachbau im Maßstab von 1:50, wird das Modell etwa 20 cm hoch. Zum Herstellen des Modells benötigt man:

- etwa 12 m Rundhölzer mit 6 mm Durchmesser
- etwa 1 m Rund- oder Vierkanthölzer für das Geländer mit 4 mm Durchmesser
- eine Feinsäge
- ein Schnitzmesser
- eine flache Holzfeile
- einen Schraubstock
- Holzleim
- Furnierreste oder dünne Leisten.

Als Erstes werden 8 cm lange „Baumstämme“ zurechtgesägt. Diese werden auf beiden Seiten jeweils oben und unten mit der Holzfeile eingekerbt (siehe Bild 1). Die Einkerbungen sind jeweils 1,5 mm tief (1/4 des Holzdurchmessers). Werden diese „Stämme“ dann rechtwinklig übereinander gelegt, so müssen sie ohne Zwischenraum aufeinander liegen.

Zuerst werden zwei gegenüberliegende Stämme (a) gelegt. Darauf wird wenig Holzleim aufgetragen, dann werden die zwei Stämme (b) aufgesetzt (siehe Bild 2). So können 10–12 Baumlagen erstellt werden, in dieser Höhe befindet sich dann die Tür.

Die Tür ist 5 Lagen hoch und 2 cm breit. Für die Tür werden also 10 Hölzer benötigt mit einer Länge von 2,5 cm; sie werden nur an einer Seite oben und unten eingekerbt. Rechts und links der Tür werden zwei senkrechte Hölzer, die in der Länge halbiert sind, eingeklebt (Bild 3). Danach können wieder 5–7 Lagen hochgebaut werden, dann wird die Plattform angelegt. Dazu werden „Baumstämme“ verwendet, die jeweils an beiden Seiten 2 cm überstehen. Diese sind also 12 cm lang. Auf die überstehenden Holzenden kann dann später die Plattform aufgebaut werden.

Direkt über der Plattform wird eine zweite Tür angelegt. Darüber werden noch 3 Baumlagen befestigt. Die oberste Lage besteht aus Balken, die, wie bei der Plattform, 2 cm überstehen. Darauf wird ein Grundrahmen für das Dach aufgeleimt. Er sollte aus flachen Leisten gebaut werden (Bild 4).

Auf die Ecken des Rahmens werden die vier Dachbalken (9 cm lang), wie bei einem Zelt, befestigt. Diese Dachbalken müssen an beiden Enden abgeschrägt werden, damit sie voll auf dem Rahmen bzw. aufeinander liegen. Zum Decken des Daches eignen sich Furnierreste oder dünne Leisten (siehe Bild 5).

Schließlich muss noch die Plattform aufgebaut werden. Zunächst wird der Boden der Plattform mit dünnen Leisten gelegt.

Der Aufbau des Geländers wird einfacher, wenn man Vierkanthölzer (ca. 4 mm stark) verwendet.

Alle Teile des Geländers müssen sorgfältig geleimt werden.

Die römische Armee

1 **Asterix als Legionär.** Comic-Zeichnung.

Patrouille*: *Spähtrupp, Kontrollgang.*

Infanteristen*: *Soldaten, die zu Fuß kämpfen.*

Kavalleristen*: *Soldaten, die zu Pferd kämpfen.*

Zenturio

Feldzeichenträger

Bogenschütze

Die Zusammensetzung der Armee

Zur Zeit der römischen Republik hatte die Armee aus wehrpflichtigen Bürgern bestanden, die sich – wie die Bürgerkriege gezeigt haben – mehr ihren Heerführern als dem Staat verpflichtet fühlten. Deshalb führte Kaiser Augustus (31 v. Chr.–14 n. Chr.) nach Marius eine zweite Heeresreform durch: Rom erhielt eine Berufsarmee, die etwa 350 000 Mann stark war. Den Kern bildete ein Heer aus 30 Legionen mit ihren Hilfstruppen, das in den Provinzen zur Überwachung der Grenzen stationiert war. Dazu kamen die Prätorianergarde, eine Sicherungstruppe in der Hauptstadt, und die Flotte. Auch an den Flussgrenzen des Reiches, an Donau, Rhein und Themse, wurden Kriegsschiffe stationiert, die auf den Flüssen als Patrouillenboote* kreuzten, aber auch für den Truppentransport und die Versorgung der Legionen eingesetzt wurden. Während in die Legionen nur römische Bürger aufgenommen wurden, kämpften in den Hilfstruppen Krieger aus den unterworfenen und verbündeten Völkern und Stämmen, so auch Gallier, Kelten und Germanen. Sie erhielten Lohn für ihren Kriegsdienst und nach Ablauf ihrer Dienstzeit von 25 Jahren wurde ihnen sogar das Bürgerrecht verliehen. Von Nachteil war allerdings, dass sie als Soldaten fern von ihrer Heimat eingesetzt wurden. So dienten im raetischen Heer u. a. englische, syrische, spanische und thrakische Einheiten.

1 *Welche Besonderheit der römischen Berufsarmee in der Kaiserzeit könnt ihr in Abbildung 1 erkennen? Wie lässt sich dies erklären?*

2 *Warum verteilten die Römer die Hilfstruppen bewusst im ganzen Reich?*

Die Legion – eine militärische Elitetruppe

Nach der Reform des Augustus bestand das Heer der Kaiserzeit aus bis zu 30 Legionen, die durchnummeriert und nach ihrer Heimat benannt waren. Eine Legion hatte eine Sollstärke von etwa 6400 Mann und war in 10 Kohorten und 60 Zenturien untergliedert. Sie umfasste Infanteristen*, 120 Kavarelleristen* als Kundschafter und Meldereiter sowie 300 bis 500 Hilfskräfte, die als Schreiber, Ärzte, Dolmetscher, Fuhrleute und Handwerker sich um die Versorgung von Menschen und Tieren kümmerten oder Sonderaufgaben übernahmen, z. B. den Bau von Rammböcken, Katapulten oder Belagerungstürmen.
An der Spitze des Offiziersstabs einer Legion stand der Legat, der vom Kaiser ernannt wurde. Er war der oberste Befehlshaber. Ihn unterstützten ein Lagerpräfekt und fünf Militärtribunen. Sie alle gehörten zum Senatoren- und Ritterstand, für sie war der Kriegsdienst nur eine Etappe in ihrer politischen Laufbahn. Jede Kohorte hatte sechs Zenturionen, die meist als einfache Berufssoldaten in der Legion anfingen und sich im Laufe ihrer Dienstzeit bis zum Hauptmann hochdienten. In einer Schlacht waren sie die wichtigsten Offiziere, sie standen stets in vorderster Linie und gehörten zu den besten Soldaten der Truppe. Besonders angesehen waren die Feldzeichenträger und Hornbläser. Sie gaben die Befehle der Kommandanten an die kämpfenden Soldaten weiter und trugen über ihrer Uniform Felle von Tieren, deren Kraft und Mut den Träger und die Legion beschützen sollten.

3 *Warum war der Präfekt der wichtigste Mann in der Legion?*

Die Ausbildung der Soldaten

2 **Rekruten beim Training auf dem Exerzierplatz.** Rekonstruktion.

Q1 Über die Ausbildung der Rekruten berichtet der römische Schriftsteller Flavius Renatus (4. Jahrhundert n. Chr.):
… Durch … Waffenübung wird die Schnelligkeit des Körpers erworben sowie das Wissen, wie man den Feind treffen und sich schützen kann, besonders wenn mit Schwertern Mann gegen Mann gekämpft wird. Dieses ist tatsächlich wichtiger, dass die Soldaten lernen die Ordnung zu bewahren und, auch während der Übung, selbst unter so großem Durcheinander, bei ihrer Fahne bleiben. …

Die militärische Ausbildung

Der Beruf des Legionärs, dessen Dienstzeit 20 Jahre betrug, war vor allem für Söhne armer Römer attraktiv, denn bei der Armee erhielten sie einen festen Lohn und konnten sogar Karriere machen. Wer in die Legion eintreten wollte, musste allerdings das römische Bürgerrecht besitzen, sollte lesen und schreiben können und von möglichst kräftiger Statur sein. Entschied sich ein junger Mann zwischen dem 18. und 26. Lebensjahr Berufssoldat zu werden, musste er sich in einer Rekrutierungsstelle melden und ärztlich untersuchen lassen. Wurde er angenommen, leistete er einen Diensteid und wurde als Rekrut an einen Garnisonsort zu einer viermonatigen, äußerst harten Grundausbildung abkommandiert. Auf dem Ausbildungsplan standen Laufen, Springen, Werfen und Schwimmen. Die Rekruten lernten im Gleichschritt um den Exerzierplatz zu marschieren und Schanzarbeiten für das Feldlager zu verrichten. Wenn sie schließlich einen Marsch von 24 Meilen (36 km) in fünf Stunden mit voller Ausrüstung zurücklegen konnten, begann das Waffentraining. Zuerst übten sie den Angriff mit ihrem Wurfspeer, einem schweren Holzschwert und einem Weidenschild gegen einen mannshohen Holzpfahl. Schließlich durften die Rekruten die Trainingswaffen gegen richtige Waffen tauschen und im Scheinangriff den Kampf Mann gegen Mann üben. Auch das Aufstellen in verschiedenen Schlachtordnungen wie Schere, Keil oder Schildkröte musste immer wieder geübt werden. Überstand der Rekrut zur Zufriedenheit seiner Ausbilder diesen Drill, wurde er Soldat und leistete den Militärdienst in einer Legion oftmals fern von der Heimat in einer Provinz.

4 *Versetzt euch in die Lage eines Rekruten und schildert in einem Brief an eure Eltern die harte militärische Ausbildung.*

Waffen eines Legionärs:

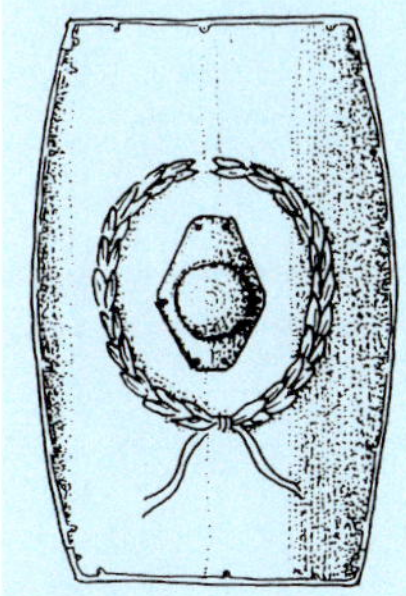

Schild

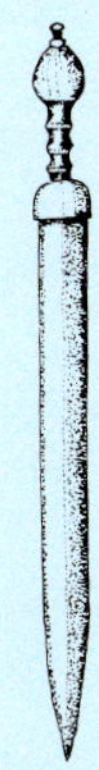

Kurz-schwert

Wurfspeer

Wie lebte ein römischer Soldat?

1 **Der Bau einer Brücke über die Donau.** Rekonstruktion.

Marschgepäck eines Soldaten:
– Waffen und Rüstung: ca. 22 kg
– persönliches Gepäck, Kleidung und Schuhe: ca. 7 kg
– Grundnahrungsmittel und Geschirr: ca. 12,5 kg
– Schanzzeug zum Bau eines Lagers: ca. 10 kg.

Q1 Im Jahr 14 n. Chr. rebellierten die in Untergermanien stationierten Legionen gegen die harten Bedingungen:
… Sie erhoben Beschwerde über die Kargheit des Solds, die Härte der Arbeiten, namentlich hervorhebend das Schanzen, Gräbenziehen, Herbeischleppen des Futters, Bau- und Brennholzes und all die anderen Arbeitspflichten, die notwendig sind oder gegen die Muße des Lagers gesucht werden. …

Der Alltag in einem Legionslager

Der Tag begann mit einer Versammlung zum morgendlichen Appell. Ein Offizier verlas die Befehle des Kommandanten und teilte die Truppe zu den verschiedensten Arbeiten ein. Neben dem ständigen Exerzieren und militärischen Übungen wie Schnellmärschen, dem Auf- und Abbau von Marschlagern und dem Waffen- und Gefechtstraining hatten die Legionäre Wachdienste an den Lagertoren, Patrouillengänge am Limes und auf den Heerstraßen oder die Aufsicht über einen Hafen und Warenumschlagsplatz zu übernehmen. Da die Soldaten in den Kastellen völlig auf sich gestellt waren und sich selbst versorgen mussten, bildete die Armee ihre eigenen Handwerker aus, unterhielt Werkstätten und betrieb Ackerbau und Viehzucht. Waffen und Ausrüstungsgegenstände wurden selbst hergestellt und repariert. Lager, Verteidigungsanlagen, Straßen, Brücken und Wasserleitungen wurden gebaut und instand gehalten. Die Legionäre wurden auch für die Errichtung öffentlicher Bauten wie Thermen, Tempel oder Märkte eingesetzt, da sie die einzigen Fachleute waren, die solche Bauvorhaben ausführen konnten.

Nach dem anstrengenden Dienst konnten sich die Soldaten verschiedenen Freizeitvergnügungen widmen. Dazu zählten die Erholung in den Lagerthermen, der Besuch von Gladiatorenkämpfen oder Pferderennen. Ein beliebter Treffpunkt waren die Tavernen, die Weinstuben, obwohl diese oftmals einen schlechten Ruf hatten. Die Wirte galten als Betrüger, die ihren angetrunkenen Gästen ein X (= 10) für ein V (= 5) vormachten, bei ihnen also die doppelte Zeche kassierten. Dennoch traf man sich hier mit Freunden, trank etwas und vertrieb sich die Zeit mit Würfelspielen.

1 *Worüber beklagten sich die Soldaten in Q 1?*

2 *Listet die militärischen und zivilen Dienste der Soldaten auf.*

Was kam nach der Dienstzeit?

Der Verdienst der Soldaten

Der Verdienst eines Soldaten richtete sich nach seinem Dienstgrad und war unterschiedlich hoch. Wir wissen, dass beim Tode des Kaisers Augustus (14 n.Chr.) ein Offizier 7500, ein Hauptmann 3750 und ein einfacher Soldat 225 Denare im Jahr verdiente. Für die Hilfstruppen war die Bezahlung wesentlich geringer. Auf den Tag umgerechnet erhielt der Legionär 10 Asse Sold* (im Vergleich dazu ein Handwerker 16 Asse), wofür er sich etwa fünf Kilo Getreide, einen Liter Öl oder drei Gläser Wein kaufen konnte. Eine Tunika kostete bereits 60 Asse, wofür er lange sparen musste. Um eine Familie ernähren zu können musste man ca. 25 Asse verdienen. Dies war auch ein Grund dafür, dass die meisten Soldaten während ihrer Dienstzeit unverheiratet waren. Allerdings gab es auch Sonderleistungen, z. B. beim Eintritt in die Armee oder bei der Entlassung, bei der Verteilung der Kriegsbeute oder der Ausrufung eines neuen Kaisers, der sich dadurch das Wohlwollen der Armee erkaufen wollte.

Der Sold wurde dreimal jährlich ausbezahlt, wobei dem Soldaten allerdings ein festgesetzter Betrag für Verpflegung, Kleidung und Waffen abgezogen wurde. Manchmal bezahlten Soldaten sogar Bestechungsgelder an ihre Vorgesetzten, wenn sie von unangenehmen Lagerarbeiten wie Reinigungsarbeiten in den Bädern oder Aborten oder schweren Arbeitskommandos wie dem Straßenbau oder der Arbeit im Steinbruch befreit werden wollten.

Die Entlassung aus dem Militärdienst

Die Legionäre führten ein gefährliches Leben: Das Risiko, in der Schlacht zu fallen, war groß. Nur etwa die Hälfte der Soldaten überlebte den Kriegsdienst. Am Ende ihrer 20- bis 25-jährigen Militärzeit erhielten sie als Veteranen ausreichend Bargeld oder Land zugeteilt, des Weiteren finanzielle Vergünstigungen, z. B. Befreiung von den Steuern, und wurden Bauern, Handwerker oder Händler. Mit der Entlassung wurde ihnen ein Militärdiplom ausgehändigt. In dieser Urkunde stand, unter welchem Kaiser sie entlassen worden waren, in welcher Einheit sie Dienst getan und welche Auszeichnungen sie bekommen hatten. Soldaten der Hilfstruppen erhielten zusätzlich auch das Bürgerrecht verliehen, das auch auf ihre Nachkommen überging. Es ermöglichte ihnen sogar den Zugang zur Ämterlaufbahn und damit gesellschaftlichen Aufstieg innerhalb der Provinzialbevölkerung. Durch ihre lange Dienstzeit hatten sie schon längst die römische Lebensart übernommen. Die Römer gliederten sie gleichberechtigt in die Bevölkerung ein – auch ein Grund für die lange Blütezeit und die Attraktivität des Römischen Reiches. Die ehemaligen Soldaten kehrten meist nicht in ihre alte Heimat zurück, sondern ließen sich oft mit ihren Familien in der Nähe ihres letzten Einsatzortes in der Provinz nieder. So stellten sie in Kriegszeiten eine zusätzliche Unterstützung für die römische Armee dar und sicherten damit den Bestand des Reiches.

2 Militärdiplom* des Mogetissa, vom Stamm der Boier, ausgestellt am 30.6.107 n. Chr., gefunden in Weißenburg.

3 *Wem wurde das oben abgebildete Militärdiplom ausgehändigt? Welche besondere Auszeichnung erhielt dieser verdiente Soldat mit seiner Familie?*

Sold*: *Verdienst, Gehalt eines Soldaten.*

Militärdiplom*: *Entlassungsurkunde für den römischen Soldaten.*
Teilübersetzung des Militärdiploms in Abbildung 2: Kaiser Trajan (98–117 n. Chr.) … hat die Reiter und Fußsoldaten … in Raetien mit 25 oder mehr Dienstjahren ehrenvoll entlassen …, ihren Kindern und Nachkommen das Bürger- und Ehrenrecht gegeben … mit den Ehefrauen, die sie zum Zeitpunkt hatten, als ihnen das Bürgerrecht gegeben wurde, oder wenn ledig, mit den später geehelichten (je eine).

Die Ausbreitung der römischen Lebensweise

1 Ein römischer Gutshof. Rekonstruktion aus dem Limes-Museum in Aalen.

Die Entstehung römischer Städte

Um die Kastelle entstanden bald Lagerdörfer. Dort wohnten die Frauen und Kinder der Soldaten, boten Händler in Läden ihre Waren an und ließen sich Handwerker nieder, die in ihren Werkstätten arbeiteten und gute Geschäfte machten – nicht nur mit den Soldaten, sondern auch mit den Einheimischen. Daneben gab es aber auch Wirtshäuser und große Badeanlagen, die sich zu einem beliebten Treffpunkt entwickelten. Manchmal wurden auch Tempel in der Nähe errichtet, wie Ausgrabungen in Regensburg bewiesen haben. Diese Lagervorstädte wurden zur Keimzelle vieler unserer heutigen Städte. So entstanden z. B. Kempten, Augsburg oder Straubing aus alten Römersiedlungen.

Leben auf einem römischen Gutshof

Die Legionslager und entstehenden Städte mussten mit Nahrungsmitteln versorgt werden. Dazu legten die Römer Landgüter an, so, wie sie es in ihrer Heimat gewohnt waren. Die Besitzer waren Veteranen, denen der Staat das Gut als Altersversorgung überlassen hatte. So blieben viele von ihnen nach ihrer Dienstzeit in der Provinz. Sie wohnten meist in der nahe gelegenen Stadt und überließen die Aufsicht über das Gut einem Verwalter. Die Arbeit auf den Feldern, in den Ställen und im Haus wurde von Sklaven geleistet. Die Römer zogen auf ihren Gutshöfen verschiedene Sorten Obst und Gemüse, die den Einheimischen unbekannt waren. Sie waren auch für den Handel bestimmt. Dies galt besonders für den Anbau von Wein.

Fast jeder Gutshof verfügte über eine Badeanlage mit Kalt- und Warmwasserbädern sowie über eine Warmluftheizung, die das Bad und die Wohnräume erwärmte.

Die Gutshöfe haben entscheidend dazu beigetragen, dass sich die römische Lebensweise in der Provinz verbreitet hat. Ihre Bewohner vermittelten Kenntnisse über römische Bräuche, Feste, Landwirtschaft und Bauweise.

1 *Beschreibt die Anlage eines römischen Gutshofes nach der Abbildung 1.*

2 *Aus welchem Material war das Gebäude gebaut, wozu diente es?*

3 *Wie war der Gutshof gesichert?*

Lesetipp:
Hans Dieter Höver/ Michael Gechter: Report aus der Römerzeit. Vom Leben im römischen Germanien. Arena Verlag, Würzburg 1996.

Die Ausbreitung der römischen Lebensweise

2 **Lateinische Wörter in der deutschen Sprache.**

M1 Ein Beispiel für die Übernahme römischer Begriffe durch unterworfene Völker:

... Auf einer strata, bedeckt mit plastrum, nähert sich ein germanischer Händler auf seinem carrus dem römischen Gutshof. Seine Ware hat er sorgfältig verpackt in cista, saccus und corbis. Umgeben war der Gutshof von einer murus. Durch die geöffnete porta gelangte er in den Innenhof. Jetzt stand er vor der villa, gedeckt mit roten tegula. In der villa gab es eine camera und ein geheiztes Zimmer mit einem langen discus. An der Wand hing ein speculum. Jedes Zimmer hatte ein großes fenestra. Im cellarium befand sich die riesige pressa, mit deren Hilfe vinum und mustum hergestellt wurden. Unterm Dach war noch ein spicarium.

Für seine Waren, Felle und Bernstein erhielt der germanische Händler Obst und Gemüse wie prunum, persicum und radix; außerdem oleum, vinum und den guten caseus. Einige Waren ließ er sich auch in römischer moneta bezahlen. ...

4 *Setzt an die Stelle der lateinischen Wörter in M 1 die entsprechenden deutschen Wörter ein. Seht euch dazu auch Abbildung 2 genau an.*

Das Leben der Raeter verändert sich

Die Einheimischen, die besiegten Kelten, mussten nun lernen mit der ständigen Anwesenheit der Römer in ihrem Land zurechtzukommen. Das Lesen, Schreiben, Rechnen sowie das Erlernen einer fremden Sprache waren jetzt für einen Teil der besiegten Bevölkerung notwendig geworden. Steinhäuser, Straßenbau, ebenso Brennöfen für Ziegel, Trocknungsanlagen für Getreide, viele Pflanzen und Früchte, die die Eroberer einführten, waren ihnen bis dahin fremd. Da sie in ihrer eigenen Sprache keine Bezeichnungen für diese Dinge hatten, an den Vorteilen dieser Errungenschaften aber teilhaben wollten, übernahmen sie auch die lateinischen Begriffe dafür. Sie sind als „Lehnwörter"* in unsere Sprache eingegangen.

Durch die Romanisierung*, die Übertragung der römischen Lebensweise und Kultur auf die besiegten Völkerschaften, ist es den Römern in der Provinz Raetien gelungen, Aufstände weitgehend zu vermeiden und lange ein friedliches Zusammenleben zu sichern.

5 *Auf einem Grabstein steht der Name des Vaters auf Keltisch, der des mit 20 Jahren verstorbenen Sohnes auf Lateinisch. Habt ihr eine Erklärung dafür?*

Lehnwörter*: *Aus einer fremden Sprache, z. B. aus dem Lateinischen, übernommenes (entlehntes) Wort, das sich in Aussprache und Schreibweise der übernehmenden Sprache angepasst hat.*

Romanisierung*: *Übertragung bzw. Annahme der römischen Zivilisation und Lebensweise in den Provinzen.*

Die römischen Kaiser: ...

Die julisch-claudischen Kaiser

Tiberius (14–37) e?

Caligula (37–41) e

Claudius (41–54) e?

Nero (54–68) e

Die flavischen Kaiser

Vespasian (69–79)

Titus (79–81) e?

Domitian (81–96) e

e = ermordet

Das julisch-claudische Kaiserhaus (14–68 n. Chr.)

Augustus hatte keinen leiblichen Sohn. So trat die Nachfolge sein Stiefsohn Tiberius an, ein Mann, dem Menschenverachtung und Grausamkeit nachgesagt wurden. Das Herrscherhaus der Claudier kam auch unter Caligula zu keinem besseren Ruf. Angeblich regierte er unter dem Motto „Mögen sie mich hassen, wenn sie mich nur fürchten". Nach seiner Ermordung schien es mit dem Römischen Reich wieder etwas bergauf zu gehen. Claudius, der wohl aufgrund einer körperlichen Behinderung unterschätzt worden war und vielleicht deshalb seine mörderische Verwandtschaft überlebt hatte, widmete sich den Problemen des Reiches, sorgte für die Weiterentwicklung des Verkehrswesens, erweiterte den Hafen von Ostia und ging als Eroberer des südöstlichen Britanniens in die Geschichte ein. Sein Stiefsohn Nero wiederum war anderer Natur. Bei seinem Aufstieg scheute er vor Mord nicht zurück. Die Nachkommen des Claudius fielen ihm zum Opfer und selbst die eigene Mutter ließ er umbringen. Seinen Erzieher Seneca trieb er in den Tod wie offenbar auch andere, die selbstständig dachten und ihn nicht als Sänger und Schauspieler bewunderten. Ob Nero, wie in der Überlieferung behauptet wird, die Stadt Rom in Brand stecken ließ um den Untergang Trojas besingen zu können, ist allerdings unklar. Fest steht, dass die Staatsfinanzen unter seiner Verschwendungssucht sehr gelitten haben.

Die Flavier (69–96 n. Chr.)

Nach Neros gewaltsamen Tod versuchte der Senat die Nachfolge zu regeln, aber mittlerweile mischte sich das Heer in diese Frage ein. Militärführer aus verschiedenen Provinzen riefen sich mit Unterstützung ihrer Legionen zum Kaiser aus, wodurch Bürgerkriege ausgelöst wurden. Am Ende setzten sich die Flavier durch. Bekannt wurde der Ausspruch des Kaisers Vespasian, mit dem er seinem Sohn Titus erklärt haben soll, warum ihm eine Benützungsgebühr für öffentliche Toiletten nicht anrüchig erscheine: „Pecunia non olet" (= Geld stinkt nicht). Durch große Sparsamkeit und eine vernünftige Politik begann sich das Reich unter den Flaviern zu erholen. Der Bruder von Titus, Domitian, beeinträchtigte aber das Ansehen seiner Dynastie durch herrisches und brutales Verhalten.

... Geschichte(n) mit Glanz und Schrecken

Die Adoptivkaiser

Trajan (98–117)

Hadrian (117–138)

Mark Aurel (161–180)

Commodus (180–192) e

Die Soldatenkaiser

Septimius Severus (193–211)

Caracalla (211–217) e

Severus Alexander (222–235) e

e = ermordet

Die Adoptivkaiser und Commodus (98–192 n. Chr.)

Neue Hoffnung brachten die Adoptivkaiser. Sie waren vom jeweiligen Vorgänger, der keine leiblichen Erben hatte, für die Nachfolge im „Caesarenamt" bestimmt worden. Unter Trajan erreichte Rom seine größte Ausdehnung. Der von ihm adoptierte Hadrian tat sich in der Förderung von Kunst, Kultur und Rechtsprechung hervor. Über seine Neigungen zur Philosophie vernachlässigte der letzte Adoptivkaiser, Mark Aurel, die Probleme des Reiches an den Grenzen und schätzte die „Begabungen" seines Sohnes Commodus völlig falsch ein. Dieser wollte als Gladiator mit Löwenfell und Keule glänzen, und war nicht fähig die zunehmend schlechte Entwicklung des Reiches in den Griff zu bekommen.

Die Soldatenkaiser (193–284 n. Chr.)

Der Kampf von Heerführern und ihren Legionen um den Kaiserthron ging weiter. Mehr als 80 verschiedene Herrscher gab es im dritten nachchristlichen Jahrhundert, unter ihnen Männer aus entlegenen Provinzen (z. B. Nordafrika, Thrakien und Arabien). Die Gewaltherrschaft des Caracalla (212–217 n. Chr.) fügte sich in diesen von Chaos und Unsicherheit geprägten Zustand ein. Mit der Verleihung des römischen Bürgerrechts an alle freien Provinzbewohner und mit aufwändigen Bauten versuchte er für sich Stimmung zu machen; eine Lösung der anstehenden Probleme brachte er nicht zustande.

1 *Erklärt, warum so viele Kaiser nicht eines natürlichen Todes gestorben sind.*

Eine Krise ohne Ende

Ein Großteil der Silber- und Goldmünzen war durch Kauf vieler Waren in außerrömische Gebiete gekommen (siehe Karte S. 155) und wurde dort gehortet. Einen Beweis dafür liefern Münzfunde z. B. in Island und in Ostasien. Wegen des Mangels an Gold und Silber prägte man Münzen mit geringerem Metallwert, deshalb gingen viele Menschen zum Tauschhandel über. Vor allem der Handel wurde erschwert. Der Staat verlor Steuereinnahmen.

Der Geldbedarf der Kaiser war enorm. Nicht nur, dass sie sich die Gunst ihrer Soldaten mit Geld erkaufen mussten, auch die Verwaltung, die Bautätigkeit und die Hofhaltung verschlangen Unsummen an Geld. Immer schwieriger wurde es, den Lebensunterhalt vieler verarmter Menschen zu sichern. Hinzu kam die Gefahr für die Reichsgrenzen im Norden und Osten durch die unruhig gewordenen Grenzvölker.

Diokletian und Konstantin

1 Diokletian und seine Mitkaiser.

Der Rettungsversuch durch Diokletian (284–305 n. Chr.)

Um seine Macht als Kaiser zu stärken forderte Diokletian von den Bürgern völlige Unterwerfung. Von den Regeln, die in republikanischer Zeit gegolten hatten, war nichts mehr übrig. Der Kaiser war in Seide, Purpur und Goldbrokat gekleidet und trug statt des Diadems eine mit Juwelen verzierte Krone.

Das Reich wurde in vier Verwaltungsbezirke geteilt. Diokletian suchte sich drei Mitkaiser, sodass jeweils ein Reichsteil von einem Mitglied der „Viererherrschaft" regiert wurde. An die Stelle der Kaiserstadt Rom traten Residenzstädte.

Um die Stadtflucht (vor allem auch der Wohlhabenden) einzudämmen wurde den Bürgern der Umzug in eine andere Stadt verboten. Die wirtschaftliche Krise versuchte Diokletian mit einer Steuerreform und mit der Festsetzung von Höchstpreisen für alle Waren zu lösen. Trotz Androhung strengster Strafen hielten sich viele Händler nicht an das Preisdiktat und es entwickelte sich ein schwarzer Markt.

1 *Betrachtet die Darstellung Diokletians und seiner Mitkaiser (Abbildung 1). In welcher Haltung und mit welchen Herrschaftszeichen sind sie abgebildet? Inwiefern kommt durch diese Figurengruppe auch der Zustand des Römischen Reiches zum Ausdruck?*

Konstantin (306–337 n. Chr.)

Diokletian legte sein Amt aus freien Stücken nieder. Aus dem sich anschließenden Machtkampf ging Konstantin siegreich hervor. Zu seinen Erfolgen trugen vor allem Elitetruppen bei, die sich schon gegen die Germanen bewährt hatten. Eine immer wichtigere Rolle im römischen Heer spielten Angehörige der mit Rom verfeindeten Stämme. So verstärkte Konstantin die aus Fußvolk und Reiterei bestehende bewegliche Feldarmee mit einer großen Zahl von Germanen und mit Sarmaten*. Nichtrömer wurden zu Offizieren und Heerführern befördert.

Der kostspielige Unterhalt des Heeres und die Organisation des Reiches sorgten für immense Ausgaben. Entsprechend hoch waren die von der Bevölkerung zu leistenden Abgaben. Der Tradition gemäß übernahmen die wohlhabenden Bürger in den Städten Verwaltungsämter und freiwillige Dienste, z. B. die Finanzierung von Spielen und die Versorgung der Armen mit Getreide. Solche Leistungen wurden per Gesetz zu Pflichtaufgaben. Wer konnte, verließ die Stadt und lebte als Herr ertragreicher Ländereien. Luxuriöse Villen auf dem Land zeugten vom Reichtum, der mit harter Arbeit von Sklaven und abhängigen Bauern erwirtschaftet wurde.

Seit 326 zeigte sich Konstantin mit dem Diadem. Auch christliche Symbole verwandte er als Zeichen seiner Herrschaft. Zum neuen Image des Kaisers trug vor allem seine Stadtgründung auf dem Boden des alten Byzantion bei (siehe S. 192). 330 n. Chr. wurde mit der feierlichen Einweihung von Nea Roma, dem neuen Rom, der Regierungssitz an den Bosporus verlegt. Der Ausbau der Metropole mit Forum, Palästen, Tempeln und christlichen Kirchen ging rasch voran. Andere Städte wie Rom oder Athen verloren wertvolle Kunstschätze, die nach Konstantinopel gebracht wurden.

2 *Wodurch unterscheidet sich die Regierung Konstantins von der seiner Vorgänger?*

Sarmaten*: *Iranische Reiternomaden.*

Konstantin der Große:
306 n. Chr. wurde er von Legionen in Britannien zum Kaiser ausgerufen. 312 bezwang er den Sohn Maximians, einen der Mitkaiser des Diokletian, an der Milvischen Brücke bei Rom. Den unerwarteten Triumph seines zahlenmäßig unterlegenen Heeres führten die christlichen Geschichtsschreiber auf eine Erscheinung zurück, die Konstantin vor der Schlacht den Sieg im Zeichen des Kreuzes versprochen habe. Zwölf Jahre später entmachtete er auch seinen Mitkaiser im Osten des Reiches.

Zusammenfassung

Die römische Republik
Um 500 v. Chr. war Rom noch ein kleiner Bauernstaat; etwa 250 Jahre später beherrschte es fast ganz Italien. Durch weitere Eroberungen entstand in den nächsten Jahrhunderten das Römische Weltreich. Die Macht hatten in Rom zunächst die Adligen (Patrizier). Sie regierten nach der Vertreibung der etruskischen Könige die Republik durch den Senat, die Konsuln und weitere Beamte. Erst die Ständekämpfe führten seit 490 v. Chr. zu einer Verfassungsänderung: Nun konnten auch die Plebejer ihre Interessen vertreten.

Von der Republik zum Kaiserreich
Die meisten römischen Soldaten waren freie Bauern. Sie leisteten oft über Jahre hinweg Kriegsdienst und vernachlässigten dadurch ihre Felder. Aus den eroberten Gebieten brachten sie Sklaven und große Reichtümer nach Rom, sie selbst aber verarmten. Immer weniger Römer konnten ihre Rüstung bezahlen und das Römische Reich schützen. Erst der Konsul Marius fand eine Lösung: Er schuf eine Armee von Berufssoldaten. Ehrgeizige und erfolgreiche Feldherren benutzten nun die Armee dazu, ihre eigenen Ziele durchzusetzen. Es kam zu jahrzehntelangen Bürgerkriegen, in denen schließlich Caesar die Alleinherrschaft errang (44 v. Chr.).

Das römische Kaiserreich
Die Bürgerkriegswirren nach der Ermordung Caesars fanden mit dem Prinzipat des Augustus ein Ende. Er schuf die Grundlagen für das römische Kaisertum und die neue politische Ordnung des Reichs.
Die Organisation des Imperiums stellte hohe Anforderungen an die Nachfolger des Augustus. Ihre Machtausübung und ihre Leistungen sind unterschiedlich zu bewerten. Das Schicksal der Kaiser wie auch der zunehmend bedrohten Reichsgrenzen hing mehr und mehr vom Heer ab. Eine dauerhafte Lösung der inneren Krise gelang den Kaisern des 3. Jahrhunderts ebenso wenig wie Diokletian. Konstantin richtete sein Augenmerk auf den östlichen Teil des Imperiums und gründete am Bosporus ein „neues Rom".
Römische Soldaten, Beamte und Händler brachten in alle Provinzen, z. B. nach Raetien, die römische Lebensweise. Sie gründeten Städte wie z. B. Augsburg, Regensburg oder Kempten. Zum Schutz des Reiches errichteten sie überall dort, wo es keine natürlichen Grenzen gab, den Limes.

500 v. Chr.

Vertreibung der etruskischen Könige. Rom wird Republik.

Um 250 v. Chr.

Rom ist stärkste Landmacht im Mittelmeerraum.

31 v. Chr.–14 n. Chr.

Herrschaft des Kaisers Augustus. Beginn der römischen Kaiserzeit.

14–337 n. Chr.

Herrschaft der römischen Kaiser; die meisten ließen sich bereits zu Lebzeiten als Gott verehren.

Vom Altertum zum Frühmittelalter

Mit diesem Kapitel schlagen wir eine Brücke von der Antike zum Mittelalter. Vor uns liegen mehr als 500 Jahre Geschichte. Stämme und Völker Europas ziehen auf der Suche nach neuen Siedlungsmöglichkeiten umher. Dabei zerfallen alte Reiche, neue entstehen, alte Kulturen gehen unter, neue treten in die Geschichte ein. Manche zu kurz, als dass sie bleibende Spuren hinterlassen hätten.
Wir beschäftigen uns mit dem Untergang des Römischen Reiches, wir erfahren, welche Reiche seine Nachfolge angetreten haben, und wir begegnen dem Stamm der Bajuwaren. Wir verfolgen die Entstehung und Ausbreitung neuer Weltreligionen – des Christentums und des Islam –, und lernen Persönlichkeiten der Geschichte kennen: die Kaiser Konstantin, Theodosius und Justinian, Jesus und Mohammed, den Hunnen Attila.

Das Christentum im Römischen Reich

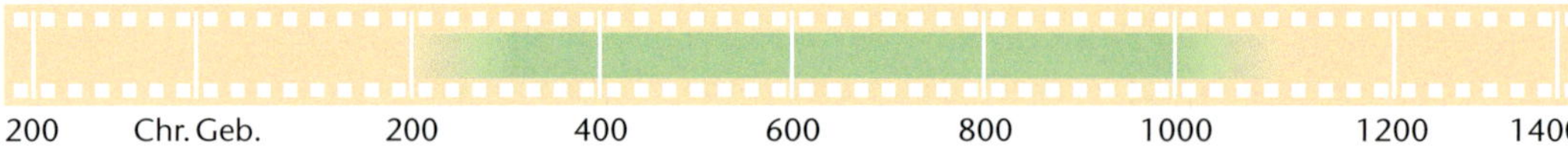

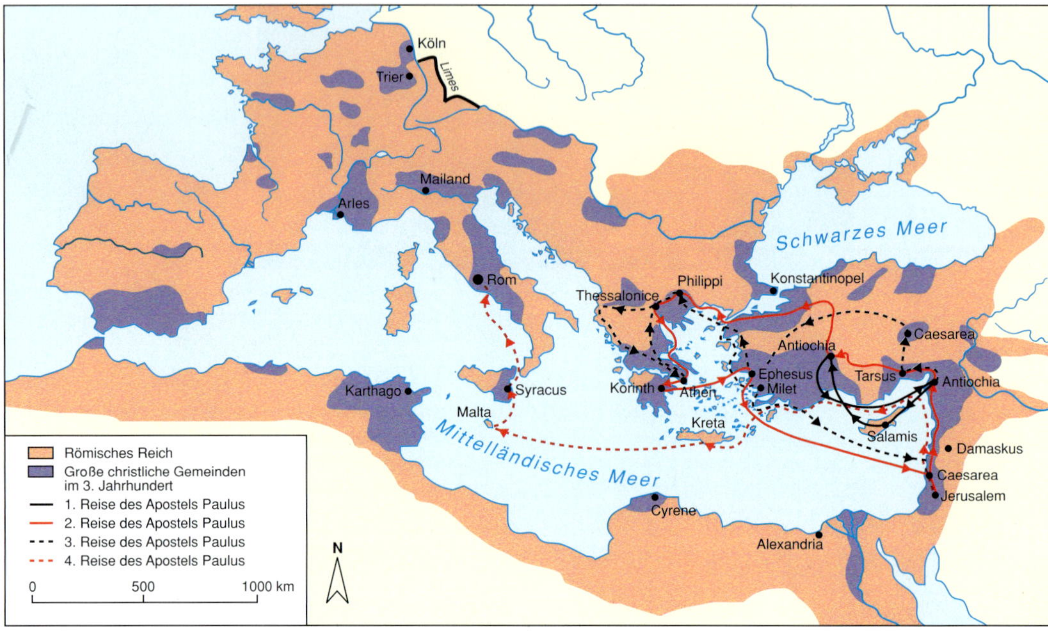

1 **Die Ausbreitung des Christentums im 3. Jahrhundert n. Chr.**

*Apostel** *(griech. = Sendbote): Bezeichnung für die von Jesus zur Verkündung des Christentums ausgewählten zwölf Jünger.*

Um 6 v. Chr.: *Es wird angenommen, dass Jesus in Palästina geboren wurde und 30 n. Chr. auf dem Berg Golgatha starb.*

Christus-Medaillon

Jesus und die Anfänge des Christentums

Während der Regierungszeit des Kaisers Augustus wurde in der Provinz Judäa, im heutigen Israel, ein Jude namens Jesus geboren. Nach seiner Taufe durch den Wanderpropheten Johannes soll Jesus als Wanderprediger durch Galiläa gezogen sein. Seine Anhänger nannten ihn Jesus Christus („der Gesalbte“). Im Neuen Testament, einem Teil der Bibel, sind seine Glaubensgrundsätze und Gebote überliefert. Jesus predigte den Menschen Nächstenliebe und Brüderlichkeit. Er soll auch Wunder vollbracht haben. Das sahen seine Anhänger als Beweis dafür, dass er Gottes Sohn sei. Jüdische Priester beschuldigten ihn daraufhin Gott beleidigt zu haben. Sie erhoben Anklage bei Pontius Pilatus, dem römischen Statthalter der Provinz.

Dieser fragte ihn, ob er der „König der Juden“ sei, und Jesus soll geantwortet haben: „Ich bin es.“ Widerstrebend gab Pilatus der Forderung nach einer Bestrafung Jesu nach. Er wurde – wie bei den Römern üblich – zum Tod am Kreuz verurteilt. Seine Lebensgeschichte wurde erst viele Jahre nach seinem Tod aufgeschrieben.

1 *Sammelt mithilfe eures Religionslehrers/eurer Religionslehrerin Material über Jesus und gestaltet eine bebilderte Kurzbiografie.*

2 *Findet heraus, warum wir nur über sehr ungenaue Angaben zum Leben Jesu verfügen.*

Die Ausbreitung des Christentums

Den Römern gelang es nicht, die Lehre Jesu auszulöschen. Seine Anhänger verbreiteten sie zunächst in Judäa und später im ganzen Römischen Reich. Überall entstanden christliche Gemeinden. Besonders durch die Reisen des Apostels* Paulus fand das Christentum weite Verbreitung.

3 *Beschreibt mithilfe der Karte 1 die Reisen des Apostels Paulus. Welche heutigen Länder hat er besucht?*

4 *Lest im Neuen Testament in der Apostelgeschichte, wie die Menschen auf die von Paulus verkündete Lehre reagiert haben.*

Die Verfolgung der Christen

Vor allem die ärmeren Schichten und die Sklaven fühlten sich vom christlichen Glauben angezogen.

Q1 Der römische Philosoph Justin, ein Christ, berichtete im 2. Jahrhundert:
... An dem Tage, den man Sonntag nennt, findet eine Versammlung aller statt, die in Städten oder auf dem Lande wohnen. Dabei werden die Evangelien oder die Schriften vorgelesen. Hat der Vorleser aufgehört, so gibt der Vorsteher in einer Ansprache eine Ermahnung und Aufforderung zur Nachahmung all dieses Guten. Darauf erheben wir uns alle zusammen und beten.
Und wenn wir mit dem Gebet zu Ende sind, werden Brot, Wein und Wasser herbeigeholt, der Vorsteher spricht Gebete und Danksagungen mit aller Kraft und das Volk stimmt ein und sagt Amen. Darauf erhält jeder seinen Teil von den geweihten Gaben. Wer aber die Mittel und den guten Willen hat, gibt nach seinem Ermessen, was er will (Sammlung für die Waisen und Witwen, Gefangenen, Fremdlinge und Armen). ...

5 *Begründet anhand von Q 1, warum sich besonders die ärmeren Schichten für den christlichen Glauben begeisterten.*

Im Römischen Reich gab es verschiedene Religionen (Judentum und Christentum) und Kulte (Mithras-Kult* aus dem Orient und den Isis-Kult* aus Ägypten). Sie wurden toleriert, solange sie nicht die Macht der römischen Kaiser in Frage stellten. Die Christen waren zunächst nur eine Minderheit. Sie gingen ihren Berufen nach, zahlten pünktlich ihre Steuern und beteten auf ihren Zusammenkünften für das Wohl des Kaisers. Sie weigerten sich aber die Kaiser als Götter zu verehren, die Sklaven als „Sache" und nicht als Menschen zu sehen und lehnten es anfänglich auch ab Kriegsdienst zu leisten. Daher wurden sie als Gefahr für den Staat, die Wirtschaft und die staatliche Sicherheit betrachtet. Weil man Verschwörungen und kriminelle Handlungen vermutete, kam es immer wieder zu Christenverfolgungen.
Die erste große Verfolgung fand unter Kaiser Nero im Jahr 64 n. Chr. statt, die letzte große

2 Hinrichtung eines Christen, der zum Tod durch Raubtiere verurteilt wurde. Schale aus dem 4. Jahrhundert.

unter Kaiser Diokletian (284–305 n. Chr.). Zu Zeiten der Verfolgung trafen sich die Christen in den Katakomben* zu gemeinsamen Gebeten und Gottesdiensten. Trotz der unbarmherzigen Strafen wollten einige Christen lieber den Märtyrertod* sterben als ihrem Glauben abschwören.

Q2 Tertullian (etwa 150–225 n. Chr.), ein Christ und Rechtsanwalt in Rom, schrieb 197 an die römischen Statthalter über die Anschuldigungen gegen die Christen:
... Unsere Gegner schreien laut nach dem Blut Unschuldiger, wobei sie freilich ihren Hass mit dem sinnlosen Vorwand begründen, dass nach ihrer Überzeugung an jeder Katastrophe des Staates ... die Christen die Schuld trügen. Wenn der Tiber die Mauern überflutet, wenn der Nil die Felder nicht überflutet, wenn der Himmel sich nicht rührt, wenn die Erde sich bewegt, wenn eine Hungersnot, eine Seuche wütet, gleich schreit man: „Die Christen vor die Löwen." ...

6 *Zählt die Anschuldigungen gegen die Christen auf und nennt Gründe für die Vorwürfe.*

7 *Findet Beispiele aus der Gegenwart für Vorurteile gegen bestimmte Bevölkerungsgruppen.*

Mithras*: *Persischer Lichtgott, den die Römer „sol invictus" (= unbesiegbare Sonne) nannten.*

Isis*: *Ägyptische Göttin. Sie wurde als Himmelsgöttin, Schicksalsherrscherin und Nothelferin verehrt.*

Katakomben*: *Weit verzweigte unterirdische, teils mehrstöckige Begräbnisstätten für Christen. Im Gegensatz zu den Römern verbrannten die Christen ihre Toten nicht.*

Märtyrer*: *Ein Mensch, der für seine Glaubensüberzeugung sein Leben geopfert hat in der Hoffnung auf ein besseres Leben nach dem Tod.*

Der ***Fisch*** *war ein Geheimzeichen für die Zugehörigkeit zur christlichen Glaubensgemeinschaft. Hinter dem griechischen Wort für Fisch („ICHTYS") verbargen sich die Anfangsbuchstaben eines Glaubensbekenntnisses:*

I CH TH Y S

ΙΧΘΥΣ

Iesous Christos Theou Yios Soter = Jesus Christus, Gottes Sohn, Retter.

Der christliche Glaube wird anerkannt

1 **Römischer Siegelring mit Christogramm*.** 4. Jahrhundert n. Chr.

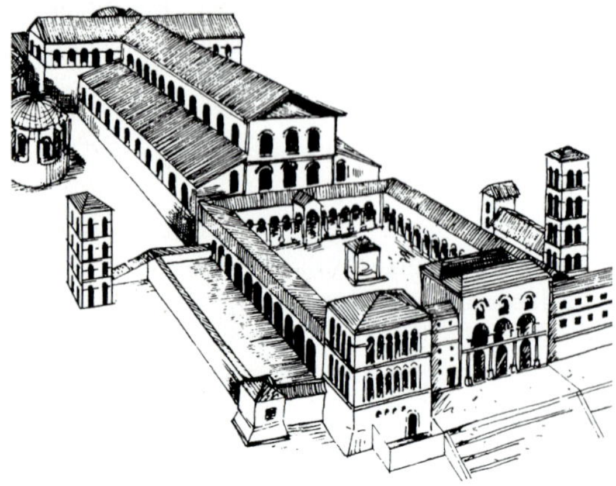

2 **Vorläufer des St. Peter-Domes in Rom zur Zeit Konstantins des Großen.** Fünfschiffige Basilika* mit großem Querhaus und vorgelagertem Vorhof mit Säulenumgang. Rekonstruktion.

Christogramm*: *Symbol für den Namen „Christus". Es wurde aus den griechischen Anfangsbuchstaben des Namens Christus zusammengesetzt: X = Ch und P = r.*

Basilika*: *Bei den Römern Markt- und Gerichtshalle. Später wurde diese Bauform auch für Kirchen verwendet. Die Basilika ist rechteckig und mehrschiffig; am Mittelschiff befindet sich eine Vorhalle (Apsis).*

Klerus*: *Oberbegriff für die katholische Geistlichkeit.*

Bischöfe* *(griech. episkopos = Aufseher): Nach katholischer Lehre die Nachfolger der Apostel und Gesandte Jesu Christi. In ihren Gemeindebereichen (Diözesen) sind sie für Gesetzgebung, Verwaltung und Rechtsprechung zuständig.*

Konzil*: *Versammlung kirchlicher Würdenträger.*

313 n. Chr.: *Im Mailänder Edikt sichert Kaiser Konstantin den Christen die freie Religionsausübung zu.*

Die römischen Herrscher mussten einsehen, dass sich das Christentum trotz Verfolgungen immer weiter ausbreitete und auch unter den Soldaten die Zahl der Christen immer mehr zunahm. Diese brachten ihren Glauben in die Provinzen. Allmählich änderte sich die Haltung der römischen Kaiser gegenüber dem Christentum. Zu einer entscheidenden Wende kam es unter Kaiser Konstantin (306–337 n. Chr.). Er traf sich 313 n. Chr. mit seinem Mitkaiser Licinius in Mailand.

Q1 Eusebios (um 260–339 n. Chr.), Bischof und Vertrauter Konstantins, berichtete:

... Wir haben beschlossen den Christen und allen Menschen in unserem Reich das freie Recht zu geben derjenigen Religion zu folgen, für die sie sich entschieden haben.

Es geschah dies in der Absicht, dass jede Gottheit und jede himmlische Macht, die es je gibt, uns und allen, die unter unserer Herrschaft leben, gnädig sein möge.

Jedem Menschen ist es also erlaubt, die Religion der Christen zu bekennen, und zwar frei und ohne irgendeine Belästigung.

Wir haben dies angeordnet, damit es nicht den Anschein hat, als ob irgendein Kult oder irgendeine Religion durch uns benachteiligt würde. ...

1 *Erklärt die Bedeutung dieses Gesetzes für die Christen.*

Kaiser Konstantin ließ sich zwar erst auf dem Sterbebett taufen, er förderte aber das Christentum nach Kräften und verhalf den Christen somit zu wachsendem Einfluss. Er ließ in Rom und in den Provinzen Gotteshäuser im Stil der römischen Basiliken bauen, der Sonntag wurde als staatlicher Feiertag anerkannt, der Klerus* erhielt das Recht der Steuerfreiheit und die Bischöfe* durften auch Recht sprechen. 325 fand auf Konstantins Wunsch hin ein Konzil* in Nikäa (Kleinasien) statt. Hier bestimmten die Bischöfe Konstantin zum Schutzherrn des Glaubens. Auch versuchten sie eine einheitliche Lehre festzulegen. Aber die Anhänger des Priesters Arius aus Alexandria behaupteten, Christus sei von Gott erschaffen worden und damit nur mit Gott wesensähnlich. Der Patriarch von Alexandria Athanasios dagegen vertrat die Ansicht, dass Christus und Gott wesensgleich seien. Die Arianer hielten an ihrer Überzeugung fest und wurden aus der Kirche ausgestoßen.

Mit dem Weggang des Kaisers aus Rom und seinem Einzug in die neue Hauptstadt am Bosporus, Konstantinopel, wurde die Position des Bischofs von Rom gestärkt.

2 *Erklärt, warum Kaiser Konstantin den Beinamen „der Große" erhielt.*

3 *Überlegt, warum die Märtyrer in Abbildung 3 als Sieger dargestellt werden.*

Niemand darf anderen Göttern opfern

3 **Prozession der Märtyrer zu Christus am Tag des Jüngsten Gerichts. In den Händen tragen sie Kronen als Zeichen des Sieges.** Mosaik aus dem 5./6. Jahrhundert in der Kirche San Apollinare Nuovo in Ravenna.

Das Christentum wird Staatsreligion

Wie Kaiser Konstantin, so förderten fast alle seine Nachfolger das Christentum. Die alte römische Götterverehrung wurde immer mehr zurückgedrängt.

Q2 391 n. Chr. erließ Kaiser Theodosius (379 bis 395) folgende Bekanntmachung:

… Niemand … darf an irgendeinem Ort … den vernunftlosen Götterbildern ein unschuldiges Opfertier schlachten. …
Wenn jemand es wagt, ein Tier zu opfern und mit Opfermehl zu bestreuen oder rauchende Eingeweide zu befragen, der soll wie ein Verbrecher vor Gericht gebracht werden. Wenn einer Götterbilder … mit Darbringung von Weihrauch verehrt, … der soll Einbuße erleiden an dem Haus oder Besitztum, in dem er seinen Götzendienst verrichtet hat. …

Q3 393 n. Chr. erfolgte eine weitere Anordnung:

… Alle, die sich mit dem unheiligen Irrtum oder Verbrechen des heidnischen Götzendienstes beflecken, also alle Heiden, sollen weder zum Kriegsdienst zugelassen werden noch mit der Ehre eines Beamten oder Richters ausgezeichnet werden. …

4 *Fasst zusammen, welche Bedeutung diese Erlasse für Nichtchristen hatten.*

5 *Wie ist die freie Religionsausübung in der Bundesrepublik Deutschland geregelt? Lest in der Randspalte nach.*

Kaiser Theodosius ließ 393 die Olympischen Spiele verbieten, da sie dem heidnischen Gott Zeus geweiht waren. Jüdische Synagogen, heidnische Tempel, Zentren der antiken Bildung wurden geschlossen und oft sogar zerstört. Neben der Staatsreligion war für andere Überzeugungen plötzlich kein Platz mehr.

Die Kirche organisiert sich

Ab 391 n. Chr. nahm die Zahl der christlichen Gemeinden schnell zu. An der Spitze einer Gemeinde stand der Bischof. Eine besondere Stellung unter den Bischöfen nahm der Bischof von Rom ein. Er galt als Nachfolger des Apostels Petrus. Seit dem 5. Jahrhundert nannte man den Bischof von Rom Papst*. Rom wurde unter den Päpsten zum Mittelpunkt der christlichen Kirche im Westen des Römischen Reiches. Somit gab es neben dem Kaisertum als weltlicher Macht die Kirche mit einem geistlichen Oberhaupt.
Aber es gab auch Kritik an der Kirche. Je mächtiger die Kirche wurde und je prächtigere Bauten sie errichten ließ, desto lauter wurden mahnende Stimmen, die an die ursprünglichen Werte der ersten Christengemeinden wie Nächstenliebe, Bescheidenheit und Demut erinnerten.
Die Kirche setzte ihren Siegeszug fort, auch dadurch, dass sie heidnische Bräuche ins Christentum übernahm*.

6 *Forscht nach, welche heidnischen Bräuche das Christentum übernommen hat, und stellt eine tabellarische Übersicht zusammen.*

Papst* *(lat. papa = Vater): Oberhaupt der katholischen Kirche.*

Heidnische Bräuche im Christentum*: *Weihrauch, Kerzen und Engel wurden z. B. aus dem römischen Kaiserkult übernommen. Die Marienverehrung entwickelte sich aus dem Isis-Kult. Heiligenschein und Weihnachtsfest gehen auf den Mithras-Kult zurück.*

391 n. Chr.: *Kaiser Theodosius erklärt den christlichen Glauben zur Staatsreligion.*

Aus dem Grundgesetz der Bundesrepublik Deutschland: *Art. 4 (1): Die Freiheit des Glaubens, des Gewissens und die Freiheit des religiösen und weltanschaulichen Bekenntnisses sind unverletzlich.*
(2) Die ungestörte Religionsausübung wird gewährleistet.

Die Welt der Germanen

1 Leben auf einem größeren germanischen Gehöft. Rekonstruktionszeichnung nach Ausgrabungsbefunden aus Warendorf/Westfalen.

Die Germanen hatten ursprünglich ihre Siedlungsräume in Skandinavien. Die Mehrheit der Germanen waren freie Bauern, die Adligen und Unfreien bildeten die Minderheit. Die wichtigste Einheit der Germanen war die Familie mit dem Hausvater an der Spitze. Alle Blutsverwandten einer Familie bildeten eine Sippe und mehrere Sippen schlossen sich zu einem Stamm zusammen. Die Sippenmitglieder halfen einander, regelten Streitfälle untereinander und mit anderen Sippen und zogen gemeinsam in den Kampf.
Zur Wahl der Heerführer, zur Rechtsprechung und bei Entscheidungen über Krieg und Frieden trafen sie sich zum Thing, der Versammlung der freien Germanen. Ihre Zustimmung zu Vorschlägen drückten die Germanen durch Waffengeklirr, ihre Ablehnung durch lautes Murren aus.
Die Germanen waren nicht nur wegen ihrer Stärke und ihres Mutes im Kampf gefürchtet, sondern auch wegen ihrer mit hoher Qualität hergestellten Waffen.

M1 In einem 1989 erschienenen Buch heißt es über die Germanen:
... Die Germanen lebten in kleinen weilerartigen Siedlungen oder auf Einzelhöfen. ... Wichtig war die nahe Lage zum Wasser (Flüsse, Bäche, Teiche), aber auch zu Waldungen. ... So waren wegen der Eichelmast der Schweine unbedingt Eichenhaine notwendig. Die bei der Schafhaltung anfallende Wolle wurde mithilfe von Spindeln versponnen. Das so gewonnene Garn wurde auf Webstühlen zu Stoffen verwoben.
Die Rinder wurden in der kalten Jahreszeit im Stallteil des Wohnhauses gehalten. ... Die oft mehrschiffigen Wohngebäude waren mit Stroh oder Reet* gedeckt. Die Wände bestanden zwischen den aus Baumstämmen errichteten Pfosten aus Rutengeflecht mit Lehmbewurf.
Die freien Männer hatten das Recht Waffen zu tragen und am Thing teilzunehmen; Frauen waren davon ausgeschlossen. Geleitet wurde das Thing von Adligen, die auch den Stamm anführten. Bei einigen Stämmen gab es auch Könige. An heiligen Stätten im Freien verehrten die Germanen ihre Götter wie den Kriegs- und Totengott Wodan (engl. Wednesday) und seine Gemahlin Freija, die Schutzgöttin der Familie und des Ackerbaus (Freitag), den Gewittergott Donar (Donnerstag) und die Frühlingsgöttin Ostara (Ostern). ...

1 *Beschreibt mithilfe des Textes und der Abbildung 1 die Wohnverhältnisse, den Alltag, die Machtverhältnisse und die Religion der Germanen.*
2 *Überlegt, was sich bis heute von unseren Vorfahren erhalten hat.*

Reet* *(norddeutsch für Ried): Schilf.*

Die Waffen der Germanen:
Lanze, ein- und zweischneidiges Schwert, Speere, Schilde, Pfeil und Bogen sowie Äxte.
Beim Sturm auf römische Kastelle kamen fahrbare hölzerne Türme, Sturmleitern und Rammböcke zum Einsatz.

Lesetipp:
Hans Reichardt: Die Germanen. Reihe „Was ist was". Tessloff Verlag, Nürnberg 1997.

Die germanische Völkerwanderung

Die Germanen verlassen ihre Heimat

Schon im 6. vorchristlichen Jahrhundert waren Germanenstämme auf der Suche nach neuen Siedlungsgebieten von Skandinavien nach Mitteleuropa gewandert. Als Ursachen für ihren Aufbruch werden ein Temperaturrückgang um 2,5° C in Europa und damit eine Verschlechterung der Lebensbedingungen in Nordeuropa sowie Naturkatastrophen wie Überschwemmungen und Missernten angenommen. Seit 300 n. Chr. nahm diese germanische Völkerwanderung* enorm zu und wurde zu einer Gefahr für das Römische Reich.

3 *Benennt mithilfe der Karte auf Seite 185 die neuen Siedlungsgebiete der Germanen. Verwendet geografische Begriffe wie Flüsse, Meere oder Gebirge.*

4 *Erklärt, ob man von einem einheitlichen Stamm der Germanen sprechen kann.*

5 *Fasst die Ursachen der Wanderungsbewegungen zusammen.*

Die Mühen der Wanderung

M2 Ein Bild vom Alltag während der Völkerwanderung gibt ein heutiger Schriftsteller:

... Unendlich mühsam quälen sich die Ochsenkarren mit ihren schweren, massiven Scheibenrädern aus Holz über den weichen Untergrund. Seit Tagen regnet es ununterbrochen. Wie leicht waren sie noch an der Rheingrenze auf den gut ausgebauten römischen Straßen vorangekommen! ... Jetzt, im teilweise zerstörten, unwegsamen Gallien ist die Stimmung auf einem Tiefpunkt. Die Kinder weinen vor Hunger und Kälte, Männer und Frauen sind am Ende ihrer Kraft. Seit einer Woche ernähren sie sich von dem, was der Wald an wilden Beeren und Wild hergibt. Die letzten Getreidevorräte sind längst aufgebraucht. ...

40 Männer und drei Wagen haben sie beim letzten Überfall der Einheimischen auf ihren Zug verloren! 15 Kinder sind allein in den letzten vier Wochen gestorben! Nur sieben Kilometer sind sie am letzten Tag vorangekommen und heute erst drei! Aber umkehren, wohin? Viel zu weit sind sie schon von der Heimat entfernt, zwei Jahre und drei Monate dauert nun ihre Wanderung schon.

2 **Tracht und Bewaffnung eines germanischen Kriegers.** Rekonstruktion.

Es ist Abend geworden. Die Frauen bereiten auf vielen Feuern die Abendmahlzeit aus Beeren und Wurzeln, die sie während des Tages nebenher gesammelt haben. So hart sie der Verlust des Ochsen auch trifft, endlich gibt es wieder einmal Fleisch! Die Wagen sind zu einer Wagenburg zusammengeschoben. Langsam zieht die Nachtkälte herauf. Die Fellmäntel werden enger um den Körper gezogen. Müdigkeit und Erschöpfung lassen die Gespräche verstummen. Plötzlich kommt Bewegung in die Menschen. Die Kundschafter sind zurück! Zwei Tagesreisen weiter öffnet sich ein weites, fruchtbares Tal! Kleine Dörfer, reiche Viehherden, Getreide, Wein. Die Müdigkeit ist plötzlich wie weggeblasen, überall reden die Männer von Kampf und Beute! ...

6 *Überlegt, ob der Begriff „Völkerwanderung" zutreffend ist.*

7 *Schildert mit eigenen Worten, welche Schwierigkeiten die Germanen auf ihren Zügen hatten.*

8 *Spielt folgende Szene: Zwei Dorfbewohner in Gallien unterhalten sich über die Ereignisse, nachdem ein germanischer Stamm durch ihr Gebiet gezogen ist.*

Völkerwanderung*: *Stämme und Völker verlassen ihre ursprüngliche Heimat auf der Suche nach neuen Siedlungsgebieten.*

*Die **Germanen** waren Wanderbauern und Viehzüchter. Sie achteten nicht auf eine Fruchtfolge und laugten den Boden dadurch schnell aus. Deshalb konnten sie ihre Felder nur kurz nutzen und litten ständig unter Landmangel.*

300–800 n. Chr.: *Obwohl es auch schon vorher zu Wanderungsbewegungen von Stämmen kam, wird die große Völkerwanderung als einschneidendes Ereignis in der europäischen Geschichte betrachtet. Durch sie wurde die bestehende Ordnung in Europa völlig verändert.*

Neue Nachbarn für die Römer

1 **Römer und Germanen am Limes.** Modell, Limesmuseum Aalen.

Anfänglich war für die Römer unklar, wer die nicht ungefährlichen Stämme östlich von Rhein und Donau waren. Die Kelten nannten sie Germanen und die Römer übernahmen diese Bezeichnung.

Q1 Der römische Geschichtsschreiber Tacitus* beschrieb die Germanen so:

... Trotzige blaue Augen, rotblondes Haar und große Leiber, die freilich nur zum Angriff taugen. Für Strapazen und Mühen bringen sie nicht dieselbe Ausdauer auf und am wenigsten ertragen sie Durst und Hitze; wohl aber sind sie durch Klima oder Bodenbeschaffenheit gegen Kälte und Hunger abgehärtet. ...

*__Tacitus*__ lebte etwa 55–120 n. Chr. In seinem Werk „__Germania__" verarbeitete er Informationen von Kaufleuten und Soldaten und konnte so eine detaillierte Beschreibung der Germanen geben.*

Die Römer betrachteten seit Caesars Eroberungszügen in Gallien die Germanen als ungebildete Barbaren. Da die Römer ihrerseits die Reichsgrenzen an Rhein, Donau und sogar bis an die Elbe vorschieben wollten, wurden sie von den Germanen als Eindringlinge und Feinde angesehen und als solche bekämpft. Nach der vernichtenden Niederlage der Römer im Teutoburger Wald (9 n. Chr.) blieben Rhein und Donau die Grenze zwischen dem Römischen Reich und den Germanen.

Die Germanen, die zwischen dem Rhein und dem obergermanisch-raetischen Limes lebten, hatten sich bald an die römische Besatzung gewöhnt und lebten mit den römischen Soldaten friedlich zusammen. Gerade im handwerklichen Bereich profitierten sie von den römischen Kenntnissen im Straßenbau, in der Töpferei und im Maurerhandwerk. Es entwickelte sich ein lebhafter Handel entlang des Limes. Die Germanen verkauften Felle, Bernstein, Vieh, Honig, Wachs, Holz, Getreide und sogar blondes Frauenhaar, die Römer boten den Germanen dafür Gefäße aus Ton, Glas und Kupfer, Wein, Schmuck und Kosmetikartikel zum Kauf an.

1 *Beschreibt das Zusammenleben von Römern und Germanen mithilfe der Abbildung 1.*

2 *Legt eine Skizze über die Handelsbeziehungen zwischen den beiden Nachbarn in eurem Heft an. Berücksichtigt dabei die Ergebnisse, die ihr auf Seite 156/157 gewonnen habt.*

Das Römische Reich in Gefahr

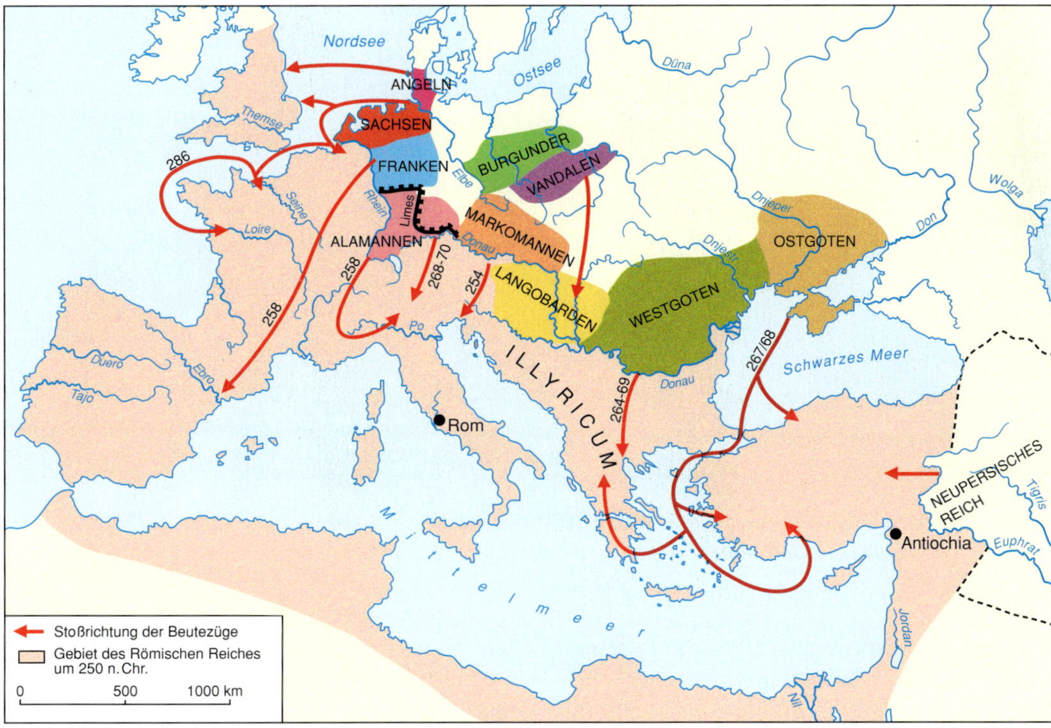

2 Römer und Germanen im 3. Jahrhundert.

Krisen im Inneren des Römischen Reiches und Probleme an den Grenzen führten dazu, dass verschiedene Germanenstämme im 3. und 4. Jahrhundert immer wieder bis an den Rhein und an die Donau vordrangen um Beute zu machen. Die Römer versuchten die Grenzen des Reiches durch „befreundete" Germanen (foederati*) gegen angreifende Germanenstämme zu sichern. Stammesfürsten der Germanen konnten sogar als Offiziere ins römische Heer aufgenommen werden. Die Grenzprobleme wurden aber mit diesen Maßnahmen nicht gelöst. Es kam immer wieder zu Kleinkriegen und Plünderungen. Den Alamannen gelang es z. B. bis nach Norditalien vorzudringen. Mit Unterstützung anderer Germanenstämme, z. B. der Franken und Burgunder, wurden römische Städte wie Straßburg, Mainz und Bonn erobert und zerstört. Kurzzeitig konnten die Römer die Angreifer zurückschlagen, doch kurz darauf waren andere Grenzabschnitte bedroht. Dadurch wurde das Imperium innen- und außenpolitisch immer weiter geschwächt.

Q2 Der griechische Geschichtsschreiber und römische Beamte Herodian (3. Jahrhundert n. Chr.) berichtet von einem Hilferuf der illyrischen Provinzialverwaltung an Kaiser Severus Alexander (222–235 n. Chr.). Severus befand sich zum Schutz der römischen Grenze in Antiochia:

… Die Germanen überschreiten Rhein und Donau, verheeren das römische Gebiet und greifen die an den Stromufern stationierten Truppen wie auch Städte und Dörfer mit einer großen Streitmacht an. Die Völker Illyricums, deren Gebiet an Italien grenzt, sind daher in nicht geringer Gefahr. Darum ist deine persönliche Anwesenheit erforderlich mitsamt dem Heer unter deinem Befehl. …

3 *Fasst die Befürchtungen des Herodian zusammen.*

4 *Zählt auf, welche germanischen Stämme das Römische Reich angreifen, und nennt die Provinz bzw. Reichsgrenze, die sie somit bedrohen.*
Beispiel: Die Angeln und die Sachsen greifen die römische Provinz Britannien an.

***Foederati*:** *Germanische Stämme, die von den Römern als Bündnispartner gewonnen werden wollten, damit sie die Grenzen des Römischen Reiches besser verteidigen konnten.*

Fremde Völker bedrohen die Grenzen

1 **König Attila greift die Germanen an.** Kolorierter Holzstich, 19. Jahrhundert.

Hunnischer Reiter

*Durch Ermordung seiner Konkurrenten wurde **Attila*** Alleinherrscher der Hunnen (434–453). Wegen seiner Kriegszüge gegen das Römische Reich und seiner brutalen Politik wurde er „Geißel Gottes" genannt.*

„Die Hunnen kommen!" – Dieser Ruf versetzte ganze Völker in Europa in Angst und Schrecken. Die Hunnen waren ein Reitervolk, das mit seinen Viehherden umherzog. Sie kamen aus der Mongolei und zogen durch ganz Asien bis nach Mitteleuropa. Gefürchtet waren ihre besondere Kampftechnik (Bogenschützen mit Pfeilen von hoher Durchschlagskraft), ihre Schnelligkeit (wendige, kleine Pferde) und Wildheit.

Q1 Ein römischer Geschichtsschreiber berichtet über die Hunnen:

... Sie führen ein so wildes Leben, dass sie weder Feuer noch Gewürz bei der Zubereitung ihrer Speisen brauchen. Sie ernähren sich von den Wurzeln wilder Pflanzen und dem rohen Fleisch von Tieren, das sie zwischen ihre Schenkel und den Rücken ihrer Pferde legen und so ein wenig mürbe machen. Sie bewohnen kein Haus, nicht einmal Hütten mit einem Rohrdach haben sie. An ihre Pferde sind sie wie angewachsen. Tag und Nacht leben sie auf ihren Pferden. Voller Lüge und Tücke sind sie und ohne alle Religion. Nur unersättliche Goldgier beherrscht sie. ...

1 *Fasst zusammen, wie der römische Geschichtsschreiber die Hunnen darstellt.*

Die Hunnen lösten mit ihrem Vordringen nach Mitteleuropa die große Völkerwanderung aus. Den von ihnen bedrohten Germanenstämmen blieb nur die Wahl zwischen der Unterwerfung unter die Hunnen und der Flucht auf römisches Gebiet.

Q2 Der byzantinische Geschichtsschreiber Priscus (5. Jahrhundert n. Chr.) berichtet über einen Besuch beim Hunnenkönig Attila*:

... Wir kamen in ein riesiges Dorf. Dort befand sich ein Gebäude, das alle anderen Wohnsitze Attilas an Stattlichkeit übertraf. Die Sessel waren längs der beiden Seitenwände im Raum aufgestellt, in der Mitte saß auf einem Speisesofa Attila. Ihm gegenüber saßen zwei Söhne, der älteste Sohn saß auf dem Sofa des Königs, aus Ehrfurcht vor seinem Vater hielt er die Augen zu Boden gesenkt. Uns wurden erlesene Speisen auf silbernen Geschirren aufgetragen, während Attila nur einen Holzteller mit Fleisch erhielt. Er zeigte sich auch sonst überaus mäßig. Die Gäste tranken aus goldenen und silbernen Kelchen, er selbst bediente sich eines hölzernen Bechers. Ebenso trug er ein ganz einfaches Gewand. ...

2 *Charakterisiert Attila und vergleicht die beiden Quellen. Was stellt ihr fest?*

Das Ende des Römischen Reiches

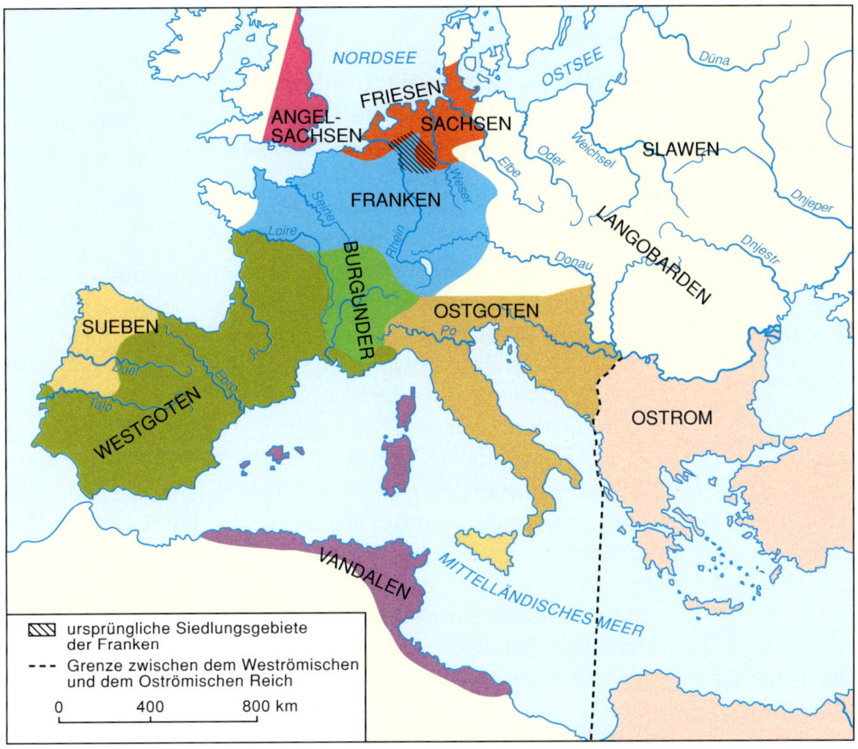

2 Germanische Nachfolgereiche auf dem Boden des ehemaligen Weströmischen Reiches. Um 500 n. Chr.

Die ersten Germanenstämme, auf welche die Hunnen trafen, waren die Ost- und die Westgoten*. Während die Westgoten der Unterwerfung durch die Hunnen entgingen, wurden die Ostgoten vernichtend geschlagen.

Um sein Reich wirksamer verteidigen zu können schloss der römische Kaiser Theodosius I. einen Föderatenvertrag mit den Westgoten. Den Römern gelang es zwar, einige Germanenstämme im Kampf gegen die Hunnen zusammenzuschließen und Attila 451 in der Schlacht auf den Katalaunischen Feldern (im heutigen Frankreich) vernichtend zu schlagen. Danach verlor das sich von Südrussland bis an Rhein und Donau erstreckende Hunnenreich an Macht und Größe, aber für Rom war die Gefahr nicht gebannt. Nun begannen einige Germanenstämme das Reich anzugreifen.

Nachdem die Westgoten unter Alarich Rom im Jahr 410 belagert und geplündert hatten, gründeten sie in Gallien ein Reich. Mailand und später Ravenna wurden zu neuen Hauptstädten des Weströmischen Reiches. Doch Rom behielt für die Germanenstämme eine große Anziehungskraft als Beuteobjekt und so plünderten und zerstörten die Wandalen 455 die Stadt.

Das weströmische Reichsgebiet schrumpfte immer weiter zusammen und 476 versetzte der germanische Söldnerführer Odoaker* dem Römischen Reich den Todesstoß, indem er den letzten weströmischen Kaiser Romulus Augustulus* absetzte. Ostrom erkannte Odoaker als Schutzherrn von Rom an. Durch eine geschickte Politik war es dem oströmischen Kaiser gelungen, die angreifenden Germanenstämme auf weströmisches Gebiet abzulenken. Mit dem Zusammenbruch des Weströmischen Reiches erlangte Ostrom die Vorherrschaft und konnte seine Macht weiter ausbauen, da die meisten Germanenreiche nur kurze Zeit bestanden.

3 *Beschreibt mithilfe der Karte 2, welche neuen Reiche auf dem Gebiet des Weströmischen Reiches entstanden sind.*

Ost- und Westgoten*: *Germanen, die ursprünglich zwischen Don, Karpaten und Theiß siedelten.*

*Der Germane **Odoaker*** (430–493) diente als Söldner im römischen Heer und setzte den letzten weströmischen Kaiser ab.*

„Augustulus"* *bedeutet Kaiserchen, da der letzte weströmische Herrscher etwa 16 Jahre alt war, als er 475 von seinem Vater Orestes zum Kaiser ernannt wurde.*

451 n. Chr.: *Attila von den Römern in der Schlacht auf den Katalaunischen Feldern geschlagen.*

476 n. Chr.: *Ende des Weströmischen Reiches.*

Werkstatt Geschichte: Was war „in" ...

Nicht nur Modebewusste finden auf diesen beiden Seiten eine Anleitung zum Schneidern von Römer- und Germanengewändern.

Besorgt euch folgendes Material:

- Bettlaken und Decken oder einfachen Filz
- Nadeln
- Nähgarn
- Scheren
- Maßbänder
- Sicherheitsnadeln
- bunte Schleifenbänder (2 cm breit)
- Perlen und Kordeln zum Verzieren.

Schick wie der Römer

Die Toga (lat. Bekleidung) war die Bekleidung der römischen Bürger in Friedenszeiten. Sie bestand aus einem 5 m langen und 2 m breiten Tuch in ovaler Form mit einer geraden und einer runden Kante. An der Purpurkante am Saum konnte man erkennen, dass ihr Träger ein römischer Beamter oder Priester war.

Näht zwei Bettlaken zusammen, damit ihr die Toga kunstvoll um den Körper schlingen könnt. Versucht nach der Anleitung die Toga anzulegen.

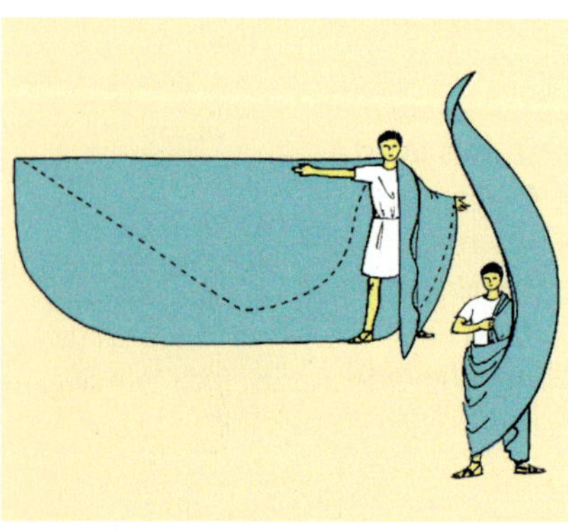

1 **Das Anlegen einer Toga.**

Modebewusst wie die Römerin

Als Unterbekleidung trugen römische Männer und Frauen die Tunika (lat. Hemd).

Um eine Tunika herzustellen schneidet ihr zwei Rechtecke entsprechend eurer Körpergröße (gemessen von den Schultern bis über die Knie) aus. Näht diese an den Seiten und am Kopfende zusammen. Lasst zwei Schlitze für eure Arme und ein Loch für den Kopf frei. Mit einer Kordel haltet ihr die Tunika in der Taille zusammen.

Über der Tunika trug die Römerin ein Überkleid, die so genannte Stola.

Dafür benötigt ihr ein weiteres Bettlaken. Wickelt es wie in Abbildung 2 über die Tunika.

2 **Eine Vestalin (= Priesterin) mit Stola.**

Den Saum eurer Gewänder könnt ihr mit Perlen oder bunten Bändern verzieren.

Frisuren

Um wie eine Römerin frisiert zu sein beachtet Folgendes:

Anfangs wurde das lange Haar in der Mitte gescheitelt und offen getragen. Später bleichte die modebewusste Römerin ihr Haar blond, flocht Zöpfe, wand diese um die Stirn und türmte sie am Hinterkopf zu einem hohen Kegel auf. Mit einem Silberkamm wurde das Ganze befestigt. Oft wurde ein Schleier über das Haar gelegt.

Fibula und Schuhe

Um eure Gewänder an der Schulter zusammenzuhalten verwendet ihr am besten eine Sicherheitsnadel. Mit Perlen, Blech und Draht könnt ihr auf einfache Weise eine fantasievolle Fibula selbst herstellen.

Für die Füße gibt es Sandalen. Selbst die Soldaten trugen auf ihren Märschen Sandalen aus Lederriemen. Vielleicht findet ihr im Schuhschrank ein neuzeitliches Modell.

... bei Römern und Germanen?

3 **Kleidung der Germanen.** Rekonstruktion. Der Mantel besteht aus feiner Schafswolle. Das viereckige Tuchstück ist mit angewebten, festen Kanten versehen. Länge: 2,36 m, Breite: 1,68 m. Nach einem Fund aus dem 3. Jahrhundert n. Chr.

4 **Prachtmantel der Germanen.** An dem Mantel arbeiteten zwei Weberinnen vermutlich ein Jahr lang.

Was trugen die Germanen?

Die Germanen hatten Kleidung aus warmen Wollstoffen oder Leinen und trugen etwas, was die Römer nicht kannten und sogar verspotteten: die Hose.

Q1 Tacitus (55–120 n. Chr.) schrieb in seiner „Germania" über ihre Kleidung:

... Als Kleidung dient allen ein Umhang, der mit einer Spange ... zusammengehalten wird; ... nur sehr Begüterte haben ein besonderes Unterkleid, das straff anliegt. Die Frauen haben keine andere Kleidung als die Männer, nur hüllen sich die Frauen öfters auch in einen Umhang aus Leinen. ...

Material und Verarbeitung

Um die Luxusvariante eines Germanenkleides herzustellen benötigt ihr zwei Decken oder einfachen Filz (4 mal 2 m). Messt die Länge von eurer Taille bis zum Knöchel und euren Oberschenkelumfang. Denkt dabei an die Naht (etwa 3 cm). Schneidet zwei Rechtecke mit diesen Abmessungen aus einer Decke aus und wickelt sie um eure Beine. Wenn sie passen, näht sie zusammen oder wickelt sie mit einer Kordel um die Beine, aber lasst das Becken frei. Jetzt fehlt noch das Mittelstück für die Hose. Schneidet ein kleines Rechteck aus und näht es zwischen die zwei Beinlinge. Als Bund könnt ihr einen Stoffstreifen annähen oder eine Kordel verwenden. Als Oberbekleidung dient ein Kittel. Legt eine Decke einmal zusammen, nehmt Maß an eurem T-Shirt oder Pullover und schneidet zwei Teile aus. Näht diese dann zusammen. Denkt an die Öffnungen für Arme und Kopf. Für den Umhang könnt ihr eine Decke verwenden.

So kleidete sich die Germanin

Das Frauenkleid wird aus zwei Rechtecken entsprechend eurer Körpergröße gefertigt. Bildet einen

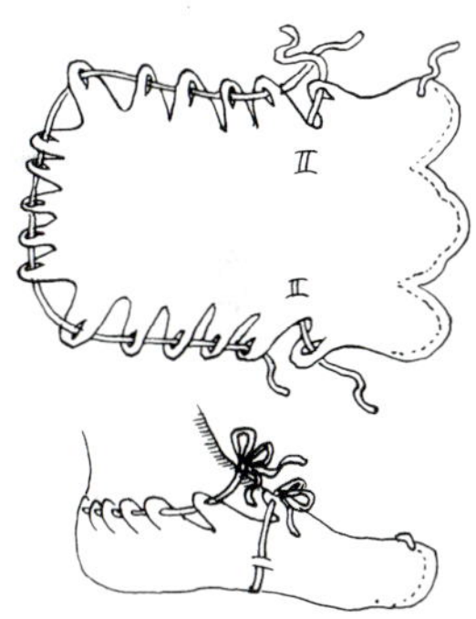

10 bis 20 cm großen Umschlag am Hals und näht die zwei Teile bis auf Hals- und Armschlitze zusammen. Als Mantel kann wieder eine Decke mit Fibel zum Zusammenstecken benutzt werden. Die Füße finden Schutz in einem Bundschuh (siehe Abbildung oben).

Die Haare der Frauen werden gescheitelt und offen getragen oder mit einem Stirnband zusammengehalten. Auch ein einfacher Zopf oder Dutt entspricht der Mode.

1 *Vergleicht die Römer- und Germanenbekleidung.*

Die Römer verlassen das heutige Bayern

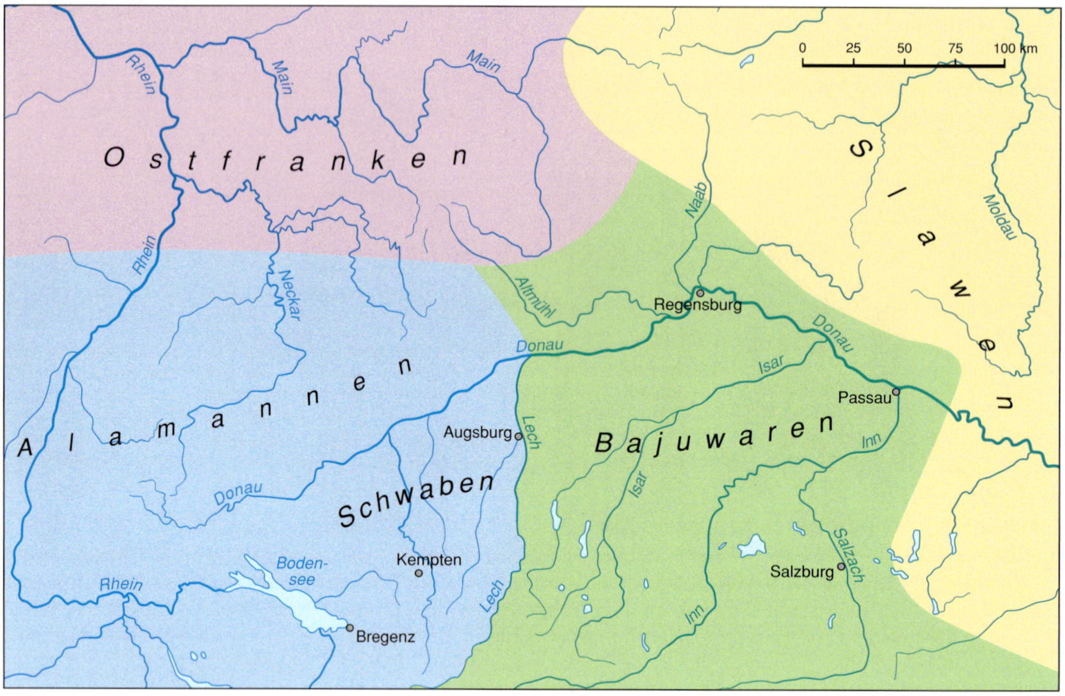

1 **Besiedlung Süddeutschlands während der Völkerwanderung.**

Der Name ***Schwaben**** *stammt von dem germanischen Stamm der Sueben oder Sweben.*

Bajuwaren oder Bai(o)warii*: *„Männer aus Böhmen".*

Der Name der Provinz ***Raetien*** *lebt in der Bezeichnung „Ries", einer Landschaft in Schwaben, weiter.*

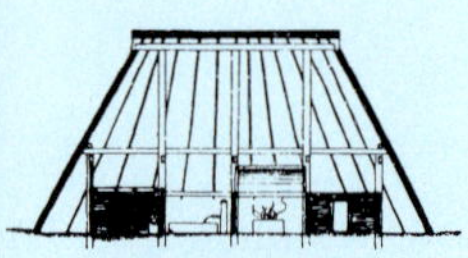

Bayerisches Bauernhaus. *Rekonstruktion. Abmessungen der Höfe: 20 x 6 m. Die Häuser bestanden aus einem Balkengerüst, die Wände aus einem Lehm-Stroh-Geflecht. Das Dach reichte fast bis zum Boden.*

Um 550 n. Chr.: *Erste schriftliche Quellen über Bayern und die Bajuwaren.*

Gefahren für die Römer in Raetien

Durch die ständigen Angriffe der Germanen und bedingt durch die Folgen der Völkerwanderung wurde es für die römischen Soldaten in der Provinz Raetien immer schwerer, die Limesgrenzen zu schützen. Soldaten mussten ihre Kastelle aufgeben und sie konnten nur wenige Stützpunkte gegen Germanenüberfälle verteidigen. Am Ende des 5. Jahrhunderts zogen sich die Römer aus Bayern zurück. Rivalisierende Stämme kämpften um das Erbe, das die Römer in Raetien hinterlassen hatten.

Q1 Ein Römer namens Jordanis, der 551 durch Bayern reiste, berichtete:

… Das Land der Schwaben* … hat im Osten die Bayern, im Westen die Franken, im Süden die Burgunder, im Norden die Thüringer zu Nachbarn. …

1 *Benennt mithilfe der Karte 1 und der Quelle 1 die Nachbarn der Bayern.*

2 *Welche Namen bestehen bis heute? Verwendet dazu eine moderne Landkarte von Bayern.*

Die Wurzeln der Bayern

Wer waren die erwähnten Bayern und woher kamen sie? Die Frage wurde oft gestellt und ganz unterschiedlich beantwortet. Heute geht man davon aus, dass die Bayern ein Mischvolk sind. In Böhmen lebte seit dem ersten vorchristlichen Jahrhundert der germanische Stamm der Markomannen; diese begannen im 5. Jahrhundert n. Chr. nach Westen zu ziehen und sich zwischen Alpen, Main, Donau und Lech niederzulassen. Da sie nicht in menschenleere Gebiete kamen, sondern auf Bewohner keltischen, germanischen und römischen Ursprungs trafen, vermischten sich die verschiedenen Bevölkerungen. Die Zuwanderer aus Böhmen gaben diesem Stamm den Namen: Bajuwaren oder Bai(o)warii*. Die Bajuwaren waren aber nicht nur Namengeber für Bayern, sie sicherten sich auch die Herrschaft im Stammesherzogtum.

3 *Erklärt, wie sich der Stamm der Bajuwaren herausbildete.*

Wie lebten die Bajuwaren?

Die Machtverhältnisse

Obwohl die Bajuwaren vom Stamm der Franken politisch abhängig waren, genossen die bayerischen Herzöge* viele Freiheiten: Sie erließen Gesetze, hielten Versammlungen ab, saßen zu Gericht, ernannten Bischöfe und gründeten Klöster. In ihrem Volksrecht, der Lex Baiuvariorum, das zum Teil aus dem 6. Jahrhundert stammt, bestätigen die Frankenherrscher, dass die bayerischen Herzöge aus dem Geschlecht der Agilolfinger stammen sollten und die freien Bajuwaren den Agilolfingerherzögen Gefolgschaft leisten mussten. Als Residenz wählten die Agilolfinger Regensburg; sie bauten ihre Herzogsburg in die Mauern des alten Römerkastells.
Bis zum 7. Jahrhundert dehnten die Bajuwaren die Grenzen ihres Stammesherzogtums bis nach Bozen und Meran, zum Fichtelgebirge und in den Böhmerwald aus.

4 *Warum war die Lex Baiuvariorum (Abbildung 2) so wichtig für die Agilolfinger?*

Der Alltag bei den Bajuwaren

Dichte Laub-, Eichen- und Buchenwälder bedeckten noch um 500 n. Chr. Bayern. Die Wälder waren für die Schweinemast sehr wichtig. Die Lindenwälder leisteten für die Bienenzucht nützliche Dienste. Die Bewohner des Herzogtums lebten als Bauern, die ihren Lebensunterhalt mit dem Ackerbau bestritten. Den Boden rissen sie mit einem einfachen Hakenpflug nur auf. Orte, die durch Rodung auf urbar gemachtem Land gegründet wurden, enden häufig auf die Silben -ham, -hofen, -kofen, -stetten und -hausen. Ortsnamen auf -ing können auf Siedlungen in Talgründen und Flussrainen hinweisen.

5 *Findet mithilfe einer modernen Landkarte heraus, ob Orte in eurer näheren Heimat diese Merkmale aufweisen.*

Die Bajuwaren lebten in Weilern zusammen, waren etwa 1,60 m groß und hatten eine durchschnittliche Lebenserwartung von 30 Jahren. In Quellen werden sie als gutmütiges, jähzorniges, sinnenfrohes, beharrliches und eigensinniges Bauernvolk geschildert. Die zum Leben notwendigen Dinge stellten sie mit Webstuhl, Töpferscheibe und Amboss selbst her. Den bayerischen Schmieden wird eine große Kunstfertigkeit bei der Herstellung harter Schwertklingen nachgesagt.

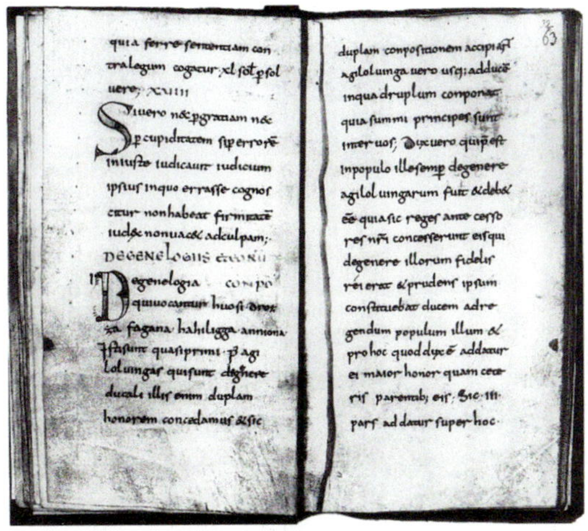

2 **Die älteste Aufzeichnung bayerischen Rechts, die Lex Baiuvariorum.** Im Auftrag der Franken wurde um 750 im Kloster Niederaltaich das Stammesrecht der Bayern niedergeschrieben.

Was von den Römern blieb

Die Spuren der Römer waren und sind in Bayern noch sichtbar. Die alten Römerstädte und Straßen wurden weiterhin genutzt. Die lateinische Sprache wurde zur Amtssprache. Bayerische Adlige betrieben die römischen Gutshöfe und Bajuwaren übernahmen von den Römern gerne die Obstbaumzucht und den Weinanbau.
Das Christentum breitete sich langsam von den Bischofssitzen her aus. Von den Agilolfingern gefördert wirkten Emmeram in Regensburg, Rupert in Salzburg und Korbinian in Freising als „Apostel der Bayern".

6 *Nennt Römerstädte, die sich auf bayerischem Gebiet befanden, und versucht herauszubekommen, was die römischen Bezeichnungen bedeuten.*

7 *Erkundet, welches römische Bauwerk sich in der Nähe eures Heimatortes befindet, z. B. Kastell Weißenburg.*

8 *Fertigt mit Bildern aus Reisebroschüren oder mit eigenen Bildern eine Collage über Bayern an, wie ihr es seht.*

Herzog*: *Ursprünglich der Anführer eines Stammes („der vor dem Heer zog"). Später wurden Stammesherzöge fast so mächtig wie Könige.*

Fundgrube:
Auf den Spuren der Römer und Bajuwaren, z. B.: Gäubodenmuseum Straubing (http://www.straubing.baynet.de), Römermuseum Augsburg.

Um 750 n. Chr.:
Lex Baiuvariorum = bayerisches Volksrecht.

Ostrom als neue Macht

1 **Die Hagia Sophia.** Nach der Eroberung 1453 bauten die Türken die Kirche zur Moschee um und brachten Minarette an. Seit 1934 ist sie ein Museum.

2 **Heutiger Innenraum der Hagia Sophia.**

482–565 n. Chr.: Justinian (seit 527 Kaiser). *Seine Frau war die aus niederen Verhältnissen stammende Theodora.*

Byzantion*: *Gegründet um 660 v. Chr.; 330–1930: Konstantinopel; danach: Istanbul.*

Das ***„griechische Feuer"**** *war eine Art „Feuerschleuderrohr", das von dem Architekten Kalinikos entwickelt wurde. Es bestand aus einem mit Blech ausgekleideten Baumstamm, in den Kugeln aus Salpetersäure gesteckt wurden, die dann mit einem Brandsatz gezündet werden konnten.*

Das „zweite Rom"

Das Oströmische Reich nennt man auch Byzantinisches Reich – nach der Kolonie Byzantion*, die von den Griechen im 7. Jahrhundert gegründet worden war.

Unter Kaiser Justinian erlebte die Stadt eine Blütezeit. Sie entwickelte sich zu einem Welthandelsplatz, da sich hier Handelsstraßen kreuzten, die Europa mit Asien und Arabien sowie den Schwarzmeer- mit dem Mittelmeerhandel verbanden. Die Warenhallen und Basare waren gefüllt mit erlesenen Produkten aus Landwirtschaft (Gewürze, Früchte, Fleisch) und Kunsthandwerk (Goldgefäße, Brokat- und Seidengewänder) sowie mit Gebrauchsgegenständen.

Justinian setzte den Ausbau der Stadt zu einem zweiten Rom fort. Paläste, Kirchen, Klöster, Prachtstraßen und Wehranlagen entstanden. Die Stadt galt mit ihrem bis zu 30 km langen Befestigungsring und 7 m tiefen Wallanlagen als uneinnehmbar. Für Angreifer vom Wasser her wurde das „griechische Feuer"* entwickelt. In nur fünf Jahren soll die Hagia Sophia, die Kirche der heiligen Weisheit, erbaut worden sein. Die Baukosten sollen umgerechnet 70 Mio. Dollar betragen haben. Einzigartig ist die Kuppel, die mit ihren 32 Metern Durchmesser das rechteckige Mittelschiff überspannt.

Corpus iuris civilis

Um die Rechtsprechung in seinem Reich zu vereinheitlichen ließ Justinian eine umfassende Sammlung des römischen Rechts und dessen Auslegungen zusammentragen. Dieses Werk nannte man später Corpus iuris civilis (siehe auch S. 161).

Q1 Auszüge aus dem Corpus iuris civilis:

Gegen das Gesetz handelt, wer tut, was das Gesetz verbietet. …
In Zweifelsfällen ist immer die wohlwollendere Auslegung vorzuziehen.
Auf bloße Verdachtsmomente hin jemanden zu verurteilen geht nicht an.
Ein Verbrechen wird begangen mit Absicht, im Affekt oder fahrlässig.
Die Strafe wird verhängt zwecks Besserung der Menschen.

1 *Überlegt, ob die genannten Rechtsgrundsätze noch gültig sind.*

2 *Lest den letzten Grundsatz noch einmal. Welche anderen Gründe könnte es für eine Bestrafung geben?*

Die Ziele Justinians

Wiederherstellung des Römischen Reiches

Kaiser Justinians erklärtes außenpolitische Ziel war die Wiederherstellung des Römischen Reiches. Um dieses Ziel zu erreichen führte er mehrere Kriegszüge. 514 vertrieb sein bester Feldherr Belisar* die Wandalen aus Nordafrika und die Ostgoten aus Rom. 550 gelang die Vertreibung der Westgoten von der Südküste Spaniens. Die Feldzüge waren aber nur mit einem erheblichen finanziellen und militärischen Kraftaufwand zu leisten. Es erhoben sich Klagen des Volkes über drückende Steuer- und Abgabenlasten. 534 hätte ein Aufstand der erzürnten Bewohner von Konstantinopel Justinian fast den Thron gekostet. Vom Osten und Norden drohten dem Reich neue Gefahren, denn Perser, Slawen und Awaren griffen das Reich an. Justinian musste sich den Frieden teuer erkaufen, was zu einer Verarmung breiter Bevölkerungsschichten führte. Seinen Nachfolgern gelang es nicht, die eroberten Gebiete zu halten und die Perser sowie später die Araber abzuwehren. 1453 nahmen die Türken Konstantinopel ein. Auf den Trümmern des Byzantinischen Reiches gründeten sie das Osmanische Reich.

3 *Erklärt, was aus Justinians außenpolitischem Ziel geworden ist.*

3 **Ankunft Kaiser Justinians.** Elfenbeinrelief. Der Kaiser wird von einer fliegenden Victoria (Siegesgöttin, rechts) begleitet. Am Boden sitzt Terra (Erde) und ein Offizier (links) bringt eine Siegesstatue. Unten sind die Barbarenvölker zu sehen, über dem Kaiser ist der segnende Christus abgebildet.

Der Machtanspruch Justinians

Am Hofe Justinians herrschte ein strenges Zeremoniell*. Besucher durften nicht die Farbe Purpur der kaiserlichen Familie tragen, ausgewählte Gäste und Bittsteller mussten auf dem Weg zum Thronsessel des Kaisers dreimal niederknien um ihm schließlich die Füße zu küssen. Auch Kaiserin Theodora, die aus niederen Verhältnissen stammte, forderte für sich dieses Zeremoniell. Diese unterwürfige Verehrung von Herrschern nennt man Byzantinismus.

Die oströmischen Kaiser sahen sich als Auserwählte Gottes. In seinem Auftrag regierten sie, sprachen Recht, befehligten sie das Heer und waren Oberhaupt der Kirche. Ein Heer von Beamten, die Bischöfe und der Patriarch* führten ihre Anordnungen aus.

4 *Erklärt, was mit dem Relief (Abbildung 3) ausgedrückt werden soll.*

Mit ihrem Anspruch, auch Oberhaupt der Kirche zu sein, gerieten die oströmischen Kaiser in Widerspruch zum Papst in Rom. Dieser hatte als Bischof von Rom während der Wirren der Völkerwanderung an Macht und Ansehen gewonnen und behauptete seine Stellung auch gegenüber den weltlichen Herrschern. In der westlichen Reichshälfte war Latein Kirchen- und Amtssprache, im Osten hingegen Griechisch. Beide Kirchen entwickelten sich unabhängig voneinander. Als sich der Gegensatz zwischen Ost- und Westrom zuspitzte, belegten sich Papst und Patriarch gegenseitig mit dem Kirchenbann* und schlossen damit einander aus der Gemeinschaft der Christen aus. Das war 1054 die erste große Kirchenspaltung der Geschichte.

5 *Fasst zusammen, wie Justinian seine Macht nach außen deutlich machen wollte.*

Belisar*, Feldherr Justinians.

Zeremoniell*: *Bräuche bei feierlichen Anlässen.*

Patriarch* *(griech. = „Erzvater"): Bischof von Konstantinopel.*

Kirchenbann*: *Ausschluss von Christen aus der Gemeinschaft der Kirche.*

Lesetipp:
Anthony Bridge: Theodora. Aufstieg und Herrschaft einer byzantinischen Kaiserin. Verlag Callwey, München 1980.

Die Slawen

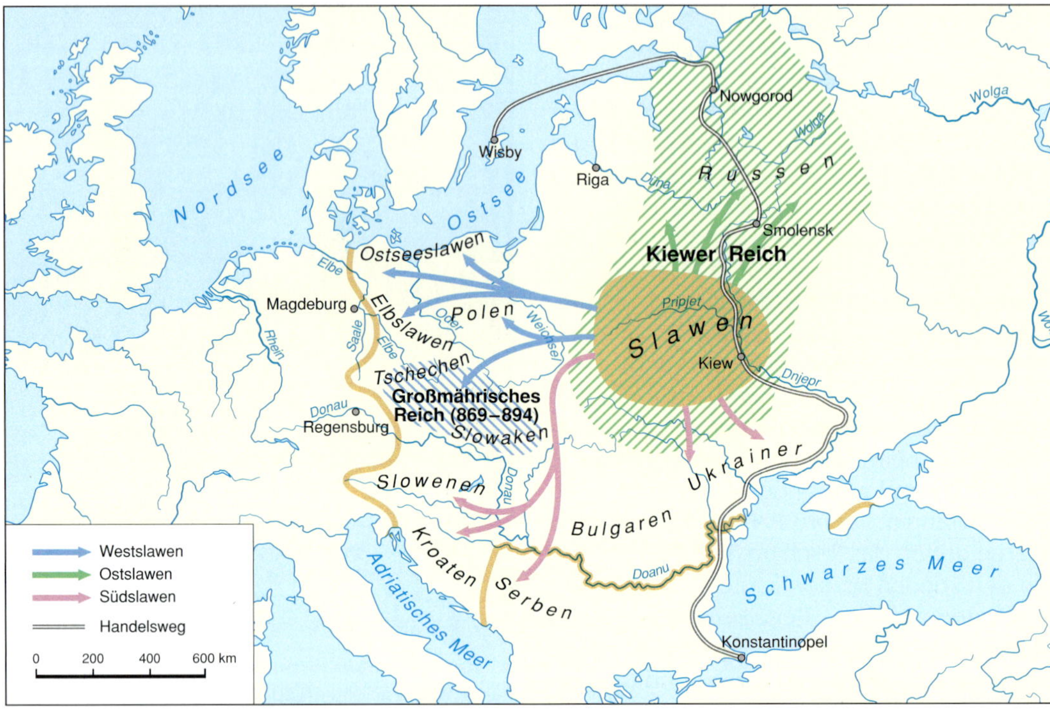

1 **Die Besiedlung Osteuropas durch die Slawen und die Entstehung slawischer Großreiche im 9. und 10. Jahrhundert.**

__Slawen__ sind wie Kelten und Germanen Indoeuropäer. Zwischen den Hauptstämmen gibt es aber große Unterschiede in Kultur, Sprache und Aussehen. Um 800 gelang es den Westslawen, bis nach Regensburg, Forchheim, Magdeburg und zur Elbmündung vorzudringen. Slawen wurden auch als Sklaven verkauft. Bald waren die Wörter „Slawe" und „Sklave" identisch. Das zeigt sich noch heute in der englischen Sprache: slave = Slawe und Sklave.

Während der Völkerwanderung verließen auch die Slawen aus Angst vor den Hunnen ihr Siedlungsgebiet zwischen Weichsel, Dnjepr und Karpaten. Sie zogen bis zur Ostsee, nach Böhmen, ans Mittelmeer und zum Ural und ließen sich auch in den von ostgermanischen Stämmen verlassenen Gebieten nieder.

Die Slawen lebten in Großfamilien und Sippen zusammen. Mehrere Großfamilien bildeten einen Stamm. Sie wählten einen Anführer aus ihrer Mitte. Die Slawen organisierten sich nur in kleineren Herrschaftsverbänden; das erschwerte die Entstehung eines slawischen Reiches.

Die Wirtschaftsbasis bildeten Jagd, Fischfang und der gemeinschaftlich betriebene Ackerbau. Den großen Flüssen entlang (Wolga und Donau) sowie an der Ostsee und am Schwarzen Meer entwickelte sich ein reger Handelsverkehr mit den Nachbarreichen.

Die Slawen glaubten an Naturgötter wie den Feuergott Swarog oder den Gewittergott Perun, an Feen und Hausgeister.

Q1 Der Geschichtsschreiber Prokop (um 550) beschrieb die Slawen so:

... Die Slawen ... stehen unter keinem Monarchen, sondern sie haben ... eine demokratische Regierung. Daher beratschlagen sie ihre Interessen immer gemeinschaftlich. ... Sie wohnen in schlechten und zerstreuten Hütten und ziehen oft von einem Ort zum anderen. In der äußeren Gestalt ist zwischen ihnen nicht der geringste Unterschied; denn sie sind durchgängig lang und stark von Gliedmaßen; ihre Haut ist nicht sehr weiß und ihr Haar nicht gelb und doch auch nicht schwarz, sondern bei allen rötlich. ... Boshaft und tückisch sind sie gar nicht, sondern redlich. ...

1 *Nach den Richtungen der slawischen Wanderungsbewegungen unterscheiden wir zwischen den Ost-, West- und Südslawen. Ordnet mithilfe der Karte 1 zu, welches Volk zu welchem Stamm gehört.*

2 *Benennt die von den Slawen gegründeten Reiche.*

Wie die Slawen Christen wurden

2 Slawenapostel und Slawenlehrer: Kyrill und Method knien vor Christus, hinter ihnen stehen die Erzengel Michael und Gabriel sowie die Heiligen Andreas und Clemens. Wandgemälde, 9. Jahrhundert.

Die Slawenapostel

Die oströmischen Kaiser sahen es als Schutzherren der Kirche und des Glaubens als ihre Aufgabe an die heidnischen Slawen im Norden des Reiches zum Christentum zu bekehren. Daher schickte Kaiser Michael II. 863 n. Chr. die Mönche Kyrillos und Methodios zu den Slawen. Da die Slawen noch keine Schrift hatten, entwickelten Kyrill und Method ein Alphabet, das noch heute benutzt wird.

M1 Beispiele aus drei Alphabeten:

Lateinisch	Griechisch	Kyrillisch
A, a	Α, α	**А, а**
B, b	Β, β	**Б, б**
D, d	Δ, δ	**Д, д**
G, g	Γ, γ	**Г, г**
L, l	Λ, λ	**Л, л**
S, s	Σ, σ	**С, с**

3 *Vergleicht die drei Alphabete.*

Die Bibel konnte nun ins Slawische übersetzt werden. Kyrill und Method wurden für ihre Leistungen bei der Missionierung der Slawen heilig gesprochen.

Bulgaren, Serben und Russen wurden von Ostrom aus christianisiert, Polen, Tschechen, Slowaken, Ungarn, Kroaten und Slowenen von Westrom aus. Die Kirchenspaltung 1054 entzweite auch die slawischen Völker; und diese Trennung führte immer wieder und führt noch heute zu Konflikten und Kriegen innerhalb der slawischen Völkerfamilie.

4 *Nennt die Leistungen der Slawenapostel.*

5 *Welche Probleme traten bei der Missionierung der Slawen auf?*

Eine Heirat mit Folgen

Nachdem der russische Großfürst Wladimir (978–1015) dem Kaiser von Konstantinopel militärische Hilfe geleistet hatte, erhielt er dessen Schwester zur Frau. Bedingung für die Hochzeit war aber, dass sich Wladimir und seine Untertanen, die sich zum Teil heftig dagegen wehrten, taufen ließen. 988 fand die Taufe statt.

Das Christentum breitete sich über Russland aus, auch in der Architektur und Kunst sowie im Herrschaftssystem war das Byzantinische Reich Vorbild für Russland. In Kiew*, der damaligen russischen Hauptstadt, wurden Kirchen, Stadttore und Straßen nach dem Vorbild Konstantinopels gebaut. Als Konstantinopel 1453 von den Türken eingenommen wurde, wollte Moskau, die neue russische Hauptstadt, die Rolle des „dritten Roms" in der Geschichte des Christentums übernehmen.

Kiewer Rus*: *Bezeichnung für das Reich Wladimirs; daher leitet sich die Bezeichnung für die Bewohner ab: Russen. Ursprünglich stammt das Wort „Rus" aus dem Frühslawischen und bedeutet „Ruderer". Es bezieht sich auf die skandinavischen Wikinger, die seit dem 8. Jahrhundert in das ostslawische Siedlungsgebiet vordrangen und sogar das erste russische Herrschergeschlecht begründet haben sollen.*

988 n. Chr.: *Taufe des Großfürsten Wladimir.*

Der Islam – eine neue Kraft

1 Im Innenhof der Haram-Moschee* in Mekka mit dem Heiligtum der Kaaba.

Moschee* *(arab. = Ort des Sich-Niederwerfens, Gebetshalle): Versammlungsraum und Gemeindezentrum einer muslimischen Gemeinde.*

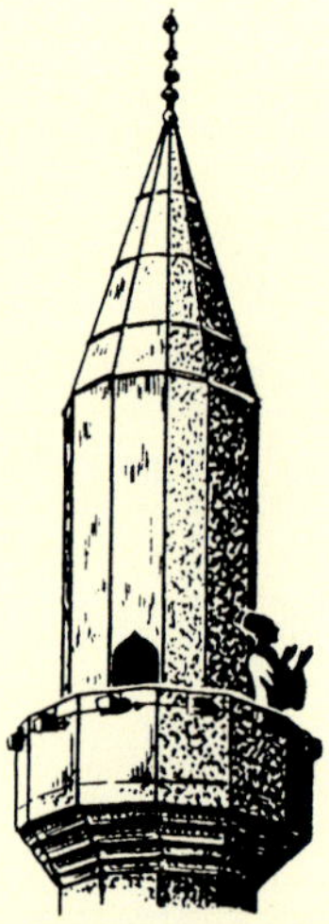

Die Moschee besitzt einen oder mehrere Türme, die Minarette, von denen der Muezzin (Gebetsrufer) die Gebetsstunden ausruft.

Islam* *(arab. = heil, unversehrt sein): Die von Mohammed begründete Weltreligion.*

Koran* *(arab. = Lesung, Vortrag): Die Heilige Schrift des Islam. Der Koran besteht aus 114 Suren, die einige Zeilen oder mehrere Strophen lang sind.*

Der islamische* Glaube

Das Oströmische Reich hatte die fast ununterbrochenen Stürme der Völkerwanderung überdauert und bestand bis 1453. Doch schon vorher verlor es große Gebiete an das arabische Weltreich. Die Araber waren Muslime, Anhänger des islamischen Glaubens, der sich seit 600 n. Chr. neben dem Christentum entwickelt hatte.

Mekka (siehe Karte S. 199) ist die heilige Stadt der Muslime. Hier steht die Kaaba (sprich: Ka-a-ba), das bedeutendste Heiligtum des islamischen Glaubens. Jedes Jahr strömen Millionen Gläubige aus aller Welt in die Stadt um ihr Heiligtum zu verehren. Sie folgen den Vorschriften des Koran*. Dieses Buch ist für Muslime Heilige Schrift und göttliches Gesetz. Fünf Forderungen ergeben sich aus dem Koran für jeden Gläubigen:

1. Die Verkündigung des einen Gottes: Es gibt keinen Gott außer Allah. Mohammed ist sein Prophet.
2. Das Gebet, fünfmal täglich.
3. Das Almosen, milde Gaben für die Armen.
4. Das Fasten von Sonnenaufgang bis Sonnenuntergang im Fastenmonat Ramadan.
5. Die Pilgerfahrt nach Mekka, die jeder Muslim einmal im Leben unternehmen soll.

1 *Fasst zusammen, welche Rolle Mekka für die Muslime spielt.*

2 *Sprecht darüber, welche Forderungen für einen gläubigen Muslim, der in der Bundesrepublik Deutschland lebt und arbeitet, besonders schwer zu erfüllen sind.*

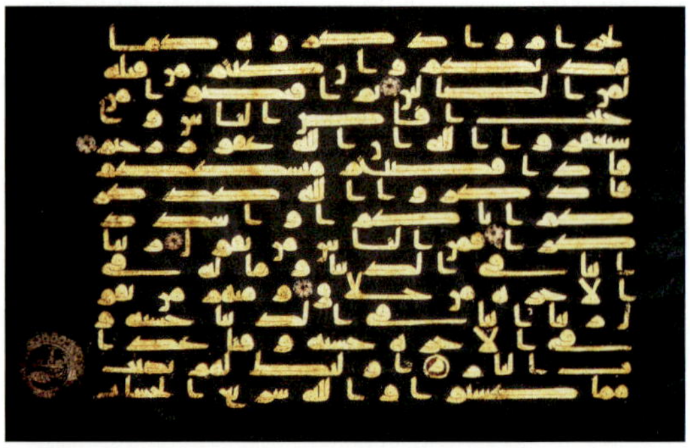

2 Koranhandschrift in Gold auf Seide.
Kairuan (Tunesien), 9. Jahrhundert.

Der Islam – eine neue Kraft

3 Mohammed auf einem Kamel und Jesus auf einem Esel reiten nebeneinander. Arabische Buchmalerei, 13. Jahrhundert.

Der Prophet Mohammed

In Arabien lebten im 6. Jahrhundert hauptsächlich Nomaden. Sie gehörten verschiedenen Stämmen an. Diese Stämme waren untereinander verfeindet. Ständig gab es zwischen ihnen Kämpfe um gutes Weideland und fruchtbare Oasen.

Jeder Stamm verehrte neben vielen anderen Göttern seinen eigenen Hauptgott. Nur die Kaaba in Mekka verehrten alle Araber gemeinsam. Die Kaaba ist ein würfelförmiger Bau. In seiner Ostwand befindet sich der heilige schwarze Stein, ein Meteorit. In Mekka wurde um 570 n. Chr. Mohammed geboren. Er stammte aus einer Händlerfamilie und verlor sehr früh seine Eltern. Verwandte zogen Mohammed auf, er musste früh kennen lernen, was es heißt arm zu sein. Er verdiente sich seinen Lebensunterhalt erst als Hirte und Kameltreiber, dann als Leiter der Handelskarawane einer reichen Witwe, die er später heiratete.

Auf seinen langen Reisen kam Mohammed mit Juden und Christen zusammen. Von ihnen hörte er, dass es nur einen einzigen Gott gibt.

Mohammed und der Erzengel Gabriel

Mohammed war ein sehr religiöser Mensch. Er glaubte, dass Gott die Menschen geschaffen und ihnen die Welt gegeben habe um darin zu leben und sich dankbar zu zeigen. Diese Dankbarkeit sollte ihren Ausdruck finden in der Unterstützung der Armen. Als Mohammed 40 Jahre alt war, erschien ihm nach der Legende der Erzengel Gabriel in einer Höhle in der Nähe Mekkas. Er befahl ihm den Menschen den wahren Glauben zu bringen.

Q1 Mohammed verkündete, was Gott ihm durch den Engel aufgetragen hatte:

… Es gibt keinen Gott außer Allah. Er ist der Lebendige und der Beständige. Alles, was im Himmel und auf Erden ist, gehört ihm. Gott ist der Freund aller, die glauben. Seid gut zu euren Eltern; seid ehrerbietig gegen sie, auch wenn sie alt und schwach geworden sind. Alle Gläubigen sind Brüder; haltet Frieden untereinander und fürchtet Gott. Ihr Männer, spottet nicht über andere Männer. Ihr Frauen, spottet nicht über andere Frauen. Vielleicht sind die anderen besser als ihr. Und gebt einander keine Schimpfnamen.

Nicht das ist Frömmigkeit, dass ihr (beim Beten) euer Gesicht nach Osten wendet oder Westen. Frömmigkeit übt vielmehr, wer an Gott glaubt, an den Jüngsten Tag, an die Engel, an das Buch (Koran) und an die Propheten, seinen Besitz mit Liebe hingibt an Anverwandte, Waisen, Arme, Wanderer, Bittende und Gefangene. …

Mohammeds erste Zuhörer waren Freunde und Verwandte; später zeichneten seine Anhänger die Aussagen auf.

3 *Muslimische Schülerinnen und Schüler in eurer Klasse können von ihrem Glauben und von ihrem religiösen Leben berichten.*

4 *Der Koran enthält Glaubenssätze und Verhaltensregeln. Nennt die entsprechenden Sätze in der Quelle.*

5 *Beschreibt die Abbildung 3. Überlegt, was damit über das Verhältnis von Christus und Mohammed ausgesagt werden soll.*

6 *Sammelt aktuelle Meldungen aus Zeitung, Rundfunk und Fernsehen über Muslime und Islam heute.*

Mohammeds Name *in arabischer Schrift. Mohammed wurde um 570 in Mekka geboren. Er begründete im 7. Jahrhundert die Lehre des Islam.*

Die Ausbreitung des Islam

1 **Der Erzengel Gabriel verkündet Mohammed, dass er der letzte Prophet des einen Gottes sei.** Buchmalerei, 16. Jahrhundert.

2 **Mohammed predigt seinen ersten Anhängern.** Türkische Miniatur, 14. Jahrhundert.

Hedschra*** (arab. = Auswanderung): Flucht Mohammeds und seiner Anhänger aus Mekka (622).*

Muslime*: *Glaubensanhänger des Islam. Man nennt sie auch Moslems oder Mohammedaner.*

Der Islam verbietet bildliche Darstellungen von Gott. Sein Name wird aber überall in den Moscheen und Gebetsbüchern mit Schriftzeichen gemalt.

Die Auswanderung nach Medina

Mohammed predigte, dass vor Gott alle Menschen gleich seien und die Reichen mit ihrem Besitz die Armen und Notleidenden unterstützen sollten.
Die reichen Kaufleute aus Mekka wollten von dieser Botschaft nichts wissen. Sie versuchten Mohammed lächerlich zu machen und verfolgten ihn sogar. Mohammed floh daher 622 mit seinen Anhängern in die 400 km entfernte Stadt Medina. Mit dieser Flucht, der Hedschra*, beginnt der eigentliche Siegeszug des Islam. Für die Muslime* ist dies ein so wichtiges Datum in ihrer Geschichte, dass sie ihre Zeitrechnung mit dem Sommer 622 beginnen (siehe auch S. 17).

Q1 Der Araber Ibn Ishâg (704–768) berichtete in seiner Lebensgeschichte des Propheten Mohammed:
… Nachdem sich der Prophet mit seinen ausgewanderten Brüdern in Medina eingerichtet hatte, verfestigte sich der Islam bei ihnen. Das Gebet war eingesetzt, die Armensteuer und das Fasten zur Pflicht gemacht, die gesetzlichen Strafen festgelegt und das Erlaubte und Verbotene vorgeschrieben. …

1 *Fasst zusammen, welche Lebensbereiche von den Muslimen frühzeitig geregelt wurden.*

Der Siegeszug des Islam

In Medina wurde Mohammed nicht nur als religiöser Führer, sondern auch als Schiedsrichter bei Stammesfehden anerkannt. Er wurde Gemeindeoberhaupt und damit der politische Führer Medinas.
Sein Ziel war die vielen verschiedenen arabischen Stämme zu einigen und mithilfe der gemeinsamen Religion ein Reich zu schaffen. Innerhalb von zehn Jahren gelang es ihm, teils mit Waffengewalt die umliegenden Stämme und Sippen zu bekehren. 630 eroberte er Mekka und erklärte es zur heiligen Stadt. Das alte heidnische Heiligtum, die Kaaba, ließ er bestehen. Den schwarzen Stein, so erklärte er, habe Gott auf die Erde geworfen als Zeichen seines Bundes mit den Menschen. Als Mohammed 632 starb, bekannte sich schon fast ganz Arabien zum Islam.

2 *Beschreibt, wie die Maler der Bilder die besondere Bedeutung Mohammeds hervorgehoben haben (Abbildung 1 und 2).*

3 *Fertigt eine Kurzbiografie von Mohammed an.*

Das islamische Weltreich

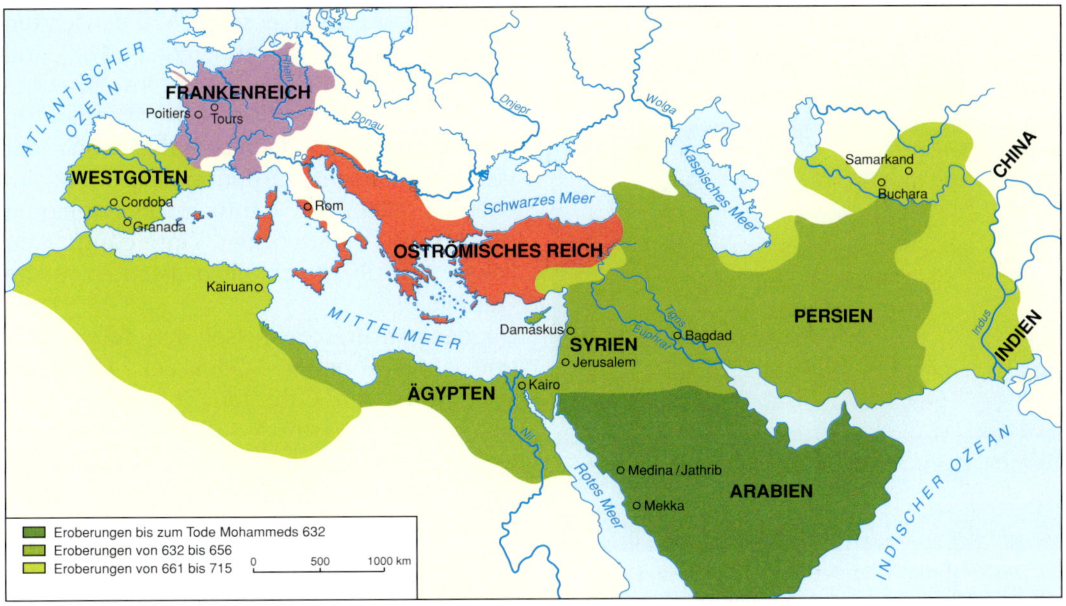

3 **Die Ausbreitung des Islam bis zum 8. Jahrhundert.**

Der Aufruf der Kalifen*

Nachfolger Mohammeds als religiöser und politischer Führer wurde ein enger Vertrauter des Propheten. Er nahm den Titel „Kalif" an, was Stellvertreter (des Propheten) bedeutet. Seine Nachfolger riefen die Muslime dazu auf, für den Islam weitere Gebiete zu erobern.

Q2 Die Kalifen verwiesen auf den Koran:

... Euch ist befohlen zu kämpfen, obwohl es euch widerstrebt. Aber vielleicht ist das schlecht für euch, was ihr gern habt. Allah allein weiß es. Diejenigen, die im Glauben und in Allahs Namen ausgezogen sind und in seinem Namen Krieg geführt haben, dürfen auf seine Gnade hoffen. Diejenigen, die in Allahs Namen ihr Leben lassen müssen, führt er in das Paradies, das er ihnen versprochen hat. ...

4 *Wie wurden die Muslime zum Kämpfen ermahnt?*

In weniger als einhundert Jahren errichteten die Araber ein Weltreich, das bis an die Grenzen Indiens und Chinas reichte. 711 überschritten arabische Truppen die Meerenge von Gibraltar: Spanien und Portugal gerieten unter ihre Herrschaft.

5 *Beschreibt mithilfe der Karte 3 die Ausdehnung der islamischen Herrschaft.*

Islamische Kultur und Wissenschaft

Im islamischen Weltreich gab es im 10. Jahrhundert 15 große Städte mit mehr als 100 000 Einwohnern. Neben Bagdad, Kairo und Damaskus gehörte dazu auch Cordoba in Spanien. Die Baukunst der muslimischen Baumeister war zu dieser Zeit unerreicht und erregte in der damaligen Welt große Bewunderung.

Die arabischen Wissenschaftler schufen das Zehnersystem, mit dem wir heute noch rechnen; sie erfanden das Schießpulver und wussten um die Kugelgestalt der Erde. Den Erdumfang errechneten sie bis auf einen Kilometer genau. Das Handbuch eines arabischen Arztes über Pocken und Masern wurde in Europa bis zum vorigen Jahrhundert nachgedruckt. Der Einfluss der arabischen Wissenschaft und Kultur wird auch in vielen Wörtern deutlich, die arabischen Ursprungs sind (siehe Randspalte).

6 *Schlagt die unbekannten Begriffe im Lexikon nach. Stellt fest, welchen Lebensbereichen diese Begriffe entstammen.*

Kalif* *(arab. chalifa = Stellvertreter). Bezeichnung der Nachfolger und Stellvertreter des Propheten Mohammed. Der Kalif war geistliches Oberhaupt aller Muslime und zugleich weltlicher Herrscher des arabischen Weltreiches.*

Folgende Worte sind arabischen Ursprungs:

Algebra	*Laute*
Alkohol	*Marzipan*
Arsenal	*Matratze*
Basar	*Natron*
Damast	*Pflaster*
Gitarre	*Sirup*
Kaffee	*Sofa*
Kampfer	*Teppich*
Kattun	*Ziffer*
Kittel	*Zucker*

Seit 711 n. Chr.:
Arabische Truppen landen in Spanien und dringen in das Frankenreich ein.

Der Kampf um die Macht in Italien

1 Das Grabmal Theoderichs in Ravenna. Das unten zehneckige und oben runde Bauwerk hat ein Ziegelfundament und das Obergeschoss wird von einem riesigen Monolithen (aus einem Stein gehauen) bedeckt. Durchmesser: 11 m, Gewicht: 400 t.

1 *Wiederholt mithilfe der Karte 1 auf Seite 187, welche Reiche die Nachfolge des Römischen Reiches angetreten haben.*

493–526 n. Chr.: *Herrschaft des Ostgoten Theoderich.*

Gewaltsame Herrscherwechsel in Rom

Q1 Der Mönch Salvian (Mitte des 5. Jahrhunderts) beschrieb den Niedergang der römischen Herrschaft:

… Arme werden ausgeplündert, Witwen seufzen, Waisen werden mit Füßen getreten; ja, es ist so weit gekommen, dass viele von ihnen … zu den Feinden fliehen um nicht unter dem Druck der staatlichen Verfolgung zu sterben. Sie suchen bei den Barbaren die Menschlichkeit der Römer, weil sie bei den Römern die barbarische Unmenschlichkeit nicht ertragen können. Und obwohl sie von denen, zu denen sie flüchten, in Gebräuchen und Sprache abweichen, … wollen sie doch lieber bei den Barbaren unter der ungewohnten Lebenshaltung leiden als bei den Römern unter wütender Ungerechtigkeit. …

2 *Fasst zusammen, wie Salvian den Zustand im Römischen Reich sieht.*

Der Germane Odoaker setzte 476 den letzten weströmischen Kaiser ab (siehe S. 187) und übernahm selbst die Macht im krisengeschüttelten Reich. Die Völkerwanderung, Angriffe auf Rom, Gebietsverluste und der Verfall von Recht, Ordnung und Moral im ehemals mächtigen Römischen Reich zeigten deutlich die Spuren des Untergangs und ließen das Reich zu einer leichten Beute werden.

Da der oströmische Kaiser den Tatendrang und Machthunger Odoakers fürchtete, machte er den Ostgoten Theoderich zum Heermeister Westroms. Der Konflikt mit Odoaker war unausweichlich: Dieser ergab sich erst nach einem zweijährigen Kampf, später wurde er von Theoderich erschlagen. Ab 493 regierte Theoderich als König über die Italiker im Auftrag des oströmischen Kaisers. Seine Residenz war Ravenna, wo er 526 begraben wurde.

Die Herrschaft Theoderichs des Großen

Sein Stamm, die Ostgoten, war den Römern zahlenmäßig stark unterlegen, somit musste das Zusammenleben streng geregelt werden. Goten und Römer durften untereinander nicht heiraten. Die Goten dienten im Heer und lebten nach germanischem Recht. Die Römer arbeiteten in Handel, Handwerk und Verwaltung, waren steuerpflichtig und lebten nach römischem Recht. Ein Zusammenwachsen zwischen den katholischen Römern und den dem Arianismus (siehe S. 180) zugewandten Goten kam unter diesen Voraussetzungen nicht zustande.

Durch Heirats- und Bündnispolitik versuchte Theoderich ein gutes Auskommen mit Ostrom, mit den Wandalen, Burgundern und Franken zu erreichen, jedoch mit geringem Erfolg: Nach seinem Tod herrschten Mord und Totschlag im Ostgotenreich. 555 wurde Italien zur Provinz Ostroms erklärt und die Ostgoten verschwanden aus der Geschichte.

3 *Nennt Gründe für das Scheitern des Ostgotenreiches.*

4 *Erklärt, wer der Nutznießer des Untergangs Westroms war.*

Zusammenfassung

Das Christentum

Schon im 1. Jahrhundert entstanden überall im Römischen Reich christliche Gemeinden. Da die Christen sich weigerten den Kaiser als Gott zu verehren, wurden sie als Staatsfeinde angesehen und verfolgt. 313 n. Chr. erließ Konstantin der Große das Mailänder Toleranzedikt, mit dem die christliche Religion zunächst nur geduldet wurde, aber bereits 391 erklärte Kaiser Theodosius das Christentum zur alleinigen Staatsreligion. Der Bischof von Rom (Papst) wurde zum Oberhaupt der katholischen Kirche.

Völkerwanderung und Germanen

Seit 600 v. Chr. wanderten germanische Stämme von Skandinavien aus in das Gebiet zwischen Donau, Rhein, Elbe und Nordsee. Immer wieder kam es zu kriegerischen Auseinandersetzungen mit den Römern. Ausgelöst vom Hunnensturm auf Europa setzte die große Völkerwanderung ein. Germanenstämme drängten ins Römische Reich, das 395 in ein West- und ein Oströmisches Reich geteilt wurde. 476 n. Chr. endete mit der Absetzung des Kaisers durch den Germanen Odoaker das Weströmische Reich.

Ostrom als neue Macht

Kaiser Konstantin hatte bereits 330 den Regierungssitz von Rom an den Bosporus verlegt. Die Stadt, das zweite Rom, nahm einen rasanten Aufstieg. Nach dem Untergang des Weströmischen Reiches erlebte Ostrom unter Kaiser Justinian eine Blüte in Kunst und Wissenschaft. Das Reich bestand mehr als 1000 Jahre. Im Auftrag der oströmischen Kaiser wurden die Slawen missioniert, die neue Reiche in Ost-, Südost- und Mitteleuropa gründeten.

Das arabische Weltreich

Um 600 n. Chr. vereinigte der Prophet Mohammed durch die von ihm verkündete Lehre des Islam die arabischen Stämme. Seine Nachfolger, die Kalifen, errichteten innerhalb von 100 Jahren ein Weltreich, das von Indien bis Spanien reichte. Die arabische Kultur beeinflusste auf vielen Gebieten die europäische Kultur.

391 n. Chr.

Das Christentum wird alleinige Staatsreligion im Römischen Reich.

476 n. Chr.

Der letzte weströmische Kaiser wird von den Germanen abgesetzt.

395–1453 n. Chr.

Das Oströmische Reich besteht über 1000 Jahre.

570 n. Chr.

Der Prophet Mohammed wird in Mekka geboren.

Die Antike – Wiege Europas*

1 **Der Triumphbogen für Kaiser Konstantin in Rom, erbaut 315 n. Chr.**

2 **Das Siegestor in München, erbaut 1843–1852.**

Europa*. *Zeichnung nach einem Wandgemälde aus Pompeji.*
Laut Legende ist Europa eine schöne phönizische Königstochter, die von dem als weißen Stier verkleideten Zeus entführt und nach Kreta gebracht wurde. Ihr zu Ehren nannte Zeus den Kontinent, wohin er sie entführt hatte, Europa. Häufig wird diese Darstellung auch in der Kunst verwendet und auf Plakaten und Münzen der Europäischen Union.
Eine zweite Erklärung besagt, dass sich der Begriff „Europa" von dem semitischen Wort „ereb" (= dunkel) ableitet und damit der Unterscheidung zwischen Abendland und Morgenland diente.

Architektur*: *Baukunst, Baustil.*

„Antike? – Die haben wir doch schon durchgenommen im Geschichtsunterricht." Völlig richtig. Aber auf den folgenden Seiten wollen wir nochmals einen Blick auf dieses wichtige Thema werfen um Gelerntes zu wiederholen, unser erworbenes Wissen zu vertiefen und mit anderen Fächern zu verknüpfen.
Damit der Rückblick auf die Antike für alle sichtbar gemacht wird, erstellt ihr in Gruppenarbeit eine Wandzeitung zum Thema „Die Antike – Wiege Europas" (zur Wandzeitung siehe S. 65). Am besten bildet ihr Gruppen, die sich mit den folgenden Themen beschäftigen können:

Für Kunstfreunde
Die erste Gruppe befasst sich mit der griechischen und römischen Baukunst. Informationen dazu findet ihr im Buch auf den Seiten 108, 148/149, 158/159.

1 *Stellt die typischen Merkmale der griechischen Architektur* anschaulich dar.*
2 *Schlagt im Lexikon nach, was der Begriff „Klassizismus" bedeutet. Bereitet einen kurzen Text darüber für die Wandzeitung vor.*
3 *Sammelt im Geschichtsbuch, in Kunst- und Architekturbüchern oder auf Postkarten weitere Abbildungen von antiken Bauten in Rom, in Italien und Griechenland sowie von Gebäuden im Stil der Antike in Deutschland. Ihr könnt auch eigene Fotos von solchen Bauwerken verwenden.*
4 *Vergleicht die beiden Abbildungen auf Seite 108 und eure gesammelten Bilder. Welche Gemeinsamkeiten stellt ihr fest?*
5 *Stellt in einer Liste zusammen, welche Gebäudearten in Bayern (z. B. Theater, Schulen etc.) in der Antike und welche im 19. und 20. Jahrhundert im klassizistischen Stil errichtet wurden.*
6 *Sammelt im Geschichtsbuch Informationen darüber,*
- *was Aquädukte (S. 158)*
- *Mietskasernen (S. 146)*
- *Villen (S. 148)*
- *Foren (S. 146)*
- *Thermen (S. 147)*

waren und wozu sie dienten. Bereitet kurze Artikel darüber vor.
7 *Beschreibt, wie die Römer ihre Straßen bauten und wozu sie dienten (S. 159).*

3 **Herodot (um 485–um 430 v. Chr.), der „Vater der Geschichtsschreibung".**

4 **Zielfoto vom 100-m-Lauf.** Olympische Sommerspiele Seoul 1988.

Für kühle Denker und Tüftler
Die zweite Gruppe befasst sich mit griechischen Wissenschaftlern und Philosophen, die schon auf den Seiten 109 und 118 vorgestellt wurden.

1 *Stellt die auf der Seite 118 genannten Wissenschaftler in kurzen Texten vor. Benutzt dazu auch Bilder von ihren Erfindungen. Warum ist ihre Arbeit bis heute von Bedeutung? Befragt dazu auch euren Physiklehrer/eure Physiklehrerin.*

2 *Kopiert und vergrößert die Bilder von Sokrates und Hippokrates (S. 109). Bereitet einen kurzen Text mit ihren wichtigsten Aussagen (z. B. in Form einer Sprechblase) vor. Sammelt Informationen über Aristoteles, Platon, Thales von Milet, Pythagoras und Ptolemäus und schreibt kleine Artikel über sie.*

3 *Wer waren Homer und Herodot? Welche Bedeutung haben sie für unser Fach (S. 89 und 109 sowie Lexikon)?*

4 *Wofür interessierten sich die Naturphilosophen? Welche heutigen Unterrichtsfächer gehen auf sie zurück? Fasst zusammen, worum es in diesen Fächern geht (S. 109).*

Für Sportsfreunde
Die dritte Gruppe widmet sich den Olympischen Spielen. Die Geschichte der Spiele findet ihr auf den Seiten 96 und 97.

1 *Schreibt einen Artikel darüber, wann, wo und warum die Spiele stattfanden. Zählt die antiken Wettkampfdisziplinen auf und kopiert die entsprechenden Darstellungen dazu auf Seite 97.*

2 *Informiert euch im Buch und in einem Lexikon über Baron de Coubertin* (S. 97).*

3 *Erklärt in einem kurzen Artikel die Bedeutung der olympischen Ringe und gestaltet selbst dieses Symbol.*

4 *Vergleicht die antiken Spiele mit den Spielen der Neuzeit in Bezug auf die*
- *Wettkampfdisziplinen*
- *Teilnehmer/innen*
- *Siegerehrungen*
- *Dauer der Spiele*
- *Probleme bei den Spielen.*

Fertigt dazu kurze Texte oder Tabellen an und sammelt Bilder über die neuen olympischen Disziplinen.

5 *Tragt in eine Weltkarte ein, wo die Olympischen Spiele seit 1896 stattgefunden haben. Welcher Kontinent fehlt?*

Pierre de Coubertin*: *Begründer der modernen Olympischen Spiele (1896).*

Fundgrube:
Mehr Informationen über die Olympischen Spiele findet ihr im Internet unter www.olympic.org, www.nok.de.

Lesetipp:
Edwin Klein: Olympia. Vom Altertum bis zur Neuzeit. Reihe „Was ist was". Tessloff Verlag, Nürnberg 1996.

Chris Oxlade/David Ballheimer: Olympische Spiele. Reihe „Sehen – Staunen – Wissen". Gerstenberg Verlag, Hildesheim.

Eine Reise durch Europa

Aus dem Grundgesetz der Bundesrepublik Deutschland: *Artikel 20*
(1) Die Bundesrepublik Deutschland ist ein demokratischer und sozialer Bundesstaat.
(2) Alle Staatsgewalt geht vom Volke aus. Sie wird vom Volke in Wahlen und Abstimmungen … ausgeübt.

Romanische Sprachen*: *Französisch, Italienisch, Spanisch, Protugiesisch und Rumänisch sind romanische Sprachen, die sich aus dem Lateinischen entwickelt haben. Die meisten europäischen Sprachen gehören zur indogermanischen Sprachfamilie. Deutsch, Englisch, Holländisch und die skandinavischen Sprachen sind germanische Sprachen. Welche Sprachen gehören zur slawischen Sprachfamilie?*

Für Europaspezialisten

Die vierte Gruppe geht gedanklich auf eine Europareise und kehrt per Zeitmaschine in die Antike zurück. Als Reiseführer dienen euch das Erdkunde- und das Geschichtsbuch (S. 93, 129, 163 u. a.).

1 *Kopiert eine Umrisskarte von Europa. Tragt darin die heutigen europäischen Staaten und ihre Hauptstädte sowie die wichtigsten Meere ein.*

2 *Kennzeichnet in eurer Karte die Länder der Europäischen Union.*

3 *Wählt eine Farbe für das antike Griechenland und eine für das antike Rom. Zeichnet die Grenzen Griechenlands (Kolonisation, S. 93) und Roms (Eroberungen, S. 129) zur Zeit ihrer größten Ausdehnung in Europa mit den entsprechenden Farben ein. Tragt mit der Farbe für das Römische Reich ein, wo der Limes verlief und welche deutschen Städte die Römer gründeten (S. 163).*
Ergänzt, welche Waren und Leistungen die Griechen (S. 115) und welche die Römer (S. 170/171, 184) in die von ihnen besiedelten Gebiete brachten.

4 *Erklärt die Begriffe „Demokratie“ (S. 100) und „Republik“ (S. 126) in einem kurzen Artikel. Aus welchen Sprachen stammen sie? Beweist mithilfe des Artikels 20 aus dem deutschen Grundgesetz (siehe Randspalte), dass sie bis heute für unsere Gesellschaft von Bedeutung sind.*

5 *Das römische Erbe zeigt sich bis heute deutlich in den romanischen Sprachen*. Ordnet in der Tabelle unten die angegebenen Wörter dem lateinischen Ursprungswort zu. Übertragt dazu die Tabelle auf ein Blatt. Was stellt ihr beim Vergleich der Sprachen fest?*

6 *Auch heute übernehmen wir viele Wörter aus anderen Sprachen. Sucht nach Oberbegriffen geordnete Beispiele dafür. Findet eine passende deutsche Übersetzung und versucht mithilfe des Dudens die Herkunft der Wörter zu klären. Hier einige Beispiele:*

Technik:	*Computer (englisch) – Datenrechner*
Alltag:	*Boutique (französisch) – Kleidergeschäft*
Essen:	*Pasta (italienisch) – Nudeln, Teigwaren*

7 *Welche Vorteile und welche Nachteile sind mit der Übernahme von Begriffen aus anderen Sprachen verbunden? Diskutiert auch mit eurem Deutschlehrer/eurer -lehrerin darüber.*

Die Schlussrunde

Nachdem die Beiträge unter den jeweiligen Überschriften an der Wandzeitung angebracht und mit Bildern oder Zeichnungen versehen worden sind, stellt jede Gruppe die Ergebnisse der Gruppenarbeit vor.
Um herauszufinden, wie gründlich eure Mitschülerinnen und -schüler die Beiträge der anderen Gruppen studiert haben, kann jede Gruppe einen Fragebogen zu ihrem Thema entwerfen. Überlegt euch Fagen zu den Beiträgen eurer Gruppe. Ihr könnt auch ein Kreuzworträtsel, ein Silbenrätsel (siehe Seite 120), ein Bilderrätsel oder einen Lückentext als Wissenskontrolle für die anderen Gruppen erstellen.
Für den Fall, dass eure Wandzeitung für das Klassenzimmer allein zu schade ist, diskutiert über das Vorstellen eures „Produkts“ in der ganzen Schule (siehe S. 64/65) oder auf der Homepage eurer Schule. Die Informatiklehrer/innen helfen euch sicher dabei.

deutsch	lateinisch	französich	italienisch	spanisch	portugiesisch
die Blume	flos	…	…	…	…
der Hafen	portus	…	…	…	…
das Meer	mare	…	…	…	…
die Zeit	tempus	…	…	…	…
der Mensch	homo	…	…	…	…
die Familie	familia	…	…	…	…

la fleur, il fiore, le port, la familia, le temps, il mare, el puerto, o porto, la familie, o mar, il tempo, a flor, la famiglia, o homen, el mar, el tiempo, il porto, la mer, la flor, a familia, l'homme, o tempo, l'homo, el hombre

Warum bin ich auf der Welt?

1

2

3

4

5

Seit frühester Zeit haben sich die Menschen Gedanken über den Sinn des Daseins gemacht. Dabei hat die Religion* eine wichtige Rolle gespielt. Schon in der Steinzeit wandten sich die Menschen an die Götter um den Jagderfolg sicherzustellen oder um in bestimmten Notsituationen und Lebenskrisen Hilfe zu erflehen. Die Menschen machen Grenzerfahrungen, die sie zum Nachdenken über Gott, den Sinn des Lebens und den Tod anregen. Sie haben Ängste und suchen Erklärungen – da entstehen Religionen wie von selbst. Verschiedene Fragen tauchen in jeder Religion auf: Wer erschuf die Welt? Welchen Sinn hat das Leben? Gibt es ein Weiterleben nach dem Tod? Wie finde ich den rechten Weg? Oder: Wie finde ich mein persönliches Glück? Ein Zweck der Religion liegt somit darin, dass sie die Welt verständlich macht und die Fähigkeit liefert über die Geheimnisse des Lebens nachzudenken. Jede Religion hat dabei ihre Besonderheiten und findet ihre eigenen Wege zu Gott.

Die folgenden Texte beziehen sich auf Weltreligionen, die ihr im Laufe der 6. Klasse im Geschichtsunterricht kennen gelernt habt.

a) Es gibt keinen Gott außer … . Er ist der Lebendige und Beständige. Gott ist der Freund aller, die glauben.

b) Besonders wichtig war die Erhaltung der … des Pharao, denn er sollte im Jenseits weiterhin für die Untertanen sorgen.

c) Auf dem … wohnten die Götter als große Familien, ganz wie die Menschen mit guten und schlechten Eigenschaften.

d) Die … wurden auch als Götter verehrt, zum Teil erst nach ihrem Tod, die meisten bereits zu Lebzeiten.

e) Im …, einem Teil der Bibel, sind seine Glaubensgrundsätze überliefert. Er predigte den Menschen Nächstenliebe und Brüderlichkeit.

1 *Erinnert ihr euch: Was ist auf den Abbildungen 1 bis 5 jeweils dargestellt?*

2 *Übertragt die Texte a) bis e) in euer Geschichtsheft und ergänzt die Lücken. Ordnet anschließend die vollständigen Texte den Abbildungen 1 bis 5 zu. Um welche Glaubensrichtung handelt es sich jeweils?*

Tipp: Falls ihr euch bei der Lösung der Aufgaben nicht ganz sicher seid, könnten euch folgende Seiten in eurem Geschichtsbuch weiterhelfen: S. 66, 94/95, 145, 178/179, 196/197.

Religion*: *Gottesverehrung, innerliche Frömmigkeit.*

Altsteinzeit | *Jungsteinzeit* | *Metallzeit* / *Altertum*

2 Millionen | 8000 v. Chr. | 3000 v. Chr.

Altsteinzeit

vor ca. 2 Mio. Jahren	Erste Menschen
vor ca. 600 000 Jahren	Ältester Menschenfund in Deutschland
vor ca. 35 000 Jahren	Cro-Magnon-Mensch

In der gesamten Altsteinzeit lebten die Menschen als Jäger und Sammler.

Jungsteinzeit

10 000 v. Chr.	Erster Getreideanbau und erste Viehzucht im Vorderen Orient
7000 v. Chr.	Erste stadtähnliche Siedlung in Jericho

Metallzeit

Bronzezeit/Eisenzeit

um 3000 v. Chr.	Erste Bronzeverarbeitung im Vorderen Orient
um 2000 v. Chr.	Ausdehnung der Bronzetechnik bis Mitteleuropa
um 1300 v. Chr.	Erste Eisenverarbeitung in Kleinasien
um 500 v. Chr.	Jüngere Eisenzeit in ganz Deutschland

Altertum

Ägypten

3000 v. Chr.	Staatsgründung in Ägypten
1900 v. Chr.	Ägypten wird Großmacht
1000 v. Chr.	Ägyptens Großreich zerfällt
30 v. Chr.	Ägypten wird römische Provinz

Mittelalter

500 v. Chr. | Christi Geburt | 500 n. Chr.

Griechenland

750–550 v. Chr.	Griechische Kolonisation
500 v. Chr.	Entstehung der Demokratie in Athen
477 v. Chr.	Gründung des Attischen Seebundes
356–336 v. Chr.	Philipp von Makedonien unterwirft Griechenland
300–30 v. Chr.	Hellenistische Staaten entstehen in Ägypten, Persien und Makedonien

Rom

753 v. Chr.	Gründung Roms (Sage)
500 v. Chr.	Beginn der römischen Republik
um 250 v. Chr.	Rom ist stärkste Landmacht im Mittelmeerraum
44 v. Chr.	Alleinherrschaft Caesars
31 v.–14 n. Chr.	Herrschaft des Kaisers Augustus

Das Christentum

391 n. Chr.	Das Christentum wird Staatsreligion
395 n. Chr.	Teilung des Römischen Reiches
476 n. Chr.	Der letzte weströmische Kaiser wird von den Germanen abgesetzt

Der Islam

570	Geburt Mohammeds in Mekka
622	Mohammed flieht nach Medina
630	Mohammed erobert Mekka
632–715	Ausbreitung des Islam bis Indien und Europa
632	Tod Mohammeds
711	Araber dringen in Europa (Spanien) ein

Begriffe – Namen – Daten

Leben in der Stein- und Metallzeit

Archäologie: Wissenschaft, die mithilfe von Ausgrabungen und Bodenfunden alte Kulturen erforscht. Vieles wird dabei zufällig entdeckt, z. B. beim Straßenbau, und sorgsam ausgegraben. Die Funde werden datiert, nur mehr bruchstückhaft Vorhandenes rekonstruiert.
Steinzeit: Vor etwa einer Million Jahren lebten die Menschen in Mitteleuropa ausschließlich als Jäger und Sammler. Sie zogen auf der Suche nach Nahrung in familienähnlichen Lebensgemeinschaften von etwa 20 bis 30 Personen umher (Horden). Weil sie ihre Geräte und Werkzeuge hauptsächlich aus Steinen herstellten, heißt dieser Zeitabschnitt der Menschheitsgeschichte Steinzeit.
Jungsteinzeit: In dieser Zeit (10 000 bis 3000 v. Chr.) gingen die Menschen zum Ackerbau und zur Viehzucht über. Sie wurden sesshaft, bauten Häuser und lebten in Siedlungen.
Bronzezeit (um 2000–800 v. Chr.): Die Verarbeitung von Bronze für Werkzeuge, Waffen und Schmuck setzte sich durch.
Eisenzeit (um 800 v. Chr.): Waffen, Küchengeräte und Werkzeuge wurden aus Eisen hergestellt.

Ägypten – Beispiel einer Hochkultur

Ägyptisches Reich: Menschen zogen etwa bis 3000 v. Chr. ins Niltal und wurden hier sesshaft. Sie lebten in Dörfern und Siedlungen. Durch den Zusammenschluss vieler Dörfer bildeten sich „Verwaltungsbezirke", die sich allmählich zu Herrschaftsgebieten entwickelten. Aus ihnen entstand um 3200 v. Chr. das Ägyptische Reich, das in Altes, Mittleres und Neues Reich unterteilt wird. Ab etwa 1100 v. Chr. zerfiel das Reich und wurde schließlich 30 v. Chr. römische Provinz.
Hochkultur: Bezeichnung für Kulturen, die im Vergleich mit sog. primitiven Kulturen eine höhere Entwicklung in der Naturbeherrschung, des politischen und sozialen Systems, des geistigen Lebens und in den künstlerischen Ausdrucksformen aufweisen. Frühe Hochkulturen gab es u. a. in Ägypten, zwischen Euphrat und Tigris (Mesopotamien), auf Kreta, am Indus und am Hoangho sowie in Süd- und Mittelamerika.
Pharao: Titel der ägyptischen Könige. Der Begriff bedeutet „großes Haus", das heißt Palast. Einer der bedeutendsten Pharaonen war Ramses II. (13. Jahrhundert v. Chr.).
Pyramiden: Gräber der Pharaonen. Die größte Pyramide ist die Cheops-Pyramide (ca. 2520 v. Chr.). Im Mittleren Reich ließen die Pharaonen ihre Gräber im „Tal der Könige" in Felsen einhauen.
Vielgötterglaube: Glaube an eine Vielzahl von Göttinnen und Göttern, die für einen bestimmten Lebensbereich zuständig waren. Wie die Ägypter glaubten auch die Griechen und Römer an mehrere Götter.
Kalender: Einteilung großer Zeitabschnitte nach dem Lauf der Gestirne Sonne und Mond. Christen, Juden und Muslime verwenden jeweils ihre eigene Zeitrechnung.
Hieroglyphen: Ägyptische Bilderschrift, die seit 3200 v. Chr. entwickelt wurde. Die Griechen bezeichneten die Schrift, die sie auf Tempeln und Götterstatuen fanden, als „heilige Einkerbungen". Dem französischen Ägyptologen Champollion gelang es 1822, ihre Bedeutung zu entziffern.

Volk und Staat Israel

Israel: Bezeichnung für die Gesamtheit der 12 Volksstämme, die im 13. Jahrhundert v. Chr. westlich und südlich des Jordans sesshaft wurden. Nach dem Tod König Salomos (926 v. Chr.) zerfiel das Reich. Die zehn Stämme des Nordreichs gründeten ein neues Königreich Israel.
Glaube an einen Gott: Juden, Christen und Muslime glauben an nur einen Gott (Monotheismus). Auf dem Berg Sinai soll Gott dem Propheten Moses seine zehn Gebote geoffenbart haben.
Bibel (griech. biblia = Bücher): Die Heilige Schrift der Juden und Christen. Beide Religionen verstehen das Alte Testament als Urkunde für den Bund Gottes mit dem auserwählten Volk Israel.

Die Welt der Griechen

Polis (griech. = Burg, Stadt): Bezeichnung für den politisch selbstständigen und wirtschaftlich unabhängigen griechischen Stadtstaat; von ihm abgeleitet der Begriff „Politik", die Angelegenheiten, die alle Bürger angehen. Ein Stadtstaat umfasste auch das Gebiet, das um die Stadt herum lag. Ab etwa 800 v. Chr. wurden diese Stadtstaaten gegründet, deren bedeutendste Sparta und Athen waren.
Auswanderung/Tochterstädte: Viele Stadtstaaten litten unter

Begriffe – Namen – Daten

Überbevölkerung und Hungersnöten. Deshalb wanderten seit 750 v. Chr. viele Griechen aus. Sie besiedelten die Küsten des Mittel- und des Schwarzen Meeres und gründeten dort Tochterstädte (Kolonien).

Theater: Neben den Tempeln zählten die Theater zu den bedeutendsten Bauten der Griechen. Die griechischen Theater bestanden aus einem kreisrunden Tanzplatz (Orchestra), dem bogenförmigen Zuschauerraum und den Bühnenbauten (Skene).

Olympische Spiele: Die ersten Olympischen Spiele fanden 776 v. Chr. statt. Teilnehmen konnten nur freie griechische Bürger, Frauen und Nichtgriechen waren nicht zugelassen. Während der Spiele durften in ganz Griechenland keine Kriege geführt werden. Da die Spiele als Gottesdienst galten, standen am Anfang Opfer und Gebet, erst dann begannen die Wettkämpfe. Für die Griechen waren diese Spiele so wichtig, dass sie ihre Zeit nach Olympiaden rechneten.

Monarchie: Herrschaft eines Einzelnen (des Königs).

Aristokratie: Herrschaft einer privilegierten Schicht (des Adels).

Demokratie: Herrschaft des Volkes. Der Wille des Volkes drückte sich in den Abstimmungen der Volksversammlungen aus.

Perikles: Bedeutendster Staatsmann Athens; vollendete durch zahlreiche Reformen die Demokratie in Athen und baute ein attisches Seereich auf.

Alexander der Große: Geschwächt vom Bruderkrieg zwischen Sparta und Athen geriet Griechenland unter die Herrschaft des makedonischen Königs Philipp II. Dessen Sohn Alexander schuf zwischen 334 und 323 v. Chr. ein Weltreich, das bis an den Indus reichte.

Das Weltreich der Römer

Römische Republik (lat. res publica = die öffentliche Sache): Nach der Vertreibung der Könige gründeten die Adligen Roms eine Republik (ca. 500 v. Chr.). Aus der anfänglichen Adelsherrschaft entwickelte sich durch den Ausgleich der Stände eine Volksherrschaft.

Römisches Reich: Durch zahlreiche Eroberungen, zunächst auf dem Festland, schließlich im gesamten Mittelmeerraum, bauten die Römer ein Reich auf, das von Spanien bis zum Euphrat und Tigris, von der Nordsee bis nach Nordafrika reichte. Man spricht von einem Imperium. Gegliedert war es in zahlreiche Provinzen.

Alleinherrschaft/Kaisertum: Die Feldherren der Republik – ihr bedeutendster war Gaius Julius Caesar – gewannen zunehmend an Bedeutung und ebneten den Weg zur Herrschaft eines Einzelnen. Die ein Jahrhundert dauernden Bürgerkriege beendete Octavian (Ehrentitel „Augustus"), der sich als „erster Bürger" des Staates (Prinzeps) verstand. Mit seinem Prinzipat (27 v. Chr.–14 n. Chr.) beginnt die römische Kaiserzeit.

Vom Altertum zum Frühmittelalter

Christentum: Während der Regierungszeit des Kaisers Augustus wurde in der Provinz Judäa ein Jude namens Jesus geboren. Nach seiner Taufe durch den Wanderpropheten Johannes soll Jesus als Wanderprediger durch Galiläa gezogen sein. Seine Anhänger nannten ihn Jesus Christus („der Gesalbte"). Seine Lehre verbreitete sich rasch im Römischen Reich.

Papst (lat. papa = Vater): Oberhaupt der katholischen Kirche.

Bischof (griech. episkopos = Aufseher): Nach katholischer Lehre der Nachfolger der Apostel und Gesandte Jesu Christi.

Neues Testament: Teil der Bibel, enthält die Glaubensgrundsätze und Gebote Jesu.

Westrom/Ostrom: Kaiser Konstantin verlegte 330 n. Chr. seinen Regierungssitz von Rom an den Bosporus und gründete auf dem Boden der alten griechischen Kolonie Byzantion ein „neues Rom", dem er den Namen Konstantinopel gab. 395 n. Chr. teilte Kaiser Theodosius das Reich unter seine beiden Söhne auf. Das Weströmische Reich wurde 476 n. Chr. durch den Germanenführer Odoaker zerstört, das Oströmische Reich bestand bis 1453, als die Osmanen Konstantinopel eroberten und das Osmanische Reich begründeten.

Völkerwanderung: Stämme und Völker verließen ihre ursprüngliche Heimat auf der Suche nach neuen Siedlungsgebieten und lösten im 4./5. Jahrhundert n. Chr. immer wieder neue Wanderungswellen aus.

Islam (arab. = heil, unversehrt sein): Die von dem Propheten Mohammed im 7. Jahrhundert n. Chr. begründete Weltreligion.

Koran (arab. = Lesung, Vortrag): Die Heilige Schrift des Islam. Der Koran besteht aus 114 Suren, die einige Zeilen oder mehrere Strophen lang sind.

Register / Verzeichnis der Worterklärungen*

Register / Verzeichnis der Worterklärungen*

Register / Verzeichnis der Worterklärungen*

Quellenverzeichnisse

Textquellen

S. 24: Bild der Wissenschaft, 10.12.1998 – S. 30: Friedrich Behn: Vorgeschichtliche Welt. Cotta Verlag, Stuttgart 1962, S. 11 – S. 31: Zit. nach: Unsere Welt, Bd. 1, S. 27 – S. 39: Gerhard Ilgenstein: Die Steinzeitmenschen von Australien. RG Fischer Verlag, Frankfurt/Main 1993, S. 46 – Peter Münch: Das Elend des verlorenen Stolzes. In: Süddeutsche Zeitung, 13.5.1996, S. 3 – S. 44: Rupert Gebhard/Andrea Lorentzen: Die Kelten in Bayern. Hefte zur bayerischen Geschichte und Kultur, Bd. 15, hrsg. v. Haus der Bayerischen Geschichte. München 1993, S. 11 – S. 57: Michael Rostovzeff: Geschichte der Alten Welt, Bd. 1: Der Orient und Griechenland. München 1963, S. 203f. (gekürzt) – S. 56: A. Erman: Die Literatur der Ägypter. Leipzig 1923, S. 250 – S. 59: Manfred Gutgesell: Arbeiter und Pharaonen. Gerstenberg Verlag, Hildesheim 1989, S. 73f. (gekürzt) – S. 60: Adelheid Schlott: Schrift und Schreiber im Alten Ägypten. Beck, München 1989, S. 52ff. – S. 62: Gay Robins: Frauenleben im Alten Ägypten. München 1996, S. 70 (Übers.: P.W. Pestmann) – S. 67: Herodot: Historien II. Übers. nach: J. Feix. München 1977, S. 309ff. – Walter Wolf: Kulturgeschichte des Alten Ägypten. Stuttgart ^{2}1977, S. 111 – S. 73: Hammurabi. Aus: W. Eilers: Die Gesetzesstele Chammurabis. In: Der Alte Orient, Bd. 31. J. C. Hinrichs Verlag, Leipzig 1932 – S. 92: Thukydides: Der Peloponnesische Krieg 2,15. Zit. nach: Erinnern und urteilen, Bd. 6. Stuttgart, S. 55 – S. 94: Nach: Curriculum Geschichte: Altertum, Bd. 1, S. 64–68 – Nach: Xenophon: Über die Natur. Zit. nach: Erinnern und urteilen, Bd. 6. Stuttgart, S. 59 – S. 97: Isokrates. Zit. nach: Drees: Olympia. Stuttgart 1967, S. 68 – Xenophanes: Über die Natur. Zit. nach: Erinnern und urteilen, Bd. 6. Stuttgart, S. 59 – S. 99: Konrad Ziegler: Plutarch. München/Zürich 1954, S. 146 ff. – S. 100: Geschichte in Quellen, Bd. 1, S. 221 (bearb.) – S. 101: Ebd. – S. 107: Zit. nach: Kleinknecht/Krieger: Materialien für den Geschichtsunterricht, Bd. 2: Altertum. Frankfurt/Main 1978, S. 120 f. – S. 109: Nach: W. Capelle: Hippokrates. Fünf auserlesene Schriften. Zürich/Stuttgart 1955, S. 162 – S. 110: Geschichte in Quellen, Bd. 1, S. 221 (bearb.) – Zit. nach: William Tarn/G. T. Griffith: Die Kultur der hellenistischen Welt. Darmstadt 1966, S. 302 f. – S. 111: Ebd. – S. 113: Zit. nach: Kleinknecht/Krieger: Materialien für den Geschichtsunterricht, Bd. 2: Altertum. Frankfurt/Main 1978, S. 168. – S. 116: Zit. nach: H.-G. Fink u. a.: Geschichte kennen und verstehen 7. Ludwig Auer, Donauwörth 1985, S. 93 – Briant: Alexander. Eroberer der Welt. Ravensburger Buchverlag, Ravensburg 1990, S. 46 – S. Fischer-Fabian: Alexander. Der Traum vom Frieden der Völker. Lübbe, Bergisch-Gladbach 1994, S. 87f. – S. 117: Zit. nach: H.-G. Fink u. a.: Geschichte kennen und verstehen 7. Ludwig Auer, Donauwörth 1985, S. 97 – W. Ax: Plutarch. 1933, S. 225 – S. 119: Geschichte in Quellen, Bd. 1, S. 367 – S. 127: Livius: Römische Geschichte 2, 23. Übers. v. Norbert Zwölfer – S. 130: Livius: Römische Geschichte 10–12, 33, 4, hrsg. v. Walter Sontheimer. Stuttgart 1959 – S. 131: Geschichte in Quellen, Bd. 1, S. 447f. – S. 133: Geschichte in Quellen, Bd. 1, S. 598 – S. 134: Plutarch: Große Griechen und Römer, Bd. 1. Cato der Ältere, Kap. 21. Übers. u. eingel. v. Konrad Ziegler. Zürich/Stuttgart 1954, S. 347f. – S. 135: Zit. nach: M. Pohlenz: Stoa und Stoiker, S. 265 – S. 136: Zit. nach: Kleinknecht/Krieger: Materialien für den Geschichtsunterricht, Bd. 2: Altertum. Frankfurt/Main 1978, S. 265 – S. 137: Zit. nach: Struwe: Geschichte der alten Welt. Volk und Wissen, Berlin 1957, S. 112f. – S. 138: J. Köhn: Die Wölfin vom Kapitol. Kinderbuch-Verlag, Berlin (Ost) 1985, S. 86f. – S. 140: Geschichte in Quellen, Bd. 1, S. 527 – S. 141: Geschichte in Quellen, Bd. 1, S. 535 – S. 144: Zit. nach: Kleinknecht/Krieger: Materialien für den Geschichtsunterricht, Bd. 2: Altertum. Frankfurt/Main 1978, S. 317f. – S.145: Material nach: J. Carcopino: Rom. Leben und Kultur in der Kaiserzeit. Stuttgart 1977, S. 247 – S. 146: Geschichte in Quellen, Bd. 1, S. 599, 666 – S. 148: Tacitus: Annalen 2, S. 52f. – S. 150: Robert Etienne: Pompeji. Das Leben in einer antiken Stadt. Stuttgart 1974, S. 113 – S. 151: Ebd., S. 37 – S. 153: J. Carcopino: Rom. Leben und Kultur in der Kaiserzeit. Stuttgart 1977, S. 155 – S. 154: Apicius 6,9,2. Aus: Andrew Dalby/Sally Grainger: Küchengeheimnisse der Antike. Übers. v. Roland Vocke. Stürtz Verlag, Würzburg 1996, S. 108 – S. 155: J. Carcopino: Rom. Leben und Kultur in der Kaiserzeit. Stuttgart 1977, S. 247 – S. 158: Martial: Liber spectaculorum 24. Zit. nach: Stefan Eltner: Wasser für das Imperium. Römische Technik und Baugeschichte, 6/1993, S. 40–43 – Strabo: Geografie 5, 3. Zit. nach: Stefan Eltner: Wasser für das Imperium. Römische Technik und Baugeschichte, 6/1993, S. 40 – S. 161: Geschichte in Quellen, Bd. 1, S. 845f. – S. 162: Cassius Dio: Römische Geschichte 54, 22. München/Zürich 1986 – S. 167: Zit. nach: Praxis Geschichte, 6/1998, S. 15 – S. 168: Tacitus: Annalen 1, 35. Übers. v. W. Bötticher – S. 171: Geschichte in Quellen, Bd. 1, S. 598 – S. 179: Zit. nach: Gutschera/Thierfelder: Brennpunkte der Kirchengeschichte, S. 24. – S. 180: Zit. nach: Kleinknecht/Krieger: Materialien für den Geschichtsunterricht, Bd. 2: Altertum. Frankfurt/Main 1978, S. 408 (bearb.) – S. 181: Zit. nach: Rinn/Jüngst: Kirchengeschichtliches Lesebuch. Tübingen/Leipzig 1904, S. 42 – Geschichte in Quellen, Bd. 1, S. 763 – S. 182: Zit. nach: Landschaftsverband Westfalen-Lippe. Westfälisches Museum für Archäologie: 2000 Jahre Römer in Westfalen. Philipp von Zabern, Mainz 1989, S. 132 – S. 183: Schilderung des Autors – S. 184: Tacitus: Germania. Übers., komm. u. hrsg. v. Josef Lindauer. München 1979, Kap. 4 – S. 185: Geschichte in Quellen, Bd. 1, S. 699 – S. 186: Nach: Ammianus Marcellinus 31, S. 3f. – Geschichte in Quellen, Bd. 1, S. 763 – S. 189: Tacitus: Germania 17 – S. 190: Aus: Unbekanntes Bayern. Bilder aus der bayerischen Geschichte. München 1969, S. 17 – S. 192: Geschichte in Quellen, Bd. 1, S. 845f. – S. 194: Zit. nach: Heinrich Pleticha: Kreuz und Halbmond. Europa und Asien im frühen Mittelalter. Bertelsmann Lexikon Verlag, Gütersloh 1989, S. 178 – S. 197: Geschichte in Quellen, Bd. 2, S. 38 – S. 198: Geschichte in Quellen, Bd. 2, S. 39f. – S. 199: Ebd. – S. 200: Geschichte in Quellen, Bd. 1, S. 803f.

Quellenverzeichnisse

Bildquellen

Albrecht, E., Pfaffenhofen: 37 (3) – Albrecht, G.,Tübingen: 20 (2) – American School of Classical Studies, Athen: 101 (3) – Archäologische Staatssammlung München. Museum für Vor- und Frühgeschichte (Eberlein): 169 (2) – Archiv für Kunst und Geschichte, Berlin: 8/9, 8 (u.r.), 9 (o.), 16 (1), 17, 22/23, 31 (3), 105 (3), 117, 122/123, 131, 135 (2, 3), 141, 147 (2), 153 (3), 174, 175, 196 (2) – Artemis Verlag, Zürich: 149 (3) – Ashmolean Museum, Oxford: 110, 111 (2) – Bavaria Bildagentur, Gauting: 76/77, 80 (1), 132 (1) – Bayerisches Landesamt für Denkmalpflege, München, Luftbildarchiv: 19 (5), 46 (1) – Haus der Bayerischen Geschichte, München: 19 (7) – Bildarchiv Preußischer Kulturbesitz, Berlin: 11 (2), 17, 47 (3), 54 (2), 62 (1), 96 (1), 98 (1), 101, 106, 108 (3), 112, 112 (1), 124 (1), 137, 140, 147 (3), 151 (4), 162 (1) – Binder photoconceptions, München: 192 (2) – Blauel, Joachim, Gauting: 18 (1) – British Library, London: 97 (2a) – British Museum: 58, 62 (2, 3), 97 (2e) – Caisse nationale de monuments historiques, Paris: 73 (2) – Capitolinisches Museum, Rom: 172 (7), 173 (1, 3, 5) – Christian-Albrecht-Universität, Schleswig: 183 (2) – Deutsches Archäologisches Institut, Athen: 89 (3) – Diözesanbildstelle, Linz: 19 (4) – dpa, Frankfurt/Main: 10 (1), 16 (3), 82, 177 (u.), 196 (1), 203 (4) – Ehapa Verlag, Stuttgart: 128 (1) – Foto Marburg: 153 (4) – Fototeca Unione, Rom: 127 (2) – Friedel, M., Steingau: 39 (1) – Fürstliche Hauptverwaltung, Schloss Wolfsegg: 197 (3) – Gebhard, München: 45 (2) – Geologisch-Paläontologisches Institut der Universität Heidelberg: 20 (1), 21 (3) – Gerken, Bernd, Borken: 40 (1, 2) – Gouvousis, N., Athen: 103 (2) – Glaser, Paul, Berlin: 11 (u.) – Grohmann, G., München: 138 (2) – Gyarmathy/Ifa: 179 (m.), 192 (1) – Hirmer Fotoarchiv, München: 93, 142 (1), 143 (4, 4a, 9) – Holle Bildarchiv, Baden-Baden: 174 (1) – Israel Press, Tel Aviv: 82 – Koppermann, Christa, Gauting: 8 (o.r.), 106 (1) – Kunstsammlung der Ruhr-Universität, Rekonstruktion von B. Andreae und S. Bertolin, Bochum: 89 (4) – Kunstverlag Maximilian Liebl, Regensburg: 19 (6) – Laenderpress, Düsseldorf: 52/53 – Landesmuseum Luxemburg: 180 (1) – Liepe, J., Berlin: 58 (1) – Limesmuseum, Aalen: 170 (1), 184 (1) – Lotos Film, Kaufbeuren: 109 – Louvre, Paris: 193 (3) – Mary Evans Picture Library: 160 (1) – Mauritius, Frankfurt/Main: 55 (3), 108 (1, 2) – Metropolitan Museum of Art: 111 (3) – A. Morellius: Thesaurus Morellianus sive familiarum Romanorum numismata omnia ... delineata, Bd. 1. Amsterdam 1734, Julia Tab. 2 VII: 143 (7) – Musée Nationaux, Paris: 188 (2) – Museo Nazionale, Neapel: 151, 173 (6) – Museo Nazionale, Rom: 172 (5) – Museum für Vor- und Frühgeschichte, Frankfurt/Main: 42 (1) – Museum of fine arts, Boston: 97 (2b) – Museum Heraklion: 87 (2) – Museumspädagogisches Zentrum, München: 74 (1) – Niczky, Joe: 172 (1) – Niedersächsisches Landesmuseum, Hannover: 31 (4) – Ny-Carlsberg-Glyptothek, Kopenhagen: 58 (2) – Pelizaeus-Museum, Hildesheim: 62 – Peter Harding Picture Library: 57 (4) – Photo Didaktika, Kfar Saba: 83, 83 (2) – Photographie Giraudon, Paris: 104 (2) – Potente, Dieter, Dülmen: 41 (4), 64 (u.) – Puller, Rolf, Düsseldorf: 13 (1) – Rainbird, London: 8 (o.l.), 57 (3) – Rheinisches Landesmuseum, Trier: 147, 179 (2) – Römisch-Germanische Kommission, Frankfurt/Main: 45 – Römisch-Germanisches Nationalmuseum, Neuwied: 29 (4) – Römisch-Germanisches Zentralmuseum, Mainz: 133 (3) – Scala, Antella, Florenz: 124, 126 (1), 152 (2), 181 (3) – Seifert, Michael, Hannover: 64 (o.) – Shedid, Abdel, München: 66 – Staatliche Antikensammlung, München: 97 (2c), 189 (3) – Staatliche Münzsammlung, München: 113, 128, 180 (1) – Stiftung Centrum Judaicum, Berlin (Wolfgang Gregor): 79 (2) – Storck, M., Stuttgart: 55, 62 – Süddeutscher Verlag, München: 13 (2), 18 (3) – Tessloff Verlag, Nürnberg: 16 (2) – Thermenmuseum, Rom: 172 (4) – Topkapi Saray Museum, Istanbul: 198 (1, 2) – Ullstein Bilderdienst, Berlin: 12 (2) – Universitätsbibliothek München: 191 (2) – Vatikanisches Museum: 172 (3), 173 (7) – Verlag Philipp von Zabern, Frankfurt/Main: 66 (1), 97 (2d, 2f), 138 (1) – Weber-Kellermann, Ingeborg, Marburg: 12 (1) – Wein, Gertraud, Sinzing: 10 (1) – Werner Forman Archive: 54 – Wiesler, G., Freising: 94 (1) – Zwölfer, E. u. N., Freiburg: 152 (1), 200 (1).

Ferner wurden übernommen aus:

Das alte Ägypten. Sehen – Staunen – Wissen. Gerstenberg Verlag, Hildesheim 1991, S. 20f., 37: 59, 63, 68/69 – Asterix als Gladiator. Delta-Verlag, Stuttgart 1968 (Nachdruck 1985): 154 (1) – Asterix als Legionär. Delta-Verlag, Stuttgart 1992, S. 23: 166 (1) – Asterix der Gallier. Delta-Verlag, Stuttgart 1993: 46 – Asterix: Die Lorbeeren des Caesar. Les Editions Albert René, Paris: 8 (u.l.) – Der Brockhaus von A bis Z. Mannheim 2000, S. 66: 203 (3) – Peter Connolly: Die römische Armee. Tessloff Verlag, Nürnberg 1996, S. 10/11, 14/15: 167 (2), 168 (1) – U. Fehlig: Mode gestern und heute. Leipzig 1985, S. 40, 41: 188 – Geschichte kennen und verstehen 7. Auer Verlag, Donauwörth 1985, S. 201, 203: 186, 200 – Geschichte lernen, 21/1991, S. 30: 142 (3) – Geschichte lernen, 53/1996, S. 26: 20 – Geschichte lernen, 70/1999, S. 62f. (Zeichnungen: Karola Niehoff-Lücke): 32/33 – Friedhelm Heitmann: Lernspiele Geschichte: Antike und Vorgeschichte. Verlag an der Ruhr, Mülheim an der Ruhr 1997, S. 11 (© Springer Verlag), 19ff.: 38, 94/95 – Christoph Höcker: Antikes Rom. DuMont, Köln 1997, S. 46, S. 29: 144 (2), 146 – Justiz in alter Zeit. Schriftenreihe des mittelalterlichen Kriminalmuseums Rothenburg, Bd. 6. Rothenburg o. d. T. 1984, S. 51: 161 (2) – H. Kähler: Rom und seine Welt. Bilder zur Geschichte und Kultur, Bd. 2. München 1958 – Kelheimer Museumsblätter: Bei den Römern in Eining und den Bajuwaren in Kelheim. Kelheim 1991: 164 – Kelheimer Museumsblätter: Bei den Steinzeitmenschen an Altmühl und Donau. Kelheim 1985: 45, 49 – Peter Kolb: Die Römer bei uns. München 2000, S. 29, 46, 47, 48, 49: 166, 167 – Kreuz und Halbmond. Europa und Asien im frühen Mittelalter. Hrsg. v. H. Pleticha. Bertelsmann Lexikon Verlag, Gütersloh 1989, S. 101, 186: 180 (2), 195 (2) – Kunst und Geschichte in Griechenland. Hrsg. v. Casa Editrice Bonechi, Florenz 1998, S. 87: 88 – Ernst Künzl: Das alte Rom. Was